Dr Vilmos Czikkely

Artes – Pro und Kontra V

Untersuchungen zum gesellschaftlichen Diskurs
zu Kunst, Wissenschaft und Technik
Kapitel 7

978-3-7323-2019-6 (Paperback)
978-3-7323-2020-2 (Hardcover)
978-3-7323-2021-9 (e-Book)

Verlag: tredition GmbH Hamburg

Printed in Germany

1   Die Rezeption der „Alten" im Lateinischen Westen

* Der Niedergang Roms (4.5.1.) bedeutete auch einen Niedergang der artes: viele Kenntnisse und Fähigkeiten wurden nicht mehr nachgefragt und gingen verloren. Die Züge der Vandalen und der Ostgoten hatten zu Folge, dass die Schifffahrt auf dem „Mare Nostrum" nicht mehr sicher war (4.5.1.). In und nach den „Wirren" der Völkerwanderung entstanden neue Zentren der Macht und des urbanen Lebens. In diesen kann man auch eine lokale Wiederbelebung der artes beobachten. Durch die Spaltung des römischen Reiches in zwei Teile, Ost und West, und durch die Eroberungen der Muslime (6.1.3.) wurde die politische Landkarte nachhaltig verändert[1]. Im Mittelalter standen drei Kulturblöcke in wechselvoller Beziehung zu einander: Byzanz, der Islam und der lateinische Westen[2].

In diesem Kapitel sollen die Bedeutung von Vermittlungs- und Transferprozessen von den alten zu den neuen Zentren und zwischen den neuen Zentren, sowie der mit diesen Prozessen der Wiederbelebung verbundene gesellschaftliche Diskurs untersucht werden. Für unsere kulturphilosophische Betrachtung sind diese Transferprozesse interessant, weil sie nicht nur Kenntnisse sondern auch Einstellungen vermitteln. Die vermittelten Einstellungen können des Weiteren auch Konflikte auslösen, die ihrerseits fördernd oder lähmend auf nachfolgende kulturelle Vorgänge wirken. Wir setzen für diese Untersuchung weder eine „Einheit des mittelalterlichen Geistes"[3] noch eine allgemeine „Renaissance" voraus, denn dadurch würden wir die für uns interessanten und möglicherweise konflikträchtigen Inhomogenitäten verdecken.

Nach dem Zerfall des römischen Reiches als eine politische Einheit (4.5.1.) und nach den Zerstörungen durch die Völkerwanderung, Pestepidemie und der Expansion des Islam hat der Oströmische Reich an die griechischen Traditionen angeknüpft: In der „Makedonischen Renaissance" (9. und 10. Jahrhundert) sammelte „man" Texte und schrieb antike Autoren ab (5.2.4.). Auch in der westlichen Welt verwilderten Sprache und Kenntnisse[4]. Die Anknüpfung an das lateinische „Wissen der Alten" und die Rezeption des „Wissens der Alten" verlief auf verschiedenen verschlungenen und historisch auch verwachsenen Pfaden und keineswegs einheitlich. Hintergrund dieser Rezeption der „Alten" waren zum Teil politische Bestrebungen das römische Imperium wieder herzustellen (7.1., 7.1.6, 7.4.2. und 7.5.1.4.), zum Teil die Kreuzzüge und die damit verbundenen Abgrenzungs- und Missionsbestrebungen (7.3., 8.1.3.1. und 9.1.2.) oder Bestrebungen, die Kirchenspaltung(en) zu überwinden (7.4.). Doch der interne Kampf gegen die Ketzerbewegungen des 12. und 13. Jahrhunderts warf auch auf diese Rezeption einen Schatten. (Kapitel 8).
Die Hauptumschlagplätze des Wissens lagen an den Nahtstellen zur arabischen Welt (7.2., 7.3. und 7.4.) und in Byzanz bzw. Venedig (7.4.4. und 7.5.). Sammelplätze waren die Bibliotheken der Päpste, der Fürsten, der Klöster und der Domherren so wie später der reichen Kaufleute (7.5.2.1.).

* Die „Renaissance der Alten" verlief im lateinischen Westen nicht einheitlich. Wir wollen für unsere Untersuchung fünf Gebiete bzw. Epochen betrachten: Das Reich der Karolinger (7.1.), Katalonien, die Provence und Lotharingia (7.2.) Spanien (7.3.), Sizilien und Süditalien der Normannen und der Staufer (7.4.) so wie Italien (7.4.4., 7.5.1.4. und 7.5.) im 14. und 15. Jahrhundert (7.5.). Zu erwähnen sind auch Diplo-

maten der Kurie (7.4.4.), und reisende Gelehrte wie Adelard von Bath (7.4.1., 8.3.1.1. und 9.1.7.1.1.) oder Theodor von Antiochia (7.4.3.) oder Geschäftsleute wie Leonardo Fibonacci (7.4.1.).

Die Vermittlung und Rezeption der Schriften der Alten wurde jeweils von einem spezifischen Diskurs begleitet. So müssen wir sie jeweils separat betrachten. Bereits diese Ansätze zu einer Rezeption waren nicht frei von Konflikten (7.1.4.; 7.1.3., 7.4.3., 7.5.2., 7.6.9., 7.6.10., 7.6.11.), weiterer Diskurs hat die Beschäftigung mit dem vermittelten Gedankengut begleitet:

.... Die Zentren der Vermittlung und die Zentren der Rezeption oder Benützung der vermittelten Schriften fielen in der Regel nicht zusammen. Die weitere Vermittlung zwischen diesen beiden und die Verbreitung der bekanntgewordenen und übersetzten Werke durch Abschriften, Schenkung, Testamente, Verkauf oder Raub so wie die Wege der Verbreitung werden zwar gelegentlich erwähnt, sind aber nicht Gegenstand dieser Untersuchung[5]. Uns interessieren insbesondere die sachlichen Schwerpunkte der Übersetzungen, die Auftraggeber und ihre Motive und natürlich die Kontroversen, die diese begleitet haben, sowie die Reaktionen in den Zentren der Rezeption: in England, Frankreich und Italien.

* Der gesellschaftliche Diskurs betraf die einzelnen Zweige der Artes auch nicht einheitlich, wie der Terminus „Renaissance" nahe legt:
.... Die Kontroverse „Glaube und Vernunft" untersuchen wir in einem eigenen Kapitel (8).
.... Der gesellschaftliche Diskurs, der die Umbrüche auf den einzelnen Gebieten von Kunst, Wissenschaft und Technik begleitet hat, wird in den Kapiteln 9 und 10.3. untersucht.
Speziell die Entdeckung der lateinischen Literatur induzierte eine spezifische Bewegung. „den Humanismus" (7.6). Petrarca (7.5.1.4.) knüpfte an die geistigen Grundlagen des lateinischen Altertums, insbesondere an Cicero und Seneca, an. Das antike Menschenbild stellte er als Gestaltungsmotiv heraus und suchte es mit christlichen Idealen zu verbinden. Humanistisch gebildete Gelehrte vermittelten aber nicht nur die literarischen, sondern auch die „technischen" Schriften „der Alten".

Es ist interessant diesen Diskurs mit dem Diskurs um die Rezeption der hellenistischen Bildung im republikanischen Rom zu vergleichen (4.1.2.ff).

1.1 Das Reich der Karolinger

Im Jahre 719 beauftragte Papst Gregor II (um 669 – 715 – 731) den britischen Mönch Bonifatius (672/3-754) mit der Friesenbekehrung[6]. Bonifatius entfaltete über Friesland hinaus aus eigener Initiative auch unter den Sachsen in Hessen und Thüringen eine erfolgreiche Missionstätigkeit. Die von ihm gegründeten Klöster wurden mit Mönchen von den Britischen Inseln besiedelt[7]. Papst Gregor III. (731 – 741; 5.1.4.1.4.) hat ihn zum Erzbischof erhoben und zum Legaten des Papstes für Germanien ernannt.
Im Jahre 742 wurde Bonifatius von Pippin dem Jüngeren und seinem Mitregenten Karlmann berufen (7.1.1.3.) um in der Reichskirche Zucht und Ordnung wiederherzustellen. Er erkannte in der Unwissenheit des Klerus eine Quelle des Übels und ließ bei seinen Neugründungen von Bistümern und Klöstern Schulen einrichten. Die Lehrer kamen aus England.

Die „karolingischen Reformen" wurden schon vor Karl dem Großen wesentlich von irischen und angelsächsischen Mönchen getragen. Also müssen wir zunächst einen Blick auf die Entwicklung der monastischen Lebensform werfen. Was haben sie zur Erfüllung ihres Auftrages mitgebracht?

1.1.1 Die Vita Monastika als Brücke zwischen Spätantike und Mittelalter

Nach dem Zerfall des römischen Reiches als eine politische Einheit und nach den Zerstörungen durch die Völkerwanderung lag im Westen nicht nur die Administration sondern auch das kulturelle Leben weitgehend brach. Bei der kulturellen Neuordnung der germanischen und gallischen Reichsteilen hatten zwei monastische Bewegungen eine Fernwirkung auf das kulturelle Leben: Die Provençalische und die „Benediktinische" (5.1.4. und 7.1.4.):

…. Die provençalische Tradition wirkte nicht direkt, sondern über die irischen (7.1.1.1.) und angelsächsischen Missionare (7.1.1.2.).

….. Unter Karl dem Großen erhielten die Mönche (5.1.4.1.) eine bildungs- und kulturpolitisch zentrale Aufgabe (7.1.2. und 7.1.3.). Unter seinem Nachfolger, Ludwig dem Frommen (7.1.4.) wurde die Regel Benedikts zur Alleingültigen im Karolingerreich[8].

Beide Traditionen kannten Lasterkataloge und Bußbücher mit Hochmut und superbia an der Spitze aller Laster (5.1.4.; 5.4.; 7.1.1.1.; 7.1.1.2., 7.1.2., 7.5.1., 7.5.1.4. und 9.1.5.1.).

* Die Irische und die angelsächsische haben eine prägende Wirkung auf dem Festland gehabt[9]. In ganz Frankreich, Deutschland und sogar in Italien entstanden im sechsten und siebten Jahrhundert Klöster mit irischen Mönchen, die sogenannten Schottenklöster. Zu diesen zählten Annegray, Luxeuil, St. Gallen, Fulda, Würzburg, Regensburg, Echternach und Bobbio. Über diesen Weg gelangten zahlreiche illuminierte Handschriften auf das Festland und hatten besonders in Schrift und Ornamentik starken Einfluss auf die jeweiligen regionalen Formensprachen (7.1.3. und 7.1.5.).

1.1.1.1 Irland

* Das Christentum war in Irland wahrscheinlich schon im späten 5. Jahrhundert bekannt. Als der nationale Apostel der Iren wird der Heilige Patrick angesehen. Nach den umstrittenen »Dicta Patricii« ist Patrick *per Gallias ad Italiam* gereist und hat auch die Inseln, *quae sunt in mari Terreno (Tyrrheno)*, besucht. Die Quellen verzeichnen die Ankunft des Apostels einhellig zum Jahre 432, seinen Tod aber zu 461 oder 491/492[10]. Er war zum Teil auch für die Christianisierung der Angelsachsen maßgebend. Von ihm sind nur seine Confessio, eine spirituelle Autobiographie und Briefe bekannt, die aber keine zeitlichen Fixpunkte enthalten[11].

Diese frühe irische Kirche war monastisch organisiert, von Rom unabhängig und ohne bischöfliche Ordnung[12]. Die Klöster waren Zentren einer christlichen Gelehrsamkeit und manche Schreibstuben hatten einen guten Ruf auch außerhalb des Landes. Die Bibeln brauchten die Missionare als „Taschenevangeliare", die prächtigen Exemplare wurden an den Festtagen am Altar verwendet[13].

…. Die Regeln der irischen Mönchsväter beruhten auf der Tradition des provençalischen Mönchtums und des Johannes Cassianus (5.1.4.1.2.). In diesen nahmen die asketisch-moralische Unterweisung und Bußregelungen einen breiten Raum ein, Armut und Gehorsam standen im Mittelpunkt. Diese sahen auch Regelungen für Verfehlungen und Verstöße vor. Sie warnen auch vor Hybris und Superbia und vermitteln diese atechnischen Attraktoren (1.3.1.) an das Mittelalter[14].

Bußbücher, „Libri Poenitentiales" waren als Handbücher Hilfsmittel für den Priester, der sie bei der Beichte zu Hilfe heranziehen konnte. Sie sind in monastischen Zentren entstanden[15]. Eines der ältesten Bußbücher, das Poenitentiale Ambrosianum wird in die Zeit von 550 bis ca. 650 datiert. Es entstand wohl in einem Kloster in Britannien oder Irland[16]. Der Katalog nennt Neugier unter dem Oberbegriff Superbia[17]. Es hat auf die meisten kontinentalen Bußbücher eingewirkt[18] (7.1.2. und 7.1.4.). Auch Columban wird ein Poenitentiale zugeschrieben[19] (7.1.1.3.).

Im kultischen Bereich zeigten die Iren eine besondere Vorliebe für Litaneien und apotropäische Gebete (loricae). Der Allerheiligenkult hatte eine seiner Wurzeln in Irland[20].

Der irische Mönch Adomnanus (*um 628 - 704), Abt des Klosters Iona auf einem der kleinen Inseln der Inneren Hebriden vor der Westküste Englands, hat in seinem Kloster über eine Bibliothek verfügt, in dem es auch weltliche Chroniken und Historiker gab[21]. Er war auch der Verfasser eines Reiseberichtes zu den Plätzen des Heils in Palästina (9.1.5.1.).

.... Der Unterricht in den irischen Klöstern diente in erster Linie der lectio divina (5.1.4.): Die Lektüre der heidnischen Klassiker scheint bis zum Ende des 8. Jh. wenig betrieben worden zu sein. Dagegen waren die Iren des 7. und 8. Jahrhundert Meister auf den Gebieten der Exegese, der Grammatik und des Computus (5.2.2., 7.1.1.2. und 7.2.). Trotz der innermonastischen Ausrichtung auf das religiös- asketische Leben waren die irischen Klöster aber nicht nur religiöse, sondern auch geistige, gewerbliche und wirtschaftliche Zentren[22].

1.1.1.2 Britannien

Nach dem Abzug der Römer versank Britanien für etwa hundert Jahre im Dunkel der Geschichte. Aus eben dieser Dunkelheit tritt uns der legendäre König Arthus entgegen, der für eine kurze Zeit Ruhe und Ordnung schaffte[23].

Im 7. Und 8. Jahrhundert war Nordumbrien war das wichtigste unter den angelsächsischen Königreichen, während der Regierungszeit der Könige Edwin (616–632), Oswald (633–641), und Oswiu (641–670). Ihr wichtigster Beitrag zur angelsächsischen Geschichte lag im späten 7. und 8. Jahrhundert auf religiösen, künstlerischen und intellektuellem Gebiet. Es war das „Goldene Zeitalter Nordumbriens".

Die eigentliche Initiative zur Angelsachsenmission ging von Papst Gregor dem Großen aus[24],[25] (5.2.1.15.).

Die angelsächsische Kirche war mit dem Mönchstum aufs engste verbunden, und zwar sowohl mit Irland[26] (7.1.1.1.) wie mit Rom (5.2.1.15.) und mit der Provence (5.1.4.). In weiten Teilen der angelsächsischen Welt überschnitten sich die irischen und römischen Missionskreise und Reibungen konnten nicht ausbleiben. In den Mittelpunkt der Kontroversen rückte die Divergenz der Ostertermine[27] und damit auch der Fastenzeiten, die das tägliche Leben erheblich erschwerte[28],[29] (5.2.2.).

* Theodor von Tarsos (602 – 690; 5.2.1.15. und 5.2.3.) hat in Antiochia, Edessa und Byzanz seine Studien absolviert: Rhetorik, Philosophie, Jura, Medizin Astronomie,

Computistik[30]. Er war in *allen weltlichen und heiligen Wissenschaften bewandert*[31], auch *in Astronomie und „kirchliche Arithmetik"*[32].

Theodor ging um 660 in ein griechisches Kloster in Rom[33]. Papst Vitalian (5.2.1.15.) hat ihn 668 nach England entsandt und zum Erzbischof von Canterbury geweiht[34]. Ihm gelang es die Kirche in den angelsächsischen Gebieten erstmals zu einigen[35],[36]. Von Canterbury (5.2.1.15.) aus gewann Rom Einfluss auf die irische Kirche, doch deren Anschluss an Rom erfolgte erst im 12. Jahrhundert[37].

Theodor gründete eine Schule mit einem Skriptorium[38]. Absolventen dieser Schule wurden Äbte in englischen Klöstern[39].

Beda erwähnt in seiner Kirchengeschichte Englands nur die *heiligen Studien*, ob dafür das Vivarium Cassiodors (5.1.4.1.3. und 5.2.1.14.) oder Cassian (5.1.4.1.2.) das Vorbild war, sagt er nicht. Doch Beda hat Kontakte und Studienreisen nach Gallien und Rom erwähnt[40] (s. weiter unten). Die Schrift war bei der einheimischen Leserschaft beliebt[41].

Theodor von Tarsos wird ein Bibel-Kommentar zugeschrieben[42] und mit ihm werden auch verschiedene Poenitentiale in Verbindung gebracht[43].

Die Grundlagen der christlich-angelsächsischen Kultur wurden unter König Oswiu (reg. 642 – 670) von der Synode in Whitby (664) römisch ausgerichtet[44],[45]; gekennzeichnet durch die kanonische Rechtssammlung des Dionysius Exiguus, den römischen Osterzyklus (5.2.2.), den Ordo cantandi Romanus und die „Regula Benedicti" (5.1.4.1.3.).

.... Benedikt Biscop (ca. 628 – 690) reiste nicht weniger als sechsmal nach Rom[46] und brachte von dort eine unzählige Menge von Büchern aller Art mit[47],[48]. Aber er hat auch in Vienne Bücher aufgekauft und ist zwei Jahre (665 – 667) Mönch in Lérins (5.1.4.1.) gewesen[49],[50]. Er wurde für die „Regel des heiligen Benedikt" gewonnen, die er mit anderen Regeln kombinierte[51]. Beda Venerabilis hat die Regel Benedikts erwähnt[52], die älteste erhaltene Handschrift der Regel des Benedikt (Oxford) wird um das Jahr 700 datiert[53] (5.1.4.1.3.).

Benedikt Biscop gründete 674 die Klöster Wermouth und 681/2 Jarrow[54]. Sein Nachfolger Ceolfrith (+715) hat das Skriptorium ausgebaut in dem drei Bibelhandschriften hergestellt wurden[55].

.... Sein Freund Wilfrid von York (um 634 - 709/710) empfing entscheidende Eindrücke kirchlichen Lebens in Lyon (5.1.4.1.2.). Lyon und die benachbarten Städte besaßen im Frühmittelalter gutdotierte Bibliotheken, in denen auch die spanische Literatur, insbesondere Isidor von Sevilla (5.2.1.16.), vertreten war.

.... Bücher wurden auch von Privatpersonen importiert[56].

* Die Klöster von Wearmouth und Jarrow spielten eine herausragende Rolle im intellektuellen Leben nicht nur Englands sondern auch Europas. Doch neben der Bibliothek von Jarrow, auf der eine Gelehrsamkeit beruhte, gab es wahrscheinlich vergleichbare Bibliotheken in den Klöstern von Hexham (674), Whitby (657), and Lindisfarne (ca. 635). Neben den Klosterbibliotheken gab es auch private Buchsammler[57],[58].

In den britischen Klöstern tritt eine deutliche Akzentverschiebung in der Regel hervor: Die Regel des Benedikts schrieb zwar Lesefähigkeit vor, aber die Lesung war auf die Bibel und die erbaulichen Schriften begrenzt (5.1.4.1.3.). Die Benediktinerabteien in Britannien wurden in weit höherem Maße Bildungszentren, auch für die weltlichen Wissenschaften, als die meist an Seelsorge orientierten Irenklöster[59]:

* Unter Ceolfrith` Abbatiat hat Beda Venerabilis (673/4 - 735) in Jarrow gelebt und gearbeitet[60]. Beda war vertraut mit Isidor von Sevilla und der gallischen Literatur des 4.-6. Jahrhunderts (insbesondere Johannes Cassian, 5.1.4.1.2.): Ein großer Teil der Werke, die ihm zur Verfügung standen, dürfte unmittelbar aus der Provence gekommen sein[61].

Beda war als Lehrer und Gelehrter auf allen Wissensgebieten tätig[62]. Er schrieb für seine Studenten drei naturkundliche Werke: „De natura rerum", „De temporibus" und „De temporum ratione",

.... In „De natura rerum" griff er auf Material von Isidor von Sevilla und Plinius zurück. Das Buch ist eine Erläuterung zu Realien und zur Schöpfungsgeschichte der Bibel[63]. In diesem Werk befasst er sich mit Elementenlehre, Himmelskunde, Astronomie, mit Klimatologie und Meteorologie, mit Gewässer- und Erdkunde, doch nicht als Selbstzweck, sondern als Illustration zu Gottes Weisheit[64]. Sein Weltbild ist geozentrisch[65]. Die Astronomie ist kein Selbstzweck und darf es auch nicht werden, sondern sie ist die Grundlage der Zeitrechnung (Computistik): Die Bestimmung der Gebetszeiten, sowie des Frühlingsanfangs und des Ostertermins und der mit Osterzyklus zusammenhängenden Feiertage (5.2.2.). Er hat den Ostertermin bis zum Jahr 1064 berechnet[66].

.... In „De temporibus" befasste er sich mit der Chronologie der Schöpfung und in de temporum ratione ausführlicher mit der Osterberechnung[67] und Periodisierung der Geschichte. Seine Methode historische Ereignisse in Bezug auf die Geburt Christi zu datieren knüpfte an die Methode des Dionysius Exiguus an (5.2.2.). Dionysios war es auch, der die Jahre vor Christi Geburt durchzuzählen begann[68],[69]. Diese Zählung kam durch die Popularität seiner *Historia ecclesiastica gentis Anglorum* in allgemeinen Gebrauch[70].

.... In „De temporum ratione" gab er auch eine Unterweisung im Rechnen mit Hilfe der Finger[71]. Doch seine Methode stößt bei Division und Multiplikation schnell an die grenzen[72].

.... Die zum Computus notwendigen astronomischen Kenntnisse entnahm er der Naturkunde des Plinius und den Etymologien des Isidor von Sevilla[73].

In Beda`s Briefen gibt es Spuren eines Diskurses, den seine Zeitrechnung ausgelöst hat. In diesem Diskurs wurde Beda`s Gliederung der Zeitalter als häretisch bezichtigt[74].

Im Mittelpunkt seines Schaffens standen theologische Fragen. Auch wenn er sich profanantiker Quellen bediente.
In seinem Lukas-Kommentar bezeichnete er die weltlichen Wissenschaften und die Dichtung des heidnischen Altertums, Vergil und Ovid, als *die Schoten, welche die Schweine fressen*[75].
Seine Tätigkeit vermittelte Wissensgut der Vergangenheit und hat durch die Vermittlung Alkuins der „Karolingischen Renaissance" wesentliche Impulse gegeben[76],[77].
Unter dem Namen Beda's zirkulierten auch Poenitentiale[78]. An der Spitze dieser Lasterkataloge steht der Hochmut, superbia[79].

Von den Bildungsstätten besonders zu erwähnen ist auch die Kathedralschule von York, die wohl berühmteste seiner Zeit in ganz Europa. Egbert (um 732 – 766), ein

Schüler des Beda Venerabilis, hat als Erzbischof von York (734-766) das geistige Erbe Bedas der Dom- und Klosterschule von York vermittelt. Hier wurde Alkuin erzogen und wirkte als Lehrer und ab 766 als Leiter der Schule, bis er 781 vom Karl dem Großen „abgeworben" und an den fränkischen Hof berufen wurde (7.1.4.)[80]. Mit dem Weggang Alkuins verfiel die Schule von York.

* Doch im Kreis um Theodor von Tarsos gab es einen gesellschaftlichen Diskurs um die profanen Studien im Allgemeinen und die Osterberechnung im Speziellen auch Gegenstimmen:
.... Aldhelm (639 – 709) der gelehrte Abt vom Malmesbury (ab 675) und Bischof von Sherborn (705) gehörte zu diesem Kreis[81]. Er kannte die Naturkunde des Plinius[82] und die „Medicina Plinii"[83] (4.1.2.1.4.).
Im Diskurs um die Gelehrsamkeit vertrat er eine rigide Position, weil diese Studien der profanen Antike (Philosophie und Mythologie) Raum gewähren: Sie dürfen nur als formale Disziplinen zum Verständnis der Bibel betrieben werden[84],[85]. Dazu zählt er auch die Arithmetik, Geometrie, Musik, Astronomie, Astrologie aber auch Mechanik und Medizin[86],[87].
.... In der Kontroverse um die Osterberechnung nahm Aldhelm zugunsten der römischen Berechnung Stellung[88].

Das Studium der „Alten" hat immer wieder Konflikte ausgelöst und wurde von einem Diskurs begleitet, den wir auch weiter beachten wollen (7.1.4., 7.6.9. und 7.6.11.).

* Das Zeitalter der Völkerwanderung bezeichnete für Britannien einen sehr viel tieferen Einschnitt als für Gallien, Italien und Spanien:
.... Von etwa 790 an waren die Wikinger 300 Jahre lang als Plünderer, Eroberer und Siedler auf der britischen Insel aktiv. Die Invasion der Wikinger[89] (9.1.5.) hat zum Verfall der Gelehrsamkeit in England geführt. Jarrow wurde 860 bei einem Überfall zerstört und verlassen.
.... Die germanischen Stämme der »Angelsachsen« (Angeln, Sachsen, Juten und andere Volkssplitter) besetzten die am nachhaltigsten romanisierten Ostprovinzen mit den Metropolen London und beschleunigten dadurch den Prozess der Entromanisierung bei den nach Westen zurückweichenden, vom Kontinent mehr und mehr isolierten Briten.
Erst Wilhelm der Eroberer (1027/8 – 1087, König von England 1066 - 1087) berief wieder Gelehrte und Kleriker aus Lotharingia nach Britannien (7.2.3.).

1.1.1.3 Die Mission auf dem Kontinent

* Hatten die Iren bis zur Mitte des 6. Jh. von den Briten gelernt, so überflügelten sie in der 2. Hälfte des Jahrhunderts ihre Meister[90]. Nun wirkten irische Missionare (5.2.1.15.) in England und bereits in der Zeit der Merowinger und mit deren Unterstützung auch in Europa. Ihre Mission galt der Erneuerung des auf dem Festland, insbesondere in Gallien und unter den germanischen Stämmen erlahmten Christentums. Von den vielen *peregrini* seien die besonders markanten Gestalten genannt: Columban der Jüngere (ca. 535-615), Gallus (um 555-650), Emmeram (+ um 680) und Kilian (+ um 689) sowie Willibrord (658 – 739) und Bonifatius (672/5 – 754).

Die Wirkung der irischen Missionare (7.1.1.1.) in Europa war begrenzt. Sie spiegelt die Spannungen in der merowingischen Gesellschaft wider[91]:
.... Sie ist in den Klostergründungen erkennbar. Die ersten Klöster irischer Art auf

dem Festland waren: Annegray, Luxeuil und Fontaine in einer Einöde[92], in der weiten Wüste der Vogesen[93] am Südwestrand der damals noch unerschlossenen Vogesen[94]. Zwei Klosterregeln, eine „Regula monachorum" und eine „Regula coenobialis" werden Columban zugeordnet. Beide werden vom Thema Maßhalten durchzogen: *In der Mitte zwischen Zuwenig und Zuviel findet sich das vernünftige Maß*[95].

Columbanische Mönche gründeten auch „auf dem flachen Land" Klöster: St Alban bei Mainz, St Peter in Wimpfen für die Diözese Worms. Sie waren von den Bischöfen unabhängig. Bischof Dragobod von Speyer dagegen gründete um 660 das Kloster Weißenburg[96] (7.1.6.2. und 7.5.1.).

Doch wegen ihrer Unabhängigkeit von den Bischöfen, ja Konflikten mit dem franko-burgundischem Episkopat (5.2.1.15.) hatten columbanischen Gründungen auf den Klerus und ihre Bildung keinen Einfluss[97].

Eines der ältesten und produktivsten Skriptorien war das des 590 von dem irischen Mönch Columban gegründeten Klosters Luxeuil, das 732 zerstört wurde. Die 662 gegründete Abtei Corbie entwickelte einen ausgeprägten eigenen Illustrationsstil, Chelles und Laon waren weitere Zentren der merowingischen „Buchproduktion", sie war rein klösterlich: Bibel, Evangeliar, Sakramental. Die Illustration war ornamental, figürliche Darstellungen fehlen. Ab der Mitte des achten Jahrhunderts wurde diese stark von der insularen Buchmalerei beeinflusst. Die Klostergründung Bonifatius und Willibrords (7.1.1.2.) beeinflusste die kontinentale Buchmalerei stark und trug die irische Kultur in das Merowingerreich[98].

.... Die Attraktivität der Columbanklöster in der Zeit der Merowinger ist etwas rätselhaft[99]. König Guntram, König von Burgund. (561 - 592), hat das columbanische Mönchtum gefördert[100]. Abteien Luxeuiler Observanz wurden von Laien des Hofes gegründet[101],[102] (7.1.1.3.). Diese unterstanden als adelige Eigenklöster nicht dem Bischof, sondern der Familie des Gründers[103]. Vor allem fränkische Adlige und Beamte sandten ihre Söhne zur Ausbildung in das Kloster[104].

.... Die Missionsunternehmen unter Dagobert I. (608/10, König der Franken 629 – 639) waren nach Norden gerichtet: Nach Flandern und Friesland[105]. Er beschenkte die Abtei Saint Denis reich (9.2.2.1. und 9.2.2.5.1.) und bestimmte sie als königliche Nekropole[106].

.... Zwischen 657 und 661 hat die merowingische Königin Balthild (um 630 – 680; Gemahlin von Chlodwig II.) das Kloster Corbie gegründet und mit Land reich ausgestattet[107]. In der Karolingerzeit war Corbie ein wichtiges Königskloster. Seine Bibliothek und sein Skriptorium hatten große kulturelle Bedeutung[108] (7.1.2. und 7.1.5.).

.... Columban geriet mit den Bischöfen Galliens (5.1.4.1.) in Konflikt und wurde 602 vor eine Bischofssynode geladen. Er wurde, wohl auf Betreiben der Mutter (Brunhilde) des Königs Theuderich[109], 610 aus seinen Klöstern vertrieben und des Landes verwiesen[110].

.... Er und Gallus (550 – 620/40) haben nach der Vertreibung aus Burgund weitere Klöster gegründet. Die bedeutendsten von ihnen wurden und Bobbio (ca. 613; 7.1.4., 7.1.5. und 7.2.) und Sankt Gallen (ca. 620; 7.1.3., 7.1.5., 9.1.3.1., 9.1.2.2., 9.1.3.2.4., 9.2.2. und 9.2.3.). Mönchsregel und Poenitentiale von Bobbio werden Columban zugeordnet[111].

.... Noch Walahfried Strabo (808/9 – 849; 7.1.5., 7.1.4. und 9.1.3.2.4.) berichtet über Widerstände in der ländlichen Bevölkerung gegen die Missionsbestrebungen Columbans[112].

Erfolgreicher als die Iren, waren die englischen Missionare.

* Die angelsächsischen Klöster erkannten die Bedeutung der Bildung, der Unterweisung in Ethik und Dogmatik für eine nachhaltige Missionsarbeit. Sie erkannten auch das Scheitern der unabhängigen Missionsarbeit der Iren und haben sich doppelte Rückendeckung gesichert: Vom König und vom Papst. Die Gelehrsamkeit der angelsächsischen Mönche bildet ein wichtiges Bindeglied zwischen den Welten der Antike und des Mittelalters.

Der Stammvater der Dynastie, Pippin (580, 624/5 – 639) hat Abteien gefördert und unter seinen Schutz gestellt[113]. König Pippin II. (635 – 714) förderte statt der Iren, die Angelsachsen[114]. Auch sein Nachfolger Karl Martell (688 - 741) förderte vor allem die angelsächsischen Kirchenmänner. Sein Sohn Pippin der Jüngere (714, 751 – 768) ließ sich 751 zum König (rex frankorum) ausrufen. Er hat den geistlichen Hofdienst neu geordnet: Aufgabe der Hofkapelle wurde auch die Ausfertigung königlicher Urkunden. Dazu musste der Bildungsstand der Geistlichen gehoben werden[115]. Papst Paul I. (um 700; 757 - 767) hat sich politisch von Byzanz ab- und den Franken zugewandt. Er hat König Pippin dem Jüngeren eine gewünschte Sendung von Büchern angekündigt: Liturgische und grammatikalische Werke[116]. Pipin hat sich auch um die Einführung des römischen Kirchengesanges bemüht[117].

Zu dem neuen, von den Päpsten und den Pippiniden geförderten Typ von Missionar gehörten Willibrord und der bereits oben genannte Bonifatius.
.... Willibrord (658 – 739) missionierte in enger Verbindung mit Pipin und als päpstlich autorisierter Erzbischof. Er war ein Vertreter der neuen „angelsächsischen" Kultur (7.1.1.2.). Er hat 695 in Utrecht eine Schule zur Ausbildung der Priester und 698/699 das Kloster Echternach gegründet und zu einem geistigen Zentrum der angelsächsischen Mission mit einem bedeutenden Skriptorium ausgebaut[118],[119].
Alkuin (7.1.4.) hat Willibrord in Prosa und Vers ein Denkmal gesetzt und seine Bildung in den religiösen Studien (5.2.) und heiligen Schriften hervorgehoben[120],[121]
Die Schule des Willibrord in Utrecht wurde zur Domschule, wo Bruno, Ottos Bruder (7.1.6.1.) seine Ausbildung erhielt[122].
.... Auch Bonifatius (672/5 – 754) war Missionar, Klostergründer, Bildungsvermittler. Er hat im Kloster Exeter Lehrbücher für Grammatik und Metrik verfasst. Auch Bonifatius arbeitete mit doppelter Rückendeckung: Er wurde von Papst Gregor II. 718 mit der Friesenmission beauftragt und Karl Martell, der eine funktionierende Kirchenordnung für die Stabilisierung seiner Macht brauchte, nahm ihn unter seinen Schutz[123]. Seine Mitarbeiter rekrutierte Bonifatius in seiner Heimat und baute ein zuverlässiges Netzwerk von Äbten, Äbtissinnen und Bischöfen auf[124]. Zu diesem Netzwerk gehörte auch Willibald (700 – 787; 6.1.7.), der Begründer des Bistums Eichstätt (740)[125].

In der vita monastica gab es bereits in der „Gründerzeit" Lehrstreitigkeiten (5.1.4.1.). Im 8. Jahrhundert kann die Rivalität der Columbanischen und der gallischen Mönche hinzu. Bereits das „Concilium Germanicum" (742) versuchte die Rivalitäten zu beenden und die vita monastica zu normieren und erklärte unter dem Vorsitz des Bonifatius und des Hausmeiers Karlmann (+771) die „Regel des Benedikt" (7.1.4.) zur alleingültigen im Frankenreich[126]. Damit begann die königliche Einflussnahme auf die Entwicklung der vita monastica[127] (7.1.2.).

* Spieltheoretisch interessant ist in dieser Übergangszeit von den Merowinger über die Pippiniden zu den Karolinger die Rolle der angelsächsischen Missionare Willibrord und Bonifatius: Sie waren es die das Bündnis zwischen den Pippiniden und dem Papst geschmiedet hatten. Die Frage des Bonifatius „Ob es besser sei, der heiße König, wer die Macht habe" hat Papst Zacharias (741 – 752) für Pippin den Jüngeren (714 – Hausmeier 741; König 751 – 768) entschieden (damit für die Pippiniden). Das Bündnis hat nicht nur für die Merowinger, das Geschlecht Pippins, das Reich der Franken und für Europa eine eminente Bedeutung. Es hat darüber hinaus das Papsttum vom Osten, von Byzanz und dem Kaisertum weiter entfremdet.[128]. Dieser Prozess ist ein gutes Beispiel für eine „siegreiche Koalition" und auch für die „unbeabsichtigte Wirkungen" politischen Handelns (7.1.3. und 7.1.5.).

* Für unsere weitere Untersuchung bedeutende Zentren des geistigen und künstlerischen Lebens im Mittelalter auf dem Kontinent wurden: Echternach (7.1.6.1. und 7.1.6.2.), Tours (5.1.4., 7.1.2., 7.1.4., 7.1.5., 7.2. und 7.4.1.), Reims (7.2.), Cluny (7.3., und 9.2.1.2.2.), Saint Denis (9.2.1.2.4.), Aquileia (7.1.4.), Bobbio (7.1.4., 7.2.), Fulda (7.1.4.), Reichenau (7.1.5., 7.2., 7.5.2.2) und Sankt Gallen (7.1.5., 7.2., 7.5.2.2.).

* Ausblick: Im 11. Jahrhundert galt der Orden der Benediktiner für manche Mönche als zu verweltlicht und es gab einige Reformversuche: Gorze und Cluny (9.2.1.2.2.). Im 11 Jahrhundert wurden die Zisterzienser (9.2.1.2.2.) als ein Reformorden in der strengen Observanz der „Regel des heiligen Benedikt" gegründet. Die Augustinerchorherren waren ein Reformorden der Kleriker (Einleitung zu Kap.8) Im 13. Jahrhundert wurden die Bettelorden der Franziskaner (8.1.3.1.) und der Dominikaner gegründet (8.1.3.2.) Sie alle haben spezifische Einstellungen zu unserem Thema. In England können wir eine Wiederbelebung der monastischen Gelehrsamkeit im 12. Jahrhundert beobachten, die eine für uns sehr interessante Entwicklung ausgelöst hat (8.3.1.1., 8.3.2.1. und 9.1.7.). Weitere, für unsere Untersuchung interessante, Beispiele für Reformen des monastischen Lebens betrafen später die Benediktiner und die Zisterzienser (9.2.1.2.2.).

Missionsbestrebungen haben neben dem Studium der „Alten" und das Studium der orientalischen Sprachen (7.5.1.4.) auch die Weiterentwicklung der Logik von der Begriffslogik zur Aussagelogik (9.1.2.1.) motiviert.

1.1.2 Die Kulturpolitik unter den Karolinger.

* Bereits die Ptolemäer haben sich um die Förderung der Wissenschaften gekümmert. Sie haben Wissenschaftler um sich gesammelt, doch wenig für die Bildung der Bevölkerung getan. Die zukunftweisende Neuerung, die mit der Regierung Karls begann war, dass er die Sorge um die Bildung seiner Untertanen, eine herrschaftliche Bildungspolitik, überhaupt zu seiner Aufgabe gemacht hat. Diese Fürsorge war eingebettet in eine „Reichspolitik":

* Karl der Große (747/8 – 814) hat in den Kriegen gegen die Langobarden, Thüringer und Sachsen mit Waffengewalt weite Teile Europas unter seine Kontrolle gebracht. Nach Einhard *wurden die Sachsenkriege ununterbrochen dreiunddreißig Jahre lang* (772 – 804) *mit großer Erbitterung auf beiden Seiten geführt*[129].
Bereits die Missionstätigkeit des Bonifaz unter den Sachsen (7.1. und 7.1.1.3.) hat auch militärische Auseinandersetzungen provoziert: Karl Martell (738), Karlmann (743) und Pipin III (753 und 758) haben gegen die Sachsen gekämpft. Dieser Kampf war auch ein Kampf gegen das germanische Heidentum.
Die „Schwertmission" hat einen Diskurs provoziert: Alkuin (7.1.4.) wandte sich, wohl

in der angelsächsischen Tradition von Willibrord und Bonifatius (7.1.1.), gegen die Zwangstaufe: *Man kann den Menschen zum Glauben ziehen aber nicht zwingen...Die Priester sollen die Heidenvölker mit friedlichen und Klugen Worten den Glauben lehren*[130].

Der Diskurs spiegelt sich in zwei Kapitularien: Das „Capitulario de Partibus Saxoniae" bestimmte, dass Heidentum ein Grund für eine Hinrichtung sei[131]. Ein zweiter Erlass vom 797 hat den ersten etwas abgemildert[132].

Ausblick: Die „Schwertmission" hat auch bei der Bekehrung der „Indios" einen Diskurs hervorgerufen (9.1.5.2.).

Karls politisches Ziel war das westliche römische Kaiserreich zu erneuern („*Renovatio imperii romanorum*") – doch nicht nach heidnischem, sondern nach dem Vorbild der konstantinischen Zeit durch die enge Verbindung von Kaiser und Papst. Dazu mussten die eroberten Territorien neu gegliedert und auch integriert werden. Im internationalen Kräftespiel hat Karl diplomatischen Kontakt zum Kalifat in Bagdad geknüpft. Berühmt wurde das Geschenk des Kalifen Harun al Raschid (6.2.1.3.2.): der Elefant[133], doch die Kontakte haben nicht zu einem Austausch im Bereich der Kulturen geführt[134].

Vasalität, Grafschaftsverfassung und Königsboten waren die herrschaftlichen Instrumente und auch ein Teil der Reformen[135]. Er hat an die Kulturpolitik der Pippiniden angeknüpft (7.1.1.3.): In den Capitularien hat er Stellung und Pflichten der Bischöfe und der Mönche geregelt[136],[137],[138]. Für die innere Ordnung der Klöster hat er auf die „Regel Benedikts" hingewiesen[139] (5.1.4.). Die Capitularien formulieren Grundsätze, sie lassen viel Raum für Interpretation, sie konnten in Briefen gedeutet oder spezifiziert werden.

Modoin (7.1.4.) schrieb ein Loblied auf Karl: *Rom, das goldene, kehrt erneuert zurück in den Erdkreis*[140],[141].

Weitere Mittel der Integration waren: Personalpolitik (z.B. die Besetzung der Bistümer und der Abteien mit Leuten seines Vertrauens, 7.1.4.) und Lehnwesen, Wirtschaftspolitik, die Vereinheitlichung von Maßen und Gewichten und die Münzprägung. In seiner Landgüterverordnung „Capitulare de villis vel curtis imperii" erließ er detaillierte Vorschriften über die Verwaltung der Krongüter[142],[143]. In diesen legte er auch die Grundlagen zu einer „Industrialisierung" des Reiches, d.h. die Fortentwicklung von Handwerk und Kunstgewerbe: Jeder Amtmann soll in seinem Bezirk tüchtige Handwerker zu Hand haben: Schmiede, Schuster Drechsler ... usw. haben[144]. Nicht nur auf den Krongütern, sondern auch auf den großen Gütern der Klöster ist diese Entwicklung zu beobachten[145] (7.1.3.).

Der Integration der Reichsteile diente auch die Christianisierung der unterworfenen Völker[146], die Gründung von Klöstern und die Ansiedlung von Mönchen und nicht zuletzt die Bildungspolitik.

Karl verfügte 789, *dass Schulen entstehen für Jungen, die lesen. Psalmen, Schriftzeichen, Gesänge, Zeitrechnung, Grammatik sollt ihr in den einzelnen Klöstern oder Bischofshäusern und in den katholischen Büchern ordentlich berichtigen, weil manche, während sie Gott gut bitten wollen, aus unberichtigten Büchern oft schlecht bitten. Und gestattet euren Jungen nicht, die Bücher beim Vorlesen oder Abschreiben zu verderben. Und wenn die Aufgaben ansteht, ein Evangelienbuch, ein Psalter und ein Messbuch zu schreiben, so sollen Männer vollendeten Alters schreiben mit aller Sorgfalt*[147].

Reichsverband und kirchliche Organisation wurden eng miteinander verknüpft, die Kirche wurde auch in seinem Reich zur Staatskirche. Karl setzte nach eigenem Ermessen Bischöfe und Äbte ein. Dem erobernden Heer folgte der Missionar[148]; die Klöster und die Bischofssitze wurden nicht nur Zentren geistiger Macht, sondern auch der Kunst und Kultur[149] (7.1.3.).

Dazu hat er schon als König an seinem Hof gebildete Männer aus ganz Europa versammelt (7.1.4.). Vorrangige Bildungsträger waren Mönche und Kanoniker (7.1.1.). Diese lese- und schreibkundigen „Litterati" lasen theologische Schriften und die heidnischen Klassiker. Doch sie studierten diese nicht um ihrer selbst willen, sondern benutzten sie als Mittel um die christliche Bildung des Klerus zu stärken (7.1.1.2.). Durch die christliche Ausrichtung sollte die platonische Akademie übertroffen werden[150] (7.1.4.). Sie bildeten zu den adligen Kriegern eine Art „Gegenkultur"[151] (7.1.4., siehe auch Johannes Salisbury, 8.2.1.).

Durch die unter der Herrschaft Karls des Großen eingeleitete Neubelebung des Schul- und Bildungswesens wurde eine Rückbesinnung auf das buchstabierende Schreiben stark gefördert. Mit der Reform waren insbesondere die Klöster von Corbie (um 780), dann auch Saint-Martin de Tours unter dem Abt Alkuin von York (7.1.4.) verbunden[152].
Die karolingische Minuskel hat die lokal divergierenden Schriften abgelöst und die Bildungsreform gefördert. Sie sind leichter zu schreiben und auch Platz sparend[153], sie breitete sich ab dem 9. Jahrhundert von den Schreibzentren des Karolingerreiches (u. a. Tours, Reims und Aachen) sehr schnell aus.

Im gesellschaftlichen Diskurs um den Ostertermin (7.1.1.3.) versuchte Karl eine Lösung zu finden. Er verfügte, dass die Priester die Osterrechnung kennen müssen[154] und hat Alcuin beauftragt, ein Lehrbuch der Zeitrechnung zu verfassen[155] (7.1.4.). Einhard (7.1.4.) berichtet, Karl habe dabei den Monaten fränkische Namen gegeben[156],[157]. Eine Regelung zu Berechnung des Ostertermins wurde in drei karolingischen Enzyklopädien zur Zeitrechnung (von 793, 809-12 und 818) festgelegt. Diese waren nicht nur für den liturgischen Osterzyklus die Grundlage, sondern auch für die Chroniken[158].

* Die Kulturpolitik Karls enthielt einen wenig beachteten, doch für unsere kulturphilosophische Untersuchung zwei konfliktträchtige Pole (Vergleichbar mit den zeitgenössischen Abbasiden (6.2.1.3.2.):
.... Karl der Große hat die Kirche nicht nur gefördert, sondern in den Dienst seiner Politik gestellt und wies der Kirche im gesamten gesellschaftlichen und politischen Leben des Imperiums Kirche einen zentralen Platz zu[159].
Dazu gehörten nicht nur Bemühungen um die Bildung[160] sondern auch um eine einwandfreie Lebensweise und Amtsführung der Priester, die durch Predigt und Ermahnung, aber auch als moralisches und intellektuelles Vorbild wirken sollen[161].
Ein Instrument zur Förderung der Kirchendisziplin[162] waren die Bußordnungen (5.1.1. und 5.1.4.1.2.) und eine eigene Literaturgattung blühte auf Grundlage der irisch-englischen Tradition (7.1.1.1. und 7.1.1.3.) und der Kirchenväter auf: die Bußbücher oder Poenitentiale. Im Lasterkatalog der Bußbücher erschien superbia, Hochmut oder Überheblichkeit als eine schwere Todsünde[163]. Auf der Synode von Aachen wurde (802) beschlossen, dass das Poenitentiale zu der „doctrina

clericorum" rechnet, das jeder Geistliche lernen muss[164] (7.1.4.). Es wäre zu erwarten, dass die Bußbücher auch für den seelsorgerisch-praktischen Umgang mit superbia nicht das literarische, sondern das konkrete Leben spiegeln, zumindest wie es sein sollte, --- doch es fehlt an kritischen Ausgaben, ja selbst ein Corpus aller Bußbücher[165]. In konkreten Einzelfällen werden wir aber auf die Bedeutung der Bußbücher hinweisen. So z.B. als Mahnung an die Mediziner (9.1.3.).

.... Wegweisend für die Zukunft (7.1.3.) wurde die Schul- und Bildungsreform von Karl dem Großen, die er um das Jahr 789 in einer Folge von Erlassen formuliert hat[166]. Diese Politik war eng an die Politik seiner Vorgänger angelehnt (7.1.1.), Karl war besorgt, wie schon sein Vater vor ihm, über den Bildungsstand des Klerus und der Mönche, über den Zustand des geschriebenen und des gesprochenen Lateins und die Fehlerhaftigkeit der verwendeten Texte. Zur Verbesserung verfügte er die Einrichtung von Schulen in allen Klöstern, verordnete die Lehrgegenstände: Es waren die Fächer der artes liberales[167] (7.1.2.3.). Er trug den Klöstern und Schreibstuben die Pflege der schriftlichen Überlieferung auf, die Herstellung stilistisch und grammatikalisch korrekter Schriften und Abschriften, insbesondere der biblischen Texte, Psalmen, Kommentare und anderer kirchlichen Texte[168],[169], Lehrbücher und was für den Schulbetrieb gebraucht wurde[170]. Die Beschäftigung mit antikem Bildungsgut (4.1.2.4. und 5.3.3.) diente in erster Linie dazu, die Kenntnisse des Lateins zu verbessern[171], das ja die Sprache der Kirche war.

Auch Einhard berichtet, dass Karl größte Aufmerksamkeit der Verbesserung des liturgischen Lesens und des Psalmengesanges widmete[172]; weiter, dass sein Interesse besonders den Sieben Freien Künste galt und, dass er viel Zeit auf das Studium der Rhetorik, Dialektik und der Astronomie verwendete[173]. Auch seine Kinder ließ er in den Wissenschaften unterrichten, an denen er selbst interessiert war[174]. So nahmen in der Praxis von den artes liberales[175] (7.1.2.3.) zunächst die Fächer des Triviums, Grammatik, Dialektik und Rhetorik, den weitaus größten Raum ein[176], während die Fächer des Quadriviums, Arithmetik, Geometrie, Astronomie und Musik, erst etwa ab der Mitte des 10. Jahrhunderts in nennenswertem Umfang und nur allmählich und an den verschiedenen Schulen wohl in unterschiedlicher Intensität einbezogen wurden[177],[178]. (7.2. und 9.1.2.)

Aber Karl erließ nicht nur Verordnungen, sondern stellte auch Mittel zu ihrer Durchführung bereit. Zahlreiche neue Bildungszentren entstanden und auf die neu geschaffenen Stellen wurden qualifizierte Lehrer berufen (7.1.5.). Bedeutende Gelehrte seiner Zeit konnten (wie wir in den weiter unten genannten Beispielen sehen werden) in der Reichsverwaltung einflussreiche Positionen einnehmen.
Kirchen und der Klöster wurden mit Reliquien in Reliquiaren aus kostbarem Material, liturgischen Gewändern aus Seide ausgestattet[179].

Ein „Diskurs" um die Reformen und um die Bildungspolitik ist nur in Rudimenten zu erkennen und wird im Abschnitt 7.1.4. untersucht. Die Frucht der Bildungspolitik war eine „Renaissance" der Wissenschaften" in der Zeit der Karolinger, die wir im Folgenden auf ihre spezifische Eigenart und Homogenität untersuchen wollen (7.1.2.3. und 7.1.3.).

* Ausblick: Diese konsistente und konsequente Förderpolitik haben seine Nachfolger (Ludwig der Fromme, *778, 814 – 840; Lothar I, *795, 840 – 855; Ludwig der Deutsche, *806, 843 – 876; Karl der Kahle, *823, 875 – 877, 7.2.) weiterverfolgt. Kulturpolitik war auch unter den Ottonen mit Kirchenpolitik verwoben (7.1.6.1.).

Die Leitidee *„Renovatio imperii romanorum"* gewann unter den Ottonen, Saliern und Staufer, im Kaiserreich, aber auch in Kastilien (7.3.) und in „Italien" (7.4.) allgemein-politisch, kulturpolitisch, aber auch literarisch zusätzliche Komponenten und wurde reich an Facetten, auf die wir achten wollen (7.1.6.1., 7.1.6.2., 7.3.2., 7.4.2., 7.5. und 7.5.1.4.). Auch die Humanisten (7.6.) und die humanistischen Studien (7.5.2.4.) haben an die antiken römischen Vorbilder (4.1.2.4.) angeknüpft.

1.1.2.1 Das Bauprogramm

Öffentliche Bauten verkündeten auch ein politisches Programm. Unter Karl lebte die die Monumentalarchitektur in Stein wieder auf. Die Bevölkerung lebte in schlichter Holzarchitektur. Erhaltene Zeugnisse der Bautätigkeit Karls und der Karolinger sind neben den Pfalzen auch Sakralbauten. Für seine Regierungszeit ist der Neubau oder die Wiederherstellung von 232 Klöstern, 16 Kathedralen und 65 Pfalzen nach-gewiesen[180],[181].
Karl eilte zwar von einem Kriegsschauplatz zum anderen, doch seine bevorzugten Aufenthalte waren die Pfalzen Herestal, Worms, Ingelheim, Nimwegen, und unter diesen seit 794 bevorzugt Aachen. Die Pfalz ist eine komplexe Anlage: Sie setzt sich aus Wohngebäude, einem Saalbau, einer Kirche und einem Wirtschaftshof zur Versorgung des Hofes (bis zu 1000 Personen!)[182].

Seine Auseinandersetzung mit der Antike bezog sich nicht nur auf deren Erhaltung durch Abschriften in den Schreibstuben der Klöster (7.1.5.), sondern auch auf die Architektur. Das Werk „De Archtektura" des Vitruv (4.1.2.2.3.) war am Hof Karls be-kannt[183]; Architekturelemente wurden zitiert, insbesondere aus der Spätantike, und Spolien aus Ravenna[184] an repräsentativen Stellen eingesetzt,[185].

* Es ist interessant die Bautätigkeit Karls mit derjenigen der römischen Kaiser zu vergleichen (4.1.2.7.1). Einhard berichtete über die Bautätigkeit *die Karl begann, die dem Königreich zur Zierde und zum Nutzen gereichten*: Als Wichtigstes nannte er den Dom zu Aachen; die Rheinbrücke bei Mainz und zwei herrliche Paläste. Doch sein Hauptinteresse galt den Kirchen: *Wenn er in seinem Reich eine verfallene Kir-che sah, befahl er den verantwortlichen Bischöfen und Priestern, sie zu restaurieren und vergewisserte sich durch Boten, dass seine Befehle auch ausgeführt wur-den*[186]. *Die Kirche in Aachen ließ er mit Gold und Silber, mit Leuchtern und mit Git-tern und Türen aus massivem Metall ausschmücken. Für diesen Bau ließ er Säulen und Marmor aus Rom und Ravenna bringen. Er schenkte der Kirche auch viele hei-lige Gefäße aus Gold und Silber sowie eine große Anzahl von Priestergewän-dern*[187].

Wie auch bei Augustus, galt die Aufmerksamkeit Karls neben den propagandisti-schen Monumenten insbesondere der Erneuerung des religiösen Lebens. Von den Infrastrukturmaßnahmen, die Augustus in seinem Rechenschaftsbericht erwähnt[188], Straßen, Basiliken, Bäder, Säulenhallen, Foren des öffentlichen Lebens und die Gründung von Veteranenkolonien, kennen wir bei Karl dem Großen weniger: Ein-hard und Notker[189] erwähnten nur die Rheinbrücke und das Schiffsbauprogramm (7.1.4.). Doch bedeutender für den Handel sollte Karls Kanalbau zur Überwindung der europäischen Wasserscheide werden (793). Die „Fossa Carolina" zwischen Altmühl und Rezat sollte die Wassersysteme der Donau und des Rheins mit einem durchgehenden Wasserweg verbinden[190],[191] --- doch sie wurde wohl nie dauerhaft genutzt[192].

1.1.2.2 Die Künste

Die Aufgabe der Kunst unter Karl und der Karolinger eine zweifache: Sie soll die Ehre Gottes und den Ruhm des Herrschers mehren. Die Kunst wurde von Karl darüber ganz speziell in den Dienst seiner Politik der religiösen und politischen Erneuerung gestellt[193].

Die zeitgenössische Kunstproduktion Kleinkunst oder Kunsthandwerk[194]. Sie umfasste liturgische Gerätschaften, Kirchenschmuck aus Gold, Elfenbein und anderen wertvollen Materialien. Hinzukommen noch wertvolle Bücher (7.1.5.) , Wandmalereien, Teppiche und Bauskulptur.

Die Kunstgegenstände wurden vornehmlich am herrscherlichen Hof selber hergestellt[195]. Seine Vertrauten (7.1.4.), Theodulf, auch Alkuin, haben in ihren späteren Wirkungsstätten an diese Praxis angeknüpft[196]: Die am Hof gepflegte „Renovatio" der – meist spätantiken – Kunst wirkte an weiteren Orten nach. Bis zur Aufkommen der Gotik besaß keine Epoche eine vergleichbare Nachwirkung[197].

Eine Sammelhandschrift mit Vitruvs "De architectura libris decem" (10. Jahrhundert) enthält auch technische Rezepte von mehreren Schreiberhänden. Sie belegen einen intensiven Diskurs um Architektur am Herrscherhof und in den Klöstern[198]. Eine Kunstkritik können wir unter den Karolinger weder im Allgemeinen noch im Speziellen erwarten, doch wir finden unter den Gelehrten auch weitere Anzeichen für einen Diskurs:

.... Die Libri Carolini, wahrscheinlich vom Theodulf (7.1.4.) um 810 verfasst, hielt als wahre Lehre fest: *dass man Bilder habe zum Schmuck der Kirchen und zur Erinnerung an früher Geschehenes, Gott aber allein anbetend und seinen Heiligen die schickliche Verehrung darbringend*[199]. *Maler, vermögen also in Gewisserweise, die Geschichten vergangener Taten wieder ins Gedächtnis zurückrufen; Dinge aber, die nur von den inneren Sinnen erfasst und durch Worte ausgedrückt werden, können nicht von Malern, sondern nur von Schriftstellern formuliert und durch die Auslegungen anderer erläutert werden*[200]. Diese Position korrespondiert mit der Apologie des Johannes von Damaskus (5.3.2.3.2. und 5.3.2.2.3.3.) und den Beschlüssen des Konzils des II. Nicäums. Die Kunst aus dem Umkreis Karls korrespondierte mit seinem religiösen und kulturpolitischen Programm[201].

.... Einhard (7.1.4.) hat in der Beschreibung von Bauwerken (Kirchen) und handwerklichen Erzeugnissen die Kategorie des Ästhetikums[202] verwendet, doch er unterschied in seiner Streitschrift über die Verehrung des Kreuzes (836) zwischen Verehrung und Anbetung.

.... Hrabanus Maurus (7.1.4.) lehnte in seiner Streitschrift „Vom Lob des heiligen Kreuzes" illusionistische Darstellungen ab: *Eine leere Schönheit im Bild (und) eine falsche Schönheit der Farben (...) ist die Malerei, die auf nicht angemessene Weise die Gestalten der Dinge Darstellt*[203]. In den Bildern seiner Kreuzgedichte sind die Bilder des Gottessohnes oder des Kaisers zweidimensional. Sie leben alleine durch ihren Umriss und stellen sich in den Dienst des Wortes. Sie sind Interpretationshilfen auf einer niederen formalen Ebene.

.... In der lateinischen Kirche gab es unter Ludwig dem Frommen (814 – 840) in Italien und Gallien bilderfeindliche Reaktionen. Die (Erz)Bischöfe Agobard von Lyon (816 – 840) oder Claudius von Turin (+827) ließen in ihren Diözesen die Bilder aus den Kirchen entfernen und trotz des Widerstandes ihrer Gemeinden zerstören. Claudius lehnte auch die Verehrung des Kreuzes ab. König Ludwig sah sich angesichts dieser Umtriebe zu einer Stellungnahme gezwungen und gab ein „Gutachten" in Auftrag. Jonas von Orleans (818 – 843) legte eine betont bilderfreundliche Stellungnahme ab, die er auch auf der Synode von Paris vorlegte. Die Synode von Paris griff auf die Argumente der Kirchenväter, Gregors und Augustins zurück[204]. Die Synode von Arras (1025) hielt fest: es muss für das Volk möglich sein, dass sie das, was sie aus den Schriften nicht verstehen, durch die Bilder verstehen ... *pictura est laicorum litteratura*[205].

Letztlich ließ sich der Bilderverbot auf lange Sicht nicht allgemein durchsetzen, die Bilderverehrung konnte nur seelsorgerisch gesteuert werden (9.2.2.1.5.)[206]. Im Mittelalter wurden Bilder zu einem Mittel der Verkündigung: als „biblia pauperum" in der Buch- und Glasmalerei (9.2.2.5.). Doch bilderfeindliche Einstellungen finden wir auch weiterhin: in den monastischen Gliederungen der Kirche, so bei den Zisterziensern (9.2.2.4.2. und 9.2.2.4.3.) und später in der Reformationsbewegung[207] (9.2.2.5.3. und 10.3.1.3.).

1.1.2.3 Das mittelalterliche Bildungswesen

Eusebius, den Bischof von Caesarea hat über Konstantin berichtet, dieser habe sich auch um die Bildung der (neu) Christen gesorgt (5.1.6.1.).
Gregor von Tours (539 – 594; 5.1.4.1.2.) hat den Verfall der Bildung (5.3.3.) unter den Merowinger beklagt: *Wehe über unsere Tage, dass die Pflege der Wissenschaften bei uns untergegangen ist und niemand sich findet, der das, was zu unseren Zeiten geschehen ist, festhalten könne*[208],[209]. Bibliotheken, Skriptorien und Schulen gehörten nicht selbstverständlich zur Kathedrale und zum Kloster, der Unterricht soll bescheiden gewesen sein. Auch die Klöster hatten nur bescheidene und einseitige Bildungambitionen[210] (5.1.4.1.).

* Karl der Große legte Wert auf die Bildung der Kleriker und der „Beamten"[211]. Die Grundlage seiner Bildungsreform bildeten die artes liberales[212]. Es war ein System antiker (und auch mittelalterlicher Allgemeinbildung; enkyklios paideia), das auf griechische Sophisten (3.2.2.) zurückgeht. Seneca (ep. 88) spricht von den artes liberales. Sie lehren formales Wissen, keine technischen Fertigkeiten (Malerei, Bildhauerei). »Liberal« heißen sie, weil sie eines freien Mannes würdig sind. Sie stellten die Propädeutik der Philosophie dar. Am Ausgang der Antike blieben sie als einziger allgemeiner Wissensbestand übrig. Seit Varro und Augustinus lag die Siebenzahl fest und auch die im ganzen Mittelalter erhaltene Reihenfolge: Grammatik, Rhetorik, Dialektik und Arithmetik, Geometrie, Musik, Astronomie. Die für das Mittel Alter maßgebende Darstellung gab Martianus Capella (5.2.1.11.) in »De nuptiis Philologiae et Mercurii« (ed. A. Dick 1925). Die wichtigsten Quellen der Artes-Überlieferung sind: Allen voran Boethius[213] (5.2.1.12.), Cassiodor (5.2.1.14.), Isidor von Sevilla[214] (5.2.1.16.) und Alkuin (7.1.4.)

Das Zentrum der karolingischen Bildungsreform war zunächst die Aachener Hofschule[215]. Dazu kamen die Schulen, die Karl an den Bischofsitzen einrichten ließ[216]. In den folgenden zweihundert Jahren wurden, bis Anfang des 12. Jahrhunderts, die Kloster- und Kathedralschulen die Zentren des Bildungswesens. In diesen Schulen haben Benediktinermönche den Unterricht erteilt[217]. Doch die Wirkung dieser Schulen blieb auf die Reichsklöster und großen Bistümer beschränkt[218].
Mit dem Aufschwung der Städte (9.2.1.2.1.) im 11. und 12. Jahrhundert bekamen die Dom- und Kathedralschulen eine besondere Bedeutung[219],[220],[221],[222], sie haben

ab dem 11. Jahrhundert die Klosterschulen an Bedeutung überholt[223] (7.2., und 8.1.1.). An diesen wurden die Fächer des Quadriviums besonders beachtet (7.1.2.3.) und der Unterricht wurde von Welt- oder Regularkleriker erteilt[224]. Um ihren Bedarf an Nachwuchs für die Verwaltung zu sichern haben nicht nur die Bischöfe, sondern auch die Herrscher eigene Schulen eingerichtet[225], so z.B. die Ottonen in Hildesheim (7.1.6.1.), die Salier in Speyer (7.1.6.2.). *Doch manche Kleriker wurden irgendwie bäuerisch erzogen und blieben fast ohne Wissenschaft und feinere Bildung*[226].

Die Bedeutung der Schulen hing stark von Renommee der Lehrer ab[227]. Genannt seien die Schulen: Bobbio in Norditalien, Fulda, Sankt Gallen (7.1.6.1.), Reichenau, Reims (7.2.), Lüttich, die Schulen von Chartres (8.1.1.) und Paris (8.1.2.).

Im 12. Jahrhundert wurden die ersten Universitäten gegründet. Insbesondere an Schulen und Universitäten wurden die Kontroversen um die artes ausgetragen (7.1.6.1.; 7.2.; 8.1.; 9.1.7.1.; 9.1.7.3. und 10.1.3.).

* Die artes liberales waren Lehrplan und Lehrstoff der Schulen[228]; die Universitäten des Mittelalters haben sie in der Artistenfakultät gepflegt und ausgebaut[229] (8.1.3.).

.... Die Septem artes liberales (4.1.1., 4.1.2.4., 4.2.7., 5.2.1.11., 5.2.1.14) gliedern sich in das Trivium (seit Isidor von Sevilla) und das Quadrivium. Im Trivium wurden, wie schon in hellenistischer und römischer Zeit, Grammatik, Rhetorik und Dialektik, im Quadrivium Arithmetik, Geometrie, Astronomie und Musik gelehrt. (In dieser Zusammenstellung seit Archytas von Tarent; von Boethius Quadruvium, später Quadrivium genannt). Trivium und Quadrivium fanden Gestalt in Zusammenstellungen klassischer Texte, die im Laufe der rund 700 Jahre, in denen die Septem artes liberales die Bildungsarbeit fundierten, vielfältig variiert zu verschiedensten Lehrbüchern geführt haben. Von den artes liberales wurden die Fächer des Triviums weit gründlicher betrieben, als die des Quadriviums[230].

.... Im Trivium geht es um Befähigung zur sprachlichen Kommunikation. Es ist die Krone des artes liberales[231]. Zur Teilnahme an der sinnverstehenden und sinnstiftenden Kommunikation trägt die Grammatik als Buchstaben- und Satzlehre, als Kunst des Lesens und Schreibens, als Befähigung zum verständnisvollen Umgang mit Sprache und Literatur und deren angemessener Reproduktion bei. In der Rhetorik soll auf die wesentlichen Formen der öffentlichen Rede vorbereitet werden, z.B. Lobesreden auf Gott und Heilige, Prunkreden zu festlichen Anlässen, Gerichtsreden, politische Reden, Grabreden u.a. Im Zentrum der Rhetorik stehen Stilkunde, Gliederung der Rede und Aufbau von Argumentationsfiguren. Gegen Ende des 11. Jahrhunderts wurde die Kunst Briefe zu schreiben, Ars dictaminis, ein Unterrichtsfach im Rahmen der Rhetorik[232]. Die Dialektik schließlich soll das begriffliche Denken und das logische Schlussfolgern lehren.

Die Fächer des Triviums waren im 11. und 12. Jahrhundert ihrerseits Gegenstand einer Kontroverse[233] von „antiqui" und „moderni" (7.5.1. und 8.1.1.). Vom 11. Jahrhundert wurde die Lehre vom Briefstil als Ars dictandi oder Ars dictaminis Teil des Rhetorikunterrichts[234].

.... Im Quadrivium geht es um den verständnisvollen Umgang mit dem Wissen über die Welt. Die vier „mathematischen" Disziplinen repräsentieren das Wissen über die Welt nach Zahl, Raum, Bewegung und Zeit. Von den Fächern des Quadriviums wurde, unter Verwendung des Martianus Felix (5.2.1.11.), Boethius (5.2.1.12.), Isidor von Sevilla (5.2.1.16.) und Nikomachus (4.1.1.2.), die Arithmetik und die Musik unterrichtet[235]. „De Institutione Arithmetica" des Boethius (5.2.1.12.) gehört zu den meistgelesenen Texten des Mittelalter: Über 200 Handschriften sind erhalten, davon 50 aus den Jahren vor 1000[236]. - Leitend war dabei nicht eine „reine Mathematik" oder die mathematische Formulierung von „Naturgesetzen", sondern die allegorische oder symbolische Bedeutung der Zahlen[237] in platonisch-pythagoreischer Tradition (5.1.1.). Die Musik wurde allem als Harmonielehre unterrichtet (9.2.2.2.).

.... Zum Verständnis der Naturalien in der Bibel wurden über die Artes liberales hinaus auch historische, geographische und naturkundliche Kenntnisse benötigt. Bereits Isidor von Sevilla (5.2.1.16.), Beda Venerabilis (7.1.1.2.) und Hrabanus Maurus (7.1.4.) haben Enzyklopädien oder naturkundliche Schriften zur Verständnis der Realien in der Bibel verfasst. Auch Notker Balbulus (7.1.4.), Notker III (7.1.6.1.), Walter von Speyer (7.1.6.2.) und die Äbtissin Herrad von Landsberg (7.4.2.) haben Bücher zum Verständnis biblischer Texte verfasst.

.... In ihrer Konzentration sind die Septem artes liberales ein bis heute nicht überbotenes Bildungsmodell des Lehrens und Lernens. Doch der mittelalterliche „Lehrplan" der Artes liberales war nur noch ein formaler Gerüst, er hat diese Fächer nicht in vollem Umfang vermittelt. Ihre traditionellen Elemente wurden nur soweit vermittelt, wie sie zum Verständnis der Heiligen Schriften und der Schriften der Kirchenväter notwendig war. Die christliche Bildung der Spätantike (5.2.3.) und des Mittelalters (5.1.4.1.2., 7.1.1.1., 7.1.1.2. und 7.1.1.3.) hatte „Spoliencharakter"[238].

Im weiteren Verlauf unserer Untersuchung gilt unsere Aufmerksamkeit insbesondere den verschiedenen „mathematischen" Disziplinen: Arithmetik, Geometrie, Astronomie, Optik, und Mechanik. Erst im 10. Jahrhundert können wir eine markante Zäsur in der Rezeption dieser Fächer beobachten (7.1.6., 7.2., 9.1.1., 9.1.2. und 9.1.3.2.1.). Insbesondere die Rezeption der Physik des Aristoteles im 13. Jahrhundert gibt uns einen Anlass zu der Frage: Gab es einen gesellschaftlichen Diskurs um diese Fächer und wenn, welcher Art? (7.2.; 7.5.2.4., 8.1.2.2., 8.1.3., 8.1.3.1., 8.3.2., 9.1., 9.1.2, 9.1.7. und 9.1.7.1.1.)

.... Das Studium war bis zum 12. Jahrhundert „Autorenstudium". Das karolingische Bildungsprogramm hat keinen Lektürekanon festgelegt, die Liste der Autoren und der zu lesenden Bücher waren Gegenstand eines anhaltenden Diskurses[239],[240] (7.1.4., 7.1.6.1. und 7.1.6.2.).

.... Wir müssen auf das Profil der Schulen achten: nicht alle haben den kompletten Kanon im Lehrprogramm, es gab spezifische Unterschiede zwischen Kloster- und Kathedralschulen[241] und der angebotene Lehrstoff einer Schule hat sich mit dem Wechsel des Lehrers geändert. Für unsere Untersuchung sind insbesondere die Schulen von St Gallen (7.1.5.1.), Reichenau (7.1.2., 7.1.6.2.), Reims und Lüttich (7.2.3.), Chartres (8.1. und 8.1.1.), Orleans und Paris (8.1.2.2.) von Bedeutung.

.... Die im Unterricht behandelten Autoren umfassten eine Auswahl heidnischer wie christlicher Schriftsteller: Homer (2.3.2.1.), Vergil (4.3.4.9.), ein Auszug aus den Historia Naturalis des Plinius, (4.1.2.1.6.), Martianus Capella (5.2.1.11.), Boethius (5.2.1.12.), Isidor von Sevilla (5.2.1.16.) und viele andere mehr[242],[243].

Bereits vom 12. Jahrhundert an wurden alternative Bildungsprogramme diskutiert (7.4.2., 7.5.2.4. und 8.1.2.2.) aber erst im Laufe des 17. und 18. Jh. wurden die septem artes liberales von einer neuen Fächergliederung für den Unterricht abgelöst[244]. Der Diskurs um das Unterrichtswesen ist für diese Untersuchung von großer Bedeutung und wird uns in 8.1., 10.1.3. und 10.1.8. weiter beschäftigen

1.1.3 Die Wirkung der Maßnahmen Karls des Großen

* Es ist interessant die „Kulturpolitik" der Karolinger mit der „Kulturpolitik" der etwa zeitgleichen frühen Abbasiden zu vergleichen (6.2.1.3.2.):

.... Die am Hof entstandene Bildungseinrichtungen: Skriptorium, Bibliothek und Schule wurden Vorbilder für Klöster und Stifte. Der Bestand der Klosterbibliotheken wurde durch Schenkung, Kauf, Tausch, doch vor allem durch die eigene Kopiertätigkeit vermehrt. Die Tätigkeit von Kopisten im Kloster wird manchmal in Briefen erwähnt[245]. Der älteste Katalog des Klosters Sankt Gallen (860/65) enthält 426 Bücher, auch Hinweise auf ihren Zustand und auf Leihverkehr mit anderen Bibliotheken bzw. Skriptorien[246].

.... Die Klöster wurden - neben den Bischofsstädten und dem Königshof - die wichtigsten Zentren der Schriftlichkeit, Bildung und Wissenschaft. Dazu zählten im 9. und 10. Jahrhundert Tours, Reims, Bec; im mittleren und östlichen Teil des Frankenreiches die Benediktinerklöster Prüm, Fulda, St. Emmeram, Reichenau und Sankt Gallen (7.1.6.1.). Später wurden diese reichen, alten Abteien vielfach überflügelt von jüngeren Gründungen wie Cluny (9.2.1.2.2. und 9.2.1.4.), Hirsau (9.2.1.4.), Melk, Michelsberg[247]. Zur Erfüllung ihrer Aufgaben, für den Gottesdienst, Predigt und Schule, brauchten die Klöster einen Grundbestand an Büchern[248] (7.1.5.). Doch es gilt auch hier auf spezifische regionale Unterschiede zu achten (7.2.).

.... Der „Sankt Gallener Klosterplan" (um 820) enthielt eine Bibliothek und ein Skriptorium[249]. Die Hauptaufgabe der Skriptorien bestand im Abschreiben der tradierten Schriften, doch oft begnügte man sich mit Auszügen. So entstanden enzyklopädische Handbücher, die ein Basiswissen für den Schulunterricht, Predigt und Exegese enthielten[250]. Die Monopolstellung der klösterlichen Skriptorien bestand bis ins 12. Jahrhundert. Hinzu kamen Kanzleien am Kaiser- und Königshof, der Territorialfürsten und in den Städten[251]. Im Klosterplan waren auch Gebäude für Handwerk und Gewerbe vorgesehen mit Werkstätten für Schuster, Sattler, Gerber, Drechsler ... usw. vorgesehen.

.... Als „correctio" gedacht, war der Reform eine Wiederbelebung vor allem der „rhetorischen Fächer" des Triviums der artes liberales im Fränkischen Reich[252]. Die Mönche wurden „vom Staat wegen" zu Lehrern und Pfleger des Traditionsgutes und verlegten ihre Arbeit in die Schreibstuben und Bibliotheken (7.1.2.). Der Leitspruch „ora et labora" (von Benedikt auf die Handarbeit der Mönche bezogen; 5.1.4.) bekam durch die kaiserliche Verordnungen und Förderpolitik einen neuen Sinn. Die wissenschaftliche Arbeit in den monastischen Gemeinschaften und die eifrige Gelehrsamkeit machten die Klöster, nach englischem Vorbild (7.1.1.), nicht nur zu „Inseln der Gelehrten" sondern auch zu Trägern von Bildung[253] und des fränkischen „Landesausbaues"[254] in einer sonst rustikalen Umgebung[255]. Sie sollten das Wissen in räumliche Breite (d.h. Unterricht in den Dörfern in den germanischen Volkssprachen) und zeitliche Tiefe vermitteln[256]. So hatte Alcuin in Tours mit der „turonica rusticitas" zu kämpfen[257] (7.1.4.).

Doch wie weit der Ansatz zu einem Volksbildungsprogamm wurde, wird unterschiedlich beurteilt[258]. Das Curriculum blieb, von der berühmten „Spitze des Eisberges" abgesehen, vielfach bescheiden: Das Vaterunser war zu beten, das Credo und die Beichtformel zu memorieren[259]. Das Lehrprogramm konnte im Rahmen der sieben freien Künste auf das Trivium konzentriert, und selbst innerhalb des Triviums auf die Rhetorik und Dialektik eingeengt werden[260] (8.2).

* Nach dem, was Einhard berichtet, war das Ziel der Maßnahmen Karls des Großen zwar eine Belebung der Studien[261], doch offensichtlich nicht die säkulare wissenschaftliche Forschung und weltliche Erkenntnisse zu fördern[262]. Doch der Prozess einer Widergeburt der Studien verlief nicht einheitlich, wir haben auf Inhomogenitä-

ten zu achten:

.... Selbst an den Höfen klafften Anspruch und Wirklichkeit auseinender. Die Herrscher im Mittelalter waren in der Regel Illiteraten, wenn auch nicht unbedingt Analphabeten. Fürsten und der Adel wurden für den Kampf vorbereitet und trainiert. Für die Schriftkultur war der Klerus zuständig[263].

.... Viele Klöster und Bischofssitze waren nicht nur politische und wirtschaftliche Zentren, sondern auch Bildungsstätte (7.1.5.). Doch Lupus von Ferrieres (7.1.4. und 7.1.5.) hat in seinen Briefen den Rückgang der gerade neubegonnenen Studien auch manchenorts in den Klöstern beklagt[264].

.... Von den Fächern der artes liberales treten nur die Fächer des Triviums besonders in Erscheinung, während die Fächer des Quadriviums kaum erwähnt werden -- von der „Calkulatio" abgesehen, die für eine korrekte Bestimmung des Jahreslaufs und des korrekten Datums für das Osterfest und den Feiertagen im Osterkreis benötigt wurde. Die Fächer des Quadriviums traten erst im 10. und 11. Jahrhundert in Lotharingia in Erscheinung (7.2.). Von den weltlichen artes mechanicae hören wir in den Bildungsreformen nichts. Von dem medizinischen Schrifttum ist das Lorscher Arzneibuch' erhalten (auch Codex Bambergensis medicinalis genannt und seit 2013 von der UNESCO als „Memory of the World" geführt; 9.1.3.2.4.).

Ziel der karolingischen Regelungen war es das Bildungsniveau der Kirche, insbesondere die Bildung des Klerus zu verbessern. Doch die Maßnahmen hatten, auch mit den oben gemachten Einschränkungen, aus dem Rückblick gesehen eine enorme Reichweite:

.... Zum ersten ist unsere Kenntnis eines Teils der antiken Schriften ist zum Teil dieser von ihm initiierten neuen Gelehrsamkeit zu verdanken.

.... Zum anderen blieb diese karolingische Tradition nicht nur hinter den Klostermauern, sondern legte in der Zeit der Ottonen (7.1.6.1.) und der Salier (7.1.6.2.) im etablierten System der Hof- Dom- und Klosterschulen die Grundlagen für die Weiterentwicklung des Bildungswesens zu Universitäten (8.1.). Diese „höheren Bildungsanstalten" gerieten ins Spannungsfeld zwischen weltlicher und geistlicher Herrschaft: Sie wurden in der Regel durch den Landesherren gegründet und unterhalten, doch ihre Statuten wurden vom Papst bestätigt (8.1., 8.1.3. und 10.1.3.).

.... Die Maßnahmen hatten auch Auswirkungen auch auf die königliche und kirchliche Hierarchie: Bildung gehörte auch in ottonisch-salischer Zeit (7.1.6.) zum Werdegang eines Bischofs[265]. Unter den Päpsten finden wir nicht nur Theologen, Juristen, Gelehrte der doctrina christiana, sondern auch Gelehrte der weltlichen Wissenschaften. Erwähnt seien Benedikt V. (964-966) mit dem Beinamen Grammaticus, und Silvester II. (999-1003), Astronom, Philosoph, Dichter und Mathematiker (7.2. und 9.1.2.). Johannes XXI. (1276-1277), Philosoph, Mediziner und Theologe (8.3.2.3.) Er lernte bei Theodor von Antiochia (7.4.3.) Medizin und lehrte selbst dieses Fach von 1242 bis 1252 in Siena. Papst Alexander V. (Gegenpapst 1409-1410) kannte die „neue Physik" von Oresme[266] (9.1.7.2.6.) und verfasste ein Kommentar zu Petrus Lombardus (letzteren 8.2.). Auch Robert Grosseteste (9.1.6.1.3.), Albertus Magnus (8.3.2.4.), Dietrich von Friedberg (9.1.6.2.5.), Roger Bacon (9.1.36.1.6.) und Nicolaus Cusanus (8.4.3. und 9.1.7.2.6.) standen in dieser Tradition. Auch die Päpste der „Renaissance" waren wichtige Förderer, nicht nur der Künste, sondern auch der Wissenschaften[267] – soweit diese die Führungsrolle der Theologie akzeptiert haben (Kapitel 9).

.... Die Skriptorien (7.1.5.) überlieferten nicht nur selektiv die spezifischen Werke der doctrina christiana (5.2.), sondern auch die Werke der heidnischen Autoren, Poeten, Philosophen, Historiker und Wissenschaftler wie Lukrez, Cicero, Cäsar, Vergil, Ovid, Horaz, Terenz, Juvenal, Sueton, Vitruvius, Columella und Plinius –

was davon noch auffindbar und verfügbar war. Sie konnten im Unterricht fortge-schrittener Schüler zu rhetorischen und stilistischen Übungen verwendet werden, auch wenn sie von der doctrina christiana gesehen, wertlos waren[268].

Auf die Beschäftigung mit diesen Büchern fiel der Schatten der superbia[269] (5.4.). Bereits Isidor von Sevilla (5.2.1.16.) hat die Lektüre heidnischer Werke abgelehnt: *Die Bücher der Heiden und die Schriften der Häretiker soll der Mönch nicht lesen. Viel besser ist es nämlich, ihre verderblichen Lehren gar nicht zu kennen, als durch ihre Kenntnisse in die Fallstricke des Irrtums zu laufen*[270]. Ob dieser potentielle Kon-flikt einer der Gründe für den Weggang Alkuins vom Hof war? (7.1.4.)

.... Beides, das korrekte Latein als lingua franca und die einheitliche Schrift, haben die Kommunikation der Gelehrten gefördert.

* Ausblick: Die Kluft zwischen einer schmalen Bildungselite und dem einfachen Volk war kaum zu überbrücken[271].

.... Ein Konflikt um die Akzeptanz der „Alten" blieb auch unter den Ottonen präsent. Roswita von Gandersheim (7.1.6.1. und 9.2.2.3.) beklagte, *dass viele von uns Christen – und auch mein Gewissen zählt mich selber zu diesen - geben der Zau-ber der gebildeten Sprache wegen, der Eitelkeit der heidnischen Büchern den Vor-zug vor unseren heiligen Schriften, die doch solchen Segen stiften. Mancher, der festhält an Gottes Wort, auch alles heidnische verachtet, liest dennoch gern und eifrig des Terenz dichterische Gebilde; doch während der Sprache Anmut sein Wohlgefallen weckt, wird das Herz ihm vom gottlosen Inhalt befleckt*[272].

.... Zu den lateinischen Texten kamen vom 12. Jahrhundert an die Übersetzungen aus dem Arabischen (7.3.) und durch Johannes Scottus Eriugena (7.1.4.) auch aus dem Griechischen, doch verstärkt ab dem 13. Jahrhundert. Die Früchte dieser Sammeltätigkeit und Gelehrsamkeit in den vielen Skriptorien mussten auch verar-beitet werden. Ein erster Ansatz dazu waren die vier Sentenzenbücher des Petrus Lombardus (8.2.2.). Die Sentenzen stellten eine systematisch geordnete Zusam-menfassung des theologischen Wissens seiner Zeit dar[273]. Sie war eine Sammlung von gültigen Formulierungen aus den Werken der Väter. Petrus Abaelardus (8.2.2. und 8.3.1.2.) und Hugo von St Victor (8.2.2.) benutzten diese Sammlung. Sie fand Eingang in die Schulen und wurde vom 13. Jahrhundert an das Textbuch des theo-logischen Unterrichts und blieb es bis ins 16. Jahrhundert. Die Sentenzen wurden kommentiert und diese Kommentare gewannen an Systematik, wurden zur Gedan-kengebäude, eine Vorstufe für die „Summa theologica" des Thomas von Aquino[274]. (8.3.2.5. und 8.3.3.6.)

.... Als sich das christliche Weltbild in der augustinisch - platonischen Formulierung zu runden begann wurde es gleich erschüttert durch das bekannt werden der, bis dahin verlorenen, Schriften des Aristoteles und der arabischen Kommentatoren, die bislang im Abendland noch unbekannt waren. Diese neuen Bücher lösten eine Grundsatzdiskussion um das Verhältnis von Glaube und Vernunft aus (8.3.).

„Die Klöster" waren nicht nur herrschaftlich subventionierte Träger von Bildungsein-richtungen, sondern wurden auch selbständige Wirtschaftsbetriebe, wichtige Teil-nehmer am Wirtschaftsleben und auch Träger einer technologischen Entwicklung[275] (doch auch hier gilt es auf Inhomogenitäten zu achten; 9.2.1.2.1. und 9.2.1.2.2.). Die Weiterentwicklung der monastischen Lebensform werden wir in den Miniaturen 8.2.3.; 9.2.1.2.2. und 10.3.3. betrachten.

Doch schauen wir zunächst die Meinungen und Einstellungen der näheren beteilig-ten oder betroffenen Gelehrten an und vergleichen die Verteilung der Aufmerksamkeit auf die Fächer des Triviums und des Quadriviums:

1.1.4 Die Gelehrten in der Zeit der Karolinger

* Karl hat auf seinen Kriegszügen nach Italien Kleriker und Laien kennen gelernt, die seine Franken überragten und ihm Bewunderung abnötigten. Er hat sie als Lehrer für seine Franken gewonnen und sie wurden Träger einer Bildungsreform. Der Hofdichter Angilbert brachte diese Bestrebung zum Ausdruck: *Lehrer, der Weisheit voll, begehrte David zu haben / An seinem Hof zum Zier, zum Preis in jeglichen Künsten, / Dass er mit eifrigem Mühn der Alten Weisheit erneuere*[276].

In Aachen sollte ein neues Athen und eine neue Akademie entstehen[277]. Als erste Berief Karl den Italiener Petrus von Pisa[278] (744–799; am Hof 776 - 790), den Langobarden Paulus Diakonus (720 – 799; am Hof 774 – 782; 5.1.4.1.3. und 7.1.5.) und Paulinus von Aquileia (ca. 726 – 802/4; am Hof 776 - 787), den Westgoten Theodulf /750/60 – 821; am Hof 798 - 818). Karl begegnete 781 in Padua Alkuin und berief ihn an seinen Hof. Dann kamen Iren und auch Spanier. Sie bilden die Spitze einer ersten Generation der Karolingischen Erneuerung[279]. Sie verdrängten keine fränkische Amtsträger am Hof, sondern übernahmen Aufgaben, die dort bis dahin brach gelegen hatten[280]. Petrus von Pisa war Lateinlehrer.

* Ihnen folgten als die zweite Generation von Gelehrten, überwiegend Franken: Angilbert, Jesse von Amiens, Haito, Haltigar von Cambrai, Ansegis von Fontenelle, Einhard, Frechulf von Lisieux und der berühmteste Schüler Alkuins: Hrabanus Maurus[281]. Halitgar von Cambrai (+830/1) und Hrabanus Maurus sind uns auch als Verfasser von Bußbücher bekannt[282].

Die Gelehrten um Karl den Großen bildeten, neben den adligen Kriegern, eine eigene „Subkultur", eine „Hofakademie". Diese „Academici" hatten gelehrte Pseudonyme: Alcuin = Flaccus; Angilbert = Homerus; Einhard = Beseleel oder Nardus. Der Dichter im Kreis war Modoinus, mit dem Pseudonym Naso (7.1.2.). Karl selbst wurde als David angesprochen[283],[284]. *Lehrer, der Weisheit voll, begehrte David zu haben / An seinem Hof zur Zier, zum Preis in jeglichen Künsten*[285]. Alcuin hat auch in seinen Briefen an Karl diese Synonyma verwendet[286].

Sie standen in einem engen personellen Verhältnis zu Karl[287], lasen Wissenschaftliches und Literarisches vor, disputierten über philosophische und theologische Probleme, trugen Gedichte vor[288]. Auch Modoinus (s. weiter unten) begehrte Zugang zu diesem Kreis: *Groß war die Sehnsucht des Müden gewesen, zu finden zum Throne / Davids, und dort das erhabene Haupt der Welt zu sehen. ... Einst hat er auch meine Gaben mit freundlichem Antlitz empfangen*[289].

Modoin hat Aachen als ein neues, goldenes Rom beschrieben[290]. Doch ob das Treiben der „Academici" den Beschluss der Aachener Synode einer Verpflichtung der Geistlichen auf die Bußbücher, und damit zu Verdammnis der superbia provoziert hat muss hier offenbleiben (7.1.2.). Freie Forschung oder eine Pflege der weltlichen Wissenschaften betrieben die Gelehrten nicht. Sie schrieben Bücher für die Liturgie, Bibelauslegung, Kommentare[291] und Lehrbücher für den Unterricht. Sie unterschieden sich aber in dem Maß, in dem sie die weltlichen Wissenschaften und die Antike bejahten[292]. Von den Gelehrten, Theologen und Dichter werden im Folgenden nur diejenigen erwähnt, deren Einstellungen zu unserem Thema wir kennen.

* Der Langobarde Paulus Diakonus lehrte unter anderem das Griechische, gab eine Homiliensammlung (*Omillarius*, von 1482 bis 1569 oft gedruckt und auch ins Deutsche übersetzt) heraus und schrieb die *Gesta episcoporum Mettensium*, ein stark karolingerfreundlich gefärbtes Werk. Er verfasste eine Römische Geschichte (*Historia Romana*) in 16 Büchern, eine Geschichte der Langobarden und eine Lebensbeschreibung Papst Gregors des Großen[293]. Er kehrte 786/7 nach Monte Cassino zurück. Aber er blieb mit dem Kaiser in Briefkontakt[294],[295].

Er empörte sich geradezu, als ihn Petrus von Pisa mit Homer, Vergil und Horaz auf eine Stufe stellte[296]: *Verderben will ich*, schrieb er, *wenn ich einen von denen nachzuahmen versuche. Auf Abwege gingen sie und getrieben ins Weglose. Solche möchte ich eher mit Hunden vergleichen*[297],[298].

Paulus Diaconus ist für uns nicht nur ein Beteiligter am Spiel, sondern auch ein interessanter Zeitzeuge (5.1.4.1. und 5.3.2.3.3. und 9.1.5.3.): Eine ihm zugeschriebene Fabel berichtet über Intrigenspiele der Großen[299].

* Die bekannteste Persönlichkeit unter den Gelehrten am Hof Karls des Großen ist Alkuin (730/35-804). Er wurde 781 Leiter der Hofschule, Lehrer des Königs und sein wichtigster theologischer und wissenschaftlicher Berater. Er organisierte die Hofschule nach dem Vorbild der Kathedralschule von York (7.1.1.2. und 9.1.5.). Unterstützt wurde er von seinen Schülern Siegwulf, Wizo und Fridugis[300]. Alkuin war wesentlich an der Formulierung und Ausarbeitung der königlichen Verordnungen und Erlasse beteiligt. Mit seinem Wirken erhielten die angelsächsische Gelehrsamkeit und Schultradition (7.1.1.2.) eine wichtige Stellung in der Bildungsreform Karls des Großen. Auch in einem Brief an Karl (798) hat Alkuin das Studium der Arithmetik und der philosophischen Wissenschaften befürwortet um die Schöpfung Gottes besser zu verstehen[301].

Alkuin setzte deutliche Akzente: *Wenn viele Eurem Fleiß und Eifer folgen, dann mag in Aachen ein neues Athen im Frankenreich entstehen, das durch den Dienst am Herren Jesus Christus alle Weisheit der Akademie übertreffen wird. Jenes Athen glänzte nur durch die Lehren Platons und die sieben freien Künste, das neue Athen aber überbietet durch die Fülle des Heiligen Geistes bereichert, das gesamte Verdienst der weltlichen Weisheit*[302].

Im Jahre 796 wurde er als Abt des Klosters St. Martin in Tours mit der Reorganisation des dort heruntergekommenen Abtei[303] (5.1.4. und 7.1.5.) und dessen Schule[304] beauftragt und 801/2 wohl auch abgeschoben[305]. Doch er blieb, zwar vergrämt, mit dem König in Briefkontakt.

Die Klosterschule von Tours (7.4.1.) entwickelte sich unter Alkuins Leitung zu einer der führenden Bildungsstätten im fränkischen Reich mit einer vielseitigen Bibliothek und einem leistungsfähigen Skriptorium[306] (7.2. und 7.4.1.).

Alkuin hat die Weisheit von der Wissenschaft unterschieden: Die Wissenschaft dient dem Teufel, die göttlichen Wissenschaften reinigen die Seele, die vollendete Weisheit ist Gottesfurcht. Die Hochmuth (superbia) ist die Quelle allen Lasters und Übels[307].

In seiner Schrift über den Klostergründer von Tours (5.1.4.), hat Alcuin Martin als einen Förderer der doctrina christiana, und nicht der weltlichen Gelehrsamkeit geschildert[308]. Auch an Willibrord (7.1.1.3.) hat er die heilige Gelehrsamkeit gelobt[309].

Alkuin hat in seinem Kampf mit der „turonica rusticitas" Schulbücher verfasst, allgemeine Einführungen in das Studium und Bücher zu den Fächern des Triviums (Grammatik, Rhetorik, Dialektik), aber darüber hinaus auch Werke der Bibelauslegung, theologische Traktate, die erste systematische Dogmatik des Mittelalters, Anleitungen zum christlichen Leben, Hagiographien, Gedichte und Briefe[310],[311],[312].

In seinen Büchern zum Studium des Trivium har er die „Institutionen" Cassiodors (5.2.1.14.) zugrunde gelegt. [313]

In seinem Buch über die Tugenden und Laster gab er praktische Anleitung zum Besiegen der Hauptsünden, darunter: der Hochmut, superbia[314].

Eine mathematische Aufgabensammlung zur „Schärfung des Geistes"[315] gehörte wohl zur höfischen Unterhaltung der „Academici", wie die Rätsel des Petrus von Pisa[316] oder die rhetorische Rätselsammlung des Paulus Diakonus[317],[318] auch. Ein Lehrbuch oder eine Übersicht über den aktuellen „Stand der Forschung" war die Sammlung nicht.

Fragen zu Kalender und Astronomie hat Alkuin in seinem Briefwechsel mit Karl behandelt. Er hat in seinen Briefen an Karl und in seinen computistischen Traktaten an die Methode des Beda Venerabilis (7.1.1.2.) angeknüpft[319], die auf Dionysius Exiguus zurück geht (5.2.2.). Es gab am Hof einen Diskurs mit den „ägyptischen Knaben", die sich an alexandrinische Berechnungen orientiert haben[320], doch die karolingischen Enzyklopädien zur Astronomie und Computistik aus den Jahren 797 bis 818 zeigen Alkuins Einfluss[321].

Alkuins andere Lehrschriften waren auch keine Kompendien der einzelnen Wissensgebiete, sie standen als pädagogische und didaktische Anleitungen im Dienste seines Bildungsprogramms[322] (7.1.2.). Die sieben freien Künste sind Vorstufen für das Studium der eigentlichen Wissenschaft: Die Erkenntnis Gottes durch das Studium der Heiligen Schrift[323]. Sein Dialog „De rhetorica et virtutibus" stützt sich wesentlich auf die Rhetorik und die Tugendlehre des Cicero[324].

In seiner Einführung in das Studium erkannte Alkuin den profanen Wissenschaften zwar ihren vollen Eigenwert zu. Doch im System der Wissenschaften bilden sie nur die Vorstufen über die man zur höchsten und eigentlichen Wissenschaft gelangt, zur Erkenntnis Gottes durch das Studium der Heiligen Schrift. *Im stufenweisen Aufstieg erst über die Fächer des Triviums und dann über die Fächer des Quadriviums zur Erkenntnis vollzieht sich die schrittweise Abkehr des Menschen von den äußeren Dingen, die Hinwendung zu seiner eigentlichen Heimat, zu Gott. Hierin findet er seine wahre Selbstverwirklichung und sein wahres Glück*[325]. Ziel des Bildungsprogramms war ein neues Athen, das geadelt, *weil es den Herren Christus zum Meister hat, und durch die Fülle des Heiligen Geistes bereichert alle in der Akademie (Platons) geübte Weisheit übertrifft*[326]. Die Vorstellung von einem Aufstieg zur wahren Erkenntnis hat in der Tat etwas Platonisches an sich.

In seinen späteren Lebensjahren in seiner Abtei wandte sich Alkuin verstärkt zum Monastischen und Religiösen hin[327] und zeigte in seinen Briefen eine Reserve gegenüber der antiken Literatur[328],[329]. Ein Bedenken wie beim Hieronymus (5.2.1.7.), Beda Venerabilis und Aldhelm (7.1.1.2.) tauchte auf: Auch Alkuin nannte superbia an erster Stelle vor allen andere Laster[330]. Der Abt von Tours wusste wohl, dass auf die Beschäftigung mit den Alten der Schatten der superbia fällt. Das Bemühen um den gepflegten Ausdruck einer innewohnenden Eigendynamik folgend könne allzu leicht nur noch ein Selbstzweck werden, zu einem „literarischen Paganismus"[331] führen und ermahnte dazu, mehr an die Evangelien zu denken und sie eifriger zu studieren als die Aeneis des Vergil. Wieweit er am Beschluss der Aachener Synode

(7.1.2.) beteiligt war, muss hier offenbleiben. Der Leiter der Domschule von Bamberg hat im 11. Jahrhundert das Studium Ciceros Tusculaner Dialoge empfohlen (7.1.6.2.). Doch Konflikte blieben nicht aus: die Antikenrezeption führte auch im 12. Jahrhundert zu einer offenen Kontroverse zwischen den Schulen von Chartres und Paris (8.2.) und im 15. Jahrhundert zu einem offenen Streit um Cicero (7.5.2.12.).

Es gibt Zeichen für Dissonanzen unter den Gelehrten am Hof zu Kulturpolitik Karls. Über die Gründe Alkuins Wegganges vom Hof können wir nur spekulieren:
.... Ob für Alkuin das Treiben der Academici zu weit ging? Ob die Entwicklung des Lektürekanons auf dem Gebiet der Grammatik zu viel aus der heidnischen Antike aufzunehmen schien (7.1.2.3.)? Ob die Beschäftigung mit den Alten zu intensiv wurde und damit den Schwerpunkt über die in der Tradition von Augustinus, Boethius (5.2.1.12), Papst Gregor (5.2.1.15), Isidor von Sevilla (5.2.1.16) und die doctrina christiana (5.1.3; 5.1.4.; 5.2.1.8.) und der Rigoristen, wie Beda und Aldhelm (7.1.1.2.) gezogenen Grenzen hinaus zu weit zu Gunsten der heidnischen Tradition verschoben schien? Ob dies alles zusammen der eigentliche Grund seiner „Abgang"/„Abschiebung" war? Eine eindeutige Stellungnahme in einer „Querelle des anciens et des modernes" war es wohl nicht. Auch Karl der Große hat vor Bücher von zweifelhaftem Wert, die gegen den katholischen Glauben gerichtet sind, gewarnt[332] (7.1.2. und 10.2.).
.... Oder war seine Kritik an den Zwangsmaßnahmen bei der Christianisierung der Sachsen[333],[334] (7.1.2.), der Langobarden[335] und der Awaren[336] ein Grund seiner „Abschiebung"?
.... Oder war es nur eine „einfache" Hofintrige[337]. Alkuin hatte Kontakte zu oppositionellen Kreisen[338]. Vielleicht wirkten alle diese Aspekte in die gleiche Richtung. In Punkto Antikenrezeption an einen möglichen Konflikt mit dem Herrscher zu denken ist nicht ganz abwegig, es könnte eine Sollbruchstelle sein.
.... Einhards Bericht über den Versuch einer Kalenderreform (7.1.2.) deutet auf eine schwierige Balance zwischen Franken und Lateinern am Hof Karls. Einhard und Theodulf berichteten auch über Fremdenfeindlichkeit am Hofe Karls: *Oft befanden sich so viele Fremde in seinem Palast und Reich, dass sie mit Recht lästig schienen*[339], doch Karl fühlte sich durch ihre gute Nachrede hinreichend belohnt[340]. Den Grund der Intrigen nennt Einhard nicht. Auch Theodulf berichtete über Hofintrigen unter den „Academici", wobei er den Einhard ins Visier nimmt: *Bald fasst er Schwieriges an, bald dann auch kunstreiche Dinge, rüstet Pfeile bestimmt für jenen Schotten zum Tod.* Dem Schotten (Alkuin) verwehrte auch Theodulf selber den Frieden bis zu seinem Tod, und schüttete seinen ganzen Hass über ihn aus, *der in Wahrheit ein „sottus" (also ein „Scottus" ohne „c"), ein Dummkopf sei, den er wie der Wolf den Esel küssen wolle.* Er nennt diesen schottischen Gegner nicht, doch so viel, dass *dieser die Brust des Hraban am liebsten durchbohrte.*[341].
.... Notker Balbulus (um 840 – 912) stellte das Reich Karls dem untergegangenen Römischen Reich gegenüber und deutete die Taten Karls als Teil der göttlichen Weltordnung[342]. Er schilderte im ersten Teil die Kulturpolitik Karls und Alkuins Tätigkeit, dabei hat er Spannungen zwischen „litterati" und „rustici" am Hof angedeutet[343]. Alkuins Lehrtätigkeit hat nach Notker dazu geführt, dass Gallien und Frankenreich mit *Rom und Athen* vergleichbar wurden[344]. Das Zentrum der Gelehrsamkeit war Tours[345] (7.1.5., 7.2. und 7.4.1.).
Notker Balbulus z.B. (7.1.4.) hat die heidnischen Poeten abgelehnt nur das Studium der christlichen Autoren hat er empfohlen[346].

Der Kreis der „Litterati" und „Academici" war sicher ein Personalreservoir für kirchliche Schlüsselpositionen, den Karl gezielt nutzte: Paulinus von Aquileia wurde 787 Metropolit von Aquileia, Paulus Diaconus 787 Abt von Monte Cassino, Angilbert 790 Abt von Centula in der Picardie, und Theodulf 797 Bischof von Orleans[347]. Auch Alkuins Versetzung nach Tours war wahrscheinlich nur eine personalpolitische Rochade, was einem Herrscher als ein Führungsinstrument durchaus zusteht.

Abt von Corbie (7.1.1.3., 7.1.2. und 7.1.5.) wurde Adalhard (* wohl 752 - 826), ein Sohn des Karolingers Bernhard, des unehelichen Sohns Karl Martells, und einer Fränkin[348].

Wichtige Klöster bekamen eine Leitung von Zöglingen der Hofschule: Trier, Lorsch, Tours, Salzburg, Lyon, Saint Denis, Fleury, Orleans und Centula bildeten ein Netzwerk der Bildung, das allmählich das Reich überzog[349]. Mit der Besetzung wichtiger Abteien und der Gründung von Klosterschulen erhielt der Bildungsreform Karls die notwendige Breitenwirkung (7.1.2.3., 7.1.5., 7.1.6.1., 7.1.6.2. und 8.1), aber auch eine Akzentverschiebung (7.1.6.1.).

* Richbod (+804) war ein Schüler Alcuins und seit dem Jahr 784 Abt des Klosters Lorsch, wurde um 791 Erzbischof des Bistums Trier und damit zugleich Vorsteher der Abtei Mettlach. Von seinem Wirken in den Abteien und im Stift Trier ist wenig bekannt. Er soll dort unter anderem den Bau einer dreischiffigen Kirche veranlasst haben[350].

In den Briefen seines Lehrers kommt er unter dem graecisierten Namen *Makarius* vor. Zu seiner Person ist nur wenig überliefert. Alkuin soll seinen Schüler Richbod wegen dessen Vorliebe für den römischen Dichter Vergil geneckt haben, dessen Werk *Aeneis* er besser kenne als die Evangelien, doch soll von seiner Gelehrsamkeit und Rechtgläubigkeit überzeugt gewesen sein[351].

* Dem Kreis um Alkuin und dem Hof Karls steht der irische „reclusus" Dungal von Saint Denis (vor 784- nach 827) nahe, ohne jedoch eine führende Rolle zu spielen. In einer Briefabhandlung führt Dungal den Kaiser in die Grundlagen der Astronomie ein. Darin beklagt er sich über den Verlust von Kenntnissen, welche die Alten schon besessen hätten[352].

* Ein weiterer Gelehrter in der Zeit Karls des Großen und des Ludwigs des Frommen war der irische Gelehrte Dicuil (ca. 814-825 tätig). Auch er war an Astronomie, aber auch an Geographie, interessiert. Er schrieb ein Buch über Computus in vier Bänden[353]. In seinem Buch über Geographie hat er Europa, Asien, Afrika, Ägypten und Äthiopien, die Erdoberfläche mit den großen Flüssen und Bergen beschrieben[354]. Sein Handbuch der Geographie stützte sich im Wesentlichen auf ältere Quellen, doch er fügt auch eigene Beobachtungen hinzu[355].

Die Einstellung von Dungal und Dicuil zur Antike scheint wesentlich unbefangener als die mancher Zeitgenossen, die im Rufe eines „Klassizisten" oder „Humanisten" stehen. Für sie sind die Alten Träger und Vermittler von Kenntnissen und Wissenschaften, die es zu lernen gilt[356]. Doch auch sie betrieben keine säkulare Forschung sondern verblieben im Rahmen der „doctrina christiana" (5.2.).

* Der Nachfolger Alkuins als Hoftheologe wurde der Westgote Theodulf (ca. 760-821), Dichter am Hofe Karls, der Würdigungen und Huldigungen an seinen Herren schrieb. Er hat die Beschäftigung mit den „Alten" nie abgelehnt. In einem Brief schildert er Karl als einen Herrscher, der *die Bischöfe zur Erforschung der Heiligen Schrift und zur gesunden, nüchternen Lehre, den ganzen Klerus zur Zucht, die Phi-*

losophen zur Erkenntnis des Göttlichen wie des Menschlichen, die Mönche zum frommen Bund ... u.s.w. bringen will[357]. Er legitimierte die Beschäftigung mit den heidnischen Weisen, *die in Vielem gar teuflisch sind, doch unter der falschen Hülle ist viel Wahres verborgen*[358]. Er hat sich über die „Dichterlinge" am Hof lustig gemacht, da sie ihre aufgeblähten Versifikationen stolz vortragen, aber nur krächzende Töne hervorbringen[359].

Er wurde noch vor 798 Bischof von Orleans, bis er, der Teilnahme an einer Verschwörung beschuldigt, 818 unter Kaiser Ludwig dem Frommen in Ungnade fiel und nach Angers verbannt wurde. Theodulf beklagte sich in seinen Briefen über diese Ungerechtigkeit[360].

* Ein Dichter der zweiten Generation war der bereits erwähnte Modoinus (um 780 - 840/3; 4.4.), unter Ludwig dem Frommen Abt von Lyon und Bischof von Autun. Er gehörte zum Freundeskreis um Theodulf, Angilbert, Walhfried Strabo[361]. In seiner Ekloge auf Karl dem Großen hat er die antiken Autoren, Vergil, Ovid und Calpurnius als „Steinbruch" benutzt[362]. Er pries seine Herrschaft, in Anspielung auf Vergil, als die Erneuerung Roms und Wiederkehr des Goldenen Zeitalters in bukolischen Bildern (4.4. und 4.3.4.9.)

Zur zweiten Generation von Gelehrten am kaiserlichen Hof gehörte auch Einhard (um 770-840), zu seiner Zeit eigentlich Eginhard. Seine Ausbildung erhielt er zunächst in Fulda, dann ab 794 an der Hofschule unter Alkuin. Er stieg rasch auf, bereits 796/7 erscheint Einhard als Mitglied des Hofkreises und Tischgenosse Karls. Nach dem Rückzug des Alkuin vom Hofe wurde Einhard als Leiter der Hofschule dessen Nachfolger. Noch Karl übertrug ihm die Leitung der königlichen Bauten und der kunstgewerblichen Werkstätten. Einhard kannte das Buch „de architectura" von Vitruvius (4.1.2.2.3.).

Nach dem Tod Karls verblieb er am Hof, unter Ludwig dem Frommen wurde er Privatsekretär des Kaisers[363] Man kennt ihn als den Verfasser der Biographie Karls. Diese ist im Aufbau stark von Suetons Kaiserbiographien abhängig[364].

Im Jahre 830 zog er sich vom Hof in *den abgelegenen und von Volksverkehr sehr entlegenen Ort*, Seligenstadt, zurück, wo er die Biographie Karls vollendete. Er hat drei Kirchen gestiftet: die Saalkirche in Michelstadt-Steinbach, ein Rechteckchor und die Klosterkirche St. Marcellinus und Petrus in Seeligenstadt[365].

* Der bereits erwähnte fränkische Dichter und Diplomat Angilbert (ca. 750-814) war ebenfalls ein Schüler der Hofschule, seine Lehrer waren Petrus von Pisa, Paulinus von Aquileia und Alkuin. Er war der „Homer" im Zirkel. Seine weltliche Gesinnung trübte sein Verhältnis zu Alkuin, der an seiner Freude an schauspielerischen Darbietungen Anstoß nahm. (Welcher Art diese schauspielerischen Darbietungen waren, kennen wir leider nicht.) Angilbert wurde 790 Laienabt des Klosters Centula (Saint Riquier in der Picardie). Er schrieb Statuten für seine Mönche und seine Bibliothek war mit etwa 200 Büchern einer der bestausgestatteten Sammlungen des Reiches[366].

* Zu erwähnen ist noch Hrabanus Maurus (780-856; 7.1.2.2., 7.1.2.3., 8.4. und 9.1.6.) „Erster Lehrer Germaniens". Auch er war 802 – 804 ein Schüler des Alkuin in Tours[367], ab 804 war Lehrer an der Klosterschule in Fulda, dann ab 822 – 842 Abt, ab 847 Erzbischof von Mainz. Er sammelte das Wissen seiner Zeit[368] und schrieb ein Handbuch für die Ausbildung des Klerus[369].

Hrabanus Maurus begründete die Notwendigkeit der Bildung in der angelsächsischen Tradition seelsorgerisch: Wenn der Seelsorger seine Aufgabe erfüllen soll, insbesondere in der Glaubensverkündigung, muss er über ein umfassendes Wissen verfügen. Er muss dazu nicht nur die Realien kennen, sondern auch deren verborgenen Sinn, ihre Bezüge zur göttlichen Ordnung der Welt kennen. Dazu schrieb er eine Enzyklopädie „De rerum naturis", deren Realien sich an Isidors Etymologien anlehnen[370],[371],[372] (9.1.7.1.3.).

Außerhalb der Theologie schrieb er ein Traktat über den Computus. Er stützte sich dabei auf die einschlägigen Werke der Kirchenväter, Augustinus, Hieronymus, Gregor des Großen, von Isidor von Sevilla, Beda Venerabilis und Alkuin[373] und blieb damit im Kreis der doctrina christiana. Das Buch war eines der wichtigsten klerikalen Bücher des Mittelalters[374].

Für unsere Untersuchung ist auch seine Einstellung zur Medizin interessant: *Der Mensch, der mit dem Anspruch auftrat, Krankheit heilen zu wollen, machte sich geradezu der vermessenen Ursünde der superbia schuldig, indem er gleichsam korrigierend in den Heilsplan Gottes einzugreifen trachtete* [375] (9.1.4.).

Als einer der ersten schloss sich das Kloster Corbie unter der Leitung seines Abtes Adalhard (+826), einem Vetter Karls des Großen, den karolingischen Reformen an. Das Kloster hat, nach dem Tode des Kaisers, einen wesentlichen Teil der Hofbibliothek übernommen. In diesem Kloster unterrichtete Paschasius Radbertus (Ende des 8. Jahrhunderts - 865). Dieser hatte ein betont positives Verhältnis zur Antike. Seine Schriften, Kommentare, Hagiographien und Biographien sind voll mit Anspielungen und Zitaten aus Cicero, Seneca und Terenz[376].

* Von den Beratern Ludwigs (Kaiser 814 – 840) sei insbesondere Benedikt von Aniane (750 - 821) erwähnt, der Gründer und Abt des Klosters von Aniane (Langedoc-Roussillon). In diese Zeit fällt die Sammlung und vergleichende Erschließung der monastischen Tradition (5.1.4.1.1., 5.1.4.1.2. und 5.1.4.1.3.) in Hinblick auf die Regel des Benedikts von Nursia[377],[378],[379]. Diese komparatistische Arbeit bildete die Grundlage für die „Normierung" der vita monastica[380]. Für diese Untersuchung sind insbesondere die Übersichten der Regelungen für die Arbeit[381], Lesungen[382] und die Künste[383] interessant.

In Südfrankreich regierte Ludwig der Fromme bis Karls Tod als Unterkönig. Mit ihm hat Benedikt von Aniane eng zusammengearbeitet. Als Ludwig Nachfolger seines Vaters Karl dem Großen als Kaiser des fränkischen Reichs wurde, nahm er Benedikt mit an die Aachener Königspfalz, wo dieser ein Kloster gegründet hat: Inde[384]. Gemeinsam setzten sie in den Folgejahren das von Karlmann und Karl dem Großen begonnene Werk fort: die Mönche vereinheitlicht unter der Regula Benedicti (5.1.4.1.) in die Reichskirche einzugliedern[385],[386],[387].

Das Kloster Aniane, gegründet 779, wurde bereits unter Karl 792 zu einem Prachtbau erweitert und Ausgangspunkt der Klosterreform im Frankenreich. Ludwig der Fromme wählte Benedikt von Aniane zum geistlichen Freund und Berater und betraute ihn mit der Oberaufsicht über alle Klöster Aquitaniens und schließlich des ganzen Frankenreichs. Benedikt von Aniane siedelte in die ihm vom Kaiser 815/16 am Fluss Inde bei Aachen erbaute Abtei Kornelimünster über.

Die monastischen Reformen, die unter Karlmann einsetzten (7.1.1.3.) und von Karl dem Großen fortgeführt wurden (7.1.2.), kamen unter Ludwig dem Frommen zu einem Abschluss. Diese Reformen sind insbesondere mit Benedikt von Aniane verbunden. Doch der Terminus „anianische Reform" wurde von der Forschung auch abgelehnt[388].

Ludwig der Fromme beauftragte Benedikt von Aniane bald nach seinem Herrschaftsantritt damit, die Durchsetzung der Benediktregeln im Reich voran zu treiben. Der Kaiser berief für den August 816 eine Reichssynode nach Aachen. Hauptthemen war die Reform des monastischen Lebens und die Regelung des Lebens der Kanoniker[389].
Benedikt erstrebte eine Erweiterung der monastischen Forderungen in Askese, Handarbeit und Liturgie über Benedict von Nursia hinaus und wollte - im Gegensatz zu den Bestrebungen Karls des Großen (7.1.2.3.) - Klosterschulen nur für den eigenen Nachwuchs vorsehen[390]. Doch die Klosterreform Ludwig des Frommen folgte seinen Vorschlägen nicht ganz. Dies ist ein erstes Anzeichen für eine Trennung weltlicher und religiöser Bildung. Ein gesellschaftlicher Diskurs ist noch nicht erkennbar. Der Konflikt schwelte an den Dom- bzw. Kathedralschulen des Mittelalters (8.1.1. und 8.1.2.). Die Trennung wurde erst schrittweise an den Universitäten vollzogen (8.1.3., 10.1.3. und 10.1.8.).
Das Konzil entschied auch die deutliche Trennung zwischen Mönch und Kanoniker. Diese Entscheidungen waren die wesentlichen Grundlagen für die spätere Form und Bedeutung des benediktinischen Mönchtums[391],[392] (9.2.1.4.), sie haben die vita monastica auch nach der Zersplitterung der zentralen politischen Macht noch weiter geprägt[393]: es waren „benediktinische Jahrhunderte"[394].

Die Umsetzung der Beschlüsse stieß auch auf Widerstand:
…. Klöster beriefen sich auf ihre identitätsstiftende Traditionen. Zu einer hierarchisch-rechtlichen Unterstellung kam es nicht[395].
…. Wir kennen keine Durchführungsbestimmungen zu den Konzilsbeschlüssen. Kloster Inde war das Zentrum, wo Mönche aus anderen Klöstern die Benediktregel kennenlernen konnten, so auch die Äbte von Sankt Gallen und Reichenau[396]. Wie weit die zurückhaltende Einstellung Benedikts von Aniane zum Bildungsauftrag das mittelalterliche Kloster- und Schulwesen prägte und die Entwicklung beeinflusste ist im Weiteren zu beachten (7.1.6.1., 7.1.6.2., 8.1.1. und 8.1.2.).

* Keiner von den späteren karolingischen Herrschern hat die Kunst und die Wissenschaften in so hohem Maße gefördert wie Karl der Kahle[397] (823, Kaiser 875 - 877).

An seinem Hofe war der Ire Johannes Scottus (oder Johannes Eriugena; +frühestens 870) als Lehrer tätig. Er war der einzige Philosoph in der Zeit der Karolinger, insofern ein Außenseiter unter den Gelehrten am Hofe der Karolinger. Bemerkenswert ist seine Methode:
Er setzte in seinem Werk über die göttliche Vorsehung den Vernunftbeweis und die logische Argumentation an die erste Stelle, suchte dann nach Belegen in der Heiligen Schrift und bei den Kirchenvätern, was bei seinen Gegnern besonderen Anstoß erregte. (Es wurde von zwei Synoden, 855 von Valence und 859 von Langres verurteilt.)
Der Byzantinische Kaiser Michael II hat 827 Ludwig dem Frommen eine Handschrift mit areopagitischen Schriften (5.1.3.9.) geschenkt. Der Abt (827 – 835) Hilduin und Johannes Scottus übersetzten diese Schriften im Auftrag von Karl dem Kahlen. Die Handschrift wurde in Saint Denis aufbewahrt[398] (9.1.7.1.3). Die „Lichtmystik" bildete die theoretische Legitimation für die Beschäftigung mit der Optik (9.1.7.1.3. und 9.1.7.1.6.) und stimulierte die Glasmalerei (9.2.2.5.1.)

Johannes Scotus war in seinem Hauptwerk über die Einteilung der Natur durch die Beschäftigung mit den griechischen Kirchenväter geprägt: Er gliederte er das Universum in platonisch-dionysischer Weise hierarchisch. Für ihn ist jedes menschliche Streben nach Wahrheit unvollkommen und mit Irrtümern behaftet. Doch sie werden dereinst von Gott gereinigt und in seine Wahrheit hineingenommen. So gab es für ihn keinen Konflikt zwischen geoffenbarter Glaubenswahrheit und philosophischem Bemühen um Erkenntnis, weil beide zur göttlichen Wahrheit führen werden und alle Unvollkommenheiten in die göttliche Vollkommenheit einmünden werden. Doch damit hatte er das Problem nicht gelöst, sondern erst aufgezeigt, und nahm damit eine Grundsatzdiskussion vorweg (Kapitel 8). Dieses Werk wurde im Jahre 1210 durch Innozenz III. und dann noch einmal im Jahre 1225 durch Honorius III. offiziell verurteilt und die Verbrennung der vorhandenen Exemplare verfügt.

In der Abgrenzung der artes hatte die artes liberales ihre Funktion in der Seele und die artes mechanicae dienten der Erhaltung des Leibes[399]. Die grundlegende Bedeutung kommt der „Dialektik"/Logik zu, sie ist die Mutter der Artes[400].
Diese Einteilung prägte die Einstellung zu den artes im Mittelalter; wir finden sie auch bei Hugo von Sankt Victor (8.1.2. und 9.1.6.). Doch am stärksten wirkte Johannes Scottus durch seine Übersetzung der Areopagita (5.1.3.9.) mit der er die mystische Bewegung des Mittelalters beeinflusste[401] (8.4.1. und 9.2.2.5.1.).

Von der dritten Generation von Gelehrten am kaiserlichen Hof sei noch Servatus (Lupus) von Ferrieres, mit dem Beinahmen Lupus, (ca. 805 – 862; 7.1.3. und 7.1.5.) erwähnt. Er war ein Schüler des Hrabanus Maurus in Fulda. Im Jahre 837 scheint er ein Amt in der Reichsverwaltung bekommen zu haben. Er wurde 840 auf Weisung vom Karl dem Kahlen (823 – 877) Abt des Klosters in Ferrieres. Er hatte den Ruhm eines „ersten Humanisten"[402]: Er sammelte und redigierte Texte (7.1.5.) von Platon, Cicero, Caesar, Sueton bis Boethius im eigens gegründeten Skriptorium von Ferrieres[403]. Er ist für uns auch ein Zeitzeuge: Er hat in seinen Briefen den Rückgang der gerade neubegonnenen Studien manchenorts in den Klöstern beklagt[404] (7.1.5.). Einer seiner Schüler war Heinricus von Auxerre (um 841 – nach 875), einer der wichtigsten karolingischen Schriftsteller[405].

* Die lateinische Literatur des 10. und 11. Jahrhunderts hat trotz der Klage des Lupus von Ferrieres die Früchte der Bemühungen um die Fächer des Triviums geerntet. Sie ist in unserem Sinne literarisch: Die erhaltenen Schriften enthalten überwiegend Annalen, Geschichtswerke, Viten, Hagiographien, Martyrien, Dichtung, Apologien in partikulären Auseinandersetzungen, kanonische Sammlungen, Spruchsammlungen und Lehrbücher des Triviums (7.1.5.).

Eine Ergänzung zu diesem Kanon ist die Computistik, wie auch schon bei Boethius, Cassiodor und Beda Venerabilis (7.1.1.), wegen ihrer praktischen Bedeutung für das Kirchenjahr, für die Festlegung der Festtage im Jahreskreis, insbesondere im Osterzyklus und für das monastische Leben die Festlegung der Gebetszeiten, der Zeiten für die Arbeit und für die Lesung im Tagesablauf[406] (10.3.2.2.). Karl der Große verlangte von den Geistlichen die genaue Kenntnis des Computus[407] (9.1.1.).

* Die Beschäftigung mit den septem artes liberales war der Theologie untergeordnet und durch ihren Nutzen für das Verständnis der Schrift und seelsorgerisch legitimiert.

Das geistige Eigengewicht der heidnischen Antike im Bewusstsein der Gelehrten am Hofe und in den Klosterschulen ist nicht zu übersehen. Doch gewisse Spannungen, Reserven und Vorbehalte gegenüber den „Alten" und zu einzelnen Punkten im Bildungsprogramm und Politik Karls des Großen, seiner Gelehrten und seiner Nachfolger sollten in einer Euphorie über den geistigen „Renaissance" auch nicht übersehen werden: Zumindest ein Teil der Gelehrten am Hof Karls distanzierte sich von den antiken Klassikern.

Und wenn es der König schon so wollte, haben sie nur partiell, wegen des Körnchens christlicher Wahrheit, das man in ihnen zu entdecken glaubte und unter dem Vorbehalt akzeptiert, dass diese Beschäftigung zur Erkenntnis der christlichen Wahrheit und zu einem besseren Verständnis der Bibel führen müsse[408]. Notker Balbulus empfahl nur für die Psalmen die Erläuterungsschriften von Origenes, Augustin, Cassiodor. *Wen es doch nach „römischen Delikatessen" gelüstet soll Gregor den Großen lesen*[409].

Nicht zu übersehen ist die auch Verteilung der Aufmerksamkeit: Ihr Schwerpunkt der lag eindeutig auf den Fächern des Triviums und nicht den Fächern des Quadriviums. Letztere rückten erst im 10. und 11. Jahrhundert in Lotharingia (7.2.) und im 12. Jahrhundert in Chartres ins Blickfeld (8.1.1.).

Die karolingische „Renaissance" der Wissenschaften hatte die oben skizzierten Grenzen, dies fällt besonders im Vergleich mit ihrer Blüte im islamischen Kulturkreis (6.1.3.) und ihrer Wiedergeburt in der späteren „Renaissance" (7.5.) auf.

* In den verhaltenen Reflexen einer „Querelle des anciens et des modernes" in Hinblick auf das „Studium der Klassiker" kann man theologisch motivierte Vorbehalte gegen die an heidnische Quellen erkennen. Diese Querelle hielt unter den Gelehrten auch im 12. Und 13. Jahrhundert an[410] (7.5.).

1.1.5 Bücher: Skriptorien und Bibliotheken

* Mit dem Untergang des römischen Reiches verschwanden viele Privatbibliotheken und die öffentlichen Staats- und Stadtbibliotheken, doch im frühen Mittelalter entstanden neue Büchersammlungen in den Klöstern. Bereits die Regel Benedikts (wohl in der Tradition des Benedikt von Amien; 5.1.4.) sahen die Lektüre als ein Teil der Vita monastica vor. Die Instruktionen Cassiodors schrieben über die heiligen und erbaulichen Schriften hinaus die Studien der artes liberales vor (5.1.4., und 5.2.1.14.).

Doch was war eine „Bibliothek"? Die Büchersammlungen der Klöster wurden oft als „Armarien" (Schrank) bezeichnet. In den meisten Klöstern wurden in den Schränken, Truhen oder Wandnieschen die Bücher für den liturgischen Bedarf aufbewahrt, dazu auch Biblische Texte, Schriften der „Väter" oder Regelwerke. Daneben gab es auch Bücher für den Schulbetrieb[411].

Karl der Große hat *eine große Anzahl Bücher gesammelt*[412]: Er hat von seinen Kriegen sicher auch Bücher als Beute mitgenommen. Alkuin (7.1.4.) reiste 790 – 792 nach England und brachte auf der Rückreise Bücher von dort mit. Auch Paulus Diakonus (7.1.4.) hat zur Bibliothek beigetragen[413]. Karl hat auch Klöster und Bischöfe beauftragt Sammlungen gut edierter Bücher anzulegen[414] (7.1.1.2.). Er hat diese letztgenannten besonders gefördert[415].

Die Deutung der Heiligen Schrift setzt eine verlässliche Schrift voraus. Karl hat Alcuin und Theodulf beauftragt, diese von Fehlern zu bereinigen[416]. Er hat vor Bücher von zweifelhaftem Wert, die gegen den katholischen Glauben gerichtet sind, gewarnt[417] (7.1.2., 7.1.4. und 10.2.).

Die königliche Bibliothek wurde nach dem Tode Karls Aufgelöst: *Die Bücher, von denen er eine große Anzahl in seiner Bibliothek gesammelt hat,* (wurden) *nach ihrem Werte verkauft* (an die) *die sie erwerben wollten, und der Erlös* (wurde) *an die Armen verteilt*[418]. Die Bücher selber brachten Bildungsgut in alle Teile des Reiches. Alkuin (7.1.4.) ließ über dem Eingang zur Schreibstube in Tours eines seiner Carmina anbringen: *Es ist ein vorzügliches Werk, heilige Bücher abzuschreiben ... die geheiligten Worte der Väter muss ein Jeder lesen*[419].

Unter den Nachfolgern Karls können wir einer wachsenden Zahl von Bibliotheken[420] aber auch eine Akzentverschiebung zu den Klosterbibliotheken beobachten:

.... Karls Sohn, Ludwig der Fromme (778, reg. 813 – 840; 7.1.4.) zeigte angeblich wenig Interesse für Gelehrsamkeit. Lupus von Ferrieres (7.1.3. und 7.1.4.) beklagte in einem Brief an Einhard, dass die sich um die Bildung bemühen, von der Gesellschaft als Last empfunden würden, das noble Unternehmen fände weder Resonanz noch Anerkennung[421]. Doch aus Ludwigs Hofskriptorium sind die Bücher XXII-XXXVII der „Naturalis Historiae" des Plinius d. Älteren[422] (4.1.2.1.5.) und Briefe des Seneca erhalten[423].

Die wichtigsten Klosterbibliotheken unter seiner Herrschaft waren: Corbie, Tours, Rheims, Fulda, Lorsch, Sankt Gallen.

.... Unser Zeitzeuge des 10. Jahrhunderts Ekkehard IV. (7.1.6.1.) erwähnte in seiner „Geschichten des Klosters Sankt Gallen" eine Schreibstube und Schreiber, sowie eine Bibliothek[424] und einen Bücherschrein[425].

.... In Corbie (7.1.1.3., 7.1.2. und 7.1.4.) wurden bereits im 7/8. Jahrhundert Texte der römischen Agrimensores (4.1.2.2.1.und 4.1.2.2.3.) gesammelt[426]. Für sie gab es auch im Mittelalter ein Interesse (9.1.2.).

.... Karl der Kahle (823, westphälischer König, 843 –; römischer Kaiser 875 - 877) besaß eine eigene Bibliothek. Sein Interesse galt theologischen Fragen[427].

.... Unter den weiteren karolingischen Bibliotheken seien, Reichenau, Salzburg, Mainz, Bobbio, Ferrieres, Ripoll und Lyon erwähnt[428].

.... Die Handschriftensammlungen enthielten vornehmlich theologische und liturgische Schriften[429], hagiographische und historische Werke, Ordensregel[430], Wörterbücher, manchmal aber auch Naturkundliches, Fachschrifttum und medizinische Werke. Der älteste Katalog von Sankt Gallen um 860/65 enthält 426 Bucheinheiten[431]: Bibel, Texte der Kirchenväter, Lektionare, Regelae monachorum und Gesetzessammlungen, Computistik, heidnische Autoren, aber auch medizinische und naturkundliche Schriften. Sie sind im Internet zugänglich[432].

.... Unter den Bibliotheken gab es wohl auch einen Leihverkehr und Bücher wurden abgeschrieben[433],[434]. Als ein Beispiel sei der Bischof von Tours, Lupus Servatus/von Ferrie`res genannt. Er hat Einhard (7.1.4.) um Bücher gebeten: De Rhetorica von Cicero (4.2.7.1.), und die „Attische Nächte" von Aulus Gellius[435] (4.1.2.5.) um eine korrupte Abschrift zu ersetzen. Auch Ekkehard erwähnte, dass *Otto der Sohn* aus dem oben erwähnten Bücherschrank *mehrere fortgetragen* hat, *von denen er ... einige zurückgegeben hat*[436].

Seit der karolingischen Erneuerung spielte die klassische lateinische Literatur im Unterricht eine gewisse Rolle (7.1.2., 7.1.6.1. und 7.5.2.4.).

* Die karolingischen Reformen regten die Produktion von Bücher und Abschriften an, insbesondere für den eigenen Bedarf der Klöster und der Bischöfe.

.... Ausgangspunkt war die sogenannte Hofschule Karls des Großen an der Aachener Königspfalz, der die Manuskripte der sogenannten Ada-Gruppe zugeordnet werden. Den Handschriften dieser aus der nun sicher in Aachen zu lokalisierenden Hofschule sind die bewusste Auseinandersetzung mit dem antiken Erbe sowie ein übereinstimmendes Bildprogramm gemeinsam. Sie orientieren sich dabei vermutlich vorwiegend an spätantiken Vorlagen aus Ravenna. Das Skriptorium der Hofschule Karls des Großen war mit der Kanzlei verbunden

.... Gleichzeitig und wahrscheinlich am selben Ort existierte die sogenannte Palastschule, deren Künstler byzantinisch geprägt waren. An der Palastschule entstand um das Jahr 795 das „Krönungsevangeliar". Es stellt Karls Herrschaft in die Tradition der römischen Cäsaren. Es ist seit Otto III. ein Bestandteil der Reichsinsignien: die deutschen Könige legten den Krönungseid auf das Evangeliar ab[437].
Die Blütezeit der karolingischen Buchmalerei endete im späten 9. Jahrhundert.[438].

Die Bücher wurden auch illuminiert: Evangeliare, Evangelistare, Psalter, Homiliare. Die Evangeliare enthalten alle vier Evangelien komplett und in einem Stück, hinzugefügt wurden Vorreden und Kanontafeln der Schriftstellenkonkordanzen. Evangelistare oder Perikopenbücher enthalten die Tageslesungen aus den Evangelien in der Ordnung des Kirchenjahres. An die Perikopen schließt sich ein Jahreskalender mit den Festen der Heiligen und eine Ostertafel zur Berechnung des Osterfestes (5.2.2., 7.1.1. und 7.1.6.1.) an. Sie dienten der würdigen Feier des Gottesdienstes und zugleich der richtigen Ordnung des Jahres[439].

In den erhaltenen Katalogen werden die Schriften von Gregor dem Großen (5.2.1.15.) noch vor Augustin genannt[440].
Von der illuminierten weltlichen Literatur blieben erhalten[441]:
.... Bamberger Boëthius: De institutione arithmetica libri II (Tours um 845)
.... Astronomisch-komputistisches Lehrbuch in Madrid (Metz, um 840)
.... Terenz-Handschrift in der Vatikanstadt (Aachen ?, um 825); Terenz-Handschrift in Paris (Reims, 2. Hälfte 8. Jahrhundert). Insbesondere Terenz war im gesellschaftlichen Diskurs, wie bereits in der Antike, ein Stein des Anstoßes (4.3.2.2., 7.1.3., 7.1.4. und 7.1.6.1.).
.... Prudentius-Handschrift in Bern (Reichenau, 3. Drittel 9. Jahrhundert)
.... Leidener Aratea, lateinische Versbearbeitung der Phainomena des Aratos durch Claudius Caesar Germanicus (Aachen oder Metz, um 830-40)
.... Agrimensorencodex in der Vatikanstadt (Aachen ?, um 825; 9.1.2.)

Spätestens seit der allgemeinen Durchsetzung der Regel des Benedikt von Aniane (7.1.3.) arbeiteten gut organisierte Skriptorien auch für auswärtige Empfänger. Ein über lange Zeit aktives Skriptorium war das vom Kloster Reichenau[442].

Von den Büchern, die in den Skriptorien erstellt und kopiert wurden ragen die Prachthandschriften besonders heraus: Diese waren in ottonischer Zeit (7.1.6.1.) vielfach Schenkungen. Sie enthielten Initialen und Miniaturen, ihr Einbanddeckel waren vielfach geschnitzte Elfenbeinplatten. Das Bildprogramm dieser Elfenbeine hat sowohl eine liturgische als auch eine herrscherliche Bedeutungsebene. Berühmte Prachthandschriften sind das Lorscher und das Aachener Evangeliar, das Godesalc – Evangelistar und der Dagulf Psalter[443].

Die Erstellung der Handschriften erforderte verschiedene handwerkliche Kenntnisse: Gerberei, die Herstellung von Pergament, Buchbinderei, die Zubereitung von

Tinten und Farben[444],[445]. Das Kopieren war eine Art geistiger Zucht, eine Übung von Demut. Gelegentlich findet man Anmerkungen und Klagen über die Pein des Abschreibens[446]. Nachlassende Aufmerksamkeit konnte zu Fehler führen (7.5.2.1.2.).

Auch der oben erwähnte Lupus von Ferrieres, war ein Schüler des Hrabanus Maurus. Er war Abt und Gelehrter und ein Vorläufer der humanistischen Bücherjäger (7.5.2.1.). Seine Buchanfragen gingen von Rom bis York und betrafen Cicero, Sueton, Verres, Quintillian und Boethius. Lupus beklagte die Korruptheit der ihm verfügbaren Texte und sein Interesse ging über das Auffinden hinaus. Er bemühte sich um Komplettierung und Kollationierung und leserfreundliche Vervielfältigung der Texte[447].

* Walahfried Strabo (808/9 – 849; 7.1.1.3., 7.1.4. und 9.1.3.2.4.) war ein Schüler des Hrabanus Maurus. Er war Abt von Reichenau, Dichter und Lehrer. Er nahm Anteil an der Gestaltung des ältesten uns erhaltenen Horazhandschrift[448]. Von ihm ist ein Buch über das Leben des heiligen Gallus und auch ein „Liber cultura hortorum" erhalten - eines der bedeutenden botanischen Werke des Mittelalters[449],[450]. In der Widmung erwähnte er den Klostergarten von Sankt Gallen (9.1.3.1 und 9.1.3.2.4.) als ein „locus amoneus"[451].

* Neben der Begeisterung gab es auch eine ablehnende Haltung gegenüber der klassischen Literatur: Caesarius von Arles wurde, wie schon der heilige Hieronymus, durch einem Traum von den klassischen Studien abgehalten. Auch Odo von Cluny (9.2.1.2.2.) wurde durch einen Traum zur Ablehnung Vergils motiviert[452]. Eine kritische Einstellung konnte sich auch auf den Umgang mit heidnischen Autoren auswirken: Einige konnten als Zeugen für Irrtümer der Heiden, andere für einen Grundkonsens in ethischen und theologischen Fragen betrachtet werden. Manche wurden allegorisch gedeutet, zum potentiellen Christen stilisiert oder christlich vereinnahmt werden, indem man sie zum Träger christlichen Ideen machte. Anstößige Autoren wurden nicht beim Namen genannt.

* Ausblick: Die meisten nichtchristlichen Texte des römischen Altertums blieben durch die „karolingische Renaissance" erhalten. Die humanistisch gebildeten Entdecker und Händler haben sie im 14./15. Jahrhundert in den Klosterbibliotheken wiederentdeckt und an die ebenfalls humanistisch interessierten Sammler vermittelt[453] (7.5.2.1.1.).

Über Jahrhunderte lag die Buchproduktion in den Händen der Mönche. .... Die Reserve, mit der die klassische lateinische Literatur in den Klöstern aufgenommen wurde (7.1.4.), hat sich wohl auch auf die Pflege der Bestände der Bibliotheken ausgewirkt. Hinzu kamen noch die monastischen Reformbestrebungen und die Fokussierung der Interessen auf die scholastischen Studien ab dem 13. Jahrhundert (Kapitel 8).
.... Die Texte waren auch mit dem Kopiervorgang spezifischen Gefährdungen ausgesetzt: z.B. Stufen der Aufmerksamkeit beim Vertraut werden mit der Vorlage, Bildungsstand, Sprachkenntnis, Ermüdung (7.5.2.3.). Im 13. Jahrhundert beklagte der Bibliothekar Richard von Bury den Zustand der Bibliotheken (7.5.2.2.). Diese vernachlässigten Bestände der Bibliotheken (7.5.2.3.) wurden vom 13. Jahrhundert an eine Fundgrube für Sammler wie Petrarca (7.5.1.4.) und andere (7.5.2.1.).
.... Zur Nachlässigkeit des Kopisten kommt die bewusste Verfälschung durch Hin-

zufügen oder Weglassen. Autoren haben versucht ihr Werk durch Fluchformeln zu schützen, so z.B. der Autor des „Sachsenspiegels" (7.1.6.2. und 10.3.3.1.1.).

.... Die Gründung von Universitäten erzeugte für die Lehre eine Nachfrage nach billigen Textausgaben (10.1.3.): Vom 14. Jahrhundert an gab es auch private Skriptorien, im 15. Und 16. Jahrhundert ging die Herstellung von Büchern an professionelle städtische Werkstätte über[454].

1.1.6 Die Ottonen und die Salier

1.1.6.1 Die Ottonen

* Der letzte Karolinger Karl III. wurde 887 abgesetzt, doch es stand kein geeigneter Karolinger als Nachfolger zur Verfügung. Im Jahre 919 wurde Heinrich I. aus dem sächsischen Herzogenhaus der Liudolfinger zum neuen König gewählt. Seine Nachkommen, Otto I, Otto II. Otto III und Heinrich II herrschten bis 1039. Sie machten aus dem Ostteil des ehemaligen Karolingerreiches ein deutsches Reich. Mit ihm entstanden mit Frankreich, Burgund und Italien ebenso junge Staatengebilde[455].

Die Bezeichnung „Ottonen" für das neue Königshaus entstand erst im Rückblick. Mit den Ottonen ist der Aufstieg des Ostfränkischen und das Entstehen des Heiligen Römischen Reiches verbunden[456]. Eine Grundlage für diesen Aufstieg war das Metallvorkommen (Silber, Blei und Kupfer) im Harzgebirge[457]. Für unsere Untersuchung ist das kulturpolitische Profil interessant:

.... Die Ottonen wollten das vom Karl dem Großen begonnene Werk (7.1.2.) fortsetzen und das „Sacrum Imperium Romanorum", ein übernationales Reich begründen[458].

.... Die Grundlage dieser Politik war die Einheit von staatlicher und kirchlicher Macht. Diese Einheit lebte im byzantinischen Osten im wesentlichen strukturell seit Konstantin dem Großen ungebrochen fort[459]: Im 5. und 6. Jahrhundert wurden frühere Amtsträger der staatlichen Administration zu Amtsträger der Kirche (5.1.6.2.) und umgekehrt, Amtsträger der Kirche übernahmen weltliche Aufgaben (5.1.4.1.2.). Kaiser Basileios II (958, 976 – 1025) hat den Einfluss in Bulgarien gesichert und durch ein Bündnis mit Wladimir I. auf den Kiever Rus ausgedehnt[460].

Auch Karl der Große hat Reichsverband und kirchliche Organisation eng miteinander verknüpft (7.1.2.). Unter den Ottonen wurde die Verbindung von Hirtenamt und Verwaltung noch enger[461].

Doch im Westen war diese „Einheit" brüchig, weltliches und kirchliches Machtstreben kamen miteinander in Konflikt: Kaiserliche und päpstliche Interessen haben sich u.a. im Investiturstreit entladen. Unser Zeitzeuge Ekkehard IV. (s. weiter unten) lässt auch eine gewisse Spannung zwischen „Amtskirche" und Mönchtum erkennen[462] (5.1.4.1., 5.1.4.1.2. und 7.1.1.3.).

.... Die Ottonen unterstützten die monastischen Reformbewegungen von Gorze und Cluny zur Förderung der Klosterdisziplin (9.2.1.4.). Beispiele für reformierte Klöster sind: St Maximin in Trier, St. Pantaleon in Köln, St Michael in Hildesheim[463]. Otto und sein Sohn entsandten *sechzehn Männer* nach St Gallen *um die Mönche des heiligen Gallus zu bessern*[464]. Doch die ottonischen Klöster hatten spezifische Gewohnheiten (Consuetudines; 7.1.6.2., 7.2., 9.1.1., 9.2.1.4. und 9.1.2.2.) z.B. zur Regelung der Bücherverteilung[465].

.... Ein weiteres, kulturpolitisch wichtiges Merkmal des 10. Jahrhunderts ist die zunehmende Fragmentierung der Herrschaft: Aus dem zerfallenen Reich Karls entstanden vier Teile: Ost- und Westfranken, Burgund und „Italien" neben dem Päpstlichen Patrimonium. Hinzu kamen weitere Machtzentren: Die Herzogtümer der Sachsen, Bayern, Schwaben, und Lothringer (9.2.1.3.).

.... Eine Hofschule wie in karolingischer Zeit scheint es nicht mehr gegeben zu haben. Die wichtigsten Kunstzentren zur Zeit Ottos I. waren Köln, wo sich ein spezifischer malerischer Stil mit byzantinischem Einfluss entwickelte, Trier, Regensburg und vor allem das Kloster Reichenau. Daneben waren Skriptorien auch in Mainz, Prüm, Echternach und andernorts tätig. Im 11. Jahrhundert kamen im bairisch-österreichischen Raum Tegernsee, Niederalteich, Freising und Salzburg hinzu[466].

* Otto I. (912 – 973, 651 König der Sachsen), knüpfte mit seiner Krönung in Rom 962 bewusst an das Römische Kaisertum an. Dies ist auch in der Bildersprache und Titulatur deutlich[467]. Es war nur eine symbolische Handlung. Die Ziele seiner Politik war nicht die Wiederherstellung des Imperium Romanum, dessen politische oder kulturelle Institutionen, sondern die Konsolidierung seiner Macht auch in Italien, Expansion nach Osten, Christianisierung der Slawen und der Ungarn und sein Haus mit dem byzantinischen Kaiserhaus auf gleiche Stufe zu stellen. Dazu diente auch die Heiratsbündnis mit Byzanz. Sein *Beichtiger*[468] und vertrauter Weggefährte war Bischof Ulrich von Augsburg (+973). Er war (900 – 908) ein Schüler von Sankt Gallen[469].

Otto wollte Magdeburg zu einer festen Residenz und zu einem „zweiten Rom" ausbauen[470]. Nach der Einschätzung eines Zeitzeugen war *sein Hof ein intellektuelles und künstlerisches Zentrum in Deutschland. Hier strömte aus aller Welt zusammen, was immer sich etwas zu sein dünkte. ... Hier erstrahlte ein Muster der Weisheit, Frömmigkeit und Gerechtigkeit, wie man es seit Menschengedenken nicht erlebt hatte*[471],[472].

Unser Zeitzeuge Ekkehard IV. (s. weiter unten) erwähnte in seiner „Geschichten des Klosters Sankt Gallen", dass *die Sarazenen, ... von Süden her uns und die Unseren ... beunruhigten*[473]. Die Piraterie und auch die Einfälle der Muslime in Provence haben diplomatische Kontakte ausgelöst[474]:
Der Kalif von Cordoba, Abd al Rahman III (889, 912 – 961) sandte 950 eine Delegation an den ottonischen Hof[475]. Auch Otto I. suchte um 953 den Kontakt zum Kalifat von Cordoba (6.2.1.3.3.) und sandte den Abt Johannes von Gorze (+973/4; 9.2.1.4.) an den Hof Abd el Rahman III. [476] (6.2.1.3.3.). Nach dem Bericht nahm die Reise des Johannes von Gorze mit einer religiösen Polemik sein Ende[477]. Ein weiterer Gesandter Abd al-Rahmans, der Prälat Racemund 955, brachte eine ebenfalls polemische Erwiderung des Kalifen aus Cordoba[478].
Auch der Nachfolger Abd al Rahman`s, Al-Hakam II. (6.2.3.3.), sandte im Jahre um 960 eine Delegation zu dem Römischen Kaiser Otto I. [479]. Einer der Teilnehmer war Ibrahim ibn Ya`kub aus Tortosa[480] (6.2.4.2.3. und 9.1.5.). Er reiste auch nach Italien[481] und traf den, nun gekrönten Kaiser, 962 nochmal in Rom[482].
Für unsere Zeitzeugin, Roswita von Gandersheim (um 935 - nach 973; 7.1.3., 7.1.6.2., 9.1.2., 9.2.2.3. und 10.3.4.), war Cordoba eine Kulisse für ein Gedicht über das Martyrium des heiligen Pelagius (912 – 925), eines sonst unbekannten Heiligen[483],[484],[485]. Das Martyrium des Pelagius selbst wird 967 auch von anderen christlichen Quellen erwähnt: Ein gewisser Raquel berichtet, er habe es selbst erlebt[486]. Nach einer anderen Quelle wurden die sterblichen Reste des Pelagius 960 vom König Sancho I. von Leon (935, 956 – 966) erbeten, 967 geborgen und 985 nach Orviedo überführt, dort beigesetzt und dort von den Mozarabern verehrt[487].
Das Gedicht der Roswita spiegelt die Polemik wieder und diente wohl dazu, diplomatische Kontakte „zum Islam" und dem Herrscher der Ommaiyaden (Abd al Rah-

man III.) zu diskreditieren[488],[489].

Otto I. hat versucht den Kiever Rus als potentielles Missionsgebiet den Byzantinern streitig zu machen und entsandte (961/2) Adalbert von Trier als Missionsbischof, *doch hatten ihn die Heiden von dort vertrieben*[490],[491]: Wladimir I (960 – 1015) hat sich mit Byzanz verbündet.

Otto I. förderte die Reformbewegung von Gorze und Cluny (9.2.1.4.) aber auch den Diskurs zwischen griechischen und lateinischen Gelehrten[492]. Er hat die Grammatiklehrer Gunzo von Novara und Stephan von Novara nach Deutschland eingeladen. Beide brachten auch Bücher aus Italien mit: Marcianus Capella, Platons Timaios, Cicero, die Topik des Aristoteles[493].

Otto´s Bruder, Bruno von Sachsen (925 – 965) war einer der gebildetsten Männer des Reiches[494]. Seine Ausbildung hat er an der Domschule von Utrecht[495] (7.1.1.3.) erhalten. Er wurde Erzkaplan, Reichskanzler (940), Herzog von Lothringen (ab 953), Erzbischof von Köln (ab 953), und Vormund von Otto II. Er führte stets eine Bibliothek wie eine Bundeslade mit und hatte so zugleich den Gegenstand, wie auch das Hilfsmittel seiner Studien bei sich, den Gegenstand in den heiligen, das Hilfsmittel in den heidnischen Büchern[496].
An der Domschule von Köln erhielten viele der führenden Gelehrten und späteren Bischöfe ihre Ausbildung[497] (8.1.). Er hat das Kloster St. Pantaleon gegründet und siedelte Mönche an, *die mit beständigem Eifer nach der Mönchregel im Gotteslob dem Herren dienen sollten*[498].

Doch auch unter den Ottonen gab es eine Rivalität zwischen christlichem Wahrheitsanspruch und profaner Geisteskultur:
…. Heriger von Lobbes (um 740 – 1007; 7.2.), Leiter der Schule der Benediktinerabtei von Lüttich, hat die Unvereinbarkeit der christlichen Wahrheit mit der paganen Welt der Antike betont[499]. Thietmar, Bischof von Merseburg (975 – 1018) berichtet in seiner Chronik von einer Vision wie die des Hieronymus (5.2.1.7.): Bruno wird *wegen nichtiger Anwendung der Philosophie durch den höchsten Richter beklagt, aber vom heiligen Paulus (5.1.1.) verteidigt und wieder eingesetzt*[500],[501].
…. Nach Thietmar von Merseburg *übertraf* Gerbert von Aurillac (7.2.3.) *seine Zeitgenossen in der Beherrschung von mancherlei Kenntnissen*[502]. In einem Brief an Theophanu bekannte Gerbert: *In meinen Mußestunden und in meinen Geschäften habe ich stets die* (philosophischen) *Lehren Ciceros sorgfältig befolgt*[503].
Walter von Speyer (Walt(h)er von Speyer, Gualterus Spirensis; 967-1027) Diakon, Dichter und ab 1004 Bischof (7.1.6.2.), besang Gerberts Kenntnisse in Arithmetik und Geometrie[504] (7.1.2.3.).

Doch er wurde vom Magister Ohtrich, Leiter der magdeburger Domschule, angegriffen: er verstünde gar nichts von Philosophie und sei völlig unwissend[505],[506]. Weltliche Gelehrsamkeit allgemein war für Seelsorger suspekt: Bischöfliche Unterweisungen warnten vor Ruhmsucht und Stolz, denn sie haben Streit, Ketzerei, Aufgeblasenheit und Neuerungssucht als Früchte[507].

* Otto II, (955 – 983; bereits als 6 jähriger zum Mitkaiser gekrönt) wurde 972 mit der Kaisersnichte Theophanu vermählt. Durch die Gesandtschaften und auch durch Theophanu und ihr Gefolge kamen byzantinische Begleiter, Ideen (5.2.4.) und Kunst nach Deutschland: Seidenstoffe, Elfenbein und Reliquien[508]. Vielleicht kamen

auch Bücher, so auch das Medizinbuch des Celsus (4.1.2.1.4.) auf diesem Wege nach Bobbio[509], wo er u.a. eines vom Gerbert von Aurillac abschreiben ließ (9.1.3.2.1.).

Ottos Sohn, der spätere Otto III, wurde unter anderen von griechisch sprechenden Gelehrten aus Kalabrien, vom Johannes Philagathos[510],[511] aber auch von Gerbert von Aurillac[512] und Bernward (um 960-1022) unterrichtet. Bernward wurde, als Dank, Bischof von Hildesheim (9.2.2.1.) und Gerbert wurde durch kaiserliche Förderung Papst (s. weiter unten, s.a. 7.2.3.).

Unsere Zeitzeugin, Roswita von Gandersheim, hat in ihrer *Gesta Ottonis* die Ereignisse von Heinrich I. bis zur Kaiserkrönung Ottos behandelt[513]. Sie verglich den jungen König mit dem weisen Salomon, verschwieg heikle Tatsachen und gab wenig Aufschluss über politische Fakten, Zusammenhänge und Motivationen[514],[515].

* Otto III. (980 – 1002) wurde 996 in Rom zum Kaiser gekrönt. Als sein Berater wirkte Leo von Vercelli (+1026) an der Gestaltung seiner Herrschaftskonzeption nach dem Vorbild Karl des Großen (*Renovatio Imperii Romanorum*) mit[516]. Er formulierte ein politisches Grundsatzprogramm: *Erneuere die Römer in deiner Güte, wecke die Kräfte Roms. / So erhebe sich Rom durch das Kaisertum unter Otto III.* [517]

Otto III. wollte an die Zeit Konstantins des Großen und Papst Silvester I anknüpfen. Nach dem Tod Papst Gregors V. (999) bestieg Ottos Lehrer, Gerbert von Aurillac, (7.2.) als Silvester II. den päpstlichen Thron. Der Name war Programm, Kaiser und Papst sahen in der konstantinischen Zeit ein Vorbild für die Verbindung Papst – Kaiser (Kaiser Konstantin und Papst Silvester I.) in der eigenen Zeit[518]. Doch Ottos Politik ist über Ansätze nicht hinausgekommen[519]. Er ließ zwar auf dem Palatin einen Kaiserpalast errichten[520],[521], doch sein Bestreben die Stadt Rom unter seine Kontrolle zu bringen provozierte den Widerstand des römischen Adels unter der Leitung des Stadtpräfekten Crescentius des Jüngeren[522]. Otto III und Papst Silvester II haben 1001 Rom verlassen[523] und Crescentius hat Johannes Philagathos zum Gegenpapst gemacht (Johannes[524] XVI; 997 – 998, +1001).

Heinrich II (973/78 – 1024) hat das Leitmotiv seiner Vorgänger „Wiederherstellung des römischen Reiches" *(Renovatio imperii Romanorum)* durch den Wahlspruch „Erneuerung des Frankenreiches" *(Renovatio regni Francorum)* ersetzt und gab die romzentrierte Kaiserideologie auf. Die unter den ersten drei Ottonen begonnene Einbindung der Kirche in das weltliche Herrschaftssystem des Reiches, später von Historikern als „Ottonisch-salisches Reichskirchensystem"[525] bezeichnet, fand unter Heinrich ihre Fortsetzung und ihren Höhepunkt[526].

Er förderte insbesondere die Ausstattung der Kirchen und der Klöster mit Reliquien in Reliquiaren aus kostbarem Material, liturgischen Gewändern aus Seide. Letzteres stammte vornehmlich aus byzantinischer, syrischer oder alexandrinischer Produktion[527] (7.4.).

* Die Kulturpolitik der Ottonen diente, wie die der Karolinger (7.1.2.), in erster Linie der kaiserlichen Repräsentation und der „Konsolidierung des christlichen Glaubens"[528]. Der Terminus „Ottonische Renaissance" spiegelt sich besonders in der Architektur durch Verwendung von Spolien, in der Goldschmiedekunst und in der Buchmalerei wider. Besonders begünstigt wurde der Einfluss der byzantinischen Kultur durch die Heirat Ottos II. mit der byzantinischen Prinzessin Theophanu[529].

…. Wie die Karolinger (7.1.2.), auch die Ottonen förderten die Kloster- und Domschulen um Personal für die Kirche und die zivile Verwaltung (7.1.6.2.) auszubilden.

Die Bischofsstädte, Stifte und Klöster waren die Zentren der Herrschaft, Wirtschaft und Kultur. Sie waren Stätte der christlichen Gelehrsamkeit und künstlerischen Produktion[530].

.... Die wichtigsten Schreib- und Malerschulen waren: Corvey, Hildesheim[531,532] Fulda (7.1.2.3., 7.1.3., 7.1.4. und 7.1.5.), Hersfeld, Lorsch (7.1.5. und 7.6.12.), Mainz (7.1.4. und 7.1.5.), Regensburg (7.1.6.2.), Reichenau (7.1.2.3. und 7.1.5.), Sankt Gallen (7.1.2.3., 7.1.3. und 7.1.5.), Würzburg, Tegernsee (7.5.2.1.2.) und Trier (7.1.6.2.)[533,534]. Der Schwerpunkt des Interesses lag an den theologischen, patristischen, liturgischen und rechtlichen Texten, doch die Schreibschulen hatten auch ein eigenes Profil[535]. .... Die Zentren der „Wissenschaften" waren Reims und Lüttich in Lotharingia (7.2.3.). Insbesondere Gerbert von Aurillac wurde von Otto II. und Otto III. gefördert. Dessen Versuch die Fächer des Quadriviums zu fördern (7.2.3.) fand, nach Bericht der Historiographen, wohl in Hildesheim an der Schule Bernwards eine gewisse Resonanz: *Die Magister der Artes betrieben das Trivium und war ihr Eifer auf das Quadrivium gerichtet; dort glänzten Mathematiker und Astronomen, befanden sich Physiker und Geometer*[536].

Doch eine Breitenwirkung hatte dieses Bildungsprogramm der ottonischen Zeit nicht[537].

.... Benno, der spätere Bischof von Osnabrück (7.1.6.2.) lehrte einige Zeit an der Schule von Hildesheim. Doch St. Gallen oder Reims, Laon, Chartres und Paris waren als Studienorte interessantere Alternativen (7.2., 7.4.1. und 8.1.).

Technische Kenntnisse wurden erst vom 12. Jahrhundert an schriftlich festgehalten (9.2.3.). Interessant ist eine Bemerkung des Lehrers zum Lebenslauf Bernwards: *Obwohl er am wärmsten für alle Zweige der freien Wissenschaften brannte, bezog er auch die niederen Künste, die man die mechanischen nennt, in seine Studien ein. Im Schreiben war er hervorragend, auch im Malen übte er sich mit großem Geschick. In der Schmiede- und Schlosserkunst tat er sich in erstaunlicher Weise hervor*[538,539].

Bekannt ist die Bibliothek Ottos III. Sie zeigt uns den Schwerpunkt seines Interesses: Evangeliare und Kommentare zu Schriften des Alten Testaments, Livius, Seneca, Boethius, Isidor von Sevilla, Patristik, ziviles und kanonisches Recht, Musik, ein Kodex über Arithmetik des Boethius, ein Widmungsexemplar von Gerbert von Aurillac[540] (7.2.) und ein Buch über Medizin[541].

Heinrich II ließ den von ihm gestifteten Dom zu Bamberg mit Handschriften aus alten Bibliotheken und Skriptorien ausstatten[542].

.... Die Kontroverse um die antike Dichtung unter den Karolinger (7.1.4.) hielt wohl auch unter den Ottonen an: Roswitha von Gandersheim gilt als erste, die seit der Antike Dramen schrieb. Ihr *„Dramenbuch"*, entstanden um 965, wollte eine christliche Alternative zu Terenz (7.1.5. und 7.1.6.2.) bieten: An die Stelle „schlüpfriger" Liebesgeschichten sollte die Darstellung der Keuschheit frommer Jungfrauen treten[543,544] (9.2.2.3.). Sie hat in ihren Dramen auch Fragen der Arithmetik gestreift: Sie gingen über Boethius und allegorische Zahlenspielerei nicht hinaus[545,546] (9.1.2.).

.... Die ottonische Kunst kann man als erste Stufe der romanischen Kunst in Deutschland betrachten, zu der sie hinüber leitet[547] (7.1.6.2.).

Die überlieferte Kunst der Zeit diente überwiegend der Kirchlichen und der kaiserlichen Repräsentation[548]: Erhalten geblieben sind Werke der angewandten Kunst[549], wie Stoffe mit Medaillons, Prunkurkunden, Prunkhandschriften, Elfenbeinplatten und Reliquiare[550],[551]. Von der Architektur sind nur Reste erhalten: in Magdeburg, Köln, Trier, Hildesheim, Echternach, Regensburg, Salzburg. Wenige Freskenzyclen sind noch zu sehen, zu erwähnen ist Reichenau.

…. Mit der Ostmission und der Gründung des Bistums Magdeburg wuchs besonders im Nordosten der Bedarf an liturgischen Büchern. Das illuminierte Buch als „Gesamtkunstwerk" gab es bereits in der Spätantike[552]. Zur Zeit der ottonischen Kaiser hat sich im Römischen Reich ein neuer Stil der Buchmalerei ausgebildet: Die „Ottonische Buchmalerei". Stilistisch reicht die Epoche um einiges über die Regierungszeit des letzten ottonischen Kaisers, Heinrich II., bis gegen Ende des 11. Jahrhunderts hinaus. Die illuminierten Handschriften sind: Bibel, Evangeliare, Sakramentare, Psalter, Perikopenbücher, Gebetbücher[553].
Neben den Kaisern trat besonders der hohe Klerus als Auftraggeber von Prachthandschriften auf, dessen Stellung durch das Reichskirchensystem gestärkt war[554].

In beiden Bereichen, vor dem Altar und am Hof, war durch die Verwendung luxuriöser Materialien und aufwendige Goldschmiede- und Email-Techniken die Bedeutung dieser zentralen Institutionen besonders hervorgehoben[555]. Ab etwa 980 sind die Zentren der ottonischen Goldschmiedekunst zu fassen: Trier und Köln[556]. Für sie ist das Festhalten an der karolingischen Tradition charakteristisch. Die Werke dienen der weltlichen und kirchlichen Repräsentation[557].
…. Zumeist in der zweiten Hälfte des 10. Jahrhunderts gelangten byzantinische Kunstwerke in den Westen. „Brautschatz der Theophanu", Reliquiare, Gesandschaftsgeschenke, Spolien als Beute aus Italien. In der Hauptsache sind es Kunstwerke aus Elfenbein, Gold, Silber, Email, Halbedelstein, Bergkristall und Seidenstoffe[558].

Der Rückgriff der ottonischen Kunst auf die Antike und die Karolinger (7.1.2.1.), ist vor dem programmatischen Hintergrund zu sehen:
…. Die Förderung der Klöster; insbesondere der burgundischen Reformklöster Gorze (9.2.1.2.2.) und Cluny (7.2., 7.3. und 9.2.1.2.2.), so wie Corvey, Herford und des griechischen Mönchtums in Süditalien, und die Einbindung des Mönchtums und des Episkopats in die kaiserliche Politik.
…. Die Anknüpfung an das byzantinische Hofzeremoniell;
…. Die Übertragung und Nachahmung bestehender Bauten der Karolingerzeit (7.1.2.1.), insbesondere der Aachener Pfalzkapelle; die Verwendung römischer Spolien aus Rom und Ravenna im Bauwerk und byzantinischer Bildmotive in der Elfenbein- und Goldschmiedekunst.
…. Antike Ornamente fanden in der ottonischen Kunst reichlich Verwendung[559]. In den. Klosterwerkstätten (Köln, Echternach, Metz, Trier) lebte in der Kleinplastik karolingisches Formgut weiter[560].
…. In den Skriptorien der Klöster wurden illustrierte Handschriften (7.1.5.) für den liturgischen Gebrauch erstellt. Die vornehmste Aufgabe der Buchmalerei war es den liturgischen Büchern die größte Pracht zu verleihen. Die wichtigsten Schreibschulen der ottonischen Zeit waren: Corvey, Hildesheim, Fulda, Hersfeld, Lorsch, Mainz, Regensburg, Reichenau, Würzburg, Sankt Gallen, Tegernsee und Trier[561],[562].
…. In St. Gallen (7.1.2.3., 7.1.3. und 7.1.5.) hat Notker III (der Deutsche oder Labeo; um 950 – 1022), Rektor der St. Galler Klosterschule, lateinische Schulbücher ins Deutsche übersetzt und diese kommentiert[563]. Darunter auch ein Buch zum Computus und die „Hochzeit des Merkurs und der Philosophie" von Martianus

Capella (5.2.1.11.). Damit wurde der römische Abakus mit gemerkten Rechensteinen[564] auch in der Klosterschule in St Gallen bekannt[565] (7.1.6.2.).

.... Ekkehard IV (zwischen 980 und 1060; 9.2.1.4. und 9.2.2.2.) ist einer unserer Zeitzeugen: Nach seinem Bericht *waren die Studien im Kloster des Heiligen Gallus stets verwurzelt*[566]. Er nannte *das göttliche Wissen und die sieben freien Künste* im Allgemeinen[567], aber auch die Künste: *Bauen, Schnitzerei, Malerei, Dichtung*[568]. Er nannte St. Gallen zur Zeit Karl III als ein Zentrum insbesondere der Musik und liturgischen Gesänge[569]. Bereits Ekkehard II (+990) soll das Notenzeichnen gekannt haben[570] (9.2.2.2.), --- doch von den anderen Fächern des Quadriviums schwieg er. Aber er berichtet auch: *Es ist das Schicksal der gelehrten und wertvollen Menschen, Nachstellungen und beharrliche Schmähreden zu erdulden, von denen, die müßiggingen und ein leichtsinniges Leben führten*[571]. Die Gelehrsamkeit, die Ekkehard IV lobt ist ein „christlicher Humanismus" (7.1.6.2.). Sie kontrastiert mit der Gelehrsamkeit an der Kathedralschulen von Reims, Lotharingia, Flandern und der Normandie (7.2.3.).

1.1.6.2 Die Salier

* Der letzte Herrscher der Ottonen, Heinrich II. starb im Jahre 1024 kinderlos. Als neuer König wurde Konrad II (ca. 990; 1027 – 1039) aus dem Hause der Salier gewählt. Dieses Haus regierte bis 1128. Sie setzten zunächst die Politik der Ottonen fort, doch mit einer Tendenz zur Steigerung der herrscherlichen Gewalt. In dieser Zeit zerbrach nicht nur die „Verbindung von regnum und sacerdotium", sondern auch die kirchliche Einheit von Ost und West.
Es gab wiederholt Bestrebungen die Einheit der Kirchen wieder herzustellen. Diese Bestrebungen bilden den Hintergrund für die Rezeption der Antike im 12. bis 15. Jahrhundert (7.4.4. und 7.5.).

* Die Zeit der Salier war insbesondere für die Entwicklung der Städte eine Zeit des Umbruchs: Wachstum, Aufkommen neuer Institutionen, Durchbruch der Romanik. In diesem Prozess ragen insbesondere die Bischofssitze hervor, Köln, Metz, Trier, Speyer, Worms, Regensburg u.a.m. Die Städte traten punktuell als Bauherren auf[572] (9.2.1.3.). Getragen wurde die Wirtschaftsentwicklung von dem Silberbergbau im Harz, im Schwarzwald und in Wiesloch[573].

Die Salier haben das Mäzenatentum der Ottonen weitergeführt: Konrad II. gründete die Abtei von Limburg an der Hardt (1025) und begann mit dem Bau des Domes von Speyer (1030)[574], erste Weihe 1061[575],[576]. Konrad II machte das bis dahin unbedeutende Bistum Speyer (ab 346) zum „Hausbistum" und zum geistigen Zentrum der Salier[577],[578]. 1084 haben sich in der Stadt Juden unter dem Schutz des Bischofs niedergelassen. Sie pflegten weitläufige Beziehungen im Fernhandel und haben zur wirtschaftlichen und geistigen Blüte der Stadt wesentlich beigetragen[579]. *Die zuvor bedeutungslose Stadt Speyer erblühte durch den frommen Eifer der Kaiser zu neuem kraftvollen Leben*[580].

* Im 11 Jahrhundert gab es in Frankreich und am Rhein etwa 60 Dom- oder Kathedralschulen[581]. Eine von diesen war die Kathedralschule von Speyer. Balderich, der 22. Bischof (970 – 986) hat sie nach St. Gallener Vorbild Begründer[582],[583]. Sie hat unter seinem Schüler, dem Bischof Walther (* um 963, Bischof 1006 – 1027; Hofkaplan unter Otto III.), eine überregionale Bedeutung erlangt[584].

Von seinen Büchern ist sein „Schulbericht" (um 981[585]) für unsere Untersuchung interessant: Auf zwei Jahre Elementarunterricht folgten zweimal zwei Jahre Grammatik und Literaturunterricht. Zwei weitere Jahre waren der Dialektik, Rhetorik und dem Quadrivium gewidmet[586],[587] --- er bezeichnet sie als *Erwachsenenkost*[588]. Als Autoren für die Lektüre nannte er die klassischen Dichter: Vergil, Horaz, Terenz (7.1.3., 7.1.4., 7.1.5., und 7.1.6.1.), Lukan, Persius, Juvenal und Statius so wie Boethius und Marianus Capella. Homer kannte er aus einer lateinischen Kurzfassung[589]. Bischof Walter dürfte über Martianus Capella den römischen Abakus gekannt haben[590].

Er hat in seinem Bericht – wohl in ottonischer Tradition - neben dem Trivium auch die Fächer des Quadriviums vorgestellt[591]. In der Arithmetik blieb die Darstellung bei Andeutungen einer Zahlensymbolik[592], als Anwendung der Arithmetik nannte er die Feldmesskunst[593] und die Harmonielehre[594]. Seine Quellen waren Martianus Capella (5.2.1.11.) und Boethius (5.2.1.12.), so hat er die Rechenkunst der Geometrie zugeordnet. Er kannte den Abakus und eine Aufteilung der Zahlenmasse in Einer- und Zehnerzahlen[595] (4.1.1.2.). Die arabischen Ziffern kannte er noch nicht. Die Geometrie wurde mit den Texten des Boethius unterrichtet[596],[597], die Astronomie war die deskriptive Sphärenlehre[598].
Ein sachliches Interesse an spezifischen Fragen des Quadriviums ließ er nicht erkennen[599],[600],[601]. An der Schule wurde ein „christlicher Humanismus" gepflegt[602].

Doch nach Urteil eines nicht ganz unbeteiligten: *Damals strömten dort* (in Speyer) *die Kleriker aus allen Teilen des Reiches in Scharen zusammen, denn die rastlose Sorge des Kaisers, die sich auf alle Gebiete erstreckte, hatte hier auch dem Studium der Wissenschaften zu höchster Blüte verholfen*[603],[604]. Speyer galt als „Diplomatenschule", doch mit der Gründung der Universitäten von Paris und Bologna (8.1.3.2.) verlor sie an Bedeutung[605]. Als Absolventen der Schule seien Genannt:

…. In Speyer und Reims hat Meinhard von Bamberg (†1088) seine klerikale Ausbildung erhalten. Um 1058 wurde er als Leiter der Domschule nach Bamberg berufen. Unter seiner Leitung hat sich diese zu einem reichsweit anerkannten geistigen Zentrum entwickelt[606]. In einem Brief empfahl Ciceros Tusculanen zu studieren[607] (7.1.4.).
…. *Auch Benno (s. weiter unten) wurde durch die königliche Freigebigkeit angezogen und kam nach Speyer auf den Ringplatz des Geistes*[608]
…. Der Mathematiker Adelmann von Lüttich (ca. 960–1028) und der Dichter Amarcius (um 1100) hielten sich zu Studien zeitweise in Speyer auf[609].
…. Auch Bischof Konrad III von Scharfenberg (1200 – 1224) erhielt hier seine Ausbildung. Er wurde unter den Staufern Kanzler des Reiches und holte die Bettelorden in seine Diözese: die Franziskaner nach Speyer und die Dominikaner nach Metz. Die beiden Niederlassungen gehören zu den Ersten auf deutschem Boden[610].

Die mittelalterliche Dombibliothek zu Speyer enthielt neben gottesdienstlichen und archivalischen Büchern, Bußbüchern und Kapitularien auch Handschriften von Livius, Ovidius, Plinius, Beda Venerabilis, Alcuin, die Enzyklopädie des Hrabanus Maurus (7.1.4.) und antiquarisch-geographische Texte. Die Bibliothek enthielt auch eine Kompilation eines spätantiken Handbuchs der Verwaltung, des „notitia dignitatum" (4.1.2.2.1.), den Speyerer Codex (Codex spirensis, heute verloren[611]). Die prominentesten Benutzer der Bibliothek waren wohl Nicolaus Cusanus (7.5.2.2. und 9.1.7.3.3.) und Erasmus von Rotterdam (7.6.7.). Der größte Teil der Bücher verbrannte im Krieg 1689[612], der Rest wurde zerrissen, verschleppt, fast gänzlich zerstört[613].

* Auch das Kunstschaffen stand beim Wechsel der Dynastie zunächst im Zeichen der Kontinuität des Ottonischen. Unter Kaiser Heinrich III. steigt die Echternacher Malschule zum führenden Skriptorium auf. Im kaiserlichen Auftrag entstanden in Echternach 1039–1043 ein Perikopenbuch[12], zwischen 1043 und 1046 ein Speyerer Evangeliar, das für den dortigen Dom bestimmt war, und zwischen 1050 und 1056 ein weiteres Evangeliar.

* Bemerkenswert ist insbesondere die Hinwendung zu Steinbau (9.2.1.2.). Die Adelsburgen waren keine Fluchtburgen zur Aufnahme der Bevölkerung des Umlandes, sondern repräsentative Bauwerke[614].

Benno II. von Osnabrück (* um 1020 - 1088) war ein enger Berater Heinrichs IV. und ein anerkannter Baumeister. Im Dienste des Bischofs Wilhelm von Straßburg pilgerte er mit diesem zwischen 1040 und 1044 ins Heilige Land nach Jerusalem. Anschließend war er als Lehrer in den Domschulen in Speyer und Hildesheim tätig. In Speyer, wo sich der Königshof mindestens einmal jährlich aufhielt, knüpfte er Kontakte zu wichtigen Personen, bis hinauf zu Kaiser Heinrich III. 1068 wurde er von Heinrich IV. zum Bischof von Osnabrück eingesetzt. Benno war nicht zuletzt auch wegen seiner Fähigkeiten als Baumeister hochberühmt[615],[616]. Heinrich IV hat ihn hat ihn zum Umbau des Domes nach Speyer berufen[617].

Spieltheoretisch wichtig für unsere Untersuchung ist, dass im politisch zunehmend fragmentierten Europa die lokalen Könige, Herzöge und Fürsten vielfach Krieg gegen einander führten[618]. Auch die „Vita Bennonis" berichtet über Parteiungen und Feindseligkeiten[619]. Das Bauprogramm der Salier spiegelt die Konflikte wieder: Heinrich IV. begann in Sachsen Burgen zu bauen[620],[621] (9.2.1.2.).

* Unter den Saliern erschien eine neue Statusgruppe in der Verwaltung: die *ministeriales* (8.1.3.1.). Diese hatten die Aufsicht über Wirtschaftshöfe und Burganlagen und wurden unerlässliche Helfer der herrschaftlichen Machtausübung[622]. Sie erhielten ihre Ausbildung zunächst an den aufblühenden Schulen für ziviles und kanonisches Recht in Norditalien, oder an den neugegründeten Universitäten (8.1.3.1.). Damit hat ein Aufschwung und eine Diversifizierung der Bildungsinstitutionen eingesetzt[623] (8.1.3.) und es entstand eine „Bildungsschicht" außerhalb der Kirche[624]. Eike von Repgow (um 1180- nach 1233), der Verfasser des „Sachsenspiegels", war unter den *ministeriales* geführt[625].

* Die kaiserliche „Kulturpolitik" war weitgehend Kirchenpolitik. Die spezifischen Aufgaben einer Kulturpolitik im engeren Sinne wurden überwiegend von der Kirche oder von kirchlichen Instanzen bestimmt (7.3.1.; 7.5. und 8.3.), eine weltliche „Kulturpolitik" der Könige, Herzöge und Fürsten spielte nur in speziellen Situationen eine Rolle (7.2 bis 7.5). Unter den rund 70 Klöstern und Stiften im pfälzischen Raum spielten die Benediktiner Abteien St. German in Speyer, Weißenburg und Hornbach eine wichtige Rolle[626]. Im Jahre 1265 haben sich die ersten Dominikaner in Speyer niedergelassen, sie breiten sich in der Folgezeit im ganzen Bistum aus[627].

Auf der Insel Reichenau hat Hermannus Contractus (1013 – 1054) Bücher für die Fächer des Quadriviums geschrieben: Arithmetik, Geometrie und Astronomie[628],[629],[630] (9.1.1. und 9.1.2.). Sein Mentor war Bern von Prüm, ein Schüler des Abbo von Fleury[631] (7.2.).

Er hat mit seinem „Computus" ein Handbuch der Zeitrechnung geschaffen. Er versuchte die historische Chronologie durch astronomische Ereignisse zu sichern[632] (9.1.1.). Ihm wird auch ein Buch Gerberts über das Astrolabium (7.2.3.) zugeordnet[633].

Im Kölner Raum hat der Mönch Theophilus Presbyter gearbeitet und ein Handbuch zu artes sacrales verfasst (1100 – 1120; 9.2.3.).

Wilhelm von Hirsau OSB (* um 1030; - † 5. Juli 1091), der Abt des Klosters Hirsau (9.1.2.4.), verfasste zwar Schriften zu Musik und Astronomie[634], *doch das Studium der weltliche Wissenschaft soll man aufgeben, wenn es den Sinn erfüllt, d.h. den Geist geschult hat. Auch die Literatur soll nur wie ein Küchenkraut gebraucht werden, das man fortwirft, wenn die Speisen gewürzt sind*[635].

Der Domschullehrer Winrich von Trier nannte (um 1075) in seinem Klagelied (9.2.1.4.) einen Autorenkatalog. Dieser enthielt von den Heiden: Cato, Cicero, Boethius, Lukan, Vergil, Statius und Terenz.

Konrad von Hirsau OSB (ca. 1070 – ca. 1150; 9.2.1.4.) hat in seinem „Dialogus super auctores" (um 1130) die zu lesenden Autoren behandelt. Als zu lesende Autoren hat er neben Donatus, Cato, Homer, Lukan, Horaz, Juvenal, Cicero, Vergil, Boethius und Nikomachus, bevorzugt spätantike und christliche Autoren genannt. Terenz (4.3.2.2.) hat er zwar erwähnt, aber kein Werk zu lesen empfohlen und vermerkt: nicht zu viel[636],[637]. Ovid hat er aus dem Canon ausgeschlossen[638]. Vielleicht gibt die Liste auch einen Hinweis auf den Bestand der Klosterbibliothek[639], sie spiegelt den rigoristischen Standpunkt der cluniazensischen Reform[640] (7.1.6.1. und 9.2.1.4.). Der Kanon ist mit dem humanistischen Bildungsprogramm (7.5.2.4.) verwandt, man spricht auch von einem „Klosterhumanismus" (9.2.1.4.). Es ist bemerkenswert, dass die distanzierte Einstellung zu Terenz mit der der Roswita von Gandersheim übereinstimmt (7.1.6.1.)

Die Fächer der weltlichen Wissenschaften bilden den Abschluss des Buches[641]. In ihrer Bewertung folgt Konrad dem Apostel Paulus[642] (5.1.1.), für Konrad sind sie nur Hilfswissenschaften[643] und werden recht pauschal und oberflächlich behandelt. Die arabischen Ziffern, Gerberts Schriften und die zeitgenössischen Arithmetiker (7.2.3.) hat er nicht erwähnt – ihm ging es um das rechte Verstehen der Heiligen Schriften[644], für das geistliche Leben sind sie ohne praktischen Nutzen[645].

Der Dialogus ist eine Hauptquelle für den Literaturkatalog des Bamberger Rektors Hugo von Trimberg[646] (7.1.5.1.).

Der Liber Floridus (lat. das *blühende Buch*, oder *Buch der Blumen*) ist ein mittelalterliches Werk des Kanonisten Lambert de Saint-Omer. Das Werk wird etwa auf 1090 - 1120 datiert. Es handelt sich um eine Art mittelalterliche Enzyklopädie, die sich mit verschiedenen theologischen, naturphilosophischen und historischen Fragen befasst (9.1.1., 9.1.2. und 9.1.6.).

Saint-Omer lag zur Entstehungszeit in der Grafschaft Flandern, einem kulturellen und wirtschaftlichen Zentrum des damaligen West- und Nordeuropa. Auch Lambert ging es um das rechte Verstehen der Heiligen Schriften[647].

Es ist interessant die mittelalterlichen Bildungsprofile der Regionen zu vergleichen:

Speyer, Reichenau, Hirsau, Bamberg, Provence, Lotharingia, die Normandie, Flandern sowie Süd-Italien und Sizilien der Normannen.

1.2   Katalonien, Provence, Aquitanien, Lotharingia und die Normandie

1.2.1   Katalonien

* Karl der Kahle (*823, 875 – 877; 7.1.2.) hat die „Spanischen Marken" als ein Bollwerk gegen die Mauren auf der iberischen Halbinsel gegründet. Diese waren im 10. Jahrhundert eine Grafschaft, später ein Herzogtum. Barcelona hatte einen bedeutenden Anteil Mudejaren an der Bevölkerung[648]. Zu Grafschaft Barcelona gehörte auch die Provence[649].
Katalonien war eine Kontakt- und Pufferzone zwischen den Politischen Mächten der Karolinger und dem Kalifat der Ommaiyaden in Cordoba (6.2.1.3.) zur Zeit des Kalifen Abd-ar-Raman IV (888 – 912) und Abd-al-Hakkam (912 – 961; 6.2.1.3.3.). Zu beiden Mächten gab es enge Beziehungen[650]. Es war das „heroische Zeitalter" des Islam in Spanien und einer „Mini-Renaissance" in Katalonien[651].

Die Werke der arabischen Gelehrten über Geometrie, Arithmetik und Astronomie waren in den Klosterbibliotheken im Tal des Rioja, z.B. San Martin de Albelda und Kataloniens, Ripoll und Vich, bekannt[652],[653],[654]. Die älteste lateinische Handschrift, in der arabische Ziffern inklusive die Null vorkommen, ist der Codex Vigilanus (cronica aldense folio 12; 976) aus dem Kloster San Martin de Albelda (gegründet 923, Aragon)[655],[656] (7.2.3.). Der Mönch Vigilia vermerkte: mit diesen neun Ziffern kann man jede Zahl darstellen[657].
Auch die astronomischen Arbeiten der Schule des Maslama al-Majriti (6.2.1.3.3. und 6.2.4.2.2.) waren in Katalonien bekannt[658],[659].

Das Kloster Ripoll Santa Maria de Ripoll (gegründet 888) war ab dem 10. Jahrhundert ein Zentrum der Gelehrsamkeit, In dessen Skriptorium wurden unter dem Abt Oliva OSB (971 – 1046) Werke aus dem Arabischen und Griechischen ins Lateinische übersetzt. Die Bibliothek enthielt neben liturgischen und theologischen Büchern auch Bücher der artes liberales. In der Bibliothek von Ripoll waren neben Logik und Rhetorik auch Astronomie und Geometrie vertreten[660]. Auch Abacus, Astrolabium (4.1.1.1., und 9.1.1.) und die Mathematik der Araber waren möglicherweise in Ripoll bekannt[661].

Ein Vermittler im Transfer der arabischen Astronomie und Mathematik nach Reims war Lupitus von Barcelona[662]: Gerbert von Aurillac (7.2.3.) hat ihn 984 in einem Brief um eine Übersetzung seiner Sententiae astrolabii gebeten[663]. Doch auf welchem Wege die Kenntnisse nach Lothringen gelangten, über Gerbert von Aurillac, oder auch auf anderen Wegen, ist unbekannt. Die Termini in Verbindung mit diesen stammen aus dem Arabischen[664].[665]

Katalonien war bis ins 14. Jahrhundert ein Zentrum der Wissensvermittlung: Platon von Tivoli (1. Hälfte 12. Jahrhundert) gehört zu den frühen Vermittlern arabischen und jüdischen mathematischen und astronomischen Wissens an das Abendland[666]. Er übersetzte, neben Archimedes, 1138 als erster in Zusammenarbeit mit einem jüdischen Mathematiker das Quadripartitum des Ptolemaios nach einer arabischen Fassung und 1145 eine hebräische Geometrie. Seine Übersetzung enthält auch

Angaben zum Astrolabium[667],[668]. Er wirkte anregend auf Leonardo Fibonacci (7.4.2. und 7.4.3.) und Albertus Magnus[669] (9.1.7.2.3.).

* Im Grenzgebiet zwischen der muslimischen und der lateinischen Welt gab es auch andere, vielleicht weniger bedeutende und/oder weniger erforschte, Zentren der Vermittlung[670]: Jenseits der Pyrenäen noch andere Klöster und Städte im Tal des Rioja, Tarragona, Saragossa, Segovia, Leon, Pamplona, Burgos und diesseits in der Provence, im Languedoc und in Aquitanien, in Toulouse, Besiers, Narbonne, Montpellier und Marseille[671].

1.2.2 Die Provence

Im Grenzgebiet zwischen der muslimischen und der lateinischen Welt wirkten vielfach Juden als internationale Kulturvermittler[672]. Ihre Auftraggeber waren oft christliche Herrscher (Alfons X., Jakob I. 7.3.2.; und Friedrich II, 7.4.2.) oder auch jüdische Mäzene. Es gab aber auch eine eigene Motivation: das Bestreben, Wissen unter den Glaubensgenossen zu verbreiten, welche die Originale nicht verstanden. Dies war mit einer nationalen Ehrenrettung verbunden, z.B. dem christlichen Spott entgegen wegen Unwissenheit und Schriftenmangels[673]. Ein Ritter durfte sich rühmen, nicht lesen und schreiben zu können, ein jüdischer Illiterat gehörte zum Pöbel. Es gab unter der päpstlichen Herrschaft in der Provence eine besondere Steuer derjenigen Juden, welche ihre Kinder weder für die Wissenschaft, noch für den Handel ausbildeten[674].
Die jüdischen Denker interessierten sich vorherrschend für Bearbeitungen der Aristoteleskommentare des Averroes (6.2.2.9.) und Ghazali (6.2.3.3.). In der Medizin wurde Avicenna (6.2.4.2.7.) Hippokrates oder Galen vorgezogen[675].

…. In Marseille haben die aus Andalusien ausgewiesenen Tibboniden (6.2.1.3.3.): Ibn Tibbon, Judah ben Saul (1120 – 1190); Ibn Tibbon, Samuel ben Judah (1150-1230); Jacob ibn Tibbon (1236 – 1304) und Ibn Tibbon, Moses ben Samuel (1240 – 1283) Werke jüdischer Gelehrter aus dem Arabischen ins Jüdische übersetzt[676]. Darunter medizinische Schriften aber auch die Abhandlungen: die Werke von Avicenna, nämlich den Argouza und den Canon, die Abhandlung von Ibn Algezzar über die Einführung in die ärztliche Kunst von Honein ben Ishaq und schließlich die Medizinischen Abhandlungen des Rhazes[677], die hebräische Medizin bis zum Mittelalter (Isidore Simon): Die jüdischen Ärzte und ihre Werke darunter die des Maimonides[678],[679] (6.2.2.12. und 6.2.4.2.7.).
Ibn Tibbon, Judah ben Saul (1120 – 1190) hinterließ seine Bibliothek seinem Sohn und gab ihm auch Anweisungen zu deren Pflege[680].
Einen Tibboniden finden wir auch im Umkreis Friedrichs II. (7.4.2.).
…. Neben den Tibboniden kennen wir weitere Übersetzer medizinischer Schriften:
Abraham aus Tortosa übersetzte 1254 – 1264 medizinische Schriften aus dem Arabischen ins Lateinische[681].
Schlomo ibn Iyoub von Granada, der sich 1265 in Béziers niederließ, übersetzte die Abhandlung über Hämorrhoiden von Maimonides und verfasste selbst die Kommentare dazu[682].
Kalonymos ben Kalonymos (ca. 1286 – 1337) hat für Karl Robert, Herzog von Neapel, neben Averroes auch Werke des al Kindi und Galen übersetzt[683].
Ein Maestro Abraham Caslari übersetzte 1322 – 1329 in Katalonien und Perpignan mehrere medizinische Schriften ins Hebräische[684].
Auch der berühmte Dichter Juda Alharizi soll hier erwähnt werden. Er war einer der

Übersetzer von Maimonides' Führer der Unschlüssigen und schrieb selbst ein medizinisches Werk in Versform mit dem Titel Die Heilung des Körpers, außerdem übersetzte er noch die gynäkologische Abhandlung Segula Ha-Herayyon von Sheshete Benveniste[685].

Diese Übersetzungen hatten das Ziel die Juden in Europa, die kein Arabisch verstanden, mit den Werken der Wissenschaften und Philosophie zu versorgen[686]. Die Lehre des Maimonides hat in orthodox jüdischen Kreisen in Montpellier wohl eine Kontroverse ausgelöst, die zu einer Buchverbrennung führte.
Das Konzil von Beziers verbot 1246 jüdischen Ärzten Christen zu behandeln. Der Einfluss der Tiboniden auf die medizinische Schule in Montpellier (9.1.3.2.) ist noch wenig bekannt.

1.2.3   Lotharingia, Flandern und die Normandie

* Die mittelalterliche Lotharingia umfasste das Gebiet zwischen Burgund und Friesland. Es war Durchgangsland zwischen Italien und Flandern, zwischen Deutschland und Frankreich, auch im geistig-kulturellem Bereich[687]. In der Zeit der Kapetinger in Frankreich (987-1270) und der Sächsischen Kaiser der Ottonen (919-1024, 7.1.6.1.) waren Nieder- und Ober-Lothringen Herzogtümer im Kaiserreich. Bindeglieder zwischen Lotharingia und dem muslimischen Spanien waren Aquitanien und Katalonien.
Aquitanien blieb auch unter fränkischer Herrschaft romanisch. Zwischen Süd-Aquitanien und der Grafschaft Barcelona gab es enge Kontakte. Besonders zu erwähnen ist das Kloster von Aurillac, es gehörte nicht zum Klosterverband von Cluny (7.3. und 9.2.1.4.).

* Die herausragende Gestalt unter den Gelehrten in Lotharingia war Gerbert von Aurillac[688] (um 950-1003; 7.1.6.1.). Sein erster Unterricht im Benediktinerkloster St. Gerald zu Aurillac ging über das Trivium nicht hinaus. Gerbert von Aurillac ging 967 auf Empfehlung seines Abtes mit dem Grafen Borell II. (947 - 992) nach Barcelona, und er wurde Bischof Hatto von Vich anvertraut. Dieser war selber ein Gelehrter des Quadriviums. Gerbert war wohl auch im Religiösen Zentrum Kataloniens, im nahe gelegen Kloster Santa Maria de Ripoll (7.1.2.).

Gerbert von Aurillac hat geschickt ein Netzwerk an Kontakten ausgebaut, seine Kontakte nach Katalonien rissen nie ganz ab[689]. Während seines Aufenthaltes und/oder später durch seine Kontakte erwarb Gerbert seine mathematischen und astronomischen Kenntnisse[690] und erlernte den Umgang mit den arabischen Ghubar-Ziffern[691] (9.1.2.).
Gerbert begleitete Borell und Hatto nach Rom, wo er auch Papst Johannes XIII vorgestellt wurde. Er war auch 972 bei der Trauung von Kaiser Otto II. und Prinzessin Theophanu aus Byzanz (7.1.6.1.) in Rom zugegen.
Von Rom ging er mit Erlaubnis des Kaisers als Lehrer an die Kathedralschule nach Reims[692].
Seine Lehrtätigkeit wurde in zwei Perioden gegliedert:
…. Die erste war der Logik und dem Trivium, die zweite der Mathematik und dem Quadrivium gewidmet[693],[694]. Seinen Unterricht begann Gerbert mit der Dialektik und dazu wählte er – in karolingischer Tradition – Texte der Klassiker: Vergil, Statius, Terenz, Boethius usw.
…. Seine Neuerung war der Unterricht des Quadriviums über den Computus hin-

aus[695]. In seinem Unterricht in Arithmetik scheint er Boethius (5.2.1.12.) gefolgt zu haben, doch ohne symbolhafte Deutung der Zahlen[696] (9.1.2.). Er kannte den Abakus und die (arabischen) Ghubarziffern[697]. Nach dem Zeugnis von Zeitgenossen konnte er sehr schnell mit großen Zahlen operieren[698] (9.1.2.).
Gerbert hat in seinen Briefen um Bücherabschriften zur Astronomie gebeten[699] und auch ein Buch über das Astrolabium geschrieben (7.1.6.2.). Er hat auch solche angefertigt[700] und auch *den Leitstern der Seefahrer beobachtet*[701].

Auch als Lehrer am Hofe der Ottonen versuchte er das Quadrivium, die spätantike Form der Wissenschaften, dem jungen Herrscher Otto III. nahezubringen[702]. Doch Otto III. hat diese Bestrebung wohl nicht richtig unterstützt[703]. Sie kontrastiert auch mit dem „Klosterhumanismus" von Sankt Gallen (7.1.6.1.)

Gerberts Gelehrsamkeit übertrumpfte seine Zeitgenossen und erhielt bald einen legendären Ruf[704],[705]. Er war der Lehrer nicht nur von Otto III, sondern auch von Robert II., (972 – 1031), Sohn des ersten Kapetingerherrschers von Frankreich, Hugo Capet[706].

Gerberts Lebensweg hing vom Spiel der Mächtigen ab, an dem er selber nicht ganz unbeteiligt war[707],[708]. Diese Laufbahn wäre interessant für eine detaillierte spieltheoretische Betrachtung. Doch, ohne die einzelnen Züge im Spiel zu registrieren, seien nur die wichtigsten Stufen erwähnt:
Er wurde, gefördert durch Kaiser Otto II. (7.1.6.) Lehrer an der Schule in Reims (972). Dann wurde er durch die gleiche Gunst Abt in Bobbio (982), dann auf Vorschlag des französischen Königs Hugo Capet (940/1 – 996) Erzbischof von Reims (991-996). Beide Ämter musste er aufgeben. Auf Vorschlag von Otto III wurde Gerbert Exarch von Ravenna (998). Schließlich, nach dem raschen Eingreifen seitens Otto III. (7.1.6.) in die Papstwahl, zum Nachfolger Petri gewählt. Er wählte für sich den Namen Silvester II (999)[709]. Der Name war Programm: Ein Anknüpfen an den Bündnis von Konstantin und Papst Silvester dem I. (5.1.6.1.): Er begrüßte die Politik der Ottonen zur Erneuerung des römischen Reiches: *unser, unser ist das Römische Reich!*[710]

In der Kulturpolitik des Papstes Silvester finden wir keine Spur einer Förderung der einst von ihm gepflegten Wissenschaften, dazu war sein Pontifikat auch zu kurz und vom Konflikt zwischen Kaiser und der römischen Aristokratie beherrscht (7.1.6.1.). Auch die Einführung des Dezimalsystems und der arabischen Ziffern kann nicht auf ihn zurückgeführt werden[711] (9.1.2.).

Die Historiker des 11. Jahrhunderts waren der Meinung, dass Gerbert mit dem hohen Amt für seine Gelehrsamkeit belohnt wurde, manche hielten ihn für den „neuen Boethius"[712]. Doch sein Geschick im Bündnis mit den Mächtigen (die französischen Könige und die Herzöge von Lotharingia auf der einen Seite, der Kaiser auf der anderen, dazwischen die kirchlichen Würdenträger) und eine Überragende Gelehrsamkeit konnten durchaus auch Misstrauen wecken: Seine Kenntnisse brachten ihn in den Geruch eines Magiers oder Schwarzkünstlers, der mit dem Teufel im Bündnis gewesen sein muss. Um das Misstrauen seiner Zeitgenossen gegen den Allzugelehrten zu beruhigen, musste Gerbert vor seiner Wahl zum Erzbischof von Reims ein Glaubensbekenntnis ablegen[713],[714]. Der Historiker William of Malmesbury, (ca. 1095/96 – ca. 1143) meinte Gerbert habe die Astrologie und magische Künste direkt von den Arabern gelernt[715],[716], obwohl er die Astronomie nie zur Deutung von

Schicksalen verwendet hat[717]. Der Ruf des Magiers hielt sich vom 11. Jahrhundert bis zu „Renaissance". Die Romantiker des 19. Jahrhundert (!) griffen diesen Ruf wieder auf[718].

* Die Fächer des Quadriviums, insbesondere die Astronomie und die Mathematik, traten im zeitweise in den Schulen von Laon, Fleury, Reims, aber auch Chartres (8.1.1., 9.1.1. und 9.1.2.), Reichenau und Lüttich hervor[719]. Fast alle Gelehrten des Quadriviums kamen aus Lotharingia, viele von ihnen aus der Schule von Reims[720],[721]. Es sind größten Teils Kleriker, die als Gerberts Schüler überliefert werden[722]. Ihre Einstellungen zu den Fächern des Quadriviums werden wir in der Miniatur über die mittelalterliche Astronomie (9.1.1.) und Mathematik (9.1.2.) betrachten.

* Die „Schule von Reims" (7.2.) hat bis nach England ausgestrahlt[723],[724] und weckte das Interesse für die mathematischen Zweige Astronomie, Mechanik und Optik. Die Vermittlung von Schriften des Aristoteles über Logik, Physik und Metaphysik verlief möglicherweise über die normannischen Klöster Notre-Dame du Bec (gegründet 1034) und Mont Saint Michel (nach der Legende um 708 gegründet[725]; 7.4.1.). Hier waren die Übersetzungen des Jacobus Venetus (7.4.4.) bereits Mitte des 11. Jahrhunderts bekannt[726].

Wilhelm der Eroberer (1027/8 – 1087, Herzog der Normandie und König von England 1066 – 1087; 9.1.5.) berief Gelehrte und Kleriker aus Lotharingia nach Britannien. Seine Bildungspolitik wurde im Wesentlichen von dieser Geistlichkeit getragen[727]. Sie brachten ihr Interesse für Mathematik und Astronomie aus der Heimat mit[728] (9.1.7.). Es ist interessant diese Gelehrsamkeit mit der Gelehrsamkeit am Hofe der Normannen in Palermo zu vergleichen (7.4.1.).

Anselm, der Abt des Benediktinerklosters und Leiter der Klosterschule Bec in der Normandie (1033 – 1109; Einleitung zu Kapitel 8), wurde 1093 zum Erzbischof von Canterbury gewählt[729].
Der Kanonikus Lambert von Saint-Omer in Flandern hat in seiner Enzyklopädie (1090 – 1120) die arabischen Ziffern für die Zeitrechnung empfohlen[730].
Einer der Gelehrten aus Lothringen war Walcher von Malvern, Astronom, Mathematiker und 1120 bis 1135 der 2. Prior des Benediktinerklosters von Malvern[731]. Er benutzte das Astrolabium um Mond- und Sonnenfinsternisse zu vermessen und berechnete Tabellen für den Neumond in den Jahren 1036 - 1111. In seinen Arbeiten über arabische Astronomie notierte er die Winkel (Grad, Minuten und Sekunden) aber mit römischen und nicht mit arabischen Ziffern[732],[733].

In umgekehrter Richtung zog Adelard von Bath (um 1070-1146): Er studierte auf dem Festland in Tours und Laon und ging über Salerno und Syrakus nach Antiochia (7.4.1.). Er war ein weiterer Anreger für die Beschäftigung mit den Fächern des Quadriviums (8.3.1.1. und 9.1.7.1.1.).
Es gab im dritten Viertel des 12. Jahrhunderts viele Verbindungen zwischen den Abteien und Schulen der Normandie und England: Chartres, Le Bec- Hellouin, Avanches, Mont Saint Michel. Thierry von Chartres hat 1134 Hermann von Kärnten nach Toledo mit dem Auftrag entsandt, die naturphilosophischen Schriften der Araber zu übersetzen[734],[735] (7.3.1. und 8.1.1.).
Die anglo-normannischen Gelehrten stürzten sich auf die Werke des Aristoteles[736] (7.1.3.1., 8.1.3.2., 8.3.1.1. und 8.3.2.1.).

1.3   Kastilien

Bereits im 7. (7.1.1.1.) und 8. Jahrhundert (7.1.2.) gab es gelegentliche Kontakte zu den Araber/Sarazenen und Berichte über sie.

Die Rezeption der „Alten" und des Wissens der „Araber" war im Abendland im 12. und 13. Jahrhundert sicher nicht immer eine Angelegenheit des reinen wissenschaftlichen Interesses oder Neugier. Eine Ausnahme bilden die Normannen und die Staufer in Sizilien (7.4.), das Interesse des Adelard von Bath (und der Normannenkönige) für die Fächer des Quadriviums (7.4.4.) und das Interesse für die medizinischen Schriften (7.4.2. und 9.1.3.2.1.).

* Im lateinischen Westen war diese Rezeption der „Alten", parallel zu den Kreuzzügen (1096/9, 1147/9, 1189/92, 1202/4, 1218/29, 1248/54 und 1270), eingebettet in die Auseinandersetzung mit dem Islam. Der Historiker des Mittelalters, Otto Bischof von Freising (um 1112 – 1158; 6.1.7., 7.4.2. und 9.2.1.4.) hat (1147/8) König Konrad III auf dem 2. Kreuzzug begleitet. In seiner Weltchronik nahm er die Lehre von den „Zwei Staaten" des Orosius und Augustinus (5.1.6.) zum Leitmotiv[737]. Er berichtet u.a. über die Kriegshandlungen zwischen Byzanz und den Sarazenen, über die Einfälle der Sarazenen nach Süditalien und den ersten Kreuzzug (Einleitung zu Kapitel 8). Doch seine Schilderung der *Sarazenen* oder *Hagarener* (6.1.7.) ist bemerkenswert wage[738].

Adelard von Bath war wohl der erste Reisende, der mit Interesse für die Wissenschaften im Vorderen Orient unterwegs war (7.1.4.). Seine Entdeckungen und Übersetzungen wurden in der Normandie und im normannischen Britannien bekannt, und weckten auch andere Interessenten:

Die Mission des Abtes Johannes von Gorze im 10. Jahrhundert zu Kalifat von Cordoba (7.1.6.1.) war in Unkenntnis des Islam gescheitert[739]. Ähnlich, wie die Missionierung Europas von Britannien aus (7.1.1.2.), war eine gewisse Kenntnis des Islam als „argumentative Waffe" auch im Vorfeld des 2. Kreuzzuges gegen die Mohammedaner (6.2.1.4. und 6.1.7.) nötig. Sie war ein Teil der intellektuellen Rückeroberung in Kastilien und der Kreuzzüge allgemein:

.... Der Basilikanermönch in Konstantinopel, Euthymios Zigabenos (Mitte 11. Jahrhundert – nach 1118) hat in seiner Schrift gegen 28 Häresien auch den Islam behandelt[740]. Doch diese hat noch keinen erkennbaren Diskurs ausgelöst.

.... Der Abt des Klosters Cluny, Petrus Venerabilis, hat als Erster 1142 die Islamstudien veranlasst und die erste eine Koranübersetzung angeregt (7.3.1. und 9.2.1.2.2.).

.... Raimund von Penyafort, hat zur Förderung der Missionsarbeit, Studienhäuser für die Dominikaner eingerichtet (8.2.3.2.).

.... Er und Humbert von Romans (1254 – 1263) schlugen für ein geplantes Konzil vor, das Studium der orientalischen Sprachen, insbesondere des Griechischen, zu behandeln[741]. Erst das Konzil von Vienne (1311 – 1312) beschloss darüber hinaus die Einrichtung von Schulen zum Studium der orientalischen Sprachen[742],[743] (7.5.1.4. und 9.1.2.1.).

.... Thomas von Aquino (8.2.3.2., 8.3.2.5. und 8.3.3.6.) hat auf Anregung von Raimund von Penyafort eine „Summe gegen die Heiden" und ein Traktat „Über die Gründe des Glaubens" als Argumentationshilfe für die christliche Missionsarbeit bei Mohammedaner (und auch Juden und Häretiker; 8.1.2.) geschrieben[744],[745].

.... Raimundus Lullus hat eine Methode entwickelt um religiöse Aussagen miteinan-

der zu vergleichen und sie auf ihren Wahrheitsgehalt zu prüfen (9.1.2.1.).
.... Diese „intellektuelle und moralische Aufrüstung" finden wir auch in künstlerischen Werken wieder (7.3.1.).

Neben Kreuzzug und „ideologische Aufrüstung" wurden, als eine weitere Komponente des Kampfes gegen die Muslime, vom dritten Laterankonzil (1179) Handelssanktionen beschlossen: Diejenigen, *die den Sarazenen Waffen, Eisen, Holz für den Galeerenbau liefern, ... oder die in ihrer Habgier auf sarazenischen Galeeren und Piratenschiffen Kapitäne oder Steuermänner sind ... aus der Gemeinschaft der Kirche ausgeschlossen und unterliegen der Exkommunikation*[746].

Doch die Anregung des Petrus Venerabilis und die anschließende Tätigkeit der Übersetzer hatten über die angestrebte „intellektuelle Aufrüstung" hinaus auch unbeabsichtigte Folgen:
.... Die Beschäftigung mit den logischen und metaphysischen Schriften heizte den „Streit um Aristoteles" in Paris weiter an (8.1.2.). In diesem Streit ging es um die Anwendung der aristotelischen Logik auf Aussagen der christlichen Theologie (8.3.).
.... Das Bekanntwerden der naturwissenschaftlichen Schriften des Aristoteles weckte das Interesse für die naturwissenschaftlichen Schriften, insbesondere für die „mathematischen" Disziplinen: Optik, Mechanik und Astronomie (8.3.1.4. und 9.1.7.).
.... Das spezifisch andalusische Profil der Prophetentradition (6.2.1.3.3.) wurde von den Übersetzern --- und auch im späteren gesellschaftlichen Diskurs im Westen --- nicht beachtet.

* N.b.: Parallel dazu hat eine lateinische Missionstätigkeit im griechisch sprechenden Orient die Notwendigkeit für Sprachstudien deutlich gemacht (7.5.1.4. und 7.4.4.).
Der Mongolensturm nach Westen hat nicht nur einen Schrecken (9.1.5.), sondern auch Überlegungen ausgelöst, den Eroberungsdrang der Mongolen zur Entlastung der Kreuzzüge auf die muslimischen Staaten zu lenken. Papst Innozenz IV und König Ludwig IX. von Frankreich (6.2.4.2.11., 8.2.4. und 9.2.2.3.) sandten Boten nach Osten mit der Aufforderung an die Mongolen, alle weiteren Angriffe gegen Westen einzustellen und lieber gegen Ägypten zu ziehen (9.1.5.). Doch erst Tamerlan/Timur Lenk (1336- 1405) fiel 1363 in den Vorderen Orient ein und beendete in Bagdad das Kalifat der Abbasiden (6.2.1.3.2.).
Gesandte und Reisende haben von einem „Dialog der Religionssysteme" am Hof der Khane etwa um die gleiche Zeit berichtet (6.2.1.3.6. und 9.1.5.). Im Westen hat Kaiser Friedrich II. einen eigenen Diskurs mit Muslimen über religiöse Fragen geführt (7.4.2.).

* Die Vermittlung der Werke der Araber und der „Alten" durch die Übersetzer in Kastilien ist vielfach gewürdigt worden. Hier soll ein Ausblick nur das Bild ergänzen, das wir bisher über die „Rezeption der Alten" im Lateinischen Mittelalter gewonnen haben (7.1. und 7.2.). Diese Übersetzungen werden weitgehend mit der Stadt Toledo assoziiert.
Wir können zwei Zeitabschnitte der Vermittlungen unterscheiden: Im 12. Jahrhundert wurde aus dem Arabischen ins Jüdische und Lateinische übersetzt, im 13. Jahrhundert vom Arabischen ins Altkastilische. Die Übersetzungen der beiden Perioden hatten verschiedene Zentren (Toledo und Sevilla), unterschiedliche Förderer,

und waren unterschiedlich motiviert[747]:

1.3.1 Toledo

Toledo, die ehemalige Hauptstadt des westgotischen Spaniens wurde im Jahre 711 von den Mauren eingenommen. Nach dem Zerfall des Kalifats in Einzelherrschaften (1031) fiel Toledo zunächst an die streng orthodoxe Berberdynastie der Almoraviden (6.2.1.3.3.). Doch unter Yahya al-Ma`mun (1043-1075) wurde Toledo ein Zentrum der Wissenschaft, und gewann eine kulturelle Ausstrahlung, vergleichbar mit Cordoba und Sevilla[748]. Viele jüdische Gelehrte flohen vor den intoleranten Almoraviden und Almohaden nach Toledo[749]. Hier wurden insbesondere Mathematik, Astronomie und Astrologie und Medizin (6.2.1.3.3.) gepflegt. Es waren Fächer, deren Bücher nach der Reconquista für die Übersetzungen zur Verfügung standen[750].

* Toledo und das nördliche Spanien wurden 1085 durch Alfons VI., König von Leon und Kastilien (1040 – 1109), zurückerobert. Toledo war bis zum Schlacht von Las Navas de Tolosa (1212) eine Grenzstadt, einerseits Ziel von Versuchen zur Rückeroberung durch die Mauren, andererseits diente die Stadt als Basis für kastilianische Vorstöße in den muslimischen Süden (6.2.1.3.3.).
Kulturell hat Alfons VI. den Einfluss der Cluniazenser (9.2.1.2.2.) gefördert[751]. Diese machten die Wallfahrt nach Santiago de Compostela zu einer Angelegenheit des gesamten Abendlandes und förderten die Romanik in Spanien mit einem spezifischen Bilderprogramm zur Unterstützung der Gläubigen in ihrem Kampf gegen die Mauren[752] (8. Einleitung, 9.2.1.2. und 9.2.2.5.).

Im 12. und 13. Jahrhundert war Toledo eine Stadt mit drei Kulturen: muslimisch, christlich und jüdisch. Die islamische Bevölkerung der Stadt ist vor den christlichen Eroberern wohl nur zum Teil geflohen. Die liberale Kulturpolitik der Erzbischöfe kontrastierte mit der intoleranten der Almohaden: Die zur Zeit der Rückeroberung vorhandene mozarabische und jüdische Bevölkerung wurde zur Zeit der streng islamischen Almohaden durch Flüchtlinge aus dem Süden noch verstärkt (6.2.1.3.3.). Bis Ende des 13. Jahrhunderts fungierte das Arabische als schriftliche Verkehrssprache Doch aus Kastilien, Aragon und Navarra zugewanderte Bevölkerungsteile führten zu einem wachsenden christlichen Einfluss aus Nordspanien[753].

Ob es in Toledo eine institutionalisierte und strukturierte „Übersetzerschule" gab oder nicht, kann und soll an dieser Stelle nicht entschieden werden[754]. Wichtig für uns ist, dass die Übersetzung keine isoliert spanische, sondern eine europäische Bewegung war: Die Übersetzer kamen aus verschiedenen europäischen Ländern. Es waren wohl Gruppen von Übersetzer aktiv, Parallelübersetzungen legen die Annahme von zumindest zweier unterschiedlichen Programme der Übersetzung nahe: Gundissalinus und Gerhard von Cremona[755]. Etliche Werke nahmen von hier den Weg in den lateinischen Westen.
Die Übersetzungen erfolgten nicht direkt aus dem Arabischen ins Lateinische, sondern, mit der Vermittlung jüdischer oder mozarabischer Gelehrter, auf dem Umweg über das Jüdische oder Altkastilische[756].

In diesem ersten Zeitabschnitt waren die Könige von Kastilien und die Erzbischöfe von Toledo die Förderer der Übersetzungen: Unter ihnen seien Raymond (Kanzler des Königs von Kastilien, Alfons VII, ab 1126 Erzbischof von Toledo 1126-1151), seine Nachfolger Johannes (1152-1167) und Rodrigo Jimenez de Rada (1208-1247) genannt. Sie führten keine Aufsicht über ein „Übersetzungsbüro" sondern waren eher Förderer oder Mäzene[757].

* Die Übersetzungen wurden als ein Teil im Kampf gegen Häresien und der „intellektuellen Reconquista" initiiert und gefördert:
.... Thierry von Chartres hat 1134 Hermann von Kärnten nach Toledo mit dem Auftrag entsandt, die naturphilosophischen Schriften der Araber zu übersetzen[758],[759], Seine Motive sind nicht ganz eindeutig: Thierry war nicht nur an den Fächern des Quadriviums interessiert, sondern war auch im Kampf gegen Häretiker engagiert (8.1.1.). In der Schule von Chartres kannte Alanus ab Insulis die (neue) Logik des Aristoteles und die Astronomie aus der Übersetzung des Gerhard von Cremona[760] (8.3.1.4.).
.... Zu dieser Zeit warb Bernhard von Clairvaux (8.3.1.5.) in päpstlichem Auftrag in Frankreich und in Deutschland für den Kreuzzug gegen die Muslime.
.... Bereits Franziskus fuhr im Jahre 1219 ins Kreuzfahrerlager nach Damiette und versuchte den ägyptischen Sultan zu bekehren[761]. Seine und weitere Bemühungen der Franziskaner waren von geringem Erfolg gekrönt[762] (9.1.2.1.).
.... Petrus Venerabilis (1092/4 - 1156), der 9. Abt von Cluny (9.2.1.2.2., ein Zeitgenosse Raymonds, auch Thierry von Chartres, 8.1.1.; Petrus Abaelardus, 8.1.2.1. und Bernhards von Clairvaux, 9.2.2.5.2.), nutzte die schon bestehenden Kontakte seines Klosters nach Kastilien: Er war im Jahre 1142 in Spanien und hat die älteste Koranübersetzung ins Lateinische angeregt[763],[764].
Er wollte die Mohammedaner (6.2.1.3.3.) *nicht mit Gewalt, sondern mit Vernunftgründen, nicht mit Hass, sondern mit Liebe begegnen*[765] (vergl.: die „Toleranzschrift" des Petrus Abaelardus, 8.1.2.).
Sein Interesse an den „arabischen Wissenschaften" entsprang, ganz anders als die des Adelard von Bath (7.4.4.), nicht einer wissenschaftlichen Interesse (vergl.: 9.2.1.2.2.; Cluny) und war nicht affirmativ: Petrus Venerabilis beklagte, dass noch niemand versucht hat die Lehren des Islam zu wiederlegen[766] und empfahl die Koran-Übersetzung in einem Brief an Bernhard von Clairvaux[767]. Er hat die Muslime mit Häretiker in eine Reihe gesetzt und auch selbst eine Widerlegung der *„gottlose Irrlehre des ruchlosen Muhammad"* verfasst[768],[769].
Es ist interessant die Motivation des Petrus von Venerabilis mit der Motivation der Klöster von Nordumbrien im 7./8. Jahrhundert (7.1.1.2.) zu vergleichen: Die Sorge um den Erfolg der Missionsarbeit gab die Impulse für die Auseinandersetzung mit dem Wissenskultur „der Alten" bzw. „der anderen": mit den weltlichen, seien es heidnische oder häretische, Wissenschaften.
.... Die Logik des Petrus Hispanus (8.3.2.3.) und die „Ars magna" des Raimundus Lullus waren die ersten Versuche dem von Petrus beklagten Mangel mit Hilfe einer Aussagelogik methodisch-systematisch abzuhelfen (9.1.2.1.).
.... Auch die herabsetzenden Darstellungen der Muslime im Bilderprogramm der romanischen Kirchen in Frankreich und in Kastilien (9.2.2.5.) entlang des Jakobsweges nach Compostela (9.1.5.1.) passen gut in den Kontext von Kreuzzug und Rückeroberung.

Petrus Venerabilis beauftragte Robert von Chester [von Ketton] und Hermann von Carinthia [Dalmatien] mit der Übersetzung des Korans[770]. Es ist für die Auseinandersetzung mit dem Islam ist wichtig zu beachten, dass die Prophetentradition (6.1.2. und 6.2.1.3.3.) offenbar unbeachtet blieb.
N.b. Vincent von Beauvais (8.2.3.2.) hat in seinem Spaeculum historiale den Islam

behandelt. Der Artikel des Pierre Bayle (10.4.6.) zu Mohammed zeigt, dass diese Lücke im Diskurs um den Islam noch im 17. Jahrhundert noch zu beachten ist.

Doch vom gelehrten Diskurs in Chartres (8.1.1.), Paris (8.1.2.) und Oxford (8.1.3.2. und 9.1.7.1.1.) angeregt (8.1.) wurden auch andere Werke nachgefragt. So haben unsere Übersetzer darüber hinaus auch astronomische, mathematische und naturkundliche Werke aus dem Arabischen übersetzt: Nicht nur Werke der „Araber", sondern auch Werke der „Alten", die Elemente des Euklid, die Algebra und die astronomischen Tafeln des Khwarismi, Traktate des Ptolemaios. Robert von Chester hat auch Bücher des Alchemisten Gerber (6.2.4.2.9.) übersetzt. Auch Hermann von Carinthia hat alchemistische Texte übersetzt[771].

.... In Kastilien wurden die Werke des Aristoteles (7.3) über eine Kette von Übersetzungen, (zuvor vom Griechischen ins Aramäische oder syrische, dann ins Arabische) vom Arabischen ins Hebräische oder Altkastilische übersetzt, bevor sie im Lateinischen verfügbar wurden (7.2. und 7.3.), d.h. diese Schriften gelangten nur in einer Kette von Interpretationen ins Abendland. Aus dem Arabischen wurden zuerst die Traktate über Schlussverfahren, vom Beweis, von der Disputation und den Trugschlüssen übersetzt, dann kamen noch die Bücher „Physik", Metaphysik", „Nikomachischen Ethik" und Politik hinzu. Übersetzt wurden auch die Kommentare des Avicenna (6.2.2.6.) und des Averroes (6.2.2.9.) zu den Werken des Aristoteles, vornehmlich zur Physik und zu den logischen Schriften. Alle diese Werke stießen vor dem Hintergrund der Auseinandersetzung mit dem Islam (7.3.1.), einerseits auf lebhaftes Interesse, aber auch auf eine grundsätzliche Abwehr.

* Unter den Übersetzer dieser Periode ragen Johannes Hispalensis oder Hispanus[772] (konvertierter Jude Ibn Dawud? wirkte zwischen 1140 und 1186) und Dominikus Gundissalinus (ca. 1110 - nach 1181) hervor[773]. Beide übersetzten, der erstere vom Arabischen ins Altkastilische, der andere vom diesem ins Lateinische, und kompilierten Werke von Aristoteles, Avicenna, Ibn Gabriol, al-Farabi und al-Ghazzali. Johannes Hispalensis hat auch hermetische Texte übersetzt (6.2.4.2.9.) und damit eine Grundlage für die Entwicklung der Alchemie gelegt (9.1.4.).
.... Gundissalinus hat mit seiner Übersetzergruppe auch die wissenschaftlichen Grundlagen der Medizin vermittelt. Er schrieb aber auch eigene Werke[774], die uns besonders interessieren (9.1.6.).

Als weitere Vermittler zu erwähnen sind auch:
.... Johannes von Sevilla (nicht zu verwechseln mit dem oben erwähnten Johannes Hispalensis), (1090 - 1160), der Werke medizinischen, astronomischen Inhalts, vor allem aber die Algebra des al- Khwarismi übersetzte[775].
... Gerhard von Cremona (1117-1187) hat über achtzig Werke übersetzt. Darunter die 2. Analytik des Aristoteles, den Kommentar des al-Farabi zur 1. Analytik des Aristoteles, physikalische Schriften des Aristoteles, Schriften von al-Kindi, Werke von Archimedes, Euklid, al-Khwarismi, Ptolemaios (4.1.2.1.3.), medizinische Werke von ar-Rhazi und Galen (4.1.2.1.4.), Al-Zahrawi, lateinisch Albucasis (6.2.4.2.7.) und Bücher des Gerber zur Alchemie (6.2.4.2.9.)[776].
.... Der englische Naturphilosoph Daniel von Morley (ca. 1140 – ca. 1210)[777] war, nach dem Vorbild Adelards von Bath (7.4.1.) ein weiterer Vermittler der Werke der Araber zwischen Toledo und England. Er ist um 1187 mit Handschriften der arabischen Gelehrsamkeit nach England zurückgekehrt[778],[779].
.... Auch Michael Scotus (vor 1200- um 1235; s.a. 7.4.3.) hat bis etwa 1220 in Tole-

do gearbeitet, dann ging er über eine Zwischenstation in Bologna, an den Hof Friedrich II. (7.4.3.). Hier übersetzte er das Buch über die Bewegung der Sterne von al-Biruni und die Bücher des Aristoteles zur Zoologie komplett[780].

.... Zu dem Kreis, den Gerhard von Cremona etabliert hat, gehörte auch Alfredus Anglicus (A. v. Sareshel, etwa 1175–1245), er gilt als einer der ersten Vermittler des „neuen Aristoteles" an die hochmittelalterlichen Schulen und Vertreter des Gedankengutes des Galen (4.1.2.1.4.) in der scholastischen Naturphilosophie[781],[782] (9.1.7.1.1.).

Das Meiste von diesen Übersetzungen deckte die Bereiche Mathematik, Astronomie, Astrologie, Medizin und Philosophie[783].

Die „Rezeption der Alten" in Toledo har unterschiedliche Reaktionen ausgelöst: in Chartres (8.1.1.), Paris (8.3.), in Sizilien (7.4.1.), in England (8.3.1.1., 9.1.7.1.) und in Norditalien (9.1.7.3.). Alle zeigen verschiedene Einstellungen zu den drei Zweigen der Artes, insbesondere zu den Wissenschaften. Der Zustrom an Wissen in verschiedenen Gebieten musste geordnet werden. Ab dem 13. Jahrhundert entstanden Enzyklopädien, die auch für unsere Untersuchung interessant sind (9.1.6.). Wolfgang von Eschenbach (um 1160/80 – 1220; 8.3.) warnte „Pazifal" vor den heidnischen Schriften, *die ein berühmter Magister irgendwo in einem Winkel fand*: *Heidnische Wissenschaft kann und gar nichts nützen, wenn wir die Art des Grals entdecken wollen und erzählen, wie man seine Geheimnisse herausbekam*[784].

1.3.2 Sevilla

Nach der Rückeroberung von Cordoba (1236) und Sevilla (1248) fielen weitere Bücher der Muslime in die Hände der Eroberer: Astronomie, Astrologie, Magie, islamisches Recht aber auch Philosophie[785]. Dies löste eine zweite Periode der Übersetzungen aus.

Diese zweite Periode stand unter dem Einfluss von Alfons X., dem Weisen (1221-1284), Der König garantierte tolerante Lebensbedingungen[786]. Er gründete 1254 in Sevilla ein Institut für arabische und lateinische Studien[787]. Die Übersetzungen erfolgten ins Altkastilische. Es waren vornehmlich Arbeiten der Astronomie und der Astrologie[788]: Verzeichnis der bekannten Gestirne, Beschreibung der damals gebräuchlichen astronomischen Instrumente, darunter auch von Uhren. Die astrologische Sammlung enthält auch eine Beschreibung von Edelsteinen und der ihnen zugeschriebenen medizinischen Kräfte. Die Übersetzungen wurden von jüdischen Gelehrten durchgeführt[789], vom König verbessert und mit einer Einleitung versehen[790].

Aus der Umgebung Alfons' X. seien genannt: Isak ibn Sid, ein jüdischer Vorbeter in Toledo, übersetzte verschiedene Schriften über astronomische Instrumente aus dem Arabischen ins Altkastilische und redigierte die astronomische Tafeln auf Befehl Alfons' X.[791] Auch Jehuda ben Moses, ein Arzt aus Toledo, und Samuel ha-Levi gehörten zu den Übersetzern astronomischer Schriften[792]. Don Abraham, auch ein Arzt in Toledo, hat im Auftrag Alfons' X. die „Weltkonstruktion" Haithams (6.2.4.2.2.) aus der spanischen Paraphrase ins Lateinische übersetzt[793]. Jehuda ben Astruc, Dolmetscher Jakob' I. von Aragon (1208 – 1276), kompilierte ein Buch von Sentenzen ins Katalonische zur Unterweisung des Katalonischen Adels[794].

Die Übersetzer, Kompilatoren und Redaktoren setzten die Vermittlungstätigkeit der Toledaner fort, doch die Verbreitung dieser Übersetzungen blieb eingeschränkt.

Besonders zu erwähnen sind die „Toledanischen" oder „Alfonsin'schen Tafeln" der

Planetenbewegungen (6.2.4.2.2. und 9.1.1.), die vielleicht zu Unrecht dem König von Kastilien zugeschrieben werden[795]. An diese Tafeln konnte die „lateinische Astronomie" anknüpfen[796] (9.1.1. und 10.3.2.2.).

* Die Sorge Alfons X. (aber auch sein Schwiegervater Jakob' I.) für die Aneignung der historischen Vergangenheit, der Wissenschaften, das Bemühen um eine einheitliche Rechtsordnung, die Wahl der Sprache waren anders motiviert, als die Übersetzungen von Toledo: sie waren Teil seiner Bestrebung, nach dem Tode König Konrads und gegen Manfred, das Staufische Erbe (7.4.2.) in Italien für sich zu reklamieren. Diese Bestrebung ist im Spanischen unter dem Schlagwort „fecho del Imperio" bekannt[797].

1.4   Italien und Sizilien

* Sizilien, Italiens Süden und die Handelsstädte Salerno, Amalfi, Pisa, Genua und Venedig hatten eigene Kulturtraditionen. Sie haben auch in der Vermittlung der griechischen und muslimischen Bildung eine bedeutende Rolle gespielt[798].
Sizilien war zunächst von der griechischen Kultur geprägt, dann von Rom, Byzanz und schließlich vom Islam[799]. Im Mittelalter lag Sizilien in einer Kontaktzone dreier Kulturen: Lateinischer Westen, griechisches Osten und der Welt der Muslime[800].
Sizilien war bis 878 Teil des oströmischen Reiches. Von der Eroberung durch die Muslime im Jahre 878 war Sizilien an der Peripherie des muslimischen Mittelmeerbereiches, zunächst im Einflussgebiet der Aghlabiden dann der Fatimiden (6.2.1.3.4.). Im Jahre 1072 eroberten die Normannen Palermo, 1091 fiel der letzte der letzte Stützpunkt der Muslime auf der Insel. Nach al-Idrisi war (7.4.1.) die Insel fruchtbar, ihre Häfen waren ein Treffpunkt der Händler aus aller Herren Länder, der Christen und der Muslime[801]. Doch das Nebeneinander verschiedener Ethnien und Religionen war auch konfliktträchtig[802] (7.4.1. und 7.4.2.).

* Herzog Johann von Neapel sandte zwischen 944 und 959 den Archipresbiter Leo von Neapel an den Hof von Byzanz. Dieser fand den Alexanderroman des Pseudo-Kallisthenes[803] (4.1.) und übersetzte ins Lateinische. Die rühmenswerten Taten der Alten, so sagte Leo, verdienten von jedermann gelesen zu werden, auch wenn sie Heiden waren. Man könne von ihnen gutes und rechtes Handeln gewinnen. Das Werk ging zwar verloren, wurde aber Quelle für alle Alexanderromane des Mittelalters[804]. Diese sind mit sagen- und märchenhaften Elementen angereichert und der historische Alexander rückt in den Hintergrund[805].

* Es gab vielfältige Kontakte zwischen dem lateinischen Westen und Byzanz, dem griechisch sprechenden Osten Europas[806]:
…. Die Verwendung von Seide in der byzantinischen Liturgie wurde von der lateinischen Kirche und von Pipin und Karl dem Großen auch zur herrschaftlichen Repräsentation übernommen. Auch die Ottonen haben Seide insbesondere unter Heinrich II. nachgefragt[807]. Der Bedarf wurde von Byzanz, Alexandria und den muslimischen Gebieten gedeckt[808]. Die italienische Handelsstädte, Genua, Pisa, Venedig, Amalfi, Salerno hatten Niederlassungen im Maghreb[809],[810] und Byzanz[811] (7.4.1.).
…. Heiratsverbindungen, Diplomaten der Päpste, Karolinger, Ottonen, Kapetinger, Normannen und der Staufer. Hinzu kommen noch, Pilger, wandernde Mönche, Kreuzfahrer (7.4.4.).
…. Religiöse Zentren, wie z.B. Cluny, hatten Tochterklöster in oder in der Nähe von

Konstantinopel[812].

.... Der Doge Enrico Dandolo (1107, 1192 – 1205) von Venedig leitete das Heer des 4. Kreuzzuges um: 1204 wurde Byzanz von den Kreuzfahrern besetzt (1204 – 1261) und geplündert. Auch die Kaiserliche Bibliothek (5.1.6.1., 5.1.6.2. und 5.2.4.) wurde zerstört[813]. Von der Beute kann man die Bronze-Quadriga und Luxusgegenstände im Museum des Marcus-Doms zu Venedig sehen: Reliquienschreine, Pokale, Gläser, liturgische Geräte, Ikone[814].

Doch, nicht alle diese Kontakte sind für unsere Untersuchung interessant. Viele waren neben Handelswaren, insbesondere Luxusgütern wie an illuminierten Handschriften, Chroniken, hagiographischen, liturgischen oder theologischen Texten interessiert.

Im Mittelalter waren auch die spezifisch kulturellen Kontakte zu Byzanz in Süditalien und Sizilien ausgeprägt (7.4.1.). Wir können die byzantinischen Einflüsse in der Kunst, Malerei und in den Mosaiken, erkennen[815]. Hier gab es von der Antike an eine griechisch sprechende Bevölkerung, die auch der griechischen religiösen Tradition folgte. Sie hatten auch Kontakte zu Byzanz, als die byzantinische Oberhoheit nur noch nominell bestand[816].

Wilhelm von Moerbeke sei in Verbindung mit dem päpstlichen Hof erwähnt (7.4.4.). Anselm von Havelberg und Petrus von Abano werden wir in 7.5.1.1. bzw. 7.5.1.2. betrachten. Auf die Kontakte zwischen Salerno und Byzanz werden wir in der Miniatur „Medizin als Wissenschaft" (9.1.3.2.) hinweisen. Auf die Rezeption der antiken Literatur im Spätmittelalter und in der Renaissance werden wir im Abschnitt 10.5. eingehen.

* Wir finden unter den Normannen und unter den Staufern keine Spur einer Ideologie der Reconquista. Diese Übernahmen zunächst auch die Verwaltung samt Personal von den Muslimen und integrierten sie in ihren Herrschaftsapparat[817]. Sie duldeten nicht nur das Nebeneinander verschiedener Kulturen, Christen, Juden und Muslime, sondern nutzten sie auch.

Als der letzte Normannenherrscher Wilhelm II. (1153-1189) ohne Erben starb, ging die Macht über Rogers Tochter Konstanze (1154-1198) durch ihre Heirat mit Kaiser Heinrich VI (1165-1197) an das Haus der Staufer über. Einen Bruch im kulturellen Leben am Hofe hat dieser Wechsel des Herrscherhauses aber nicht bedeutet. Die kulturellen Errungenschaften der Muslime in Sizilien sind aus den Quellen der nachfolgenden normannischen Periode zu erschließen. Doch die Könige Siziliens pflegten den kulturellen Austausch nicht nur mit den Arabern sondern auch mit Byzanz (5.2.4.). Die markantesten Herrscherpersönlichkeiten waren: der Normanne Roger II. (7.4.1.) und der Staufer Friedrich II. (7.4.2. und 7.4.3.). Ihre „Kulturpolitik" bildet einen Kontrast zur Politik Karls des Großen (7.1.2.).

1.4.1 Die Normannen

* Unter Roger II (1095/7, 1130 - 1154) wurde Palermo ein lebhaftes Kulturzentrum. Christliche und muslimische Gelehrte berichten übereinstimmend, dass er gelehrte Männer verschiedener Stände und aus verschiedenen Teilen der Welt an seinen Hof rief[818],[819]: Mediziner, Geologen, Geometer, Astronomen. Einer von ihnen, der Geologe al-Idrisi (9.1.5.), berichtete in seinem Vorwort zur Geologie über die kriti-

sche Teilnahme des Königs am Fortgang der Arbeiten und lobte seine Kenntnisse in den mathematischen und angewandten Wissenschaften[820],[821]. (Er wäre wohl sehr schlecht beraten gewesen, hätte er etwas anderes behauptet, aber wo nichts ist muss man auch nichts behaupten.)

Es ist interessant diese Gelehrsamkeit mit der Gelehrsamkeit am Hofe der Normannen in der Normandie (7.2.3.) und am Hofe von Friedrich II (7.4.2. und 7.4.3.) zu vergleichen (7.2.3.).

Al-Idrisi (ca. 1100- ca. 1165; 6.2.4.2.3.) kam vor 1138 nach Palermo[822]. Dort schrieb er sein „Opus Geographicum" über die damals bekannte Welt und verbesserte im Auftrag Rogers die Weltkarte des Mamun (6.2.1.3.3., 6.2.4.2.3. und 9.1.5.3.) in Bezug auf das Mittelmeer, Nord-, Ost- und Zentralasien (Tabula Rogeriana). Seine Quellen waren, die Ressourcen der Kanzlei, mündliche Berichte von Gesandten, Geschäftsleuten und anderen Reisenden[823],[824].

Ibn Khaldun hat diesen „Opus Geographicum" als eine Vorbereitung seiner „Weltgeschichte" vorangestellt[825], (6.2.4.2.11.). Die europäischen Weltkarten wurden bis ins 18. Jahrhundert von dieser Karte beeinflusst[826]. Al Idrisi blieb auch nach dem Tode Rogers am Königshof in Palermo und schrieb ein Buch über Heilpflanzen so wie Gedichte[827].

Daneben wurde von einem Byzantiner, der nach Palermo kam, gleichsam als Pendant zu der Karte des al-Idrisi, eine historische Geographie der kirchlichen Welt erstellt. Es diente wohl auch politischen Zwecken: dem Papst zu beweisen, dass sein Primatsanspruch keineswegs unbestritten war[828].

Roger II. ließ von einem Taucher den Meeresboden erforschen und ein veterinärmedizinisches Traktat über Falken verfassen[829].

Sein Nachfolger war sein Sohn Wilhelm I. (+1166). Auf ihn folgte Wilhelm II. (1166 – 1189). Ein muslimischer Reisender hat sich auf seinem Rückweg 1184 in Palermo aufgehalten. In seinen Memoiren hat er eine bemerkenswerte Toleranz zwischen Christen und Muslimen notiert: die Muslime lebten in eigenen Stadtteilen, hatten ihre Kadi und die Moscheen wurden auch als Koranschulen benutzt. Doch an anderen Orten der Insel war ihre Lage restriktiver als in der Hauptstadt[830] (7.4.2.).

* Nach einem anderen Bericht gab es in Sizilien und Salerno arabisch und griechisch sprechende Gelehrte[831]. Unter den Normannenkönigen Siziliens haben auch Übersetzer gearbeitet:

.... Die Reihe der Übersetzer hat Henricus Aristippus (+1162 oder kurz danach), Archidiakon von Catania, einer der Kanzler des Königs Wilhelm I. (1154 – 1166), eröffnet. Henricus reiste 1158 als Legat nach Konstantinopel[832]. Er kehrte mit Handschriften nach Palermo zurück: Ptolemaios „Amalgest", Platons „Menon" und „Phaidon", das VI. Buch der „Meteora" des Aristoteles und Schriften des Georg von Nazianz[833]. Er ließ sie aus dem Griechischen ins Lateinische übersetzen[834],[835]. In einem Brief schilderte er den normannischen Königshof als ein Zentrum philosophischer und naturwissenschaftlicher Studien[836],[837].

.... Eugenios von Palermo (1130 – 1203) förderte als magister camerarius von Apulien die griechische Literatur im normannischen Sizilien. Er übersetzte die Optik des Ptolemäus und war Mitübersetzer dessen Amalgest aus dem Arabischen ins Lateinische[838],[839].

.... Vom anonymen Übersetzer stammen die Übertragungen der Optik des Euklid, die Pneumatik von Hero[840].

.... Unter Wilhelm II wurde ein astronomisches Werk über die Fixsterne übersetzt[841].

Doch die Wirkung dieser Übersetzungen wurde durch die toledanischen (7.3.1.) überstrahlt[842].

Es wird berichtet, dass in der Hofbibliothek in der Zeit von Wilhelm I. Übersetzungen der Mechanik von Heron, die Geometrie des Euklid, der Amalgest und die Optik des Ptolemaios, Platons „Menon" und „Phaidon", das vierte Buch der „Meteorologica" des Aristoteles, „Philosophica" des Anaxagoras, des Aristoteles, des Themistios, des Plutarch, Ovids Fasti, verfügbar waren. Die Gelehrten waren stolz auf diese Bibliothek[843]. Im Archiv der Capilla Palatina wurden auch Fragmente eines Korans und auch eine Mohamed-Biografie gefunden, aber diese wurden wohl kaum gelesen[844].

* Im kulturellen Leben am Hofe der Normannen finden wir keine Spuren einer Orientierung an dem Fächerkanon der artes liberales und der doctrina christiana. In diesem klaren empirisch orientierten und von den Einengungen eines von der doctrina christiana unbelasteten Herangehens waren die Normannenkönige Vorläufer des Friedrich II. von Staufen[845],[846] (7.4.2.).

Zwischen der normannisch kontrollierten Westeuropa und Britannien (7.2.3.) und der normannisch beherrschten Sizilien gab es bereits im 11. Und 12. Jahrhundert ein „Bildungs- oder Wissenschaftstourismus" (8.1.1.4.): *Da die Wissenschaften nicht leicht alle beieinander anzutreffen sind, lohnt es sich, Lehrer verschiedener Völker aufzusuchen und sich da, was bei ihnen jeweils besonders gut vertreten ist, anzueignen*[847].

Nach Salerno (9.1.3.2.) und das normannisch beherrschte Sizilien kam auch, um nur einen zu nennen, der britische Philosoph und Übersetzer Adelard von Bath (um 1070-1146; 8.1.1., 8.3.1.1., 9.1.7.1.1.) auf seinen Reisen[848].

Adelard studierte in Tours und lehrte in Laon[849]. Er reiste über Salerno (8.1.3.2.1. und 9.1.3.2.4.) und Sizilien nach Antiochia, wo er sich 1110 – 1116 aufhielt. Seine Reise nach Antiochia (damals unter Kontrolle der Kreuzfahrer) erfolgte in der Aufbruchsstimmung des ersten Kreuzzuges[850] (7.3.1.). Er kehrte 1130 nach England der Normannenkönige (1086 - 1154) zurück.

An „fränkischen" Schulen Lotharingiens (7.2.3.) in den Fächern der artes liberales geschult nahm er direkten Kontakt zu den arabischen Quellen für die Fächer des Quadriviums auf[851].

Er übersetzte und bearbeitete verschiedene astronomische, astrologische und mathematische Werke der Araber und der Griechen[852],[853]. Darunter waren antike griechische Texte, die nur noch in der arabischen Übersetzung vorlagen:

Zu den von ihm übersetzten Werken gehörten unter anderem Euklids Elemente (4.1.1.2.), die erste Übersetzung ins Lateinische, von der unvollständigen Übersetzung von Boethius (aus dem Griechischen) abgesehen. Er übersetzte aus dem Arabischen, möglicherweise[1] die Version von Al-Hajjaj ibn Yusuf ibn Matar. Mit seinem Namen werden drei Versionen verbunden, Adelard I, II, III genannt. Sie unterscheiden sich stark, Version I ist eine beinahe vollständige Übersetzung, in Version II sind die Beweise durch Anleitungen ersetzt, III ist eher ein Kommentar. Die Zuschreibung der Version III an Adelard ist umstritten; das Manuskript entstand vor 1200 und wurde unter Adelards Namen bekannt. Es wurde anderem von Roger Bacon zitiert. „Adelard I" wurde später von Campanus von Novara für seine Ausgabe verwendet.

Adelard übersetzte auch Al-Khwarizmis (6.2.4.2.8.) astronomisches Werk *Zīj al-Sindhind*, bei dem es sich um astronomische Tafeln handelt. Die Übersetzung wird nach einer Datumsangabe im Text meist auf 1126 datiert.

Ein weiteres Werk das ihm oft zugeschrieben wird ist *Liber ysagogarum Alchorismi in artem astronomicam a magistro A.* (wobei er mit dem Magister A. identifiziert wird). Die Kompilation schöpft aus unterschiedlichen Quellen: die astronomischen Teile aus arabisch-hebräischen, der Geometrieteil aus antiken lateinischen Quellen. Sie behandelt Arithmetik, Geometrie, Astronomie und Musik, wobei auch das Dezimalsystem behandelt wird. Das Buch ist somit eines der frühesten überlieferten Behandlungen des indisch-arabischen Dezimalsystems im lateinischen Westeuropa. Es gibt eine Handschrift in Cambridge einer älteren (vor 1143) lateinischen Übersetzung von al-Khwarizmi´s *De numero indorum*, die er möglicherweise kannte.[2]

Er übersetzte auch zwei astrologische Werke aus dem Arabischen, eines von Albumasar (Ysagoga minor Japharis matematici in astronomicam per Adhelardum bathoniensem ex arabico sumpta), ein anderes von Thabit ibn Kurra (Liber Prestigiorum Thebidis secundum Ptolomeum et Hermetem per Adelardum bathoniensem translatus 6.1.7. und 6.2.4.2.2.).

Handschriften seiner Übersetzungen waren in der Bibliothek des Benediktinerklosters Mont Saint Michel (7.2.3.) in der Normandie verfügbar[854] und hatten anregend auf die Schule von Chartres[855] gewirkt (7.4.4. und 8.1.1.).

Wichtig für uns sind auch seine philosophischen Dialoge „De eodem et diverso" und „Questiones naturales" (8.3.1.1.):

De eodem et diverso (8.3.1.1.) ist dem Bischof Wilhelm von Syrakus gewidmet und wird, da es noch keinen arabischen Einfluss zeigt, sondern platonische und aristotelische Einflüsse zu verbinden sucht, vor 1116 datiert bzw. der Zeit, als er sich mit arabischer Wissenschaft in Süditalien zu befassen begann. Es ist ein Dialog zwischen Philosophia und Philocosmia. Die Philocosmia steht für weltliche Genüsse, die Philosophia für die Gelehrsamkeit. Sie hat die Künste der artes liberales zur Hilfe. Unter den Disziplinen hat die Arithmetik eine herausragende Stellung[856]. Die Astronomie berechnet die Laufbahn der Planeten[857]. Die Frage, ob die Erde oder die Sonne im Mittelpunkt der Laufbahnen steht hat er nicht gestellt.

Das zweite Buch *Quaestiones naturales* hat die Form eines Dialogs mit seinem Neffen und behandeln unterschiedlichste Themen der Naturkunde: Von der Wetterkunde bis zur Psychologie, Botanik und Zoologie (9.1.7.1.1.). Es ist nicht vollständig überliefert. Das Werk zeigt Spuren arabischen Einflusses[858], zitiert aber keine arabischen Autoren direkt. Zum Beispiel beschreibt er ein Instrument mit einer Funktion ähnlich einer Pipette[859], das im 12. Jahrhundert aus arabischen Übersetzungen antiker Quellen wie Heron von Alexandria bekannt war. Es gibt in diesem Werk eine deutliche Tendenz mehr auf Beobachtung der Natur zu setzen statt auf die Autorität der Überlieferung oder übernatürliche Erklärungen[860].

Adelard schrieb eine Abhandlung über den Abakus und das Astrolabium (7.2. und 9.1.7.1.1.). Sein Buch über das Astrolabium hat er einem Henry, *regis nepos* (Heinrich II.) gewidmet. Es wird zwischen 1142 und 1146 datiert und zeigt seine Verbindung zum Hof der Plantagenets[861] (8.1.1.).

Auch ein Buch *Mappae clavicula* über Chemie wird ihm zugeschrieben, es ist aber wohl älter.[4]

* Die Bauwerke der Normannen in Cefalu, Monreale und Palermo; Arbeiten in Marmor, Mosaik, Stuck, Malerei, Textilien und Schmuck sind Zeugnisse für ein Nebeneinander verschiedener Werkstätten: byzantinisch, lateinisch und muslimisch[862].

Kaum ist eine vergleichbare Pluralität zu finden: nicht in Rom (7.4.4.), Paris (Kap. 8), Konstantinopel (7.5.2.6.) oder Kairo der Fatimiden oder der nachfolgenden Aiyubiden (6.2.1.3.4.). Nur die Grenzstadt Toledo hatte im 12. und 13. Jahrhundert eine vergleichbar multikulturelle Atmosphäre (7.3.1.). Auch der König von Kastilien Alfons X., der Weise genannt, garantierte tolerante Lebensbedingungen (7.3.2.).

1.4.2 Die Staufer

Bereits der Kaplan des ersten Saliers Konrads II (990, 1027 – 1039; 7.1.6.2.), Wipo, erkannte die Bedeutung der Verbindung der Studien des Triviums mit dem der Rechtswissenschaften und beklagte in einem Schreiben an den künftigen Heinrich III (1017 – 1056), *dass die Söhne der Großen nicht zu ähnlichen Studien angeleitet würden*[863]. Die Verbindung des Studiums des Triviums mit den Rechtwissenschaften war spezifisch italienisch: Die wichtigste Innovation des 12. Jahrhunderts war das Studium des römischen Rechts in Bologna[864] (7.4.2. und 9.1.3.2.3.).

* Die Politik des ersten Stauferkaisers Friedrich Barbarossa (1122, reg.1152 – 1190) war von Konflikten mit den Welfen, dem Papsttum und den norditalienischen Städten geprägt. Er arrangierte die Heirat seines Sohnes mit der Normannenprinzessin Konstanze von Sizilien. Seine Kulturpolitik zeigte im Vergleich zu den Normannen wenig Profil: Er sicherte in einer Urkunde den Lehrbetrieb in Bologna (8.1.3.).

Unter seiner Herrschaft war Anselm von Havelberg (ca. 1099 – 1158) als Gesandter in Byzanz und brachte griechische Handschriften mit (7.5.1.1.).
Herrad von Landsberg (auch Herrad von Hohenburg, Herradis Landsbergensis;* zwischen 1125 und 1130; † 25. Juli 1195) war eine Äbtissin und Schriftstellerin des Hochmittelalters. Sie war die Autorin und Illustratorin eines Kompendiums der Wissenschaften des Hortus Deliciarum („Garten der Wonnen"; 5.2.1.11., 9.1. und 9.1.1.). Das Werk ist ein Kommentar zu ausgewählten Erzählungen aus der Heiligen Schrift in Bildern und Aufsätzen. Das Buch fasste geistliche und profane Wissen des Hochmittelalters für die Klosterschwestern des Hohenburger Klosters in lateinischer Sprache zusammen (9.1.1.). Ihre Quellen waren: Die Bibel, die Schriften der Kirchenväter und Petrus Lombardus[865] (8.1.2.). Die wahre Philosophie ist die Königin der artes liberales, die das Rad der Fortuna bilden[866]. Die Achse des Glücksrades bilden Platon und Sokrates[867]. Die sieben Musen sind Bilder für die menschliche Intelligenz und ihre Entwicklung. Sie sind nach byzantinischer Mode gekleidet[868] (7.1.6.1.)

* Die Politik Heinrich VI. (1165, reg. 1191 – 1197) war auf die Vereinigung der beiden Reichsteile, Imperium und Normannenreich, gerichtet. Diese neu eingerichtete Herrschaft war von einer langen Reihe von Konflikten gekennzeichnet. Sie wurde vom Hofdichter Heinrichs, (Petrus von Eboli, Blüte ca. 1196–1220) 1196 in einer bebilderten Verschronik[869] als Wiederherstellung des augusteischen, römischen, Weltreiches besungen. Im Gedicht klingt Vergil`s 4. Ekloge an (4.3.4.9.), doch bei Petrus von Eboli liegen, als eine Allegorie des Friedens, nicht Schaf und Wolf[870], sondern Rind und Löwe friedlich beieinander.

* Für diese Untersuchung von besonderem Interesse ist die Regierungszeit Friedrichs II. (1194, 1220 - 1250). Er hat ein Reihe von Konflikten geerbt: In seinem allgemein-politischen Handeln er musste den Machtanspruch der Feudalherren und

die Autonomiebestrebungen der lombardischen Städte brechen, lokale Streitigkeiten schlichten, Verschwörungen aufdecken und bestrafen, päpstliche Soldaten vertreiben[871]. Entsprechend waren seine Person, seine Lebensführung und seine Politik schon zu seinen Lebzeiten umstritten[872],[873].
Ausblick: Der Konflikt der norditalienischen Städte mit den deutschen Kaisern hat auch in humanistischen Kreisen einen Nachhall gefunden (7.5.2.3. 9.2.2.1., 9.2.2.4.2. und 10.3.1.1.).

Was aber für unsere Betrachtung zusätzlich komplizierend wirkt: seine Kulturpolitik ist facettenreich und nicht in allen Zügen konsistent. Wir versuchen die Einstellungen zu den artes seiner Zeit nicht aus Abhandlungen späterer Gelehrter, sondern aus seinen Maßnahmen, Erlassen und Briefen, sowie spiegelbildlich aus den Schriften seiner Zeitgenossen zu ermitteln.

* Die Rezeption der „Alten" am Hofe Friedrichs II. konnte an die normannische Tradition (7.4.1.) anknüpfen, doch es war kein systematischer Versuch untergegangenes Wissen zu retten:
.... Es gibt zwar Hinweise, dass auch Kaiser Friedrich II. die alte Würde Roms wiederherstellen wollte:
.... Er wurde 1220 zum deutsch römischen Kaiser gekrönt. In seinem Schreiben an die Römer griff er antike Tradition auf, um den stadtrömischen Adel anzusprechen[874].
.... Auch in seiner sizilianischen Gesetzgebung ließ er sich vom römischen Recht leiten (7.5. und 9.1.3.2.3.),
.... Auch in künstlerischen Darstellungen hat Friedrich II. römische Altertümer verwendet[875].

Dies waren eher eine symbolische Handlungen[876],[877], aus der Vorzeit übernommene Floskel, Herrschaftsrhetorik. Künstlerisch verfolgte er keinen Plan eines „Klassizismus". Sein Vorbild war Karl der Große, er verstand seine Herrschaft in dessen Nachfolge[878],[879].
Doch seine Politik war nicht konsequent auf die Erneuerung des Imperium Romanum und seiner Institutionen angelegt, auch nicht in der Verbindung mit dem Papsttum nach dem Vorbild der Karolinger und der Ottonen (7.1.6.1.). Das päpstliche Rom war für ihn ein Gegenspieler in seinem Kampf um die Vorherrschaft in Italien[880]. Die Lombardei war ein Zankapfel mit den Welfen und dem Papsttum.
Die „Romideologie" war seit Karl dem Großen (7.1.2.) ein „imperialer Traum" auch der Ottonen (7.1.6.1.) und des Alfons X. von Kastilien (7.3.2.). Daneben gab es auch eine „republikanische" oder „senatorische" Rom-Idee eines Arnold von Breschia[881] (c. 1090 – 1155, ein Schüler des Petrus Abaelardus[882]), oder eines Cola di Rienzo (7.5.) oder Petrarca (7.5.1.4.). Otto von Freising (7.3.) berichtet in seiner „Chronik", das römische Volk machte einen Aufstand um einen Senat einzusetzen und das alte Ansehen der Stadt wieder herzustellen[883].
Etwa in den Jahren 1140 – 1150 wurde ein Führer für Rompilger zusammengestellt: „Die Wunderwerke der Stadt Rom". Das Buch ist heute einerseits eine Quelle was im mittelalterlichen Rom noch vorhanden war[884] (9.1.5.3. und 9.2.2.). Andererseits soll der Hinweis auf die Legenden um die antiken Bau- und Kunstwerke die Romidee des 12. Jahrhunderts („caput mundi") belegen und legitimieren. Das Buch war in klerikal-kurialen Kreisen im Umlauf und wurde in hoher Zahl überliefert[885].

.... Auch um Friedrich II. gab es auch einen Dichterkreis oder Dichterschule[886], wie am Hofe Karl des Großen (7.1.4.). Petrus de Vienna sammelte in seiner Kanzlei begabte Meister der Stilkunst. Ihre begeisterten Lobsprüche galten in erster Linie dem Kaiser selbst[887]. Der bereits erwähnte Petrus von Eboli rühmte den Kaiser als *sol mundi*[888]. Michael Scotus rühmte die Gelehrsamkeit Friedrichs II[889]. Auch der fahrende Berufsdichter (Schaffenszeit 1225 – 1250) Reinmar von Zweter lobte ihn als *volle Grube des Verstandes*, aber auch *Fundament und Grund der Ehre Roms*[890] Doch es ist schwer zu bestimmen, wie weit der Lob ernst gemeint und wie weit der Lust am Umgang mit der Sprache geschuldet war[891]. Wie haben die Musen gewarnt? *Leicht ist es uns viel Trug zu verkünden als wäre es Wahrheit...*(2.3.1.2.).

In diesem Kreis wurden zwar auch Motive der klassischen Antike verwendet und auf heidnische Mythen angespielt. Doch die Dichtung stand in der Tradition byzantinischer Hymnographie, wir können am Hofe Friedrichs II. nicht von einer „Renaissance" oder von einem „griechischen Humanismus" sprechen[892].
Das Zentrum der griechischen literarischen Kultur war im 13. Jahrhundert in Italien das Kloster Sankt Nicola di Casole. Das Kloster besaß ein Skriptorium und eine Bibliothek, in deren Bestand biblische und liturgische Bücher überwogen, aber es gab dort auch Bücher der antiken Literatur: Homer, die Sophistischen Widerlegungen des Aristoteles und Aristophanes[893].

* Die Kulturpolitik Friedrich II. war anders als Karls des Großen (7.1.2.) oder Alfons` X von Kastilien (7.3.2.). Er war ein „pragmatischer Kulturpolitiker" in heutigem Sinne, und nicht an einem wissenschaftliche Weltbild oder einem geschlossenen philosophischen System interessiert. Doch theoretische Einsicht und praktische Erfahrung gehören, wenn auch in unterschiedlichem Maße, zu jeder Kunst[894]. Er war ein scharfsinniger Beobachter, der nach vernünftigen Erklärungen suchte.

Friedrich war nicht der Erste, der ein „Falkenbuch" schrieb. Bereits Adelard von Bath (7.4.1. und 9.1.7.1.1.) hat das Sujet in einem Buch behandelt[895].
Friedrich verstand sein „Ars venandi cum avibus" als eine Wissenschaft, die auch eine Naturphilosophie umfasst. Voraussetzung dafür waren die Zoologie des Aristoteles, die Michael Scotus bzw. Theodor von Antiochia (7.4.3.) übersetzt hatten, die Zusammenfassung dazu vom Averoes und das Falkentraktat des arabischen Falkners Moamin (7.4.3.). Er übernahm aber die Ansichten des Aristoteles nicht kritiklos, sondern korrigierte sie nach eigenen Beobachtungen und praktischen Erfahrungen. Die kritische Einstellung galt zugleich dem traditionellen Bildungssystem, das vorwiegend im Bücherwissen und im Abschreiben von Lehrmeinungen bestand. Eine empirische Wissenschaft war zu seiner Zeit noch ungewöhnlich. Das Buch ist in den ersten sechs Teilen ein Buch der Ornithologie, dann folgen die spezifischen Teile: die Falkenarten und ihre Verhaltensweisen, das Brutverhalten und die Aufzucht der jungen Falken, ihre Zähmung und die Jagd mit Falken[896].
In diesem „Falkenbuch" heißt es: *Unsere wahre Absicht ist, sichtbar zu machen die Dinge, die sind, so wie sie sind*[897] und *Gewissheit kommt nicht vom Hörensagen*[898]. Das erinnert an seinen Zeitgenossen Albertus Magnus (9.1.7.2.3.), der Schrieb: *Alle unsere Erkenntnis beginnt mit dem Sinnfälligen*, und: *Es genügt nicht, ein Wissen im Allgemeinen zu haben, sondern wir suchen von jedem einzelnen Ding zu wissen, wie es sich in seiner eigentümlichen Natur verhält. Das ist nämlich die beste und vollkommene Art des Wissens.* Friedrich beobachtete das Verhalten einheimischer Vögel und Tiere, er verfolgte das Abrichten der Falken[899].
Der Sekretär von Papst Johannes XXI. (8.3.2.3. und 9.1.1.), Saba Malaspina, schrieb über Friedrich II.: *Er ist eifrig bemüht, mit unermüdlicher Neugier den Grund*

der Dinge zu erkennen und die Vorgänge am Himmel gründlich zu erforschen. Und da er auf solche Weise die Naturvorgänge genauestens verfolgte, verehrte er auch die Astrologen, Schwarzkünstler und Wahrsager[900].

Die dunkle Seite Friedrichs, seine Interessen für Magie und Astronomie, wird verständlich, wenn man seine theoretischen Interessen berücksichtigt. Theorie war damals weitgehend Spekulation, die nicht immer durch Erfahrung oder Experiment bestätigt oder auch nur gestützt war. Nach den Vorstellungen, die er von Avicenna und Averroes kannte, war alles Geschehen von einer Natur oder Seele durchwaltet. So konnten Sternenkonstellationen als Zeichen für anderes Geschehen gedeutet werden[901]. (s.u.: Michael Scotus, 7.4.3.)

Friedrich II. beteiligte sich auch am Diskurs mit der arabischen Philosophie und auch um Maimonides (6.2.2.12.). Neben Michael Scotus (7.3. und 7.4.3.) wirkten am kaiserlichen Hofe auch Juden wie Cohen ben Salomon und Jakob ben Abba Mari, die Schriften des Aristoteles und des Averroes übersetzten. Al- Din Urwami schrieb ein Buch über Logik für Friedrich II. [902] Solche Übersetzungen sandte Friedrich auch den Philosophen seiner Reiche zu[903]. Der Tibbonide (7.2.) Jakob ben Anatoli rühmte Friedrich II. als Liebhaber der Wissenschaften und die freimütige Atmosphäre der Diskussion an seinem Hof[904]. Friedrich II. war ein „Kommunikator".

* Friedrich II. versuchte wissenschaftliche Probleme diskursiv zu lösen und dadurch seine kulturpolitische Interessen in die Gelehrsamkeit seiner Zeit einzubinden:

.... Michael Scotus berichtet in seinem Buch (*Liber introdictorius*; 7.4.3.) über die wissenschaftlichen Interessen des Kaisers: Größe und Beschaffenheit der Erde, was die Erde im kosmischen Raum festhalte, Größe und Lage der Himmelsphären, die Lage von Hölle, Fegefeuer und Paradies, die Möglichkeiten der Seelen Verstorbener, Herkunft von Süß- und Salzwasser, Rätsel des irdischen Wasserkreislaufes, Ursachen der heißen und warmen, der bitteren oder übelriechenden Quellen, Erscheinungsformen des Vulkanismus u.a.m. [905].

.... Friedrich II. korrespondierte mit den führenden Gelehrten seiner Zeit, oder ließ seinen Hofphilosophen Theodor (7.4.3.) andere Gelehrte nach der Lösung bestimmter Probleme fragen. Er legte Leonardo Fibonacci (7.4.3.) mathematische Aufgaben zur Lösung vor[906], und auch Theodor stand mit dem Mathematiker Leonardo Fibonacci (9.1.2.) im Briefwechsel[907].

.... Friedrich II. sandte an den Aiyubiden-Herrscher (6.2.1.3.4.) Malik el-Kamil nach Kairo mehrere schwierige Fragen der Geometrie, der Philosophie und der Spekulativen Wissenschaften. Dieser legte die Fragen den Gelehrten vor und schrieb die Antworten an den Kaiser[908]. Die modernste „Wissenschaftstheorie" seiner Zeit, „Der Führer der Unschlüssigen" von Ibn Maymun, (lateinisch Maimonides, 6.2.2.12.), wurde am Hofe Friedrichs diskutiert[909].

.... Berühmt sind die „Sizilianischen Fragen", die Friedrich 1232 muslimischen Gelehrten vorlegte. Sie betreffen seinerzeit aktuelle Themen der Philosophie, die auch von Ibn Maymun (6.2.2.12.) und Ibn Ruschd (6.2.2.9.) behandelt wurden: Die Ewigkeit der Welt, die Zahl der Kategorien, das Ziel der theologischen Wissenschaft, die Unsterblichkeit der Seele und Barmherzigkeit Gottes[910] (6.1.2.10.) die Fragen sind in den lateinischen Quellen nicht erwähnt, wir kennen sie nur aus arabischen Quellen, zusammen mit ihrer Beantwortung[911]. Die Antwort des Ibn Sabin auf diese Fragen finden wir in 6.2.2.11. Salah al-Din sandte einen gelehrten Scheich nach Sizilien (7.4.3.).

N.b: „Religionsgespräche" kennen wir seit dem 2. Jahrhundert (5.1.3.1.). Im Mittelalter haben Wilhelm von Rubruk und Marco Polo über einen „Dialog der Religionssysteme" am Hof der Mongolen berichtet (6.2.1.3.6.). Petrus Abaelardus versuchte in einem fiktiven Gespräch zwischen einem Philosophen und einem Juden bzw. einem Christen die Vernunftgründe der Religionen zu schildern (8.1.2.). Einen „Vergleich der Religionen" schildert Bocaccio (7.5.1.5.) in der Erzählung am dritten Tag des Dekamerones. Die Bühne für diese Erzählung bildet der Hof Saladins (6.2.1.3.4.). Lessing hat 1779 das Thema in seiner „Ideendrama" „Nathan der Weise" auf die Bühne gebracht.

* Auffallend ist auch die Neigung des Kaisers die Erkenntnisse auch anzuwenden. Die „Konstitutionen von Melfi" enthalten Vorschriften zur Umweltschutz: zur Reinhaltung von Luft und Gewässer[912],[913]. Er setzte Schonzeiten für die Jagd fest, kümmerte sich um die Bekämpfung von Tierkrankheiten, ließ Reservate für Vögel anlegen. Aus Sorge um die Volksgesundheit und zur Bekämpfung der Kurpfuscherei und Quacksalberei reformierte der Kaiser in der „Konstitutionen von Melfi" und in den „Neuen Konstitutionen" das Studium der Medizin (9.1.3.2.2., 9.1.3.2.3. und 9.1.3.2.4.), und die Prüfung der angehenden Mediziner[914]. Er regelte den Beruf des Arztes[915] (9.1.3.2.2.), wohl nach arabischem Vorbild (6.3.6.), er schrieb die Zahl der Hausbesuche vor und regelte die Gebühren. Er trennte den Beruf des Arztes von dem der Apotheker und regelte die Herstellung der Medikamente[916] (9.1.23.2.4.). An der medizinischen Hochschule von Salerno (9.1.3.2.) ließ er Narkoseverfahren erproben und Leichen sezieren und gab medizinische Abhandlungen in Auftrag[917]. Die Hospitäler Siziliens entsprachen, nach dem Zeugnis muslimischer Reisender, dem Vorbild arabischer Krankenhäuser[918] (6.2.4.2.7.).
Nota bene: reglementiert hat Friedrich II. auch die Berufsausübung der Kaufleute[919], Forstbeamten[920], Richter, Notare und Rechtsanwälte[921].

* Friedrich II sorgte sich auch für die Bildung seiner Untertanen, doch anders als Karl der Große (7.1.2.): Er gründete 1224 die Universität von Neapel. Es war die erste von einem Kaiser gegründete und von kirchlichem Einfluss unabhängige Universität in Europa[922]. Die Universitätsgründung sollte den Nachwuchs an kaisertreuen Fachleuten, vor allem an Juristen, im Königreich Sizilien gewährleisten und dies unabhängig vom stauferfeindlichen Bologna oder anderen oberitalienischen Rechtsschulen. Friedrichs sizilische Untertanen sollten künftig nur noch an dieser Universität studieren.

(Allerdings wurde der Lehrbetrieb zunächst durch Kriegsläufe gelähmt und erst 1234 wiedereröffnet). In seinem Erlass nannte er das Ziel der Gründung: *Es soll eine Quelle der Wissenschaften und eine Pflanzschule der Gelehrsamkeit sein, damit es viele kluge weitschauende Männer gebe, Männer, die durch das Studium der Natur und die Erforschung des Rechts Gott dienen können. Denn nicht weniger durch die Wissenschaft als durch die Leistung der Männer werden die Reiche und Königreiche in Ordnung gehalten. Es sollen Wissenschaften jeder Art gelehrt werden.* Er berief gelehrte Männer in seine Dienste, hat ihnen Wohnungen vorbereitet, verhieß Stipendien, sorgte für Sicherheit. Diese Universität unterschied sich von den anderen Universitäten Europas (8.1.3.): Sie war nicht aus einer Dom- oder Kathedralschule hervorgegangen sondern war eine „staatliche" Universität und stand unter staatlicher Kontrolle. Die Lehrer wurden von der Regierung ernannt und bezahlt und das Studium und die Verleihung der Universitätsgrade überwacht. Die Universität von Neapel erhielt eine Monopolstellung für den Unterricht im Königreich Sizilien – mit Ausnahme der Medizin, die traditionell in Salerno unterrichtet wurde[923] (9.1.3.2.).

In dem Schreiben zur Wiedererrichtung der Universität rief er *gelehrte Theologen, Professoren beider Rechte und Lehrer aller freien Künste zur Einrichtung und Besetzung aller Fakultäten und Wissenschaften in dieser Stadt zusammen*[924].

Ein prominenter Student der artes von 1239 – 1244 und unter den Anjous 1272 1274 Leiter der theologischen Fakultät an der Universität von Neapel war Thomas von Aquino (8.3.2.5. und 8.3.3.6.).

Friedrich II. förderte auch die Übersetzung der Griechischen und arabischen Philosophen[925] (7.4.3.).

Im Jahre 1232 sandte Friedrich II. aus seiner Schatzkammer den Philosophieprofessoren in Bologna (8.1.3. und 9.1.3.2.3.) Übersetzungen der verschiedenen Sammelwerke der logischen und mathematischen Disziplinen des Aristoteles und anderer Philosophen zu. In dem Begleitschreiben hieß es: *um der Einwirkung des Nebels der Unwissenheit entgegen zu wirken damit das Werkzeug des Geistes vollkommener werde;* und etwas weiter: (vielleicht auch um monopolistischen Besitzansprüchen entgegen zu wirken) *der Besitz der Wissenschaften werde nicht gemindert, wenn sie über die Allgemeinheit verbreitet wird, vielmehr um so dauernder und ewiger währt*[926]. Welche Werke dies konkret waren erfahren wir aus dem Begleitschreiben nicht (8.1.3.). Albertus Magnus hat wohl in Padua Schriften des Aristoteles kennengelernt (9.1.7.2.3.).

Friedrichs Sorge um die Allgemeinbildung[927] ist nicht zu übersehen und wir finden in den Briefen und Erlassen keine Spur vom Klerus als eine besondere Zielgruppe oder vom Trivium als einem besonders geförderten Schwerpunkt der Bildung.

* Ein Gegenpol zu dem Bild des in religiösen Fragen gegenüber den Juden und Muslimen toleranten Herrschers ist seine Sorge um die Einheit des christlichen Glaubens und in Folge seine Ketzerverordnung von 1224, ausgefertigt 1232[928]. (8.1. und 8.2.2.). Einen erstes Edikt erließ Friedrich bereits 1220 gegen die Häresien und die ketzerische Verderbtheit der Lombardei – waren sie eine kalkulierte Geste gegenüber der Kurie[929]? Waren die Ketzer eine Manövriermasse in einer Versöhnungs- oder Beschwichtigungspolitik des Kaisers gegenüber der Kirche? Die Ketzer, die in der Lombardei seiner Zeit bekämpft wurden, Patarener und Waldenser (8.1.2.), waren nicht seine unmittelbaren Untertanen. Aber auch im eigenen Herrschaftsbereich war er zu Zugeständnissen fähig, zumindest formal. Er bot dem Papst an, einige Vertreter seiner Widersacher, des Predigerordens zu seinen Sarazenen zu schicken, (die er nach einem Aufstand von Sizilien nach Apulien deportiert und in Lucera und Umgebung angesiedelt hat[930]) zu schicken, damit sie dort *das Wort des Herren* predigen. Er wolle sie auch mit Wort und Tat unterstützen, um die Würde des Glaubens zu verteidigen[931]. Ob die Dominikaner oder Franziskaner dort auch aktiv wurden, wissen wir nicht. Die Kolonie der Sarazenen wurde erst unter König Karl II. christianisiert[932].

Oder war es der Einfluss des Avicenna (6.2.2.6.) und des Averroes (6.2.2.9.), die zwischen einer wissenschaftlichen, für den Philosophen bestimmten Wahrheitserkenntnis, und einer religiösen, bloß bildlichen, dem gläubigen Volk angemessenen, unterschieden[933] und damit den Spagat überbrückten? Friedrich II. ließ nicht immer in seine Karten blicken. Seine politische Korrespondenz verhüllte seine Ziele mehr als sie diese offen legte.

* In Verbindung mit der Exkommunikation haben die Kanzleien sowohl Friedrich II. als auch Gregor IX Manifeste und Briefe an alle Könige, Fürsten und Bischöfe gerichtet. --- Friedrich II. war ein Meister in der Kunst der Verstellung[934]. Aber auch

eine gezielte „Öffentlichkeitsarbeit". Im öffentlichen Diskurs um Friedrich II. erzeugte das Spannungsfeld seiner Konflikte ein kaum durchschaubares Dunkel[935],[936], in dem eher die Einstellungen und Vorurteile der Gegner aufleuchten, und die deswegen für unsere Untersuchung interessant sind.

Papst Gregor IX gab in seiner Enzyklika vom 10.7.1239 kund, dass dieser König erklärt habe: *der Mensch dürfe nichts glauben, was nicht durch die Natur und die Wissenschaften bewiesen werden könne.* (Den Konflikt „Glaube und Wissen" im Islam und im Judentum haben wir bereits gestreift, selbigen im lateinischen Westen werden wir im nächsten Kapitel detailliert untersuchen.).

Im Vorfeld der Exkommunikation 1238/39 wurde das Gerücht gestreut, Friedrich II. habe Moses, Christus und Mohammed drei große Betrüger genannt[937]. Allerdings wurde der Vorwurf von den „drei Betrügern" auf dem 1. Konzil zu Lyon (1245) weder in der Anklageschrift[938] noch in der Bulle[939] erwähnt. Doch seine *freundschaftliche Beziehungen zu den Sarazenen* nährten den Verdacht auf Häresie. Friedrich II. wurde von diesem Konzil für abgesetzt erklärt, aller Ehren und Würden entkleidet, seine Untertanen vom Treueid entbunden und es wurde zur Wahl eines Nachfolgers aufgerufen[940].

Seine Toleranz in religiösen Fragen und das „multikulturelle" Treiben an seinem Hof, seine Leibgarde von Sarazenen, seine Korrespondenz und seine guten Kontakte zur muslimischen Welt waren Stein des Anstoßes[941] und einer der Punkte der Anklage[942]: Papst Innozenz IV. warf 1245 ihm vor, er habe sich in einer verabscheuungswürdige Freundschaft mit den Sarazenen verbunden[943]. Ja einige unterstellten der Kaiser würde im Irrglauben an das Gesetz Mohammeds leben[944]. Die Vorwürfe werden in offensichtlich voneinander abgeschriebenen Berichten verbreitet[945]. Einen literarischen Reflex des Konfliktes finden wir im satirischen Gedicht „Morale scolarium" des Johannes von Garlandia[946] (8.1.3., 8.3.1.5. und 9.2.2.2.).

Die von dem Franziskaner Salimbene von Parma (1221-1288/9) in seiner Chronik anekdotenhaft aufgeführten Experimente Friedrichs II. und seiner Gelehrten sind sonst nirgendwo belegt, sie bezeugen eher, was die Zeitgenossen ihm zugetraut haben. Sicher hat er Versuche durchführen lassen und führte Buch über sie[947] doch die von Salimbene erwähnten Experimente sind besonders geeignet eine Abwehrreaktion hervor zu rufen ja zu provozieren. Salimbene stellte sie mit Neugier, Flucherei, Ungläubigkeit, Verruchtheit und Missbrauch in eine Reihe. Friedrich wurde im selben Atemzug als „Epikureer" diffamiert (als ob Epikur oder „die Epikureer" besonders experimentierfreudige Naturforscher gewesen wären; 4.2.5.2.)[948]. --- Versuche aus wissenschaftlichen Überlegungen oder bloß aus Neugier müssen dem vornehmlich im Trivium gebildeten Mittelalter eine Versuchung, ja ein Wahnwitz vorgekommen sein. Diese Unkenntnis war durch geschickte Argumentation manipulierbar.

Eine derartige Zeichnung von Friedrich II. war wohl weit verbreitet und wurde auch von Dante (7.5.1.3.) übernommen, der den Kaiser im Inferno unter den verdammten „Epikureern" büßen ließ, *die auch die Seele mit dem Leib begraben,*[949].

Für den an den Konflikten wohl eher unbeteiligten Historiker Matthew Paris (+1259) war er „Staunen der Welt und wunderbarer Verwandler"[950].

* Mit dem Tod Friedrichs II. endet auch die, für die Wissenschaften günstige, relative Friedenszeit.

Seine Nachfolger, als Könige von Sizilien, Manfred und Konradin mussten zunächst um ihre Erbschaft kämpfen und regierten zu kurz, um für den „Kulturbetrieb" Akzente zu setzen. Immerhin ist bei Manfred die Naturwissenschaftliche Interesse des Vaters noch erkennbar: Er ergänzte das Falkenbuch durch eigene Zusätze, die sich in die Methodik und Erklärungsweise des Vaters einfügen[951]. Dante versetzte ihn auf den Läuterungsberg[952].

Aus der Endzeit der Staufer, aus der Zeit Konradins, wäre Petrus Peregrinus (de Maricourt,) zu nennen. Das einzige, was wir von ihm besitzen, ist seine „Epistola de Magnete" (1269; 9.1.6.2.4.). Roger Bacon (8.3.2.5. und 9.1.6.1.6.) berief sich auf ihn als „dominus experimentorum"[953].

* Die Bibliothek des Kaisers fiel nach der Schlacht von Benevent (1266) als Kriegsbeute in die Hand von Karl von Anjou (1229 – 1285). Karl von Anjou hat einen Teil der Bibliothek des Kaisers dem Heiligen Stuhl geschenkt[954]. Zugleich begann er eine Hofbibliothek in Neapel einzurichten und ließ auch die Übersetzungsaktivitäten fortführen[955]: In seinem Auftrage übersetzte (um 1280) Faradj ben Salem den „Continens" von Rhazes (6.2.4.2.7.) und ein Buch von Pseudo-Galen[956]. Nikolaus Theoprepos von Reggio übersetzte zwischen 1308 und 1345 Teile des Corpus Hippocraticum und Werke von Galen[957].

Unter der Herrschaft der nachfolgenden Könige aus dem Hause Anjou (seit 1266 in Neapel) und Aragon (seit 1282 in Sizilien und seit 1442 auch in Neapel) erlebte Sizilien einen Abstieg[958], Sizilien und Süditalien wurden immer „lateinischer"[959]: Thomas von Aquino wurde an die Universität von Neapel berufen (8.3.3.6.). Neapel wurde im 15. Jahrhundert ein Zentrum der humanistischen Studien (10.1.4.)

Ausblick: Mit dem Ende der Staufer zerbrach die Einheit des Reiches. Im 15. Und 16. Jahrhundert waren u.a. Päpste, die Könige von Neapel, aber auch Städte und Patrizier wichtige Förderer der humanistischen Gelehrsamkeit (7.5.1.4.; 7.6., 9.2.1.3. und 10.1.4.).

1.4.3 Die Gelehrten am Hofe Friedrich des II.

* Das Vorbild Friedrichs II., wie auch der Ottonen (7.1.6.), war Karl der Große[960]. Und nach seinem Vorbild hat sich auch Friedrich II mit Gelehrten umgeben. Für unsere Untersuchung markante Gestalten am Königshof in Sizilien waren:

König Roger II. und der Kaiser Friedrich II. waren mit ihren Interessen offensichtlich die Motivatoren und die treibenden Kräfte im „Wissenschaftsbetrieb" Siziliens und Süditaliens ihrer Zeit. Doch mit unterschiedlichen Interessen: Unter Roger II. bildeten Geologie, Geographie, Astronomie und Medizin den Schwerpunkt, unter Friedrich II standen Mathematik, Zoologie und Medizin im Vordergrund. In allen Fächern gingen die Interessen über das Bildungsprogramm des Quadriviums der artes liberales hinaus.

* Die Gelehrten in der Umgebung Friedrichs II. waren multikulturell:

.... Friedrich II. beschäftigte Latiner und Italogriechen in seinem Sekretariat. Doch sie waren Juristen und Korrespondenten. Dieser Personenkreis scheidet, wie wir gesehen haben (7.4.2.), für die Vermittlung oder Übersetzung der altgriechischen Schriften aus.

.... Theodor von Antiochia (1195- vor 1250), ein Jakobit, also ein nicht konziliarer Christ aus Syrien (5.1.3.), trat etwa 1225 in den Dienst von Kaiser Friedrich. Er brachte seine durch syrischen Traditionen geprägte Gelehrsamkeit mit[961]: In seinen Studien lernte Theodor die Philosophie des al-Farabi und des Ibn Sina, wie auch Werke von Euklid, Ptolemaios und die arabische Mathematik kennen. Er studierte auch Medizin. Theodor von Antiochia begleitete Friedrich II. als sein Arzt[962]. Doch er war beim Kaiser nicht nur Arzt, sondern auch Hofphilosoph, Astrologe und Übersetzer. Er korrespondierte mit Fibonacci über Fragen der Mathematik, unterrichtete Petrus Hispanus, den späteren Papst Johannes XXI. in Medizin. In seiner einzig erhaltenen Schrift an Friedrich legte Theodor die Grundlagen zur Erhaltung der Gesundheit dar. Magister Theodor übersetzte des Averroes Vorwort zu dessen Kommentar über die Physik des Aristoteles, De Animalibus des Aristoteles und das Jagdbuch des Falkners Moamin ins Latein[963].

.... Michael Scotus (vor 1200- um 1235; 7.3.1.) stammte aus Schottland oder Irland. Er wirkte bis etwa 1220 in Toledo. Er war auf dem 4. Laterankonzil (1215-1217) im Gefolge des Erzbischofs Rodrigo von Toledo[964]. Um 1220 dürfte er als Übersetzer in Bologna gewesen sein. Zwischen 1224-1227 wird er in päpstlichen Briefen erwähnt[965]. Ab 1227 wirkte er am Hofe Friedrich II. als Gelehrter, Astrologe und Übersetzer[966].

Sein Interesse scheint vornehmlich zoologisch und naturwissenschaftlich ausgerichtet zu sein: Er übersetzte u.a. von Aristoteles die Werke zur Zoologie komplett (7.3.) und die Kommentaren des Averoes dazu. Die Übersetzung von Avicennas Zusammenfassung der zoologischen Bücher des Aristoteles hat er eigens für Friedrich angefertigt und ihm gewidmet[967].

Sein eigenes Werk, *Liber introdictorius*, ist eine Art Enzyklopädie des Wissens seiner Zeit, es ist für die Beurteilung der „Wissenskultur" am Hofe Friedrich II. von Bedeutung[968]: Das Buch enthält eine Einführung in die Astronomie, Astrologie, Meteorologie, Medizin, Musik, Computistik und alchemistische Werke. Im dritten Teil enthält es eine Physiognomie der Menschen und Tiere[969]. Er teilte die Kenntnisse in theoretische und praktische. Zu den ersteren gehören die Physik, die Mathematik und die göttliche Wissenschaft (naturalis, mathematica und divina), die letzteren werden auch in drei Gruppen geteilt. Zur ersten Gruppe gehören: die Medizin, die Landwirtschaft, die Alchemie, das Studium der Spiegel, die Navigation. Diese korrespondieren mit der Physik. Die zweite Gruppe bilden die praktischen Künste, sie entsprechen der Mathematik: der Umgang mit Geld, Schreinerei, Schmied, Baumeister, Weber, Schuhmacher. Die Verbindung zwischen den theoretischen und den praktischen Künsten bleibt bei Michael Scotus ungeklärt[970].

Michael Scotus hat auch Texte zur Alchemie verfasst[971]. Mit seiner Affinität zur Astrologie stand er nicht alleine. Auch Friedrich II. (7.4.2.) und Roger Bacon (8.3.2.5. und 9.1.6.1.6.) teilten diese Affinität. Für den Hofastrologen waren allerdings die Bewegungen am Himmel nicht Ursache, sondern nur Zeichen für das menschliche Geschick[972], wie das Schild vor einem Gasthaus anzeige, dass Wein ausgeschenkt werde.

Michael Scotus spielte eine wichtige Rolle auch in der Vermittlung arabischer astrologischer Werke so wie in der Aristoteles/Averroes- Rezeption eine wichtige Rolle. Seine Übersetzungen haben das Falkenbuch Friedrichs II. beeinflusst und erlangten durch Albertus Magnus (8.3.2.4.) eine große Wirkung. Michael stand unter den Gelehrten seiner Zeit in hohem Ansehen; Leonardo von Pisa hat sein Liber abaci ihm gewidmet[973] (9.1.2.).

.... Mit dem Kaiserlichen Hof in Verbindung stand der Pisaner Leonardo Fibonacci[974] (um 1170 – nach 1240; 7.4.2., 9.1.2. und 9.1.5.). Er war ein Zeitgenosse des Jordanus Nemorarius (9.1.2.). Er hat das kaufmännische Rechnen der Muslime sowie die *neun Ziffern und den Zeichen 0 der Araber*[975] und den Algorithmus der Araber im Maghreb (6.2.4.2.8.) kennengelernt[976]. Er schildert seine Motivation: *Als mein Erzeuger von der Vaterstadt in die Handelsniederlassung von Bougie um der dort zusammenkommenden Pisaner Kaufleute willen als öffentlicher Notar abgeordnet worden war, ließ er mich in meinen Knabenjahren zu sich kommen. In Anbetracht des künftigen Nutzens und Vorteils wollte er, dass ich dort in die Kunst mit den neun Zahlzeichen der Inder eingeführt wurde, und so sehr gefiel mir die Wissenschaft dieser Kunst mehr als alle anderen und war ich um Einsicht in sie bemüht, dass ich was immer von ihr mit ihren verschiedenen Arten in Ägypten, Syrien, Griechenland, Sizilien und Südfrankreich zu lernen ist, auf späteren Reisen zu diesen Handelsorten mit großem Aufwand an Studium und Disputationen mir aneignete*[977].

Er hat die Summa seiner mathematischen Kenntnisse 1202 in einem „Buch der Rechenkunst" zusammengefasst. Eine zweite Fassung 1228 hat er Michael Scotus gewidmet[978],[979],[980] (9.1.2.).

.... Der letzte Herrscher der Aiyubiden (6.2.1.3.4.) sandte einen gelehrten Scheich zum Kaiser. Dieser blieb eine Zeitlang als Ehrengast an seinem Hofe und verfasste dort für den Kaiser ein Buch über Logik[981].

.... Giordano Ruffo schrieb am Hofe Friedrichs ein Handbuch über Pferde. Giordano war Marstallmeister und kein Gelehrter, er berief sich auf die Belehrung, die er vom Kaiser selbst empfangen habe. Das Buch ist eine praktische Veterinärkunde, behandelt Geburt, Aufzucht und Pflege der Pferde, beschreibt ihre Körperfunktionen und ihre Krankheiten[982].

* Der „Wissenschaftsbetrieb" von Sizilien und Süditalien war unter Friedrich frei von den religiös gebundenen Hauptströmungen der nördlichen Europa, vor allem von der Einschränkung auf das Trivium und dem Primat der Theologie. Aber das wissenschaftliche Leben blieb, trotz der Universitätsgründung in Neapel, im Wesentlichen auf höfische Kreise und weitgehend auf Sizilien beschränkt. Es hatte, von der Medizinerschule in Salerno (9.1.3.2.2.) abgesehen, kaum eine Breitenwirkung gehabt. Selbst in den Werken des prominentesten Schülers der Universität von Neapel finden wir keine Spur des friderizianischen Bildungsprogramms (8.3.3.6.). Eine fruchtbare Breitenwirkung blieb ihm wohl auch wegen seiner territorialen und machtpolitischen Konflikte mit dem Papsttum versagt. Isoliert und unbeobachtet blieben die Aktivitäten allerdings auch nicht, wie Briefe und Reisende berichten[983]. Auf die Aktivitäten in Salerno kommen wir in 9.1.3. zurück.

Wir haben ein Zeugnis für Intrigen am kaiserlichen Hof: Poggio Bracciolini, der humanistisch gebildete Sekretär am päpstlichen Hof im 15. Jahrhundert berichtete, dass Friedrich II. gegen den oben erwähnten Petrus de Vienna (7.4.2.) *von der neidischen deutschen Umgebung des Kaisers misstrauisch gemacht wurde und ihn blenden ließ. Später bereute er seine Ungerechtigkeit und berief Petrus in seinen geheimen Rat*[984].

1.4.4 Übersetzer am päpstlichen Hof

Auch nach der Kirchenschisma (1054) blieben vielfältige Kontakte zwischen den beiden Teilkirchen bestehen und es gab verschiedene Bemühungen um den Schisma zu überbrücken. Es gibt dazu eine große Anzahl von Dokumenten, Briefe, Chroniken, Heiligenviten, diplomatische Berichte, theologische Studien usw.[985] Die meisten dieser Kontakte und Dokumente betrafen theologische oder kirchenrechtliche Fragen[986] und sind für unser hiesiges Thema (hier: „Rezeption der Alten") unergiebig[987].

* Zeitweise am päpstlichen Hof wirkte der Richter, Gesandter und Übersetzer Burgundio von Pisa. Er hielt sich zusammen mit Jacobus Venetus in Konstantinopel auf.

.... Jacobus Venetus (+ nach 1147) übersetzte von 1127 bis zu seinem Tod[988] die komplette Logik[989],[990], die Physik, die Metaphysik, das Buch Über die Seele und die Sophistischen Widerlegungen des Aristoteles aus dem Griechischen ins Lateinische[991]. Handschriften und Zitate zeigen, dass diese Übersetzungen in ganz Europa zirkulierten: in Frankreich, England, Salerno. Rom dürfte für die rasche Verbreitung gesorgt haben. Kommentierte Handschriften unseres Protagonisten wurden z.B. im Benediktinerkloster Mont Saint Michel (7.2.3.) gefunden[992],[993],[994],[995] Johannes von Salisbury (8.1.1.) hat sie kommentiert[996] und Robert Grosseteste (8.3.2.1. und 9.1.7.1.3.) hat sie zu seinen Vorlesungen verwendet[997]. Auch Handschriften der Übersetzungen des Adelard von Bath (7.4.1.) waren in Mont Saint Michel verfügbar[998].

…. Burgundio von Pisa (+1193) wurde vom Papst Eugen III. (Bernhard von Pisa, Papst 1143 – 1153) zur ersten Übersetzung angeregt[999]. Er übersetzte aus dem Griechischen Chrisostomos-Homilien, Basileios „In Jesajam", Schriften über die Landwirtschaft, Digesten aus dem Corpus iuris civilis[1000],[1001], Schriften des Aristoteles und Galen[1002]. Er trat auch mit Kaiser Friedrich I. Barbarossa in Kontakt, doch dieser zeigte kein Interesse[1003]. Johannes von Salisbury (8.1.1.) berief sich bei seiner Einschätzung der Logik des Aristoteles auf Burgundio von Pisa als eine anerkannte Autorität[1004].
Insbesondere die Schriften zur Logik haben im 12. und 13. Jahrhundert als „logica nova" eine Kontroverse induziert (8.1.1. und 8.3.) [1005],[1006].

* Mit der Kurie verbunden war auch der Übersetzer Wilhelm von Moerbeke OP (ca. 1215 – 1286). Er war zunächst Missionar im Griechisch sprechenden Orient (5.2.4.), von 1267 an der päpstlichen Kurie in Viterbo, von 1272 daselbst Poenitentiar. (Viterbo warn im 13. Jahrhundert vorübergehend Residenz der Päpste; 8.3.3.1.) Moerbeke nahm 1274 am Konzil von Lyon Teil. 1278 wurde er zum Erzbischof von Korinth ernannt. Er kehrte vermutlich 1284 nach Rom zurück. Seine Tätigkeit als Übersetzer erfüllte alle dieser Phasen seiner Laufbahn.

Wilhelm von Moerbeke ergänzte die päpstliche Bibliothek mit griechischen Handschriften[1007], nicht nur theologischen Inhalts: Er übersetzte aus dem Griechischen fast das Gesamte Corpus Aristotelicum und verschiedene Aristoteleskommentare (Alexander von Aphrodisias zu Meteorologie, Temistius zu De Anima, Ammonius zu Perihermeias, Philiponus zu De Anima, Simplicius zu De Caelo und zu den Kategorien), die Dialoge Parmenides und Timaios von Platon, verschiedene Traktate des Proklos, ein Codex mit mathematisch–astronomischen Werken (darunter Archimedes, Ptolemaios und Heron von Alexandria; 4.1.1.2.) und das Traktat Galens „De Alimentis"[1008].
Wilhelm von Moerbeke wirkte anregend auf die Gelehrte seiner Zeit: Auf Witelo (9.1.7.2.2.), auf den Mathematiker Campanus von Navara (9.1.1.), den Mediziner Rosellus von Arezzo, und den Astronomen Heinrich Bate. Thomas von Aquino benutzte seine Aristoteles-Übersetzungen[1009].

Am päpstlichen Hof wirkten neben Sekretären und Diplomaten auch jüdische Ärzte als Kulturvermittler (7.5.2.):
…. Nathan ha Me´ati übersetzte 1279 - 1283 in Rom die Aphorismen des Hippokrates und die Kommentare des Galen dazu, die Aphorismen von Maimonides[1010], so wie den medizinischen Kanon des Avicenna (6.2.4.2.7.) um (1279 – 1283)[1011].
…. Auch am päpstlichen Hof Nikolaus IV. (1288 – 1292) gab es jüdische Ärzte, die auch als Übersetzer tätig waren z.B. Abraham Tortuosensis[1012]. Jakob Mantino aus Tortosa (+ vor 1550) war Leibarzt des Papstes Paul III. (*1468, 1534 - 1549). Er war

schon 1521 an der vollständigen Edition des Averoes (6.2.2.9., 9.1.7.4. und 10.2.) beteiligt. Er übersetzte auch Teile aus dem Kanon des Avicenna[1013] (6.2.2.5.).

* Im 13. Jahrhundert wurde am päpstlichen Hof auch das Studium der orientalischen Sprachen diskutiert (7.5.1.3.).

1.5   Rezeption der Antike im 12. bis 15. Jahrhundert

In Italien ist im XI. und XII. Jahrhundert keine Zäsur zu Byzanz zu erkennen. Die italienischen Handelsstädte Venedig, Salerno, Amalfi, Pisa, Genua, aber auch Monte Cassino und Benevent hatten auch nach dem offiziellen Schisma (1054) Kontakte zu Byzanz[1014]. Eine Griechisch-lateinische Übersetzungstradition ist dagegen in den Kreuzfahrerstaaten zu erkennen, es waren Staaten nördlich der Alpen[1015].

Der „Romgedanke" war in Italien auch im Mittelalter nie erloschen. Die Autarkiebestrebungen des Stadtadels und des Bürgertums von Rom führten immer wieder zu Konflikten mit dem Herrschaftsanspruch der Päpste und der Kurie[1016].
Bereits Karl der Große musste in einen Aufstand gegen Papst Leo III. (um 750, 795 - 816) eingreifen. Auch der Patrizier Cescentius I. (+998) hat in Rom gegen Otto III. einen Aufstand angeführt, Cola di Rienzo (1313 – 1354) rief 1347 in Rom eine Republik nach altrömischem Vorbild aus[1017]. Die Bestrebungen einer Wiedererweckung der Antike hatten auch um Cola di Rienzo, wie bei den kaiserlichen Herrscher der Karolinger (7.1.2.), Ottonen (7.1.6.1.) und Saliern (7.6.2.), eine politische Komponente: Der Traum von Roms Größe.

Niccolo Pisano (um 1220 – 1278/84; vermutlich aus Apulien Friedrichs II.; 7.4.3.) ahmte die Skulpturen römischer Sarkophage nach und hat damit in der Plastik die Renaissance eingeleitet[1018].
Die Wiedergeburt der Künste war eine Komponente im Traum Rom zur alten Größe wiederzuerwecken. (7.5.1.5., 10.3.1.1.2. und 10.1.1.7.).

* In Italien begann die gezielte Wiedererweckung der antiken Kultur mit dem Bemühen um die exakte Kenntnis der klassischen Sprachen (Francesco Petrarca (7.5.4.), Giovanni Boccaccio (7.5.1.5.), besonders Laurentius Valla (7.6.1. und 10.1.1.)). Doch auch die Kunstwerke der Antike wurden wiederentdeckt und neu bewertet. Bocaccio, wie auch Cennini (9.2.3.) schrieben diesen Wechsel des Paradigmas Giotto zu: *Giotto besaß die hervorragende Gabe, mit Griffel, Feder oder Pinsel alle Werke der Mutter Natur ... so getreulich darzustellen, dass seine Wiedergabe nicht nur der Natur ähnelte, sondern selber Natur zu sein schien. ...* auf diese Weise gab er der Kunst den alten Glanz wieder, *der jahrhundertelang durch die Irrtümer einiger Menschen, welche lieber die Augen der Unwissenden entzückten als die der Kenner befriedigten, begraben gewesen war*[1019].

1.5.1   Die Rezeption der antiken Literatur im 12 bis 14. Jahrhundert

* Das Studium der Klassiker hat auch im 12. Und 13. Jahrhundert eine „Querelle des anciens et des modernes" unter den Gelehrten provoziert[1020] (7.1.2.3. und 8.1.1.).
Parallel zur Wiederentdeckung der antiken Schriften entstanden auch Schriften in den Nationalsprachen:

* Das Konzil von Tours empfahl 813, die Volkssprache statt des Lateinischen bei der Predigt zu verwenden. Ein weiterer Faktor war das Aufkommen der Städte um die Jahrtausendwende (9.2.1.3.), denn die Stadtverwaltungen mussten ihre Beschlüsse in einer für alle Bürger verständlichen Form abfassen[1021]. Die ersten schriftlichen Zeugnisse des italienischen *volgare* stammen aus dem späten achten oder frühen 9. Jahrhundert. Eine „sizilianische Dichterschule" (*Scuola poetica siciliana*) war eine Gruppe von Dichtern etwa von 1220 bis 1260 am Hofe Kaiser Friedrichs II. (7.4.2.).

* Die älteste in deutscher Sprache überlieferte Bibelübersetzung ist in den Mondseer-Fragmenten erhalten. Sie stammt aus dem Jahre 748[1022]. Um 870 schuf Otfried von Weißenburg ein Evangelienbuch, das Nachdichtung und Auslegung miteinander verband[1023].
Doch Übersetzungen waren auch umstritten. Papst Gregor VII. widerrief 1080 eine Erlaubnis seines Vorgängers *damit sie nicht bei allseitiger Zugänglichkeit gewöhnlich werde*[1024]. Im 12 Jahrhundert verwendeten die Katharer Übersetzungen der Vulgata zur erbaulichen Lesung. Innozenz III. verbot im Jahre 1191 die Verwendung dieser Übersetzungen[1025].

Das erste deutschsprachige Lehrgedicht war „Der Renner" des bereits erwähnten Hugo von Trimberg (1230 – 1313; 7.1.6.2.), Rektor am geistlichen Stift St. Gangolf in Bamberg. Das Gedicht ist hauptsächlich der Warnung vor den Lastern gewidmet, allen voran vor der Superbia[1026],[1027](5.1.1.): Sie ist *die wurzeln aller missetât*[1028]. Sie ist an *geitige[n] ratgeben vn[d] vo[n] ertzten vn[d] Juristen*[1029], aber auch an *pfaffen* und *closter leute ...müniche und nunnen*[1030] gerichtet. „Der Renner" gehört zu den erfolgreichsten Dichtungen des Mittelalters in deutscher Sprache[1031].

1.5.1.1   Anselm von Havelberg

Anselm von Havelberg (ca. 1099 – 1158), Erzbischof und Exarch von Ravenna, war in reichspolitischen Diensten der Kaiser der Hohenstaufen Lothar III, Konrad III und Friedrich I. „Barbarossa". Als Leiter der Gesandtschaft Kaisers Lothars an dem oströmischen Hof hielt er sich 1135/6 in Konstantinopel auf[1032]. Er brachte griechische Handschriften mit, die dann ins Lateinische übersetzt wurden[1033].
Wie der Hofdichter Petrus von Eboli (7.4.2.) betrachtete auch Anselm die neue Herrschaft der Staufer in einer historischen Dimension: Er entwarf eine vom Gedanken des Fortschritts geprägte Geschichtstheologie: Er versuchte am bisherigen Geschichtsverlauf nachzuweisen, dass dieser in seinem natürlichen Verlauf gemäß Gottes Heilsplan bis zu einer zukünftigen höchstmöglichen Vollendung sich weiterentwickelt[1034].

1.5.1.2   Petrus von Abano

Petrus von Abano (um 1257 – 1316) ging nach Studien der Artes und der Medizin von Padua (9.1.7.3.) nach Konstantinopel, lernte griechisch und übersetzte zahlreiche medizinische und naturwissenschaftliche Texte, darunter mehrere Opuscula Galens. Er lehrte in Padua (1307 – 1315) Medizin und Philosophie. Petrus von Abano verfasste Traktate über Astrologie, Medizin, über Gifte, und über die Präzession[1035]. (s.a. 9.1.7.3.).

1.5.1.3   Dante Alighieri

* Dante Alighieri (1264 – 1325) bezog sich in seinen philosophischen Schriften zur Kunsttheorie auf Aristoteles, Cicero, Horaz, Seneca, Augustinus, Dionysios Areopagita, Boethius und Isidor von Sevilla. Er behandelte das Problem des Philosophierens und der Dichtung in der Volkssprache weil *das Latein nur von einer kleinen Minderheit verstanden wurde*[1036]. Er hielt eine solche Beredsamkeit für notwendig, *nicht nur für Männer, sondern auch für Frauen und Kinder*. Allerdings meinte er damit nicht die zahlreichen Dialekte Italiens, sondern eine gehobene *vulgare illustre*[1037]. Er selber schrieb seine philosophische Abhandlung in der Volkssprache, *das Lateinische hätte nicht so vielen gedient*[1038].

Dante verstand unter dem Terminus „Kunst", wie auch Platon (3.6.2.2.3.) und Aristoteles (3.6.3.2.), eine hervorbringende Tätigkeit[1039]. Doch diese Tätigkeit ist banausisch, da sie die Leute *des Lichtes beraubt und den Geist auf nichts anderes ausrichten können*[1040]. *Doch die Blindheit des Geistes ist von den Lastern moralisch am harmlosesten*[1041].

Die Wissenschaften gliederte er, analog zu den Himmelshären, in Stufen: auf die sieben freien Künste folgte die Naturwissenschaft oder Physik, darauf die Metaphysik, auf diese die Wissenschaft der Moral und zum Abschluss die göttliche Wissenschaft, die Theologie[1042]. Merkwürdiger Weise erwähnt er von den höheren Studien (8.1.3.) nur die Theologie, nicht aber die Rechtswissenschaft und die Medizin.
Auffallend ist die Zuordnung der Mathematik zur Himmelssphäre der Sonne: *durch ihr Licht erhellen sich alle Wissenschaften, insofern als alle ihre Gegenstände unter einer gewissen Zahl bedacht werden und dass man bei ihrer Behandlung immer mit Zahlen vorgeht.*[1043]. Er hat wahrscheinlich eher pythagoreische Zahlenmystik (2.3.4.2.) als das platonische Instrument des rationalen Seelenteils (3.6.2.1.2.) gemeint.
Dante kennt den Begriff des wissenschaftlichen Fortschritts: *Das Verlangen der Wissenschaft nach Wachstum*[1044] interpretiert es als die Ursache für *größere Vollkommenheit*[1045].

Am „Wissenschaftsbetrieb" seiner Zeit hat er scharfe Kritik geübt: Er wirft den Gelehrten Blindheit und Ignoranz vor, *von Tausend versteht nicht einer hinreichend Latein, … man soll sie nicht Gelehrte nennen, denn sie erwerben das Wissen nicht zu seinem Gebrauch, sondern um dadurch Geld oder Ehre zu erwerben*[1046]. Seine Philosophie (eine praktische Philosophie ohne Metaphysik!), die er seinem Publikum als eine lobenswerte Frau besang, war nicht der Lehrstoff der Universitäten[1047].

* Der „Göttlichen Komödie" (1320) gab Dante die Form eines Reiseberichts. Auf seiner Reise durch die Hölle und den Läuterungsberg wurde er vom erhabenen Dichter Vergil geführt, dem Exponenten des klassischen Stils und heidnischen Propheten des kommenden Messias. Im Paradies ist nicht mehr Vergil, sondern Beatrice sein Führer. Auch im Himmel gibt es eine Stufenfolge, je nach Nähe zum göttlichen Licht. Uns interessieren hier die Aufenthaltsorte und Schicksaale der in dieser Untersuchung behandelten Personen:

…. Dante hat der Schilderung der Hölle eine Stufenfolge des Unrechts zugrundegelegt: In der oberen Hölle wird die Maßlosigkeit bestraft, dann folgen die Bestialität und die eigentliche Schlechtigkeit: Unrecht, Gewalt und Trug, abgestuft je nach Schwere der Sünde. Ihm begegnen eine Reihe von Persönlichkeiten der Geschichte und Zeitgenossen: Heuchler, bestechliche Beamten, Söldner, Verräter.

Der Anfang des Falles waren gottverhasste Hochfahrt und Stolz[1048], doch die Ursünde der Bußbücher, die superbia, Hybris oder Anmaßung (7.1.2.), finden wir in der Stufenfolge nicht.

…. Im vierten Gesang versetzte Dante die Propheten des Alten Testaments, die Denker und Dichter der Antike in einer Vorhalle zur Hölle. *Hier gibt es noch kein Jammern, sondern nur ein Seufzen*[1049]. Hier treffen wir *ehrenvolle Namen*[1050]: Homer, *der den Dichterthron besetzte*[1051], Horaz, der Spötter, Ovid und Lukian. Dante empfand es als eine Ehre, dass sie ihn in ihrem Bunde einreihten[1052]. Diese Vorhölle ist auch der Aufenthaltsort der Philosophen u.a. Thales, Anaxagoras, Empedokles, Demokrit, Sokrates, Diogenes, Platon, Aristoteles, (*der Meister aller derer, die da wissen*[1053]), Seneca, aber auch der Gelehrten Euklid, Hippokrates, Galenos, Ptolemeus, Avicenna und Averoes[1054]. Die Szene wirkt etwas gestellt, die Gestalten sind blutleere Schatten (wie die Helden der Vorzeit beim Besuch des Odysseus im Hades[1055]), die nur als Name durch die Literatur geistern. Die Darstellung entspricht etwa der Einschätzung, die diese Denker und Dichter im Mittelalter genossen haben: Sie waren ungetaufte Vorläufer und Wegbereiter des Christentums, doch *mit eigenem Werte ist's nicht getan, ihnen fehlt der Taufe*[1056]. Von den heidnischen Dichtern weilt einzig der Epiker Statius (4.1.2.2.4.), als angeblich getaufter, an der Spitze des Läuterungsberges, um von dort ins Paradies aufzusteigen[1057].

Viele der Werke der oben erwähnten kannten weder Dante noch seine Zeitgenossen weder im Original noch in Übersetzung[1058], doch ihre Stellung in der göttlichen Komödie korrespondiert mit ihrer Rolle im Bildungswesen (8.1.3.) und auch der theologischen Einschätzung: die Fächer der artes haben nur eine vorbereitende Funktion (8.3.4.).

…. Von der obigen Gruppe ausgenommen sind Muslime, Irrlehrer und Ketzer aller Art, die Vertreter einer atheistischen Philosophie, Materialisten, die die Existenz der Seele leugnen und natürlich Epikur und seine Schüler. Diese, und unter ihnen Kaiser Friedrich II. (7.4.2.), versetzte Dante in den 6. Kreis der Hölle. Odysseus begegnet uns im 8. Kreis der Hölle: Dort beseufzt er *Des Pferdes Kriegslist, das die Pforte aufschloß / Dem edlen Samen, daraus die Römer stammen*[1059]. Doch sein eigener Drang in die Ferne und seine ungezügelte Wissensdurst hat zu seinem Untergang geführt[1060]. Im 8. Höllenkreis treffen wir auch Michael Scotus, einen Gelehrten vom Hofe Friedrichs des II. (7.4.3.). Dante ließ ihn, *der magischen Betrügerspiele mächtig*, als einen Verdammten mit verkehrtem Kopf in der Hölle einhergehen[1061].

…. Die führenden Geistesgewalten seiner Zeit versetzte Dante ins Paradies: Donatus, Augustinus, Isidor von Sevilla, Beda Venerabilis, Hrabanus Maurus, Petrus Lombardus, Hugo von St. Victor, Hispaniens Petrus, Dominikus, Albertus (Magnus) von Köln, Thomas, Bonaventura, aber auch Joachim von Fiore und Siger von Brabant[1062] (8.3.3.1. und 8.3.5.). Sie verkörpern den Drang nach göttlicher Wahrheit und das Schauen Gottes, als das letzte Ziel der Erkenntnis.

* Bereits im 13. Jahrhundert wurden Gedichte (u.a.) Vergil's durch allegorische Deutung für philosophische und moralische Belehrung verwendet[1063]. Dante gibt in der „Göttlichen Komödie" einen Wink zur Interpretation des Werkes: *Betrachtet wohl die Lehre, die verborgen / Im Schleier liegt der wundersamen Dichtung*[1064].
Auch in seiner philosophischen Abhandlung, „Das Gastmahl", hat er zwei Ebenen der Interpretation unterschieden: eine buchstäbliche, eine allegorische[1065]. Die buchstäbliche Interpretation ist die Grundlage der allegorischen[1066]. Er fügte noch eine moralische[1067] und eine anagogische[1068] Deutung hinzu, die aber nicht weiter angewandt hat. Diese Stufen der Deutung entsprechen den Deutungsmöglichkeiten der Heiligen Schrift, wie sie bereits von Origenes eingeführt wurde (5.2.1.1.).
Auch in einem Brief (1320?) gab Dante einen Hinweis zur Deutung der Comoedia:
Der Sinngehalt dieses Werks ist nicht einfach, sondern vielmehr polysemiotisch, das heißt vieldeutig; denn der eine Sinn ist der, den der Buchstabe hat, der andere ist der, den der Buchstabe zu erkennen gibt. Und den ersten nennt man den buchstäblichen, den zweiten aber den gleichnishaften, moralischen oder erhebenden Sinn. ... und wiewohl diese mystischen Sinngehalte unterschiedliche Namen haben, kann man sie alle allegorisch nennen, da sie vom buchstäblichen Sinn, oder vom beschreibenden, verschieden sind. ... Der Gegenstand des Gesamtwerkes, nur buchstäblich genommen, ist der Zustand der Seelen nach dem Tode schlechthin, denn darum dreht sich die Handlung des ganzen Werkes. Nimmt man aber das Werk allegorisch, so ist sein Gegenstand der Mensch, inwiefern er, nach Verdienst oder Schuld aus der Freiheit des Willens, der belohnenden und strafenden Gerechtigkeit unterworfen ist[1069].

* Im Diskurs um die „Göttliche Komödie" sollte die allegorische Deutung das Werk dem Vorwurf der Häresie entziehen[1070]. Diese wurde zunächst kaum beanstandet, bis im Jahre 1329 ein Dominikaner das Buch angriff, sein Inhalt widerspreche der Lehre der Kirche. Das Provinzkapitel der Florentiner Dominikaner untersagte den Besitz und das Studium der Bücher Dantes[1071]. Das Buch wurde in Rom öffentlich verbrannt[1072] (7.5.1.5.).

1.5.1.4 Petrarca

* Im Jahre 1274 berief Papst Gregor X. einen Konzil ein Konzil nach Lyon ein. Verhandelt wurden die Reform der Kirche, die Union mit den Griechen und die Befreiung des Heiligen Landes. Kaiser Michael VIII. Paleologus sandte eine Gesandtschaft und es kam zu einer Einigung. (Auch Thomas von Aquino sollte und Wilhelm von Moerbeke hat am Konzil teilgenommen). Doch die Einigung hatte keinen Bestand, Klerus und Bevölkerung Griechenlands widersetzten sich dem Vorschlag.
Der byzantinische Kaiser Andronikos III (1296 – 1341) startete einen erneuten Versuch zu einer Einigung: Barlaam aus Kalabrien (um 1290 – 1348) verhandelte in den Jahren 1344/4 und 1339 in Avignon über die Kirchenunion[1073]. In der Auseinandersetzung mit den Lateinern polemisierte Barlaam gegen Thomas von Aquin. Barlaam war der Griechischlehrer von Petrarca, der ihn mit der Philosophie Platons bekannt machte[1074].

* Nicht nur der gelehrte Franziskaner Roger Bacon propagierte das Studium der orientalischen Sprachen (9.1.7.1.6.). Raimundus Lullus (+1316; 8.2.3.1. und

9.1.2.1.) hat auf Mallorca eine Sprachschule eingerichtet, wo sogar arabisch unterrichtet wurde[1075]. Er hat im Vorfeld des Konzils von Vienne das Studium der Sprachen propagiert, um allen Geschöpfen das Evangelium zu predigen[1076].

Der Ordensgeneral der Dominikaner Raymund von Penyafort und Humbert von Romans (1254 – 1263),magister artium in Paris, schlugen für ein geplantes Konzil vor, das Studium der Sprachen, insbesondere des Griechischen, zu behandeln[1077], doch erst das Konzil von Vienne (1311 – 1312) beschloss die Einrichtung von Schulen zum Studium der orientalischen Sprachen[1078] (s.a. 9.1.2.1. und 10.1.7.). Als Orte wurden die jeweilige Residenz der Kurie (Diese befand sich 1309 - 1376 in Avignon, ohne dass aber je der Sitz des Papsttums dorthin verlegt wurde[1079].), die Universitäten von Paris, Oxford, Bologna und Salamanca[1080] genannt. Mit diesem Beschluss wurde Avignon als ein Zentrum der philologischen Studien etabliert. Doch auch diese Studien riefen bald ähnliche Konflikte hervor (7.5.1.5., 7.5.2.11 und 7.5.2.12), wie vorher die Studien der „Alten" unter den Karolinger (7.1.4.) und der Schriften der Araber (Kapitel 8.).

* Petrarca, Francesco, (1304 - 1374) stammte aus alter Florentiner Juristenfamilie, die in den politischen Parteikämpfen (7.4.2.) ins päpstliche Avignon floh. Francesco studierte bis zum Tod seines Vaters Jura in Bologna und Montpellier (8.1.3.1.), ohne diese Studien abzuschließen[1081]. Doch seine Studien in Bologna erschienen ihm im Rückblick (1336) als kindlich[1082].

Er führte, von einigen diplomatischen Missionen abgesehen, eine vita contemplativa (3.6.3.8. und 3.7.): Er hat sein Leben dem Studium der antiken Literatur[1083], Cicero, Virgil, Livius, Augustin, gewidmet. Dieses Studium der Antike, genauer der antiken lateinischen Autoren, stellte Petrarca, unter Berufung auf Cicero[1084] (4.1.2.3. und 4.2.7.1.), als „studia humanitatis" (7.5.2.4.) der Scholastik gegenüber[1085].

In seinem Versuch, die griechische Sprache zu erlernen, kam er nicht soweit um die klassischen griechischen Autoren im Original lesen zu können. Platons Dialoge Timaios und Phaidros hat er in lateinischer Übersetzung gelesen[1086]. Petrarca`s Platonismus war eher ein Programm oder ein Ansatz zum Studium, wegweisend für spätere Entwicklungen, wie die Platonübersetzungen der Humanisten und die platonische Philosophie in der Akademie des Cosimo de Medici [1087] (10.1.4.).

1330 trat Petrarca als Hauskaplan in den Dienst des Kardinals Giovanni Colonna[1088], der ihm mehrere Reisen ermöglichte: so 1333 nach Paris, Flandern und Deutschland, 1336 durch Italien, u.a. nach Rom (1337). Auf seiner Reise fand er in Lüttich Ciceros Rede „Pro Archia". Vom moralischen Verfall des Leben in Avignon angewidert zog er sich wieder auf sein einsames Landhaus in Vaucluse in der Provence zurück, wo er sein Leben völlig in den Dienst der Studien und der Reflexionen stellte[1089], doch er stand im Austausch mit gelehrten Freunden.

1441 wurde Petrarca in Rom mit dem Lorbeer gekrönt. Ab 1353 lebte er an verschiedenen Fürstenhöfen in Italien, so bis 1361 bei den Visconti in Mailand, bis 1368 als Gast des Senats von Venedig, später in Parma, Pavia und Padua.

Die letzten Jahre verbrachte er in ländlicher Abgeschiedenheit in Arquà bei Padua, bis zuletzt dichtend und schreibend[1090].

* Petrarca war der bedeutendste Dichter und Intellektuelle seiner Zeit in Italien. Heute verdankt er seinen Ruhm seiner italienischen Lyrik, doch er selbst hat seinen in seinen lateinisch geschriebenen Werken einen größeren Wert als den italienischen zugemessen[1091]. In seinen Episteln, in eleganter lateinischen Sprache mit vollendeter Rhetorik geschrieben und in seinem patriotischen, nach Livius und Virgil gestalteten Epos »Africa« (1342) verherrlichte er im Siege Scipios über die Karthager die historische Größe Roms. Der Verherrlichung der römischen Antike als Grundelement eines frühen italienischen Nationalbewusstseins diente auch das biographische Sammelwerk »De viribus illustribus« (Von berühmten Männern). Politisch stand er den Erneuerungsbestrebungen Rienzos (7.5.) nahe[1092],[1093]. Doch als Rienzo unter den Einfluss des „Pöbels" geraten ist, hat er sich von ihm entfremdet[1094].

* Petrarca suchte nach alten Handschriften und sammelte sie[1095]: *Ich kann mich an Büchern nicht sättigen, und habe ihrer doch wohl mehr als genug*[1096]. Es ist interessant einen Blick auf sein Bücherkanon zu werfen: Sein Interesse galt fast ausschließlich der klassischen lateinischen Literatur ausgerichtet. An der Spitze stehen die Moralphilosophen Cicero (4.2.7.1.), Quintilian (4.1.2.3.), Seneca (4.2.7.3.), Boethius (5.2.1.12.), dann folgten die Historiker und die Dichter. Von den christlichen Autoren hat er Augustinus bevorzugt. Von den griechischen Schriften nannte er die Ethik des Aristoteles. Von Platon kannte er nur einige Dialoge in lateinischer Übersetzung und durch die Vermittlung Ciceros und Augustins. Aus Protest gegen die Scholastik (8.3.4.) stellte er Platon hoch über Aristoteles. An der Spitze der Dichter stand für ihn Vergil, keinen anderen zitierte es so oft. Es folgten Lukian; Statius. Obwohl Petrarca die Naturkunde des Plinius kannte, lagen ihm und den Humanisten die Naturwissenschaften, die Fächer des Quadriviums und die Medizin von Anfang an fern[1097].

* Petrarca schrieb Briefe nicht nur an seine Freunde und Förderer, Könige, Fürsten, Päpste und Kardinäle, sondern auch an seine Lieblingsschriftsteller, Cicero, Seneca, Varro, Horaz, Vergil und an den großen Unbekannten Homer, als wären sie lebende Freunde. In seinem Brief an Cicero gab er seiner Enttäuschung Ausdruck, dass Cicero sich aktiv in der Politik betätigte. *Was hast Du mit so vielen Händeln und so ganz und gar nutzlosen Streitigkeiten bezweckt? Wo hast Du die Deinen Jahren, Deinem Beruf und Deinem Geschick angemessene ruhige Muße gelassen? Was hilft es, andere zu lehren, was nützt es, mit den schmuckreichsten Worten über die Tugenden zu reden, wenn Du Dich zwischendurch nicht selber hörst? Ach, wie viel dienlicher wäre es gewesen, zumal für einen Philosophen, wärest Du in Ruhe auf dem Lande alt geworden...*[1098] Hier wird ein Unterschied zwischen beschaulich rezeptiver Buchgelehrsamkeit und umgestaltender Aneignung der klassischen Lehre für die Gegenwart sichtbar: der Unterschied zwischen Frühhumanismus und Hochrenaissance"[1099] (7.6.).

* Ein höhnisches Wort, „außerhalb Italiens gebe es überhaupt keine Redner und Dichter"[1100] zeigt eine polemische Position. »De ipsius et multorum ignorantia« (1367; Über seine und vieler anderer Unwissenheit) gibt uns einen Einblick in den Kulturkampf des 14. Jahrhunderts. In dieser Schrift verteidigte sich Petrarca gegen den Vorwurf seiner Unwissenheit. Mit Unwissenheit meinte er weltliches Wissen, dem Christen sind die letzten Wahrheiten nur im Glauben zugänglich. Petrarca griff *die modernen Philosophen*[1101] *in der lärmenden Strohgasse*[1102] (d.i. die Scholastik in Paris, s. 8.3.3.) an, *die uns Tag für Tag, bei allem, was sie reden, Aristoteles aufdrängen*[1103]. Er stellte, wie auch Augustinus (5.2), Platon und die Platoniker auf eine höhere Stufe, da sie in den *göttlichen Dingen eine höhere Stufe der Erkenntnis erklommen hätten*[1104] und forderte eine dem Menschen zugewandte, aktive Philosophie. Der Mensch mit seinen Problemen soll Hauptgegenstand des Denkens und Philosophierens sein. *Sogar wenn all diese Dinge* (der scholastischen Wissenschaft) *wahr wären, hätten sie für das glückliche Leben keine Bedeutung. Denn was*

würde es mir nützen, die Natur der Tiere, Vögel, Fische, und Schlangen zu kennen und die Natur der Menschen zu verkennen oder zu missachten, das Ziel, zu dem wir geboren sind, woher wir kommen und wohin wir gehen[1105]. Diese ist eine stoische Position, wie wir sie bei Cicero (4.2.7.1.) und Seneca (4.2.7.3.) kennen gelernt haben. Auch eine skeptische Klage (4.2.3.) finden wir in dieser Schrift: *Wie groß ist die Zahl der Philosophenschulen, wie groß sind die Unterschiede! Wie viele Gefechte tragen sie aus, wie viel ist strittig, und wie verworren sind ihre Debatten! Wie tief verborgen, wie unzugänglich ist das Versteck der Wahrheit, mit wie vielen Listen versuchen die Sophisten auf jede Art mit Dornengestrüpp und anderen Hindernissen den Weg zur Wahrheit zu versperren, so dass man nicht erkennen kann, welcher Weg direkt dorthin führt. Deswegen plädierte ja bekanntlich Cato der Ältere dafür, Karneades aus Rom zu weisen*[1106]. *Dank Gottes Offenbarung ist es möglich so viel zu wissen, wie zum Heil erforderlich ist*[1107]. Auch bei Petrarca finden wir eine paulinisch - augustinische Komponente (5.1.1. und 5.2.1.8.): *Es ist genug, soviel zu wissen, wie für die Rettung der Seele hinreichend ist*[1108]. Für ihn war, wie für die Skeptiker (4.2.3.), *unser jetziges Wissen nur ein Stückwerk*[1109] und wie für Augustin (5.2.1.8.), *die Frömmigkeit die wahre Weisheit*[1110] und die Kenntnis des wahren Glaubens ist das höchste, sicherste und segensreichste Wissen. *Ohne dieses Wissen führen alle Wissenschaften auf Abwege, kennen kein anderes Ziel, als uns zugrunde zu richten, und sind in Wahrheit keine Wissenschaften, sondern irrige Meinungen*[1111]. *Das Wissen aller Menschen ist nur verschwindend klein, verglichen mit der göttlichen Weisheit, oder dem was die Menschen nicht wissen*[1112]. Konkrete Kritik betraf die Medizin als Wissenschaft (9.1.3.2.1.).

Moralphilosophischen Fragen ist auch »De remediis utri-usque fortunae« (1354/66; Von der Arznei beider Glück) gewidmet. Seine Einstellung zu Disziplinen wie Theologie, Jurisprudenz, Medizin, Logik, Naturphilosophie und Metaphysik ist von Misstrauen und Polemik, auch von Unwissenheit geprägt und spiegelt die Rivalität der verschiedenen Disziplinen wieder[1113].

Bei Petrarca, insbesondere in „De Ignorantia" begegnet uns ein christlicher Skeptizismus wie schon bei Augustin (5.2.1.8.) und später bei Nicolaus Cusanus (in „De docta ignorantia"; 8.4.3.) und Erasmus von Rotterdam (Lob der Torheit). Diese Einstellung charakterisierte bereits den christlichen Humanismus der Ottonen (7.1.6.1.) und Salier (7.1.6.2.) bis zum Humanismus der „Renaissance"[1114] (7.5.2.4.). Und diese Einstellung hat sich von Italien auf das übrige Europa ausgebreitet (7.6.).

1.5.1.5 Boccaccio

Boccaccio, Giovanni, (1313 – 1375), der Verfasser des „Decamerone", wurde von Petrarca zu höheren Studien angeregt[1115].
Boccaccio hat u.a. eine Enzyklopädie der antiken Mythen verfasst: Genealogie deorum gentilium. Diese Enzyklopädie wurde nicht auf Ovids Metamorphosen (4.1.2.2.5. und 4.1.2.2.6.) sondern auf Homer (7.5.3.) begründet. Es hatte für zwei Jahrhunderte die Funktion eines maßgebenden Handbuchs der griechischen und römischen Mythologie[1116]. Boccaccio erhielt 1373 von der Stadt Florenz den Auftrag, öffentliche Vorlesungen über Dantes „Göttliche Komödie" zu halten. Die Vorlesungen wurden 1374 abgebrochen, da seine Gegner es für unangebracht hielten Dantes Werk der breiten Öffentlichkeit näher zu bringen (7.5.1.3.). Boccaccio hat die Kunstform der Novelle geprägt und die italienische Kunstprosa geschaffen[1117].

Er bewunderte *Meister Giotto* wegen seiner Gabe, *die Werke der Natur getreulich wiederzugeben* und so der *Kunst ihren alten Glanz wiedergab*[1118].

* In der Rahmenerzählung des „Zehntagewerks" verrät uns die Einführung zum vierten Tag, wie die Öffentlichkeit auf eine Teilveröffentlichung des Dekamerons reagierte: Es soll ein wilder Sturm gewesen sein. Ihm wurde Vorgehalten, *sein Bestreben, die Frauen zu erheitern und zu trösten, sei unschicklich; es zieme seinem Alter nicht noch der Dinge der Liebe nachzugehen, von den Frauen zu erzählen und ihnen gefällig zu sein. Ihm wurde nahe gelegt, über seinen Broterwerb nachzudenken; oder es habe sich alles ganz anders zugetragen.* Zu seiner Rechtfertigung entgegnete Boccaccio, dass er – *wie alle, die euch lieben* – *nach dem Willen der Natur handle. Ihm, dem Willen der Natur zu trotzen, bedürfte es ungeheurer Anstrengungen, die oft nicht nur vergeblich, sondern noch zum Schaden dessen wird, der sie versucht*[1119].

Das Werk wurde vom Tridentinum (10.2.2.) auf den Index librorum prohibitorum gesetzt, „bis es gereinigt sei". In der „entgifteten" Ausgabe wurden Mönche und Kleriker in Kaufleute, Zauberer und Soldaten, die Nonnen in ledige Mädchen verwandelt[1120]. Spätere Ausgaben des Index Librorum Prohibitorum führen Boccaccio nicht mehr auf.

* Schon am Hofe vom Karl dem Großen war eine gewisse Reserve gegen die Beschäftigung mit den heidnischen Dichtern der Antike spürbar (7.1.4.). Boccaccio sah es als notwendig an, seiner Mythensammlung eine Apologie anzuhängen (Buch XIV). *So werden die meisten ein wütendes Gebell gegen das Buch erheben und mit grausamem Biss die Stellen herausnehmen und zerpflücken, die nach ihrem Wissen weniger gesichert sind. Männern, deren Reden und Einwände, die ich als erwartbar voraussehe, muss ich mit geeigneten Antworten entgegentreten, damit die große Arbeit nicht schnell zunichte gemacht wird und in Rauch und Asche verfliegt, wenn feurige Pfeile angreifen*[1121].

Boccaccio wehrte sich als erstes gegen die Vorwürfe der Unwissenden[1122]. Sie können den Dichtern einiges anhängen: Ihre Dichtungen sind allzu dunkel, verlogen, voller Unanständigkeiten und erfüllt mit Possen und Torheiten der heidnischen Dichter, … die Dichter seien Verführer der Seelen und Ratgeber zu Verbrechen oder erklären sie öffentlich, die Dichter seien die Affen der Philosophen[1123]. Mit der Unwissenheit von jedermann muss man Mitleid haben[1124] statt ihr mit Argumenten zu entgegnen[1125]. Es ist verabscheuenswert über Unbekanntes zu urteilen, und sie sollten lernen bevor sie sich anmaßen[1126]. Trotzdem trat Boccaccio den Vorhaltungen mit Argumenten entgegen[1127].

In seiner Apologie verteidigte Boccaccio nicht nur speziell die Beschäftigung mit den Mythen sondern allgemeiner auch die Dichtung gegen die Vorwürfe der Theologen (Boccaccio nennt sie nicht direkt, nur indirekt: *Sie tragen Frömmigkeit, Heiligkeit und Gerechtigkeit vor sich her.* Ob er sie mit „Rechtsgelehrten" gemeint hat?[1128]). Er sah Mythos und Poesie als eine Einheit[1129]. Die Dichtung stellte er ebenbürtig neben die Philosophie[1130]. *Die Philosophie ist die beste Aufspürerin der Wahrheit; ist diese aber einmal gefunden, dann ist ihre zuverlässigste Bewahrerin unter der Hülle die Poesie; würde die Philosophie nicht richtig denken, hätte die Poesie nicht das Richtige bewahren können*[1131]. *Wenn die Schriften der Philosophen gelesen werden können, die Taten der Barbaren, die Irrlehren der Häretiker, dann darf man auch die Bücher der Dichter straflos lesen*[1132]. Gegen die Vorhaltung des Hieronymus: *„Der Dämonen Speise sind die Lieder der Dichter"*[1133] berief sich Boccaccio auf Augustinus: *Der fromme Mann führte sehr oft in seinen Büchern Vergil*

und andere Dichter auf und er erwähnt Vergil fast nie ohne ehrenden Beinamen[1134]. Und selbst der Apostel Paulus und Dionysios Areopagita haben poetische Fiktionen gebraucht: *Die Theologie hat nämlich mit großer Kunstfertigkeit heilige dichterische Bilder gebraucht für nicht darstellbare Sinngehalte, wobei sie unsere Seele erleuchtet und für sie sorgt, indem sie die Gelegenheit zu eigener vermuteten Deutung gibt und die Heilige Schrift für sie anagogisch öffnet*[1135]. Mit diesem Argument wurde auch Platons Einwand gegen die Poesie zurückgewiesen[1136] und Boccaccio forderte für die Dichter die gleiche Freiheit, wie für die Maler[1137].
Er hat seine Sammlung an Büchern dem Augustinerkloster Santo Spirito in Florenz vermacht[1138].

* Ein Brief von Petrarca an Boccaccio verrät einiges über die Auseinandersetzungen um Boccaccio und auch um Petrarca: Ein Bote im Auftrag von Petrus von Siena, einem frommen Mann, der durch seine Wundertätigkeit berühmt war, erschien bei Boccaccio und kündigte diesem den nahen Tod und die ewige Verdammnis an, wenn er das Dichten und die weltliche Wissenschaft nicht aufgäbe. Der Bote fügte noch hinzu, dass er eine ähnliche Botschaft auch für Petrarca habe. (Der Traum erinnert uns an den Traum des Hieronymus, 5.2.) Petrarca meinte in dem Brief: Es ist üblich und alter Brauch, Erzählungen, die zum größten Teil erlogen und erdichtet sind, mit dem Mäntelchen der Religion und der Heiligkeit zu umkleiden, auf dass den menschlichen Betrug die Vorstellung von einer Gottheit decke. Etwas weiter im selben Brief schrieb Petrarca: *Die ureigenste Eigentümlichkeit der Unwissenheit ist es, das zu verachten, was sie nicht hat erfassen können und zu wünschen, dass niemand dorthin gelangen soll, wohin sie selbst nicht fähig war zu kommen. Daher die schiefen Urteile über unbekannte Dinge, aus denen weit weniger die Blindheit der Beurteiler als ihr Neid hervortritt. Wir wollen uns nicht durch die Ermahnung zur Tugend, noch durch das Schreckbild nahen Todes von den Wissenschaften abschrecken lassen. Was wir erwarben, um Weisheit zu erlangen, das soll uns nicht in den Verdacht öden Unglaubens zuziehen. Denn die Wissenschaften sind kein Hindernis für den, der sie besitzt, sie sind ihm vielmehr eine Stütze, wenn er von guter Art ist; sie fördern den Lauf des Lebens, sie halten ihn nicht auf*[1139]. Petrarca meinte, dass ergebene, noch so fromme Bauerneinfalt der frommen Hingabe des Gebildeten nicht vergleichbar ist[1140]. In der Tat, von keinem der beiden, nicht von Boccaccio und nicht von Petrarca, wird ein areligiöses oder auch nur religiös indifferentes Leben berichtet.

Ausblick: Die Wirkung Petrarkas und Boccaccios, ihre Kontakte und Korrespondenz, war zur Verbreitung einer humanistischen Kultur groß und lang anhaltend[1141]. Die antike Mythologie hatte einen besonders großen Einfluss auf die Kunst der Neuzeit. Die Verwendung mythologischer Themen in der Kunst konnte auch eine theologisch oder moralisch motivierte Kontroverse provozieren (10.3.1.2., 10.3.1.3. und 10.3.1.4.).

1.5.2 Die Antikenrezeption im 15. und 16. Jahrhundert

Auch das „Ende des Mittelalters und der Anbruch einer neuen Zeit" (Kapitel 10) wurden von einer Rezeption der Antike markiert. Doch diese Rezeption wurde, wie wir schon bei Petrarca (7.5.1.4.) gesehen haben, aus anderen Quellen gespeist als die vorangehenden (7.1. - 7.4.).

* Die Hauptquelle bildeten die Klosterbibliotheken der Benediktiner und des byzan-

tinischen Kaiserreiches vor und nach der Eroberung Konstantinopels.

So wie wir die griechischen Klassiker heute kennen, kamen sie nicht durch die arabische Vermittlung auf uns. Sie sind von byzantinischen Skriptorien (5.2.) in griechischer Sprache auf uns gekommen: Platon, Aristoteles, Herodot, Thukydides, Aischylos, Sophokles, Strabon u.a.m.[1142]. Und auch die Umstände dieser Rezeption waren ganz andere.

* Doch neben der griechischen Quelle gab es weiterhin eine arabische: Nach dem Fall Granadas und der Vertreibung der Juden durch die „Katholischen Könige" kamen jüdische Gelehrte auch nach Venedig. Hier waren die Giunta-Brüder Herausgeber philosophischer Werke arabischer Autoren, darunter auch Averroes. 1584 wurde in Rom eigens eine Druckerei gegründet, um arabische Texte in original zugänglich zu machen[1143].

1.5.2.1 Buchmarkt: Entdecker, Händler und Sammler und der Buchdruck

* Die Gründung der Universitäten (7.5.2.1.2.; 8.1.3. und 10.1.3.) hatte eine spezifische Folge für die „Buchindustrie". Nicht nur die Herstellung, Verleih oder Verkauf, auch der Umgang mit dem Geschriebenen hat sich durch die Praxis der Disputatio verändert[1144]: Bücher wurden nicht mehr kontemplativ gelesen, sondern das Geschriebene instrumentell zur Argumentation genutzt. Spuren des gewandelten Umganges sind die Randbemerkungen in alten Codizes.

Es gab im 14 Jahrhundert auch private Buchsammler: Bereits Petrarca (9.5.1.4.) besaß eine Privatbibliothek: Vornehmlich Werke der Lateiner, Cicero, Seneca, Livius, Vergil, Boethius, Cassiodor, Augustinus u. a. m., die er auch zitierte[1145],[1146].
 Ein prominenter Sammler und Auftraggeber von Handschriften war Johann von Valois oder Johann von Berry[1147] (frz. *Jean de Berry*), genannt Jean le Magnifique (1340 - 1416) aus dem Haus Valois war Herzog von Berry und Auvergne, Graf von Poitiers, Étampes und Montpensier sowie durch seine zweite Ehefrau Graf von Auvergne und Boulogne. Er besaß eine ganze Reihe von Stundenbüchern, die mit zum Verwechseln ähnlichen Bezeichnungen bedacht wurden: Neben *Grandes Heures* und *Petites Heures* gibt es *Belles Heures*, *Très Belles Heures*, *Très Belles Heures de Notre-Dame* und *Très Riches Heures*[1148].
Die humanistischen Gelehrten Bessarion (7.5.2.8.), Cusanus (9.1.7.3.3.) besaßen umfangreiche Sammlungen.
Mit Linsen aus Glas konnten Brillen als Lesehilfen angefertigt werden (9.2.).

* Eine breit angelegte systematische Suche nach antiker Literatur vollzog sich in zwei Phasen, beide waren mit Unionskonzilien[1149] verbunden:
.... In Verbindung mit dem Konzil von Konstanz (1414 - 1418) rückten die Klosterbibliotheken mit ihrem Bestand an lateinischen Klassiker in den Ländern nördlich der Alpen ins Blickfeld (9.2.1.2.2.).
.... In Verbindung mit dem Konzil von Ferrara und Firenze war es der griechische Osten (7.5.2.1.1.).

* Das Buch wurde bereits in der 2. Hälfte des 5. Jahrhunderts v.u.Z. zur Ware (3.1.1.5.). Nach den karolingischen Anfängen (7.1.3.) gab angehäuftes und „überflüssiges" Kapital die Möglichkeit, den Erwerb und die Vervielfältigung von Handschriften zu finanzieren.

Humanistisch Gebildete oder von diesen beeinflussten Granden bildeten eine steigende Nachfrage. Die weltlichen Fürsten haben beträchtliche Mittel für die Förderung der „Altertumswissenschaften" aufgewandt. Doch ohne die Teilnahme und persönliche Förderung und Autorität der Kirchenfürsten bei den oft zurückhaltenden und widerspenstigen Äbten der Klöster wäre die Wiedergewinnung der lateinischen Literatur in ihrer Breite nicht möglich gewesen[1150].

1.5.2.1.1 Entdecker, Händler und Sammler

Die britischen Mönche, allen voran Benedikt Biscop kehrten von ihren Reisen mit Büchern zurück (7.1.1.2.). Alkuin fuhr nach England um Bücher für die Hofbibliothek zu besorgen (7.1.4.).
Gerbert von Aurillac[1151] (7.1.4.) und Petrarca[1152] (7.5.1.4.) haben Bücher gesammelt und ließen nach Büchern suchen. *Ich kann mich an Büchern nicht sättigen … erfolgreiches Suchen wird zum neuen Ansporn der Habsucht. … Bücher erfreuen im Innersten Herzen, sie reden mit uns, sie raten uns, sie sind mit uns verbunden in lebendiger, inniger Gemeinschaft*[1153]. Doch *wer auf Gelehrsamkeit jagen will, muss sie suchen, wo sie ihr Lager hat*[1154].
Gerbert erwähnt in seinen Briefen auch den Leihverkehr, inklusive Mahnung und das Abschreiben von Büchern.

Die „humanistischen" Studien (7.5.2.4., 10.1.3. und 10.1.4.) haben die Nachfrage nach Büchern gefördert.

Richard de Fournival (1201 – 1259/60) war ein dichtender Gelehrter und Kanonikus an der Kathedrale von Amiens. Er hinterließ u.a. einen Bücherkatalog mit dem Titel „Biblionomia": Eine Liste von 162 Büchern. Darin nannte er Werke zu den Fächern der Freien Künste, aber auch zu Philosophie und Poesie[1155] u.a. auch Werke von Jordanus Nemorarius. Die „Biblionomia" ist unsere einzige Quelle zu dem Mathematiker[1156] (9.1.2.).

Ein weiterer Büchersammler war Richard von Bury (1286 – 1345; 7.5.2.3.), Bischof von Durnham, Förderer der Griechischen Studien. In seinem „Philobiblon" gibt er Ratschläge zum Umgang mit Büchern: Das Sammeln, Bewahren und Ausleihen[1157],[1158],[1159]. In Venedig beherbergte der Dogenpalast die umfangreichste Sammlung griechischer Klassiker. Diese stammte aus der Plünderung Konstantinopels durch die Kreuzfahrer 1204[1160]. In Italien waren Petrarka und Boccaccio die ersten „Sammler von Büchern" (7.5.1.4. und 7.5.1.5.).

* Coluccio Salutati ((1331 – 1406; 7.5.2.3.), Kanzler der Republik Florenz, hat ein Netzwerk aufgebaut: Er stand mit Petrarca in Briefwechsel und hat eine Gruppe junger Leute um sich gesammelt. Leonardo Bruni (1370/4 – 1444), Poggio Bracciolini (1380 – 1459), Francesco Sassetti (1420 – 1491) und Niccolo Niccoli (1364 – 1437) gehörten dazu. Sie haben, wie bereits Petrarca (7.5.1.4.), alte Handschriften und Kunstwerke gesammelt.
Es gab weitere Agenten, die im Westen und Osten nach Handschriften suchten, erwähnt seien nur Giorgio Merula (1431 – 1494), Filelfo (7.5.2.9.), Michael Apostoles (7.5.2.8.).

Der „Heros" unter den Entdeckern war Poggio Bracciolini[1161],[1162] (7.5.2.3., 7.5.2.4.,

9.1.5.2. und 10.1.4.). Er war scriptor apostolicus an der Kurie und begleitete Papst Johannes XXIII (1360, 1410 – 1415) als secretarius domesticus zum Konzil von Konstanz[1163]. Nach Amtsenthebung des Papstes blieb Poggio zunächst (1415 – 1419) ohne Posten, und hatte Zeit um nach antiken Handschriften in Cluny, Sankt Gallen und Fulda zu suchen. Seine Quellen waren insbesondere die Bibliotheken der Benediktiner (9.2.1.2.2.). Er fand zahlreiche Handschriften, u.a. Reden Ciceros, das Buch des Quintilian (4.1.2.3.), Valerius Flaccus, Vitruv, Manilius, Silius Italicus, Lukrez, Statius, römische Komödien. Als Sekretär begleitete er Papst Eugen IV. (ca. 1383, 1431 – 1447) auf die Konzile nach Florenz, Bologna und Ferrara (10.5.2.4.). Im Jahre 1453 wurde er zum Kanzler der Republik Florenz gewählt.

In seinen Invektiven gegen Valla (10.1.2.) verteidigte er die ältere studia humanitatis gegen die neue historisch–kritische Philologie (10.1.1. und 10.1.9.). Er war auch in dem Streit der Platoniker und Aristoteliker um Georg von Trapezunt (7.6.10.) verwickelt[1164]. In einer Sammlung von Schwänken („Facezien") schilderte er menschliche Schwächen und Torheiten auch in Umgang mit den Wissenschaften[1165] (9.1.3.2.2., 9.2.2.3. und 10.3.4.7.). Er klagte über die Ungunst seiner Zeit: *die Minderwertigkeit der Menschen, in deren Händen die kirchliche Macht liegt, denn die gelehrten und klugen Leute werden übergangen, die ungebildeten und untüchtigen dagegen kommen empor. … Aber das ist nicht sosehr Schuld der Päpste, als vielmehr die der anderen Fürsten, die wir Narren und Spaßmacher in höchster Gunst halten und die hervorragendsten Gelehrten geringschätzen sehen*[1166].

Die „Facezien" wurden zunächst handschriftlich vervielfältigt, in den letzten 30 Jahren des 15. Jahrhunderts ca. 15 gedruckten Exemplaren Ausgaben, bis das Buch auf den Index gesetzt wurde[1167].

Der Netz seiner Kommunikation war weit gespannt: erhalten sind 585 Briefe an 172 Freunde[1168]. Unter ihnen auch Gelehrte wie Chrysoloras (7.5.2.5.) , Ficino Marsilio (7.6.2.), Niccolo Niccoli (s. weiter unten), aber auch Heinrich der Seefahrer[1169] (9.1.5.2.)

In seinen Briefen zitierte er nicht nur die Bibel, Werke der Kirchenväter, sondern auch Plato, Aristoteles, Cato, Cicero, Horaz, Vergil, Petronius, Quintilian, Statius, Seneca, Terenz, Aulus Gellius, Livius, Sueton, Tacitus, [1170].

Er hat seine privaten Briefe in drei verschiedenen Sammlungen publiziert[1171], sie fanden in humanistischen Kreisen in ganz Europa interessierte Leser[1172],[1173].

Der „Geschickteste" unter den Entdeckern war Giovanni Aurispa (1376 – 1459). Er verweilte im Dienst von Kaufleuten mehrfach im Orient. Zum Schluss kehrte er 1424 mit über 200 griechischen Handschriften vom Hofe Johannes VIII. Paläologus aus Byzanz (5.2.4.) zurück, bei dem er als Sekretär gearbeitet hatte. Aurispa nahm an dem Konzil in Basel teil. Überall nützte er die Gelegenheit griechische und lateinische Kodizes zu kaufen – und oft auch zu verkaufen. Von großer Bedeutung ist die Auffindung von Kodizes mit antiken Texten: Handschriften der Ilias, der Odyssee, eine Sammlung von Äschylus, Sophokles und Euripides, Aristophanes, Handschriften des Thukydides, Xenophon, Aristoteles, Theophrast, Kalimachos, Diogenes Laertios u.a.m. Aurispa wurde 1425 Griechischprofessor in Florenz, dann Lehrer in Ferrara im Hause von Niccolo III. d`Este und korrespondierte mit bedeutenden Humanisten seiner Zeit.[1174]

* Nach dem Urbild des Niccolo Niccoli entstand im 14. und 15. Jahrhundert der Typus des Privatsammlers. Niccolo Niccoli´s Haupttätigkeit bestand im Forschen, Sammeln, Kopieren und Korrigieren von Handschriften (7.5.2.3.). Seine Bibliothek,

rund 800 Handschriften, ging nach seinem Tod an Cosimo de Medici über und diente im Konvent von San Marco als öffentliche Bibliothek.[1175]. Einen extremen Klassizismus zeigte Niccoli bei seiner Ablehnung der volkssprachlichen Literatur des Trecento (7.5.4.). Niccoli holte u.a. Chrysoloras (7.5.2.5.) und Aurispa nach Florenz[1176]. Von den privaten Sammlungen seien nur einige weitere genannt:

.... Kardinal Bessarion (7.5.2.8.) besaß mit 1000 Bänden die größte Sammlung griechische Bücher[1177].

.... Pico della Mirandola (7.6.3.) besaß mit ebenfalls über 1000 Büchern eine der größten privaten Sammlungen[1178].

.... Auch Leonardo da Vinci (10.3.1.1.4.) besaß eine Bibliothek[1179] und ließ auch gezielt nach dem Buch des Archimedes suchen[1180].

Das Suchen nach Kodizes und ihre Sammlung war ein internationaler Wettlauf. Auch Gelehrte nördlich der Alpen haben sich am Suchen beteiligt. Erwähnt seien Geoffrey Chaucer, Nicolaus Cusanus, Matthias Corvinus, Conrad Celtis und die Kurfürsten der Pfalz:

.... Der englische Dichter Geoffrey Chaucer (9.2.2.3. und 9.1.5.3.) hat Bücher und Bildung hoch eingeschätzt: *aus alten Büchern wächst ... auch neu die Wissenschaft, uns zu belehren*[1181]. Er war belesen, kannte sich nicht nur in Theologie, Philosophie und Geschichte, sondern auch in Physik, Medizin und Alchemie aus[1182]. Er besaß mehr Bücher, als manche der Colleges von Oxford und Cambridge[1183].

.... Nicolaus Cusanus (8.4.4., 9.1.7.3..3.) entdeckte die Annalen des Tacitus und die Komödien des Plautus. Er war Mitglied der päpstlichen Delegation, die den byzantinischen Kaiser und die hohe Geistlichkeit der Ostkirche zum Konzil nach Italien begleitete. Den Hauptteil seiner Bibliothek vermachte er seiner Stiftung, dem St. Nikolaus Hospital zu Kues[1184]. Die Komödien des Plautus gelangten in die Bibliothek des Kardinals Orsini und später in die Bibliotheca Vaticana[1185].

.... Der Hof des ungarischen Königs Matthias Corvinus (1443, 1458 – 1490) und seiner Frau Beatrice, Tochter des Ferdinand I. (1423, 1458- 1494), Königs von Neapel, war die wichtigste Niederlassung des italienischen Humanismus im Ausland. Der König wollte eine Bibliothek aufbauen, die das gesamte Wissen seiner Zeit enthielt. Seine Sammlung klassischer Kodizes war nach der Vatikanbibliothek die zweitgrößte in Europa. Von der nach ihm benannten Bibliothek, der Corviniana[1186], sind noch etwa 200 Handschriften nachgewiesen[1187]. Sie ist seit 2005 Teil der UNESCO Welt Kulturerbe[1188].

.... Eine weitere bedeutende Sammlung nördlich der Alpen war die Bibliotheca Palatina (7.5.2.2. und 7.6.4.) in Heidelberg[1189]. Die Pfalzgrafen haben den Ankauf von Büchern in Venedig, Rom, Oxford oder Spanien, auch aus Kloster- und Dombibliotheken für die Universität (10.1.3.) gefördert[1190]. Unter den Beständen befanden sich unter anderem das *Lorscher Evangeliar* aus der Hofschule Karls des Großen, der *Codex Manesse* (cpg 848) und das *Falkenbuch* (cpl 1071) von Kaiser Friedrich II. Besonders bemerkenswert ist der große Anteil von Büchern zur Medizin und Alchemie, den besonderen Vorlieben der pfälzischen Kurfürsten[1191] (7.5.2.2.).

.... Auch der deutsche Humanist Conrad Celtis (1459 – 1508; 10.1.4. und 10.4.1.) hat sich an der Suche nach vergessener Dichtkunst beteiligt: Er fand z.B. im Benediktinerkloster Sankt Emmeran die Tabula Peutengiriana[1192] (9.1.5.3.).

* Der berühmteste Buch- und Handschriftenhändler des 15. Jahrhunderts war Vespasiano da Bisticci[1193] (1421 – 1498; 7.5.2.1.2., 7.5.2.2. und 10.1.6.1.). Sein Skriptorium in Florenz lieferte allen großen Sammlern seiner Zeit sorgfältig hergestellte kalligraphische Exemplare, die oft mit Verzierungen und Miniaturen versehen wa-

ren. Zu seinen Kunden zählten die Medici, Papst Nikolaus V, der Herzog von Urbino, die Familien Aragon, Este, Gonzaga, Matthias Corvinus und auch Niccolo Niccoli. Seinen Freunden lieh er die Schätze aus oder ließ sie in seiner Wohnung benutzen. Wie bereits in der Antike (4.1.2.5.) war seine Buchhandlung der Treffpunkt aller Literaturfreunde[1194], der Leute, die Kodizes erwerben und derjenigen, die mit den florentiner Humanisten in Kontakt kommen wollten[1195].

Einen weiteren Treffpunkt kennen wir aus den Adagia des Erasmus von Rotterdam (7.6.7.), es war die Offizin des Aldus Manutius[1196] (10.1.6.).

Deutschland, Frankreich und England verfügten erst seit der Erfindung des Buchdruckes über humanistische Bibliotheken[1197].

* Doch *es gibt Menschen, die Bücher wie sonst etwas, nicht um sie wahrhaft zu nützen, sondern allein aus Habgier anhäufen, denen sie statt Führer des Geistes ein bloser Schmuck des Zimmers sind*[1198]. Für die – humanistisch gebildeten – Kritiker war das Sammeln von Büchern eine Narretei:

Eine ganze Reihe literarischer Topoi: „Lob der Unwissenheit" bei Petrarca (7.5.1.4.), der „Idiota" von Cusanus (9.1.7.3.3.), „Lob der Torheit" des Erasmus (7.6.7.) und die Narrenliteratur, voran „Der Narrenschiff" von Sebastian Brandt (10.3.4.7.), klingen in der Formulierung mit an. Auf dem Narrenschiff führt der Büchersammler den Tanz der übrigen Narren an (10.3.4.7.). In dieser Reihe bildet der Kampf des Savonarola (OP) gegen die „Eitelkeiten" den Extremfall (10.3.1.3.). Sein „Kreuzzug" gegen die „Eitelkeiten" 1497 – 98 betraf wohl auch den Buchhandel (10.3.1.3.).

* Die meisten Humanisten haben sich für alte Handschriften interessiert. Der humanistische Geschäftsmann Ciriaco de' Pizzicolli oder Cyriacus von Ancona (1391 – 1453/55) dagegen hat die Länder am östlichen Mittelmeer, Süd-Italien, Dalmatien, Epirus, Ägypten, Chios, Rhodos, Beirut, Anatolien, Konstantinopel bereist. Auf seinen Reisen kopierte er zahlreiche Inschriften und zeichnete alte Ruinen und Städte um antike Artefakte vor dem Vergessen zu bewahren. Er gilt auch als ein früher Archäologe. Seine Notizen sind nur fragmentarisch erhalten[1199].

1.5.2.1.2 Buchmarkt und Buchdruck

Die Systematisierung der Administrativen Aufgaben, die bereits unter den Saliern einsetzte, die Ausbildung der ministerialen (7.1.6.2.) an den Universitäten (8.1.3.) führten zu einer gesteigerten Nachfrage nach Büchern und Beschreibstoff zu einem erträglichen Preis[1200].

Zwei technische Entwicklungen ermöglichten die gesteigerte Nachfrage zu befriedigen --- und damit auch die Entwicklung des Buchhandels:

.... Die Kenntnis des Papiers kam von China über die Araber (6.2.1.3.2., 6.2.4.2.9. und 6.2.4.2.10.) auf zwei Wegen nach Europa: Über Spanien und über Sizilien. Roger I (7.4.1.) hat 1109 in Palermo das erste Dokument auf Papier geschrieben[1201], doch Kaiser Friedrich II hat im Jahre 1231 die Verwendung des Papiers für Urkunden verboten. Der Grund war wohl die geringere Haltbarkeit[1202].

Als erste Papiermühlen sind bekannt: 1144 in Valencia in Spanien, 1268 in Fabriano in Italien, 1283 in Treviso, 1293 in Bologna, 1338 in La Pille in Frankreich, 1390 in Nürnberg in Deutschland[1203],[1204].

Die maschinelle Massenproduktion von Papier beginnt im mittelalterlichen Europa: europäischen Papiermachern gelingt es in kurzer Zeit, den Arbeitsprozess durch die Einführung zahlreicher – den Chinesen und Arabern unbekannter – Innovationen zu optimieren[1205],[1206]. Doch der Widerstand hielt lange, wie der „*kaiserliche Predi-*

ger"[1207] Abraham a Sancta Clara (1644 – 1709; 10.1.6.1., 10.1.6.2. und 10.3.4.7.) berichtet hat[1208].

.... Die herkömmliche Form der Vervielfältigung von Büchern war das Abschreiben: Vor Erfindung des Buchdrucks wurden Bücher im Mittelalter für den Bedarf der Kirche, der Klöster und Fürsten von Mönchen abgeschrieben.

Die Korrespondenz des Klosters Tegernsee gibt uns einen kurzen Blick auf den Nachfrage im Skriptorium des Klosters im 12. Jahrhundert: Friedrich Barbarossa (7.4.2.) hat dem Abt vom Koster Tegernsee (7.1.6.2.) befohlen, von einem *tüchtigen Schreiber* im Kloster ihm ein Missale und ein Lektionar herstellen zu lassen[1209]. Ein Kleriker bittet den Abt von Tegernsee um ein Buch des Philon von Alexandria[1210] (4.2.1.2.), ein Abt von Admont um eine Abschrift des Bellum Judaicum des Josephus[1211] 4.1.2.1.1.). Nachgefragt wurden auch Vergil's Georgica, Makrobius[1212], Plinius, Ptolomeus, Hieronymus und Lactanz[1213], sowie Zahlenrätsel und (Welt)karten[1214].

.... Bis zum 11. Jahrhundert wurden die Bücher in den Klöstern hergestellt. Von etwa 1100 an wurden auch weltliche Schreiber und Illuminatoren beschäftigt: Ein Briefschreiber „O" aus Tegernsee hat einen ebenfalls nicht weiter bekannten „P" ermahnt, den Lohn für ein bestelltes Missale an den Schreiber zu entrichten, *der nicht mehr länger warten wolle*[1215].

Mit dem Aufschwung der Universitäten (8.1.3.) im späten Mittelalter traten Berufsschreiber auf[1216]. Diese gingen auch für Adelige und für das gebildete Bürgertum (in Handschriften-Werkstätten) ihrem Geschäft nach. Theophilus Presbyter hat in seiner „Schedula diversarum artium" (9.2.3.) unter anderen auch das Herstellen von Tinten für die Schreiber und Illuminatoren behandelt[1217].

.... Neben den Gebetsbüchern für Geistliche gab es die Stundenbücher für Könige, Herzöge und gebildete Bürger. Die meisten Stundenbücher waren Massenware: Sie wurden in den städtischen Skriptorien in großen Mengen unter ökonomischen Gesichtspunkten produziert und verkauft[1218]: Das Papier machte es möglich.

Eine selbständige Schriftstellerin, die ihre Texte selbst verlegte, war Christine Pizan (1365 – 1430; 10.3.4.). Sie hat in ihrem Haus zwei Schreiberinnen, einen Kopisten und Miniaturmaler beschäftigt. Sie überwachte die Buchherstellung von der Reinschrift, Illumination bis zum Binden. Ihre Bücher wurden von einem höfischen Publikum gelesen[1219].

Der bedeutendste Miniaturmaler war Simon Bening aus Brügge (1483 – 1561). Er fertigte 1500 Miniaturen für Stundenbücher für den Adel und Herrscherhäuser[1220]. Er hat auch sich selbst in seinem Atelier porträtiert[1221]. Eine weitere bekannte Werkstatt für die Illumination von liturgischen Handschriften war die von Nikolaus Bertschi (1480 – 1541), ein bekannter Notenmaler war Leonhard Wagner (1454 – 1522), beide in Augsburg[1222].

Bis zum 16. Jahrhundert ging die Herstellung von Büchern an professionelle städtische Werkstätte über[1223]. Eine bekannte Werkstatt dieser Art war die von Diebold Lauber in Hagenau[1224] (1427 – 1471). Dieser ging „marktorientiert" vor: er erstellte seine Bücher auf Vorrat und gab „Kataloge" heraus[1225]. Kopisten, Illuminatoren und Notenmaler konnten einen Auftrag in Zusammenarbeit ausführen.

Texte für den Unterricht an der Universität wurden durch Abschreiben oder nach Diktat hergestellt[1226]. Buchhändler und Verleiher boten Bücher zum Abschreiben an[1227].

Doch das Abschreiben war langsam, teuer und konnte den gestiegenen Bedarf der

Universitäten und der Bürger nicht befriedigen. Außerdem war sie auch noch anfällig für die viel beklagten „Kopistenfehler" (7.5.2.3.). Erst durch die Erfindung der Buchdruckerkunst mit beweglichen Lettern konnten Schrift und Buch zu einem „Massenmedium" werden (10.2.).

* Die nächste Entwicklungsstufe war der Einblattdruck. Eine typographische Herstellungstechnik wurde bereits im Jahre 1119 zur Erstellung der „Prüfeninger Weiheinschrift" angewandt. Doch im Skriptorium des Klosters Prüfening kam diese Technik anscheinend nicht zur Anwendung[1228]. Holzschnitte für Initialen von Handschriften wurden 1147 im Kloster Engelberg das erste Mal benutzt[1229].
Holzschnitt, Kupferschnitt und das sogenannte xylographische Verfahren ermöglichten es von einem Druckstock mehrere Einblattdrucke, insbesondere Spielkarten[1230], herzustellen[1231]. Einblattdrucke konnten zu „Blockbüchern" geordnet werden, doch das Verfahren war für die Herstellung von Büchern zu mühsam[1232].

Eine rationale Buchherstellung wurde im 15. Jahrhundert zunehmend aktuell. Die Überlieferungen nennen neben Johannes Gutenberg (1397/1400 – 1468) einen Pamfilo Castaldi[1233] (c. 1398 – c. 1490, 1426), Johannes Brito aus Brügge[1234], Laurens Janzoon Coster[1235] aus Harlem (1370 – 1440; 1423, 1428, oder 1430) und Procopius de Bragansis[1236] (oder Valdvoghel; 1444) aus Lyon als „Erfinder des Buchdrucks"[1237].
Erst die „Erfindung Gutenbergs" (s.a. 10.3.3.1.1.), den Druck mit beweglichen und widerverwendbaren Lettern aus Metall in einem Orientierungsspannrahmen durchzuführen, machte das Drucken praktischer und erheblich wirtschaftlicher. Die „Gutenberg Bibel" markiert diesen Wechsel in der Drucktechnik. Der Meister aus Mainz präsentierte seine Erfindung zum Drucken von Büchern 1450 auf der Frankfurter Messe (9.2.1.2.1.), zwischen 1452 und 1454 wurden 180 Exemplare gedruckt[1238]. Sie waren, nach einem Bericht von Enea Silvio Piccolomini, 1455 wohl alle verkauft[1239]. Piccolomini (von 1458 Papst Pius II.; 7.5.2.2., 7.6. und 7.6.12.) erkannte einen Vorteil des neuen Verfahrens: *es ermögliche müheloses Lesen ohne Brille*[1240].

Eine Markt war da: Nicht nur die Könige, Fürsten, Kleriker, humanistische Gelehrte, auch reiche Bürger und die Universitäten (10.1.3.) haben Bücher nachgefragt. Buchhändler, Verleiher, Kopisten und Illuminatoren haben die steigende Nachfrage befriedigt[1241] (10.1.6.).

Als erste Universität hat die Sorbonne 1470 eine Druckerei gegründet, 1534 folgte Cambridge University Press. In Oxford wurde 1478 das erste Buch gedruckt, doch erst 1586 erhielt die Universität Oxford die Rechte Bücher zu drucken (Oxford University Press)[1242].

* Für den Buchhändler und Sammler Vespasiano da Bisticci (7.5.2.1.1., 7.5.2.2 und 10.1.6.1.) waren gedruckte Bücher nur billige Massenware, unter seiner Würde, *er würde sich dessen schämen*[1243]. 1480 gab er den Buchhandel auf und zog sich verbittert auf sein Landgut zurück[1244].

1.5.2.2 Die humanistischen Bibliotheken

* Karl der Große hat das Bibliothekswesen gefördert (7.1.5.), der Plan eines idealen Klosters sah eine Bibliothek vor. Doch auch die Bibliotheken, ihr Bestand und der

Zustand der Bücher sind ein Spiegel der Veränderungen, aber auch ein Spiegel von Einstellungen. Die Wikinger- Normannen-, Sarazenen- und Ungarneinfälle des 9. und 10. Jahrhunderts verursachten schwere Verluste auch in den Klosterbibliotheken.

Doch bereits unter den Ottonen gab es, wohl in Folge der cluniacenser Reformen (9.2.1.4.) eine veränderte Nachfrage zugunsten liturgischer Bücher (7.1.6.1.).
Durch das Studienreform von Sankt Viktor (8.2.1.), sowie die Verlagerung der Ausbildung der Geistlichen an die Universitäten vom 13. Jahrhundert an haben die Klosterbibliotheken an Bedeutung verloren.
Mit der Ausbreitung der scholastischen philosophischen und theologischen Literatur im Spätmittelalter (8.2.3; 8.3.) ging die Bedeutung der antiken Werke für die Klöster und ihre Bibliotheken vom 13. bis 15. Jahrhundert zurück[1245],[1246]. Diese Bestände hat Petrarca für seine humanistischen Studien entdeckt (7.5.2.1.). Er hat seine Bibliothek der Stadt Venedig vermacht[1247] (7.5.1.4.).
Mögen Handschriftensammler (7.5.2.1.1. und weiter unten) die Kloster- und Dombibliotheken um „Überholtes", „Unbeliebtes" oder gar „Unerwünschtes" (7.1.5. und weiter unten) erleichtert haben, doch erst in den Bauernkriegen des 16. Jahrhunderts, in der Reformation und im Dreißigjährigen Krieg gingen viele Bestände verloren, so der Bestand des Klosters Lorch[1248].

* Das Konzil von Konstanz gilt als die „heroische Epoche" der Handschriftenentdeckungen im lateinischen Europa (7.5.2.1.1.). Im Gefolge des (Gegen)Papstes Johannes XXIII (1370, 1410 - 1415, +1419) zogen zahlreiche Humanisten als Sekretäre oder Schreiber der Kurie nach Norden, unter ihnen auch Poggio (7.5.2.1.1.). Dieser benutzte die Muße zwischen der Absetzung von Johannes XXIII und der Wahl Martins V. zu vier Reisen: Nach Cluny, Sankt Gallen, Reichenau, Weingarten. Nicolaus Cusanus (7.1.6.2. und 9.1.7.3.3.) hat wohl seine Bücherfreunde über die deutschen Bücherschätze unterrichtet. Unter anderen auch Pietro Donato (1380 – 1447), Büchersammler, Bischof von Padua[1249] und Vertreter des Papstes auf der Kirchenversammlung, machte während des Basler Konzils 1436 Abschriften antiquarisch-geographischer Texte des Speyerer Domes[1250] (7.1.6.2.).
Eine Reihe von Schätzen wurden *aus dem Gefängnis der Barbaren befreit* (s. oben)[1251].

* Die Anfänge einer Vatikanischen Sammlungstätigkeit lassen sich auf das 4. Jahrhundert zurückdatieren. Diese frühe Sammlung an Schriften ging jedoch während des 8. Jahrhunderts verloren, die Gründe hierfür sind nicht bekannt. Die Entstehung der heutigen Sammlung der Vatikanischen Bibliothek begann im Jahr 1447 mit der Ernennung des Papstes Nikolaus V. (1397, 1447 - 1455)[1252]. Er vermehrte die griechischen und lateinischen Kodizes im Bestand der päpstlichen Bibliothek bedeutend; am Ende seines Lebens hinterließ er etwa 5000 Bücher, die nunmehr den Grundstock der Bibliotheca Vaticana (10.1.6.) bildeten. Auch die Päpste Pius II. (7.6.1.) und Leo X. (1513 – 1521) haben beträchtliche Mittel für die Förderung der Altertumswissenschaften ausgegeben[1253]. Die Päpste Gregor XV. und Urban VIII haben die Bibliotheca Palatina (7.5.2.1.1.) vor den Wirren des Dreißigjährigen Krieges nach Rom „gerettet"[1254].

Im 15. Jahrhundert gab es in Venedig, Mailand, Florenz, Rom, aber auch in kleineren Zentren, Mantua, Pavia, Siena, Pesaro, Cesena, Neapel Bibliotheken. In Italien stand dem nördlichen Typus von Bibliotheken ein italienischer Typus gegenüber.

Letzterer wurde von den humanistisch geprägten Fürstenhöfen Italiens geprägt:

.... Die Bibliotheken der Visconti-Sforza in Milano, der Markgrafen Este in Ferrara, von Ferdinand von Aragon und von Matthias Corvinus (10.3.1.) haben großen Anteil an klassischen und humanistischen Werken enthalten. Auch die Handelsherren, wie die Medici in Florenz und die Fugger in Augsburg haben Bücher gesammelt.

.... Die Gründung von Universitäten zog die Gründung von Bibliotheken nach sich[1255], deren Nutzung durch Satzungen geregelt wurde (10.1.3.). Doch die Bücher, die hier gesammelt wurden, waren „Arbeitskopien" zum Studium und nicht die reich illuminierten Kodizes der Klöster oder repräsentativen Sammlungen[1256].

.... Auch weltliche Kleriker, insbesondere Bischöfe (z.B. Dalberg; 7.6.4.) und Domherren, humanistische Gelehrte und Laien sammelten eifrig Bücher. Ihre Bibliotheken waren vornehmlich Gebrauchsbibliotheken, sie enthielten Werke der praktischen Theologie, der Homiletik, der Moraldisziplin, des kanonisches und römisches Rechts, der Medizin[1257], Bücher in der Volksprache: Andachtsbücher, Ritterromane, populärwissenschaftliche Literatur. Diese Sammlungen gelangten nach dem Tode ihrer Besitzer zu Händler und Sammler oder gingen in Landesherrliche oder Universitätsbibliotheken auf.

* Büchersammlungen der Öffentlichkeit zugänglich zu machen, war eine humanistische Idee. Doch diese Öffentlichkeit war nicht die moderne, sie blieb auf den Kreis der „Gebildeten" beschränkt[1258]. Solche öffentliche Bibliotheken gab es zunächst nur in Italien: Die ältesten waren: die Markusbibliothek in Florenz (1441; 7.4.6.1.) und die Marciana in Venedig (1468; 7.4.6.8.)[1259].

.... Die Markusbibliothek wurde von Cosimo de Medici (1389 - 1464) gestiftet und von Vespasiano da Bisticci eingerichtet[1260] (7.5.2.1.1.). Sie war unter Lorenzo il Magnifico (1449 – 1492; 7.5.2.1.1. und 7.6.2.) ein beliebter Treffpunkt der florentiner Humanisten[1261]; Pico della Mirandola (7.6.3.) fand hier griechische und römische Klassiker[1262].

.... In Venedig beherbergte der Dogenpalast die umfangreichste Sammlung griechischer Klassiker. Diese stammte aus der Plünderung Konstantinopels durch die Kreuzfahrer 1204[1263]. Petrarca hat seine Bibliothek der Stadt Venedig vermacht[1264] (7.5.1.4.). Die Grundlagen der Marciana legte Kardinal Bessarion[1265] (7.5.2.8.), *zum gemeinsamen Nutzen*[1266]. Von 1603 an musste von jedem in Venedig gedruckten Buch ein Exemplar an die Marciana abgeliefert werden. Venedig war nicht nur eine Stadt der Buchdrucker, sie enthielt die größte klassische Textsammlung der Welt[1267].

.... Die Biblioteca Medicea Laurenziana, von Giuliano Medici (1478, 1523 - 1534 Papst Klemens VII) gegründet[1268], wurde vom Großherzog Cosimo I. im Jahre 1571 für die Öffentlichkeit geöffnet: „La Medicea publica" war die erste öffentliche Bibliothek[1269].

.... Auch Stadtverwaltungen (nicht alle) hatten ihre „Ratsbibliotheken". Diese enthielten neben Archivalien auch juristische -, historische - oder auch medizinische Werke[1270].

Nördlich der Alpen sah es anders aus. Erasmus von Rotterdam (7.6.7.) bestätigte mit einer bissigen Bemerkung die Einschätzung Petrarka's und Pogio's: *Wenn die Regenten im Norden bedeutsame Studien ähnlich glanzvoll fördern würden wie die Italiener, würde das Schlangensymbol des Druckhauses Froben nicht so sehr hinter dem einträglichen Delphinsymbol des Hauses Aldus zurückstehen*[1271]. An die Förderpolitik der Pfalzgraphen, den Humanistenkreis um Dalberg (7.6.4.) und die Bibliotheca Palatina in Heidelberg (7.5.2.1.1.) hat er dabei sicher nicht gedacht.

Die Pfalzgrafen haben nicht nur Bücher gesammelt (7.5.2.1.1.). Sie haben auch Bibliotheksordnungen erlassen und die Bibliothek nicht nur für die Magister (1442), sondern auch für die Studenten (1472), das gelehrte Publikum und Besucher (1596) geöffnet[1272]. Ottheinrich (reg. 1556–1559) hat die Buchbestände der Universität Heidelberg, der Stiftsbibliothek in der Heiliggeistkirche und der Schlossbibliothek der Kurfürsten von der Pfalz zusammengeführt. Er schuf - zusammen mit der Einführung der Reformation in der Kurpfalz und der Umwandlung der Universität Heidelberg in eine evangelische Landeshochschule - ein protestantisches Zentrum der Lehre und Gelehrsamkeit[1273].

1.5.2.3   Textkritik und Hermeneutik

* Das Problem der „Qualitätssicherung" beim Abschreiben von Büchern ist alt. Die Philologen am Museion in Alexandria (4.1.1.6.), die Schriftsteller in Rom (4.1.2.6.), die Kirchenväter Irenäus und Eusebius von Cäsarea[1274] und die Gelehrten um Karl den Großen (7.1.2., 7.1.4. und 7.1.5.) haben es gekannt. Eusebius hat zu Sorgfalt beim Abschreiben gemahnt und eine beeidete Versicherung der Richtigkeit der Abschrift empfohlen[1275].
Auch Petrarca hielt der „Nachwelt des Altertums" schandhafte Verfehlungen vor, *sie hätte es hingenommen, dass die Werke der Alten zugrunde gingen* (vergleiche 7.1.5.)[1276]. Er beklagte auch die Seltenheit erfahrener und gebildeter Schreiber[1277]. Auf sein Drängen wurde Homer um 1360 ins Lateinische übersetzt[1278].

Er stand mit dieser Klage nicht alleine. Einer seiner Bekannten, Richard von Bury (1286 – 1345), Bischof von Durnham, Förderer der Griechischen Studien, Büchersammler und Haupt einer Schreiberschule, humanistischer Neigungen noch unverdächtig, klagte in seinem bibliothekarischen Testament: *Leblos lagen die Bücher da, dereinst sehr lieblich, nun aber abscheulich anzuschauen und beschädigt, von jungen Mäusen bedeckt und von Würmern zernagt. Und die Bände, die früher mit Purpur und Linnen bekleidet waren, ruhten jetzt vergessen in Sack und Asche und waren zu Wohnstatt der Motten geworden*[1279].
Auch Poggio (7.5.2.1.1.) beklagte in einem Brief den erbärmlichen Zustand der Handschriften in Sankt Gallen: *Jammervoll aber lag er (=Quintillian) da und in Trauerkleidern wie ein Todgeweihter, sein Bart war von Schmutz, sein Haar von Staub bedeckt*[1280]. Zu den Reden Cicero's, die er in Cluny entdeckte, notierte er: es sei ihm gelungen, *aus dem elenden Dreck, in dem sie verborgen lagen, zurück ans Tageslicht zu bringen, sie ihrer makellosen Würde und Ordnung zurückzugeben und den lateinischen Musen wieder anzuvertrauen*[1281].
Die Klosterbibliothek wurde von den Humanisten, Laien, wie Geistlichen, mit Vorliebe als Gefängnis bezeichnet und es galt als höchstes Verdienst einen Gefangenen befreit zu haben. Dazu kam noch ein patriotischer Aspekt: Den Ammianus Marcellinus habe Poggio *in deutschen Kerkern aufgestöbert und den lateinischen Musen zurückgewonnen*[1282].
Ein kulturpolitischer Gegensatz „Italien" – „der Norden" klingt hier an, wie bereits bei Petrarca (7.5.1.4.). Die Sammlung der Werke der Antike hatte früh eine nationalistische Konnotation: Bereits Poggio hat die Bücher aus dem Kerker der Barbaren heimgeholt (7.5.2.2.). Doch auch der deutsche Sammler Conrad Celtis (7.5.2.1.1., 10.1.4. und 10.4.1.) hat die Edition vergessener deutscher Dichtkunst als politischen Patriotismus verstanden[1283].

Auch Erasmus von Rotterdam (7.5.2.12. und 7.6.7..) hatte sich über den Zustand der Kodizes beklagt: *In deutschen, französischen und englischen Kollegiatsstiften und Klöstern liegen unbeachtet alte Handschriften, die man, von wenigen Ausnahmen abgesehen, ungern herausgibt und deshalb den Interessierten verhehlt, sie ihnen vorenthält oder gegen eine unverschämte Gebühr ausleiht, die schätzungsweise das Zehnfache des Kaufpreises der Handschriften ausmacht. Endlich verderben Zersetzung und Insekten die möglicherweise sorgsam aufbewahrten Handschriften oder Diebe entführen sie*[1284].

* Bedenklich war die fragwürdige Textüberlieferung, hervorgerufen durch die fragwürdigen Kopiermethoden: Der überlieferte Text wurde gern nach dem persönlichen Geschmack des Kopisten oder Herausgeber zurechtgestutzt[1285]. Bereits Johannes von Salisbury (8.2.1.), Thomas von Aquino und Roger Bacon (9.1.7.1.6.) haben kritische Anmerkungen zu der Qualität der verfügbaren Übersetzungen der Werke des Aristoteles[1286] (8.3.) gemacht. Textkritik, aber auch Kenntnis antiker Geschichte und Dichtung war den scholastischen Methoden überlegen[1287].

Von Petrarca können wir Ansätze zu einer methodischen Textkritik erkennen: Ein sorgsam durchdachtes System von kritischen Zeichen, sachliche Randbemerkungen, Fußnoten und Verweise. Er versuchte verdorbene Stellen zu heilen, nahm Ergänzungen vor, wo der Text Lücken aufwies.

In der Rechtfertigung seiner Mythensammlung hat Boccaccio die Methode begründet[1288].

Coluccio Salutati (7.5.2.1.1.) erkannte die Bedeutung des Vergleichens von Handschriften zur Herstellung eines korrekten Textes.

Auch Niccolo Niccoli (7.5.2.1.1.) klagte die klassischen Texte seien verdorben[1289]. Er kopierte ausgeliehene Kodizes zunächst wortgetreu und verglich die ihm zur Verfügung stehenden Handschriften untereinander. Er tilgte offensichtliche Korruptelen durch Konjekturen, nahm Kapiteleinteilungen vor, machte Inhaltsangaben und widmete der von den besoldeten Kopisten willkürlich gehandhabten Orthographie seine besondere Aufmerksamkeit[1290].

Alle diese Ansätze waren bei Valla (7.6.1.) voll ausgeprägt, ja dieser zog auch die Sprachgeschichte heran und versuchte ein Problem historisch auf seine Ursprünge zurückzuführen[1291].

Auch Erasmus von Rotterdam (7.6.7.) hatte die abenteuerliche Verderbnis der Texte beklagt, *die alle lateinischen und griechischen Codices unterschiedslos belastet und so gravierend ist, dass man fast bei jedem Versuch zu zitieren entweder auf einen offenbaren Fehler stößt oder ein versteckter zu vermuten ist*[1292].

* Nicht nur der Zustand und die Qualität der alten Handschriften wurden beklagt. Auch die Qualität der gedruckten Ausgaben wurde kritisiert. Der humanistisch gebildete Jurist Sebastian Brant (10.3.4.8.) beklagte die Qualität vieler Druckerzeugnisse:

…. Die Drucker würden viel Falsches und Irrglauben veröffentlichen, und

…. sie würden allein auf den Gewinn achten[1293].

* Zentren der kritischen Aktivitäten waren in Italien Rom und Florenz. Doch die Methode Vallas hatte auch ihre Brisanz (7.6.2.): Unter Päpsten wie Eugen IV. war es geraten, zwischen „sonus" und „sensus" (Klang und Sinn) genau zu unterscheiden und die Kritik auf die „verba" (Worte) zu beschränken, doch die „res" (Sachen) unberührt zu lassen[1294].

Mit dem Buchdruck gewann die kritische Vorbereitung des zu druckenden Textes an Bedeutung: Die Texte der zu druckenden Autoren mussten inhaltlich überprüft und für den Druck vorbereitet werden, es entstand der Beruf der „Kastigatoren". Der Beruf bot insbesondere jungen Humanisten eine Betätigung[1295].

1.5.2.4 Die humanistischen Studien

Bereits im Schulsystem des 12. Jahrhunderts gab es unterschiedliche Schwerpunkte: Eine Orientierung an den Dichter der „Klassiker" (7.1.6.2.) und eine „wissenschaftliche" Orientierung (8.1.2.2. und 8.3.2.8.): Der Dichter Matthäus von Vendôme (+ um 1200) berichtet über einen Gegensatz zwischen der Schule von Orleans und den Schulen von Paris: Paris war berühmt für den Unterrich der Logik, Orleans dagegen für die antiken Dichter. Den Gegensatz beider Schulen hat Henri d`Andeli thematisiert (8.3.2.8.): Er beklagte den Untergang der „Studien der Klassiker" an der Universität seiner Zeit[1296].

* In Folge des Konzils von Vienne prägte Petrarca (7.5.1.4.) das Programm der „Studia humanitatis": Grammatik, Rhetorik, Poesie, Geschichte und Moralphilosophie[1297], das Studium des klassischen Lateins, des griechischen, der antiken Literatur kennzeichnen den Humanismus (s.a. Kapitel 10.1.). *Die Mutter aller Studien ist das Altertum*[1298]. Als Bildungsprogramm waren die humanistischen Studien weiter als ein auf das Trivium begrenztes Studium der Spätantike (5.3.3.) oder der Karolinger (7.1.2.), Ottonen (7.1.6.1.) und Salier (7.1.6.2.) und auch der bereits erwähnten Schulen von Speyer (7.1.6.2.), Reims (7.2.3.), Chartres (8.2.1.) und Paris (8.2.2.) – doch enger als das antike Bildungsprogramm der sieben freien Künste (4.1.1. und 4.1.2.4.):
Die humanistischen Studien haben einen Teil der Lücken im universitären Curriculum (8.2.3.) geschlossen, doch andere weiter ausgeklammert. Es enthielt nicht die für die Scholastik wichtige Dialektik (8.1.2. und 8.1.3.) und die Fächer des Quadriviums, Geometrie, Mathematik, Astronomie und Musik. Das Studium und die Erforschung der Natur hielt er für sinnlos und töricht da es die Hybris gegen den Schöpfer offenlegt[1299].
Darin hatten die humanistischen Studien eine Ähnlichkeit mit der hellenistisch geprägten Bildung in Rom (4.1.2.5.) und Byzanz (4.1.2.4. und 5.3.3.). Und sie waren, wie auch das Bildungsprogramm von Cicero (4.1.2.3.) Quintilian (4.1.2.3.) oder Roger Bacon (9.1.6.1.6.), auf die Ethik ausgerichtet. Leitbild war der der „orator sapiens" (4.1.2.3.) oder „poeta eruditus"[1300], wie im alten Rom (4.1.2.3., 4.3.3. und 4.4): Ein treffendes Argument aus dem Lateinischen oder Griechischen galt als unangreifbar[1301].

Die Weiterentwicklung der humanistischen Studien war in einen historischen Prozess eingebunden, von diesem getragen und gefördert:

Die wichtigsten Kontaktflächen zwischen Ost und West waren durch die Kreuzzüge und durch die Handelsbeziehungen geprägt. Das Studium des Griechischen und der griechischen Literatur war, nach gängiger Meinung, durch diese Kontakte gefördert.
Einen direkten Anteil der Kreuzzügler am Kulturtransfer haben wir in unserer vorangehenden Untersuchung nicht erkennen können. Doch die Rückkehrer konnten durch ihre (mündlichen) Erzählungen am Hofe anregend wirken und Interessen we-

cken. Ein Beispiel mag der Hof der Platagenets in der Normandie sein (7.4.1., 8.1.1. und 8.3.1.).

Bei der Plünderung Konstantinopels (1202 – 1204) zertrümmerten die Kreuzritter, unter Venedigs Führung, mit Ikonen geschmückte Altarblätter. Sie stahlen Gemme, Kelche, Kandelaber[1302], luxuriöse Gegenstände, - aber nicht Bücher. Der eigentliche Sieger des 4. Kreuzzuges (1202 – 1204) war Venedig. Sie erhielt bei der Aufteilung des Byzantinischen Kaiserreiches alle wichtigsten Häfen, Küstenstreifen und Insel. Doch überall ging es um Handelsstützpunkte und nicht um Landbesitz, nur auf Kreta gab es Dienstlehen – es war eine Militärkolonisation[1303]. Auch diese Kette von Handelsstützpunkten wurde von Venedig noch nicht für einen „Kulturtransfer" genutzt.

Auch das kurzlebige lateinische Kaisertum in Byzanz (1204 – 1261) war kein Förderer von Kulturaustausch zwischen Ost und West.

Die Kultur vermittelnde Rolle der italienischen Handelsstädte, insbesondere Venedigs, setzte erst im 15. Jahrhundert ein. Die Geschäftsleute aus den Handelsstädten Italiens haben sich erst spät am „Kulturtransfer" beteiligt, erst Giovanni Aurispa hat Bücher als Handelsgut entdeckt[1304] (7.5.2.1.1.), erst mit ihm setzt die „Kulturvermittlung" durch Venedig ein.

Die Wiedergewinnung der griechischen Literatur für den lateinischen Westen hatte einen anderen spieltheoretisch relevanten Hintergrund: Sie war nicht nur eine Liebhaberei der Humanisten und ihrer Förderer in einem „Traum von Roms Größe" (7.5.), sie hing eng mit der Reichs- und Kirchengeschichte zusammen.

Bereits im 13. und 14. Jahrhundert gab es, auf Betreiben der Kaiser von Byzanz, Kontakte zwischen der griechischen und der lateinischen Kirche um die Einheit der Kirchen wiederherzustellen (7.4.6.). Diese Kontakte haben wir am Beispiel des Burgundio von Pisa (7.4.6.1.), Wilhelm von Moerbeke (7.4.4.), Anselm von Havelsberg (7.4.6.), Petrus von Abano (7.4.5.2.) kennengelernt.

Die Reformkonzilien von Konstanz (1414 – 1418), Basel, Ferrara und Florenz (1431 – 1442) brachten noch engere Kontakte mit der Ostkirche und ihren Priestergelehrten[1305].[1306]. Beide Konzile wurden mit dem erklärten Ziel einberufen, die Schismen zu beenden und die Einheit der Universalkirche wieder herzustellen. Diese Bestrebungen waren auch für die Antikenrezeption, insbesondere für die Rezeption der griechischen Klassiker, förderlich.

Insbesondere das Unionskonzil von Ferrara und Florenz stand im weiteren politischen Umfeld unter dem Zeichen des Kampfes um Konstantinopel. Die Türken bedrängten die Stadt, die Kaiser Manuel II. und Johannes VIII Paläologus suchten im lateinischen Westen um Unterstützung. Kaiser Sigismund erkannte die „türkische Gefahr" (6.2.1.3.) und versuchte diese durch eine Bündnispolitik abzuwenden. Doch die Bemühungen des Kaisers und des Papstes einen neuen Kreuzzug zu starten hatten kaum einen Erfolg. Im Jahre 1396 wurden die christlichen Heere vernichtend geschlagen. Ein wichtiger Baustein in dieser Politik war der Versuch die Spaltung der griechischen und der lateinischen Kirche zu beenden. Wichtige Protagonisten kamen aus dem Umfeld der beiden byzantinischen Kaiser.

Die Anregungen, die das Unionskonzil von Ferrara und Florenz mit sich brachte verstärkten ihrerseits bereits vorhandene Tendenzen der Rezeption. Diese Jahre (aber wohl schon davor, in der Vorbereitung des Unionskonzils) waren eine Zeit der intensiven diplomatischen Beziehungen und der theologischen Auseinandersetzungen. Diese theologischen Diskussionen sind zwar nicht der Gegenstand dieser Untersuchung, doch so viel sei hier erwähnt, dass in den Beratungen, insbesondere in Ferrara und Florenz, die griechischen und lateinischen Formulierungen der Trinitätslehre eine zentrale Rolle spielten[1307]. Diese wurden seinerzeit in der Terminologie des spätantiken Neuplatonismus verfasst (4.2.1.3.). Doch die Kenntnisse des Neuplatonismus hatten sich in Ost und West auseinander entwickelt. Die Vermittlung der Dialoge Platons über Sizilien (7.4) hatte im Westen noch keine durchschlagende Wirkung (7.5.1.) Insbesondere die Konzilsteilnehmer Plethon (7.2.6.) und Bessarion (7.2.8.) förderten die Beschäftigung mit Platon. Sie beteiligten sich auch an der Polemik zwischen Platoniker und den Aristoteliker (7.5.2.10.)

Auch das umfangreiche Korpus der klassischen griechischen Literatur war im Mittelalter im Westen weitgehend unbekannt[1308].) Die Formulierung „zurück zu den Quellen" (10.1.2.) hatte neben der literarischen auch eine theologische und konziliare Relevanz. Es hatten nicht nur die Ämter und Sekretariate des Vatikans Kontakte mit den Delegierten der Ostkirchen, mit den griechischen, den armenischen, den syrischen und den koptischen Patriarchen, Bischöfen und ihren gelehrten Begleitern und Beratern. (Die 24. Sitzung von Basel sprach von bis zu 700 Personen, für die die An- und Abreise organisiert wurde)[1309].

Auch wenn die Kontakte schon vor dem Konzil von Konstanz da waren (7.5.1.1.), sie wurden durch die Unionsbemühungen intensiver und der Austausch war keineswegs einseitig und sie gingen nicht nur in einer Richtung:

* Auf Anregung Cosimo de Medicis (1389 - 1464) hat Papst Eugene IV. das Konzil von Ferrara nach Florenz verlegt. Der Ankunft der Byzantiner hat dem kulturellen Leben in der Stadt und der "Renaissance" einen starken Impuls gegeben[1310] (7.6.2.).

Die wichtigsten Initiatoren der neuen Beschäftigung mit der griechischen Gedankenwelt im lateinischen Westen, auch mit dem Platonismus und dem Neuplatonismus, waren Manuel Chrysoloras (7.5.2.5.), Georgios Gemistos Plethon (7.5.2.6.), Gennadios Skholarios (7.5.2.7.) und Bessarion (7.5.2.8.). Sie waren weder Geschäftsleute noch Flüchtlinge. Sie haben als Berater und Begleiter der Kaiser Manuel II und Johannes VIII Paläologus (1392, 1425 – 1448) an den Beratungen und Verhandlungen der Sitzungen in Konstanz, Ferrara und Florenz teilgenommen.

1.5.2.5 Manuel Chrysoloras

Ein wichtiger Initiator für die humanistische Rezeption der griechischen Sprache und Literatur war der Diplomat und Gelehrter Manuel Chrysoloras (ca. 1350 – 1415) Er lehrte Griechisch von 1397 - 1400 in Florenz, dann 1400 – 1403 auf Einladung der Visconti in Pavia und Mailand. Er kehrte 1403 nach Konstantinopel zurück, doch er reiste in verschieden Missionen im Auftrag von Kaiser Manuel II. Paläologus (1391 und 1425) durch Europa und traf mit dem Papst Johannes XXIII. (1360, 1410 – 1415) zum Konzil in Konstanz ein, wo er starb. Manuel Chrysoloras gehörte zu den Befürwortern der Union und übertrug das Missale Romanum ins Griechische (!). [1311] Zu seinen Schülern gehörten eine Reihe von Übersetzern, darunter auch Poggio Bracciolini (7.5.2.1.1.), Filelfo (7.6.1.) und Niccolo Niccoli (7.5.2.1.1.). Wichtig für unsere Untersuchung ist die Übersetzung der „Geographie" des Ptolemäus (4.1.2.1.2.) aus dem Griechischen ins Lateinische[1312] (9.1.5.3.).

1.5.2.6   Georgios Gemistos Plethon

Georgios Gemistos Plethon (kurz vor 1360 – 1452) war 1438 – 1439 Mitglied der Delegation zum Konzil von Ferrara und Florenz. Er war ein Befürworter der Union und ein in Ost und West angesehener Gelehrter. In einem Brief an den Kaiser von Byzanz, Manuel II. Paleologus (6.1.3.), empfahl er im Osten die Kultur des Hellenismus wieder zu beleben[1313]. Plethon stand im Osten wohl eher im Rufe eines Häretikers.

Seine Schriften aus verschieden Wissensgebieten sind nur fragmentarisch erhalten, da Gennadios Skholarios (7.5.2.7.), als Patriarch von Konstantinopel, sein Hauptwerk wegen paganisierenden Tendenzen verbrennen ließ[1314].

Großes Aufsehen erregten seine Vorträge über die Dialoge Platons, deren Texte im griechischen Original bis dahin unbekannt waren. Das im Jahre 1439 in Florenz veröffentlichte Werk „Über die Unterschiede zwischen Platon und Aristoteles" bewirkte eine lang andauernde Auseinandersetzung über dieses Thema nicht nur in italienischen Humanistenkreisen (7.5.9.)[1315]. Auch Gennadios Skholarios polemisierte in einem Brief an Constantin Paleologus, den künftigen Constantin XII, letzter Kaiser von Byzanz, gegen Plethon wegen dessen polytheistische Tendenzen[1316]. Plethon wurde von Konstantinopel nach Mistras versetzt.

Die Begeisterung für Platon gipfelte 1462 in der Errichtung der Platonischen Akademie[1317] (7.6..2. und 10.1.4.).

Plethon vermittelte auch die Kenntnis der Geographie von Strabon (4.1.2.1.2.). Dies war ein wichtiger Beitrag zur Entwicklung der geographischen Kenntnisse in Westeuropa[1318] (7.1.5.).

Ein Schüler von Plethon war der Geschichtsschreiber Laonikos Chalkondyles (um 1423/30 – um 1490), dessen Werk Herodot und Thukydides nach ahmte: Nicht göttliches Walten, sondern die blinde Tyche lenkt das menschliche Geschick[1319].

1.5.2.7   Gennadios Skholarios

In umgekehrter Richtung wurde die Logik des Petrus Hispanus aus dem Lateinischen ins Griechische übertragen (8.3.2.3.) - und der Übersetzer, Gennadios Skholarios (1400/05 – nach 1472) hat als Berater des Kaisers von Konstantinopel an den Sitzungen des Konzils in Ferrara und Florenz teilgenommen. Er hat nicht nur die Logik des Petrus Hispanus übersetzt, sondern auch noch andere theologische und philosophische Werke, u.a. Thomas von Aquino, u.a (!). In seiner Polemik gegen Plethon (7.5.2.6.) hat Skolarios aristotelische Positionen verteidigt[1320].

Gennadios Skholarios akzeptierte zunächst die geplante Union und kehrte nach Konstantinopel zurück. Später widerrief er seine Zustimmung. Er wurde mehrmals, 1454, 1463 und 1464/5 zum Patriarch von Konstantinopel gewählt[1321].

1.5.2.8 Bessarion

Bessarion (1403 – 1472; 7.5.2.1.1.), Metropolit von Nikaia, Titularbischof von Konstantinopel, war ein Promotor der Union auf dem Konzil in Ferrara und Florenz. Als ein Befürworter der Union blieb nach dem Konzil in Italien und wurde in den Rang eines Kardinals erhoben. In seiner „Akademia Bessarionis" sammelte er Humanisten um sich. Bessarions großes Verdienst bestand darin, zum ersten Mal den Humanisten bzw. Philosophen Italiens eine ausführliche Darstellung der platonischen

Lehre vorgelegt zu haben. Im Philosophenstreit (7.5.2.9.) um Platon und Aristoteles nahm er zugunsten Platons teil

In seinem Palast in Rom legte Bessarion eine umfangreiche Sammlung griechisch-antiker Handschriften an. Ein großer Teil dieser Handschriftensammlung wurde durch den Sammler und Kopisten in Candia auf der Insel Kreta, Michael Apostoles (ca. 1422 – frühestens 1474) erworben und kopiert.[1322]. 1468, vier Jahre vor seinem Tod vermachte Bessarion seine Bibliothek (482 griechische und 264 lateinische Kodizes) der Republik Venedig und legte damit den Grundstock der venezianischen Biblioteca Marciana[1323],[1324]. Diese wurde zunächst im Palazzo Ducale unterge-bracht[1325].

Auch Bessarion wirkte in beiden Richtungen: In einem Brief an Konstantin Paläologus (1405, 1449 - 1453) empfahl Bessarion junge Leute nach Italien zu schicken damit diese die westliche Technologien (!): Mechanik, insbesondere die Waffentechnik, Metallurgie und Schiffsbautechnik, aber auch die Glasherstellung, Woll- und Seidenweberei und die Färberei in Theorie und Praxis kennen lernen[1326].

1.5.2.9   Filelfo

Francesco Filelfo (1398 – 1481) hat sich von 1420 – 1427 als Dolmetscher in Kon-stantinopel aufgehalten und etwa vierzig Kodizes aufgespürt[1327]. Er war Lehrer und Übersetzer: Er hat Werke von Xenophon, Plutarch und Dion von Prusa übersetzt. Seine Briefe geben Auskunft über die Fortschritte der Übersetzung antiken Kultur-gutes und über die seinerzeit aktuellen Fragen der Philologie (7.5.2.3.), Philosophie, Medizin und der Literatur.

Die griechischen Flüchtlinge, die nach der Eroberung von Konstantinopel (1453) in den lateinischen Westen geflohen waren, haben diese Entwicklung verstärkt und stabilisiert (7.5.2.10.).

1.5.2.10   Verbannte und Flüchtlinge

Einen weiteren Aufschwung nahm das Studium des Griechischen und der grie-chisch orientierte Humanismus nach dem Fall Konstantinopels (1453), als zahlrei-che griechische Philologen mit ihren Bibliotheken nach Italien flohen und sich dort als Lehrer nieder ließen. Um 500 u.Z. waren allein in Venedig über 5.000 Griechen ansässig, Dalmatien und Kreta waren venezianisch, wo ebenfalls viele Flüchtlinge sich niederließen. Von den vielen Gelehrten seien hier nur: Demetrios Chalkokondyles, Johannes Argyropoulos und Ianos Laskaris genannt.[1328].
.... Demetrios Chalkokondyles (1424 – 1511) wurde 1449 aus Athen verbannt. In Italien gehörte er zum Humanistenkreis um Bessarion. In Florenz haben Giovanni di Medici (der nachmalige Papst Leo X.; 10.5.2.2.), Pico della Mirandola (7.6..3.) und Reuchlin (7.6.4.) bei ihm griechisch gelernt. Chalkondyles besorgte die erste ge-druckte Ausgabe der Ilias und des Isokrates[1329].
.... Argyropoulos (1416 – 1486) war Griechischlehrer bei Lorenzo de Medici[1330](10.5.2.2.), auch Ficino (7.6.2.) lernte bei Argyropoulos griechisch[1331].
.... Ianos Laskaris (1445 – 1534) war Bibliothekar bei Lorenzo il Magnifico[1332], reiste für ihn zweimal als Büchereinkäufer nach Griechenland und gründete die Griechi-sche Akademie in Rom unter Papst Leo X. [1333].

1.6   Der Humanismus von der „Renaissance" bis zur frühen Aufklärung

* Der Humanismus knüpfte bei Petrarca (7.5.1.4.) an die geistigen Grundlagen des lateinischen Altertums, insbesondere an Cicero und Seneca an.
Von den Medici in Florenz, den Anjou- Königen in Neapel gefördert, nahm der italienische Humanismus seinen Aufschwung. Durch die gesteigerte Mobilität (10.1.2. und 10.1.7.) haben humanistische „Wanderredner" ihre Ideen über ganz Europa verbreitet.

* Die Bezeichnung Humanismus leitet sich von „studia humanitatis" ab (7.5.2.4.). Die „studia humanitatis" haben sich im 15. und 16. Jahrhundert als Bildungsprogramm sowohl gegenüber den „studia divinitatis" als auch gegenüber dem System der „Sieben freien Künste" (7.1.2.1.) durchgesetzt[1334].
Die „studia humanitatis" berührten sich mit dem schon bekannten Trivium, doch die anschließenden Disziplinen waren nicht die Fächer des Quadriviums. Die Humanisten legten mit ihrem Diskurs vielmehr die Grundlagen für die klassischen philologischen und historischen Wissenschaften der Moderne[1335]. Dieser Diskurs über die philologischen Methoden verlief nicht immer sachlich, - doch gerade die sachfernen Polemiken sind für unsere Untersuchung interessant (7.6.9.).

Die Humanisten kümmerten sich zunächst nicht um das Quadrivium, um Kenntnisse in Mathematik, Naturwissenschaften und gar Technik, artes mechanicae, - und sie waren zumeist stolz auf diese Ignoranz.
Doch humanistisch gebildete wie Federico Commandino (1509 - 1575) haben auch Werke der antiken Astronomie, Mathematik, Optik und Mechanik übersetzt. Das Bekanntwerden der naturwissenschaftlichen und technischen Schriften der Antike (9.1.2.) veränderte auch die Einstellung zu den artes (10.3.), zu Kunst (10.3.1.), Wissenschaft (10.3.2.) und Technik (10.3.3.). Und diese gewandelten Einstellungen wirkten auch auf die Humanisten des 16. Und 17. Jahrhunderts zurück. Dieser Prozess der Vermittlung wurde von diversen Konflikten begleitet, die wir in diesem Abschnitt behandeln wollen (7.6.9.-11.).

Die „Wiederentdeckung" von Handschriften in den europäischen Klöstern (7.5.2.1.), ihr beklagter Zustand (7.5.2.3.) und der Zugang aus dem Osten haben den humanistischen Studien neue Impulse gegeben.
Hinzu kam eine doppelte Wirkung der Buchdruckerkunst (7.5.2.1.2.):
…. Die wiedergefundenen Bücher der Antike wurden für einen weiteren Kreis von Interessierten zugänglich als vorher.
…. Die Arbeiten der Humanisten selber haben eine breitere Wirkung gehabt, als früherer Autoren
In diesem Abschnitt interessieren uns die verschiedenen Aspekte des Diskurses um die Philologie.

* Der Zugang zur Antike erfolgte über die Sprache, zunächst die lateinische, doch zu dem altsprachlichen Bildungsfundus gehörten neben dem dominierenden Latein zunehmend auch Griechisch und Hebräisch. Darüber hinaus rückten die Nationalsprachen, -geschichten und -bräuche bereits bei Petrarca in den Interessenkreis des Humanisten.

* Die Humanisten haben keine einheitliche Schule gestiftet oder ein Lehrsystem

geschaffen. Wir müssen auch auf eine regionale Differenzierung, etwa zwischen „Nord" und „Süd" achten. So werden wir eine Reihe von prägenden Humanisten in unsere Untersuchung einbeziehen. Die Bewegung war eher ein Diskurs, an dem sich viele beteiligt haben. Und dieser Diskurs erfasste alle drei Zweige der artes.

Wichtig für unsere Untersuchung ist auch, dass die Humanisten einen weit verzweigten Verbund (10.1.) von Intellektuellen neuen Typs bildeten, die oft über Konfessions- und Ländergrenzen hinaus miteinander verkehrten und korrespondierten, sich aber mitunter auch gegenseitig heftig kritisierten. Die Briefe der Humanisten sind für unsere Untersuchung eine wichtige Quelle. Gegenstand dieser kritischen Auseinandersetzung waren vornehmlich: Das Studium des Griechischen, die Philologie und ihre Anwendung auf die heiligen Schriften und die Rolle der jüdischen Schriften. Doch dahinter verbarg sich auch ein Konflikt der „studia humanitatis" mit „der Theologie". Dieser Konflikt brach mit der Reformation auf.

* Die Humanisten wirkten nicht nur in Lateinschulen und Universitäten. Im Unterschied zu Petrarca und den „Frühhumanisten" des 14. Jahrhunderts waren die Humanisten des 15. und 16. Jahrhunderts in leitenden Stellungen tätig: in den Kanzleien der päpstlichen Kurie, der Stadt Florenz, und vielen anderen Staaten sowie unter den Beratern von Fürsten, Königen und Kaiser zu finden[1336] (s.a. 10.3.1.). Am Hofe der Päpste Nikolaus V. (1447 – 1455) und Pius II. (1458- 1464) fanden sich Gelehrte, Literaten und Künstler von besonderem Rang. Sie wirkten nicht nur als „PR-Berater"[1337], als Sekretäre und Gesandte der Mächtigen waren sie politisch aktiv. Erwähnt sei an dieser Stelle nur Nicolaus Cusanus (9.1.7.3.3.). Die ersten Akademien waren Treffpunkte humanistisch Gebildeter in bedeutenden Zentren der Macht (10.2.4).

Stellvertretend für den neuen Typus von humanistisch gebildeten Sekretären und Diplomaten sei Enea Silvio Piccolomini genannt (1405 – 1464; 7.5.2.2.): Er studierte zuerst Grammatik, dann besuchte er eifrig die Vorlesungen der Dichter und Rhetoren, zuletzt beschäftigte er sich mit dem bürgerlichen Recht[1338]. Er war Sekretär von Kardinälen, Päpsten und Gegenpäpsten, auch des Kaisers Friedrich III. (10.1.4.). Von ihm wurde er zu poeta laureatus gekrönt. Er war der erste in Deutschland gekrönte Poet[1339]. Piccolomini reiste in diplomatischen Missionen quer durch Europa, schrieb Briefe an die „Großen" seiner Zeit, auch Schriften über geographische und historische Themen, Liebesbriefe, Gedichte und eine Komödie[1340]. Ein literarischer Erfolg war die Novelle "Euryalus und Lucretia": Bis 1500 erschienen über 70 Ausgaben in lateinisch, italienisch, französisch und deutsch[1341].
Er hat, dank seiner Eloquenz, eine steile Karriere gemacht: Er wurde 1447 Bischof von Triest, 1450 Bischof von Siena. 1456 wurde er zum Kardinal erhoben und 1458 zum Papst gewählt (Papst Pius II.). Seine Memoiren geben ein gutes Bild von der internationalen Vernetzung der humanistisch Gebildeten[1342].

Auch wohlhabende Kaufherren wie Conrad Peutinger (1465 – 1547; 9.1.7.3.) in Augsburg oder Willibald Pirkheimer (1470 – 1530; 7.6.5. und 10.3.1.1.5.) in Nürnberg förderten den Humanismus nicht nur als Mäzene, sondern auch durch eigene Arbeiten. Sie hatten enge Kontakte zu führenden Männern, auf Kaiser Maximilian wirkten sie ebenso einflussreich ein wie auf Bischöfe und Landesherren (z.B. die Kurfürsten von Sachsen).
Die humanistische Welt, die von Wittenberg, Krakau, Wien, Buda, Basel, Heidelberg und Köln bis Paris, Rom, Neapel und Oxford reichte, bildete ein europäisches

Netzwerk. Manche Humanisten zogen als wandernde Lehrer oder Poeten von Ort zu Ort. (Wir werden im Folgenden die wichtigsten Stationen in den Lebensläufen andeuten.), Reisen (10.1.7.) und eifriger Briefwechsel (10.1.2.) hielten die Verbindung aufrecht.

* Den Anfang des „Humanismus" markieren Petrarca und die humanistischen Studien. Am Ende stehen Humanisten der frühen Aufklärung, Sir Philip Sidney (7.6.13), Comenius (7.6.14.) und John Milton (7.6.15.). Bindeglied zwischen den beiden Polen ist der Humanismus der Reformation: Reuchlin (7.6.5.), Erasmus (7.6.7.) Melanchton (7.6.8.) und Comenius (7.6.14.), humanistische Zirkel am Oberrhein (10.3.4.7.), im Elsass (10.3.4.7.), in den Vogesen (9.1.5.3.) und in Sachsen (10.3.3.3.1. und 10.3.3.3.2.).

* „Der Humanismus" hatte in Deutschland, Frankreich und England der Reformation weithin den Weg geebnet[1343],[1344], ja sie waren ineinander verwoben: Die theologische Auseinandersetzung um die Kirchenreformation hat neben der Philologie (7.6.9.) auch die Dichtung und das Theater (10.3.1.5.) erfasst. Die Einstellungen der Reformatoren zu den artes im Allgemeinen werden wir ebenso berücksichtigen, wie die der Gegenreformation.

.... Die Humanisten gerieten schon früh mit den Scholastikern in Konflikt. Bereits Petrarca hat die Scholastik und die Aristoteliker angegriffen (7.5.1.4.). Ein weiterer Konflikt entzündete sich an der Schulsprache und der Schulterminologie. Es waren Ausdrücke, die vom Standpunkt der klassischen Latinität sich als Barbarismen darstellten (7.6.9. und 7.6.11.). Ein anderer Aspekt des Konfliktes war die scholastische Dialektik und Rhetorik[1345] (10.2.3.). Diese Auseinandersetzung fand eine Fortsetzung in der frühen Aufklärung (10.4.).

.... Wir finden in den Memoiren von Papst Pius II. auch einen Reflex kritischer Einstellungen in kirchlichen Kreisen zur humanistischen Bildung. In der Konklave wurde ihm vorgehalten: *Was hat er schon alles für Zeug geschrieben? Sollen wir einen Dichter auf den Stuhl Petri setzen und die Kirche mit heidnischen Gesetzen regieren?*[1346]

.... Sein Nachfolger Papst Paul II (1417, 1464 - 1471) hat Maßnahmen gegen die Humanisten ergriffen (7.6.11.; 10.1.4.).

.... Auch Reuchlins Streit mit den Kölner Dominikanern (7.6.5.), in dem es um scholastische Methode, das Mönchslatein und die kirchliche Praxis ging, ließ die Fronten schon erkennen. Der Ausgang des Streites war trotz des Erfolges der „Epistolae obscurorum virorum" kein voller Sieg. In der Kontroverse zwischen Johannes Pfefferkorn und dem Humanisten Johannes Reuchlin verteidigte Pirkheimer den letzteren 1517 in den Epistola apologetica.[1347].

Unsere wichtigsten Protagonisten sind: Laurentius Valla (7.6.1.), Ficino (7.6.2.), Pico della Mirandola (7.6.3.), Dalberg, (7.6.5.), der französische Humanist Guillelmus Budaeus (7.6.6.), Erasmus von Rotterdam (7.6.7.), Melanchton (7.6.8.), Grynaeus (7.6.12.), Sidney (7.6.13), Comenius (7.6.14.) und John Milton (7.6.15.).

1.6.1 Laurentius Valla

Valla, Laurentius, eigentlich Lorenzo Valla (1405/07 – 1457), war 1431 Professor für Rhetorik an der Universität in Pavia, 1435/48 Sekretär des Königs Alfons V. (reg.1416 – 1458) in Neapel, danach Sekretär am päpstlichen Hof und ab 1450 auch Professor für Rhetorik in Rom. Valla nahm Anstoß an den barbarischen Übersetzungen, welche nicht einmal rein ist, sondern den Urtext vielfach unrichtig wiedergibt. Boethius war der erste, welcher diesen korrupten Aristotelismus einführte, und die anderen sind ihm in hellen Haufen gefolgt[1348]. Valla übersetzte zahlreiche Schriften der Antike, u.a. Herodot, Thukydides[1349] und 1498 die Poetik von Aristoteles[1350] (3.6.3.7.). Er hinterließ ein umfangreiches literarisches Werk. In dem Traktat »Elegantiarum Latinae linguae libri sex« (1444; gedr. 1572; Sechs Bücher über die Eleganz der lateinischen Sprache) trat er als Erneuerer des klassischen Lateins nach dem Vorbild Ciceros hervor[1351] (7.4.6.12.).

Valla ordnete im Vorwort des Dialoges „Über den freien Willen" offensichtlich die Philosophie dem Glauben unter. Er ging sogar soweit zu sagen, Religion und Glaube sollten sich nicht auf die Unterstützung der Philosophen verlassen, dass die Philosophie der Religion nicht nützlich, sondern schädlich und die Ursache vieler Häresien gewesen sei[1352]. Bemerkenswert ist, dass er die Philosophie im Namen des Glaubens und der Religion verwarf. In dem Dialog „Über das wahre Gut", einem Streitgespräch zwischen einem Stoiker, einem Epikureer und einem Christen, wurde das höchste Gut nicht in einer philosophischen Lehre, sondern in der christlichen Religion gefunden[1353].

* Doch Valla hat mit seiner wissenschaftlichen Methode nach streng logischen Grundsätzen auch Autoritäten in Frage gestellt. Seine „Anmerkungen zum Neuen Testament" (1444) sind ein früher Versuch, durch den Vergleich griechischer und lateinischer Handschriften eine Textkritik der Vulgata durchzuführen und er hat Übersetzungsmängel nachgewiesen[1354]. Valla wurde wegen „Verunglimpfung" des heiligen Hieronymus (5.2.1.7.) angegriffen. Doch Kardinal Bessarion (7.5.2.8.) hatte Valla mit seiner besseren Kenntnis des Griechischen bei der Arbeit unterstützt. Auch Kardinal Nicolaus Cusanus (9.1.7.3.3.) hat das Werk begrüßt: als nützlich für das Verständnis der Heiligen Schrift. Erasmus von Rotterdam (7.6.7.) entdeckte diesen Kommentar in einer Bibliothek, er kannte auch diese Kontroversen, ließ sich aber von der Missgunst gegen den Namen Laurentius insbesondere gegen diesen Gegenstand (die Anmerkungen zu Neuen Testament) der offenbar ganz besonders verhasst ist nicht abschrecken, und brachte Vallas Kommentar 1505 in Paris heraus[1355]. Ja für ihn war diese ganze Aufgabe, die Heilige Schrift zu übersetzen, eine Sache des Grammatikers[1356]. Erasmus lobte das sorgfältige Vorgehen Vallas. Die Kommentare Vallas bilden die Grundlage für die textkritische zweisprachige Ausgabe des Neuen Testaments durch Erasmus[1357] und damit indirekt auch für Luthers Übersetzung ins Deutsche von 1522[1358].

* Nach einem gewissen Stillstand im Mittelalter hat Valla mit seiner Methode auch die historische Urkundenkritik auf philologischer Grundlage eingeleitet. Ihm gelang der Nachweis, dass der angebliche Briefwechsel zwischen Seneca und dem Apostel Paulus unecht ist. Er war es auch, der 1440 die so genannte „Konstantinische Schenkung" (5.1.6.) und die angebliche Taufe Konstantins durch Papst Silvester I. als eine Fälschung darstellte[1359],[1360]. Damit wurde der weltliche Herrschaftsanspruch der Kirche überhaupt in Frage gestellt[1361]. Erasmus von Rotterdam (7.6.7.) hat in seinem Pamphlet gegen Papst Julius II. auf diese angebliche Urkunde angespielt[1362].

* Die ersten Ansätze zu einer wissenschaftlichen und methodischen Textkritik wurden von den Gelehrten am Museion in Alexandrien entwickelt (4.1.1.6.). Dies wurde bereits von den Apologeten und den Kirchenvätern zu einer christlichen Philologie weiterentwickelt (5.2.5.). Doch die christliche Philologie blieb bereits in der Spätan-

tike nicht ohne Kontroverse (5.2.1.7.). In seinen Invektiven gegen Valla (7.6.2.) verteidigte Poggio (7.5.2.1., 10.1.4.) die ältere studia humanitatis gegen die neue historisch–kritische Philologie[1363]. Erasmus von Rotterdam hielt Valla für höchst lobenswert, er ist mehr Rhetor als Theologe und hat sich mit der Heiligen Schrift so sorgfältig beschäftigt, dass er das Griechische mit dem Lateinischen verglich, wo es doch nicht wenige Theologen gibt, die nie das ganze Neue Testament der Reihe nach gelesen haben[1364].

Doch die Anwendung der philologischen Methode auf die Heilige Schrift bekam auch eine doppelte politische Relevanz: Einerseits entkam Valla einem Ketzerprozeß nur um Haaresbreite und nur mit Protektion König Alfons V. von Neapel[1365]. Andererseits, die geschichtlichen Folgen von Vallas Nachweis wirkten über Erasmus von Rotterdam, die Reformation bis hin zum Risorgimento[1366]. (s.u. 7.6.7.) Valla`s „Anmerkungen", seine Untersuchung über die Schenkung Konstantins, seine Schrift über die Willensfreiheit wurden in die Liste der verbotenen Bücher aufgenommen (10.2.2.)[1367].

1.6.2   Ficino und die Platonische Akademie

* Ficino, Marsilio, (1433 – 1499), italienischer Humanist und Philosoph, bedeutendster Vertreter des Renaissanceplatonismus. Er begann bei Argyropoulos (7.4.6.10.) Griechisch zu lernen und legte 1462 erste Übersetzungen (Orphische Hymnen, Proklos, Hesiod) vor. Mit dem platonischen Denken wurde er zunächst nur durch die Vermittlung der Schriften Ciceros, Augustinus' und Macrobius' bekannt, auf deren Grundlage er eine Einleitung in die platonische Philosophie verfasste.

* Die Lichtmystik des „Dionysius Aeropagita" (5.1.3.9.) war im lateinischen Mittelalter bekannt (7.1.4., 8.4.1., und 9.1.7.1.6.). Im Mittelalter waren die hermetischen Schriften in Auszügen bekannt (9.1.4.). Thomas von Aquino hat, wie schon Augustinus (4.1.1.7.), die „Werke der Magier" abgelehnt[1368]. Nicolaus Cusanus integrierte wissenschaftliche und mystische theologische Vorstellungen eines Roger Bacon (8.3.2.4.) und Dionysius Areopagita (5.1.2.) oder Johannes Duns Scotus (8.4.1.) in der Art wie etwa Wilhelm von Ockham (8.4.2.) zu einem Weltbild (9.1.7.3.3.).
Das „Corpus hermeticum" (4.1.1.7.) gelangte um 1460 nach Florenz. Ficino hat, im Auftrag Cosimo`s de Medici, 1463 den „Corpus hermeticum" übersetzt. Ficino propagierte (wie schon Lactanz, 5.2.1.9.) auch in Briefen die Hermetik: „Dieser [Hermes] stand nämlich in Scharfsinn und Gelehrsamkeit allen Philosophen voran. ... Daher wurde er zu Recht der dreimal Größte genannt. Als erster unter den Philosophen wandte er sich von Naturkunde und Mathematik der Erkenntnis des Göttlichen zu.
Die Übersetzung fand eine weite Verbreitung, es gibt zahlreiche Handschriften und von 1471 bis Ende des XVI. Jahrhunderts 16 Druckauflagen[1369]. Sie haben den Mystizismus des Mittelalters zu einer Renaissance verholfen (10.4.). Pico della Mirandola hat diese Anregung Ficino`s aufgegriffen (7.6.3.). Das Interesse am Mystischen und Obskuren hat auch die frühe Aufklärung begleitet (Einleitung zu Kapitel 10).

Im Auftrag Cosimos de Medici (1389 - 1464) nahm Ficino kurze Zeit später eine Übersetzung aller Dialoge Platons aus dem Griechischen ins Lateinische in Angriff. Dem Christentum blieb Ficino persönlich eng verbunden: 1473 erhielt er die Priesterweihe.

* Ficino brachte, indem er sein Hauptwerk als »Platonische Theologie« (1482) bezeichnete, bereits zum Ausdruck, dass er es als ein gleichwertiges Gegenstück zu der scholastischen Theologie verstand[1370], ja die Philosophie Platons für besser geeignet hielt die christliche Lehre zu formulieren als die Philosophie des Aristoteles[1371] (s. auch: Philosophenstreit, 7.5.3.7.). Es ist ein apologetisches Werk zur Befreiung der Philosophie von der Gottlosigkeit. Die Aufgabe der platonischen Vernunft sei es, christlichen Glauben und christliche Autorität zu bestätigen und zu unterstützen, und er sieht es sogar als seine eigene, ihm von der göttlichen Vorsehung zugewiesene Mission an, die wahre Philosophie zur Förderung der wahren Religion neu zu beleben[1372]. Das Werk ist ein ferner Nachklang zum Streit um Aristoteles und Averoes (Kapitel 8).

In seiner „Theologia platonica" betrachtete Ficino die Welt als eine lebendige, vom göttlichen Geist durchdrungene Einheit. Die bildende Kunst, die die sichtbaren Dinge der Welt wiedergibt, verweist damit symbolhaft auf das Übersinnliche (10.3.1.1.)[1373]. Durch die Schönheit der irdischen Dinge werde im Menschen die Liebe zum Schönen erweckt, die ihn vermittels der Erkenntnis zum Ursprung von Harmonie und Schönheit, d.h. zu Gott, zurückführt. Die Kontemplation, die Gottesschau und schließlich auch die mystische Vereinigung der Seele mit dem göttlichen Wesen betrachtete Ficino als das natürliche Lebensziel des Menschen.[1374].

In diesem Werk beschrieb er auch das „Kontemplative Leben": Gegenüber unserer normalen täglichen Erfahrung befindet sich unser Geist im Zustand immerwährender Unruhe und Unzufriedenheit. Aber er ist in der Lage, sich von Körper und Außenwelt abzuwenden und sich auf seine eigene innere Substanz zu konzentrieren. Indem sie sich so von äußeren Dingen reinigt, tritt die Seele ins kontemplative Leben und erlangt ein höheres Wissen, da sie die unkörperliche oder intelligible Welt entdeckt, die ihr verschlossen ist, solange sie sich mit der gewöhnlichen Erfahrung und den Sorgen des täglichen Lebens befasst. Diese Analyse des kontemplativen Lebens verbindet Ficino mit dem Platonismus und den Mystikern des Mittelalters[1375].

* Cosimo de Medici schenkte Ficino ein Haus in Careggi, das dieser in Anlehnung an die von Platon gegründete Schule 'Akademie' (Platonische Akademie von Florenz, 10.1.4.) nannte und zum Treffpunkt eines Kreises von am Platonismus interessierten Humanisten machte[1376]. Ficino berichtete, Cosimo de Medici hätte die Anregung zur Gründung der Akademie vom Georgios Gemistos Plethon (7.5.3.3.) bekommen[1377].

Diese „Platonische Akademie" war eine lockere Gesellschaft von Männern, die die gleiche kulturelle Begeisterung und Hunger nach Kenntnissen erfasst hatte. Sie wurde ein Treffpunkt der gebildeten Welt. Griechische Gelehrte (7.5.2.8.) bestimmten die Arbeit der Platonischen Akademie. Die Akademie hat stark auf die Entwicklung des westeuropäischen Humanismus eingewirkt[1378] (7.6. und 10.1.4.).

Ficino's Kunsttheorie werden wir in Abschnitt 10.3.1.1.3. untersuchen

1.6.3 Pico della Mirandola

Giovanni Pico della Mirandola (1463 – 1494; 7.5.2.1.1.) studierte in den Zentren des Aristotelismus: Pisa und Paris, doch er betrachtete sich als ein Schüler Ficinos. Aber er wollte, vor dem Hintergrund des Philosophenstreites (7.4.6.11.), nicht Platons Philosophie neu beleben, sondern Platonismus und Aristotelismus miteinander versöhnen und in Einklang bringen[1379]. Interessant für uns ist seine Auffassung der

Beziehung zwischen Philosophie und Religion. In seinem Werk „De ente ed uno" schrieb er, Gott sei Dunkelheit, und das philosophische Wissen könne uns nur bis zu einem bestimmten Punkt Gott näher bringen, über den hinaus die Religion uns führen muss. Die Religion ermöglichtes uns, das letzte Ziel zu erreichen, auf welches die Philosophie uns nur vorbereiten kann[1380]. Dies ist eine Position der negativen Theologie der Mystiker (5.1.3.9.).

Als Mystiker versuchte Pico della Mirandola den Platonismus Ficino`s mit Hermetik und Kabbala zu verbinden[1381]. In der Folge gab es bis zur frühen Aufklärung einen breitgeführten gesellschaftlichen Diskurs um Mystizismus, Hermetik und Kabbala. Von unseren Protagonisten haben sich insbesondere Giordano Bruno (10.3.2.2.2.) und Campanella (10.3.4.2.) an mystische Vorstellungen angeknüpft. Dieser Diskurs fand an der Schwelle zur frühen Aufklärung in der „Fludd – Mersenne Kontroverse" (10.4.1.) ein (vorläufiges) Ende.

Pico hat sich auch mit der Astronomie seiner Zeit auseinander gesetzt: In einer Schrift gegen die Astrologie verwies er auf die Differenzen in den Messungen von Ptolomäus und Regiomontanus[1382] (9.1.1.).

* Ficino und Pico beriefen sich auf Platon zur Begründung und Verteidigung des christlichen Glaubens: Im Christentum erfüllt sich die platonische Philosophie[1383].

1.6.4 Dalberg

Dalberg, Johann (1455 – 1503), Bischof von Worms, Kanzler der Universität Heidelberg; studierte Philosophie in Erfurt und Jura in Pavia. In Italien entdeckte er sein Interesse für die griechische Sprache und Kultur und befreundete sich mit dem Philologen Rodolphus Agricola (1443 - 1485), den er 1484 an die Heidelberger Universität berufen ließ. Dalberg war Haupt und Mäzen des rheinischen Humanistenkreises. Als Bischof von Worms und Kanzler der Universität Heidelberg (10.1.3.) entwickelte Dalberg durch die Förderung humanistischer Bestrebungen Heidelberg und Worms zu Zentren des Humanismus. Conrad Celtes (10.1.4.), der erste deutsche Humanist, gehörte zu seinem Kreis. Celtes hat 1491 eine Sodalitas litteraria Rhenana in Heidelberg gegründet[1384].
Dalberg betätigte sich auch als Forscher und Sammler alter Kodizes und Handschriften (7.5.2.2.). [1385]

1.6.5 Reuchlin und die „Causa Reuchlini"

Reuchlin, Johannes, (1455 – 1522), deutscher humanistischer Wissenschaftler, Übersetzer und Schriftsteller. Er studierte ab 1470 in Freiburg i. Breisgau, Basel, Paris, Poitiers und Orléans. 1481 wurde er Lizentiat, 1484 Doktor des römischen Rechts in Tübingen. Als der Territorialfürst von Württemberg, Eberhard im Barthe, starb (1496), fiel Reuchlin unter dessen Nachfolger, Eberhard II., in Ungnade und ging nach Heidelberg. 1496/99 war er Professor an der Universität Heidelberg. Nach der Absetzung von Eberhard II., ab 1499 kehrte Reuchlin unter der Regierung von Herzog Ulrich wieder nach Stuttgart zurück. Er war u.a. Rechtsanwalt, Berater von Ulrich von Württemberg und 1502/13 schwäbischer Bundesrichter. Ab 1519 war er Professor für Griechisch und Hebräisch in Heidelberg, dann in Tübingen. Reuchlin knüpfte auf seinen Italienreisen (1482, 1490 und 1498) Freundschaft mit Ficino. Reuchlin wurde durch Pico von Mirandola in Florenz zum Studium des Neuplato-

nismus und der Kabbala angeregt[1386]. Neben den philologischen Interessen für das Studium der hebräischen Sprache trat Reuchlin auch für die Kabbala ein und akzeptierte deren Buchstaben-Mystik (De verbo mirifico, 1494)[1387].
Im Anschluss an Nicolaus Cusanus (9.1.7.3.3.) sprach er von der Koinzidenz der Gegensätze des Verstandes im höheren Bewusstsein (»In mente datur coincidere contraria et contradictoria, quae in ratione longissime separantur«). In humanistischer Tradition bekämpfte Reuchlin die Scholastik und trat für den Neuplatonismus (bzw. Neupythagoreismus) ein.

Reuchlin war neben Erasmus von Rotterdam der bedeutendste humanistische Gelehrte und Vertreter des Platonismus in Deutschland. Als Begründer der althebräischen Studien in Deutschland, dessen Werkausgaben lange maßgebend blieben, erwarb er sich besondere Verdienste um die Erschließung des Alten Testaments. Reuchlin sah im Studium der hebräischen Sprache und im Studium der hebräischen Literatur den Schlüssel zur Erneuerung des Christentums. Das Studium des Hebräischen wurde 1530 in Paris am Collège trilingue (7.6.6.) eingeführt[1388]. Auch die Jesuiten haben es in ihre Studienordnung aufgenommen. 10.2.3.)
Mit den lateinisch geschriebenen Komödien, mit dem die Pfaffenherrschaft geißelnden »Sergius« (1497) und mit dem gegen betrügerische Praktiken frühbürgerlicher Rechtsprechung gerichteten »Henno« (1497), den Hans Sachs 1531 als Fastnachtspiel ins Deutsche übertrug, steht Reuchlin neben Jakob Wimpfeling (1450 – 1528) am Beginn des neulateinischen Humanisten- bzw. Schuldramas.[1389]

* Die Einstellung mancher Zeitgenossen zu den Humanisten ist auch aus einem Mahnbrief aus dem Kloster Höningen (Pfalz) an Reuchlin erkennbar: *Alles Wissen müsse vor Gott gerechtfertigt werden, während ein gutes und heiliges Leben auch dann himmlischen Lohn davontragen werde, wenn es der Künste und Wissenschaften ganz entbehre*[1390]. Oder in einem anderen Schreiben: *Das Studium der antiken Literatur sei ein wichtiges Propedeutikum, das die Aufnahme höheren Wissens vorbereite*[1391]. Aber eben nur Vorbereitung.
Doch auch Reuchlin lag es weniger an den heidnischen Schriften, als an der doctrina christiana: Zur Erlangung oder Bewahrung des höchsten Glückes auf Erden erachtete Reuchlin nichts für wichtiger als ausgedehnte literarische Studien. Besondere Sorgfalt sei dabei auf diejenigen Schriften zu verwenden, die religiöse Weisheit enthielten und die Gedanken himmelwärts zögen. Man müsse daher unter Hintenanstellung aller Geschichtsschreiber, Dichter, Redner, Philosophen und Propheten den heilbringenden Schriften, welche die ersten Nachfolger Christi mit Hilfe des Heiligen Geistes verfasst hätten, seine vorrangige Aufmerksamkeit widmen. Diese Schriften seien die ausschlaggebende Autorität. Er hatte eine profunde Kenntnis der Kirchenväter, er zitierte sie in seinen Briefen: Athanasios, Dionysios, Areopagita, Eusebios, Gregor von Nazianz, Johannes Chrysostomos und Origenes[1392]. Reuchlin nahm sich Hieronymus (5.2.1.7.) als Vorbild[1393].

* Reuchlin folgte seinem Vorbild auch im Studium des Hebräischen. Die Erschließung des Hebräischen und der in dieser Sprache verfassten jüdischen Überlieferungen für eine christliche Leserschaft war der rote Faden seiner Gelehrsamkeit.
Die bereits besprochenen Probleme der Textüberlieferung (7.5.2.3.) galten auch für das Alte Testament. Beständig wurde Reuchlin an die erforderliche Ausmerzung der zahlreichen Kopistenfehler in den Bibelhandschriften gemahnt. Hierfür fehlte es am geeigneten philologischen Werkzeug[1394]. Reuchlin kannte also die Notwendigkeit das philologische Instrumentarium zum Verständnis der alttestamentlichen Tex-

te bereitzustellen.

Ein Missverständnis bot eine weiter Motivation für Reuchlins Engagement für das Studium des Hebräischen: Im elften Buch seiner „Praeperatio evangelica" bezeuge Eusebios, dass die gesamte Philosophie und Literatur ursprünglich bei den Juden entstanden und von dort durch Pythagoras und Platons Vermittlung auf langem Umwegen schließlich bis zu ihnen selbst gelangt sei[1395].

Mit der Veröffentlichung der "De rudimentis hebraicis" (1506), einer Kombination von Wörterbuch und Grammatik, legte Reuchlin die Grundlagen für das Verständnis des Urtextes des Alten Testaments. Reuchlin schrieb an den Abt des Benediktiner-klosters von Ottobeuren: Auf Hebräisch nämlich habe Gott den sterblichen Menschen seine Geheimnisse offenbart. Er verstehe diejenigen Gelehrten nicht, die sich der Auslegung der Bibel widmeten, aber keine Kenntnisse der hebräischen Sprache besäßen. Der Abt möge die Mönche ermuntern, zu den Quellen zurückzukehren, beim Alten Testament zum hebräischen, beim Neuen Testament zum griechischen Urtext[1396]. Er rühmte die Bibliothek von Johannes von Dalberg (10.1.4.), ausgestattet mit lateinischen, griechischen und hebräischen Büchern[1397].

Zur Nutzanwendung der in den „Rudimenta" aufgestellten Regeln gab Reuchlin die sieben Bußpsalmen im hebräischen Text mit lateinischer Übersetzung heraus. (1512). Durch seine hebräischen Schriften wollte Reuchlin der Kirche zur reinen Erkenntnis ihrer Glaubens- und Sittenlehre verhelfen, zu ihrem Wachstum beitragen und ihre geistige Durchdringung fördern[1398].

* Die „Causa Reuchlini" war sein öffentlich ausgetragener Streit mit dem konvertierten Juden Johannes Pfefferkorn OP (auch als „Judenbücherstreit" oder „Battle of pamphlets" bekannt). Der letztere hatte 1509 von Kaiser Maximilian I. ein Mandat erwirkt, das ihm gestattete, von allen im Reich ansässigen Juden Bücher zur Untersuchung einzufordern und diese zu konfiszieren, wenn er in ihnen etwas für die Christen Beleidigendes oder im Widerspruch zum Alten Testament stehendes entdeckte. Er musste aber diese Aktion auf Protest des Erzbischofs von Mainz, Uriel von Gemmingen, einstellen. Kaiser Maximilian I. forderte 1510 von den Universitäten Köln, Mainz, Erfurt und Heidelberg sowie von Jakob Hoogstraeten (der Prior des Kölner Dominikanerklosters und damit zugleich päpstlicher Inquisitor für die Kirchenprovinzen Mainz, Köln und Trier[1399] war in dem Streit der Gegenspieler Reuchlins.), Reuchlin und Victor von Karben ein diesbezügliches Gutachten.

Die „Causa Reuchlini" hatte einen weiter zurückliegenden historischen Hintergrund der Antisemitismus des Mittelalters. Im Mittelalter wurde das Inquisitionsverfahren, das zur Bekämpfung der innerkirchlichen Häretiker entwickelt wurde (8.1.4.), durch die Bettelorden zunehmend auch auf die Juden angewandt. Den biblischen Bezugspunkt dieser Judenverfolgungen bot ein Vers aus dem Brief des Paulus an die Römer: Es ward zu ihr gesagt: „Der Ältere soll dienstbar werden dem Jüngeren"[1400]. Durch die Konfiszierung des Jüdischen Schrifttums sollte die Bekehrung der Juden gefördert werden. Auch Reuchlin sah diesen Hintergrund und fürchtete um das Studium der Hebraistik: Das derzeitig elende Geschick der Juden, die nicht nur aus Spanien, sondern auch aus Deutschland vertrieben worden seien und nun bei den Arabern Zuflucht suchen müssten, lasse befürchten, dass die Kenntnis der hebräischen Sprache im Westen ganz verloren gehe[1401].

Reuchlin lehnte in seinem Gutachten (1510) die Forderung der Konfiskation und Vernichtung der jüdischen Literatur entschieden ab. Er hatte zwei Gründe: Einerseits, wie wir bereits erwähnt haben, sah Reuchlin im Judentum den Ursprung der antiken Weisheit. Andererseits war das Vorgehen mit dem ursprünglichen römischen und kanonischen Recht unvereinbar: *Die Juden als underthonen des hailigen römischen reichs sollent by kayßerlichen rechten behalten werden*[1402]. Mit seiner Ablehnung geriet Reuchlin in Konflikt mit Pfefferkorn, mit der theologischen Fakultät der Universität Köln und den Dominikanern. Letztere brachten ihn vor ein Inquisitionsgericht in Mainz und der „Augenspiegel" wurde verurteilt. Die Universität von Paris hat sich diesem Urteil angeschlossen[1403]. Doch Reuchlin appellierte an den Papst und die Kurie übertrug die Entscheidung dem Bischof von Speyer bzw. Worms. Der letztere, Pfalzgraf Georg, übernahm die Aufgabe. In Speyer wurde 1514 der Spruch von Mainz für ungültig erklärt und Reuchlin von der Ketzerei freigesprochen[1404]. Doch auch Hoogstraeten hat an die Kurie appelliert und der Konflikt weitete sich aus: Anfänglich argumentierte Reuchlin, als Schwäbischer Bundesrichter, juristisch und berief sich auf die wissenschaftliche Notwendigkeit der Kenntnis der hebräischen Literatur; doch sein Gutachten enthielt auch persönliche Angriffe gegen Pfefferkorn. Der Streit führte zu erbitterten Pamphleten und Gehässigkeiten auf beiden Seiten. Im Verlauf des Streites publizierte Reuchlin 1511 den »Augenspiegel« und seine „Defensio", sowie 1514 die Sammlung »Clarorum virorum epistolae« (Briefe berühmter Männer) und 1519 die Epistolae illustrium virorum, die den Kampf zwischen scholastischer und humanistischer Weltanschauung auslösten. Humanisten, wie Pirkheimer (7.6. und 10.3.1.1.5.) griffen auf der Seite Reuchlins in den Konflikt Partei, dieser hat sich zu einem Streit zwischen Dominikanern und Humanisten geweitet. Kaiser Maximilian ließ den „Augenspiegel" und die „Defensio" konfiszieren.

In diesen Zusammenhang gehören auch die berühmten »Epistolae obscurorum virorum« (Dunkelmännerbriefe; 1514)[1405]. Darin werden die spätscholastischen Kleriker als unwissend, denkfaul, orthodox und eifernd hingestellt, als saturiert und auf sinnlichen Genuss bedacht; ihre Methode besteht vor allem aus Zitieren aus Bibel, Aristoteles, Lehr- und Handbücher sowie bezeichnenderweise Ovids ⟨*Ars amatoria*⟩. Der Streit eskalierte dadurch, dass weite Teile der damaligen Bildungselite in Deutschland und über Deutschland hinaus für eine der beiden Seiten Partei ergriffen. Dabei standen auf Seiten Pfefferkorns v.a. die Dominikaner und scholastische Theologen (darunter Ortwin Gratius, der Inquisitor Jakob van Hoogstraten und die Pariser Universität). Reuchlin dagegen wurde von einigen der renommiertesten Humanisten Deutschlands unterstützt, allen voran Ulrich von Hutten, Crotus Rubeanus, Mutianus Rufus, Helius Eobanus, Hessus und anderen, aus deren Mitte einige Briefe stammten, die Reuchlin 1514 als *Epistolae clarorum virorum* (Briefe berühmter Männer) veröffentlichte. (Das lateinische Wort *clarus* bedeutet sowohl „hell" als auch „hervorragend, berühmt".)[1406]

Trotz der Unterstützung durch zahlreiche Gelehrte und des positiven Gutachtens einer römischen Kommission von Sachverständiger, wurde Reuchlin 1520 durch ein päpstliches Breve (päpstlicher Erlass in Kurzform) verurteilt[1407]. Die Auseinandersetzung mit Luther hat zu diesem Zeitpunkt die Fragen der Bibelübersetzung und die „Sache Reuchlins" überschattet[1408].

1.6.6 Budé

Budé, Guillaume, lateinisch Guillelmus Budaeus, (1468 – 1540), französischer Humanist, Philosoph und Philologe. Budé machte sich 1494 in Paris bei J. Laskaris (7.5.2.10.) mit der griechischen Philologie vertraut. Er entwickelte und verbreitete die Methode der kritisch-historischen Aneignung von Texten (s.a. 7.5.2.3.), so in seinen Pandektenanmerkungen »Annotationes in quattuor et viginti Pandectarum libri« (1508; Anmerkungen zu den 24 Büchern Pandekten). Eine Verbindung von Archäologie und Philologie mit aktuellen Bezügen stellt sein Werk über antike Münzen und Maße im Allgemeinen dar: »De Asse« (1514; Über die Münze); Er gilt als einer der Begründer der Numismatik. Der humanistischen Vorstellung von der kulturgeschichtlichen Kontinuität folgend, verfasste er eine Abhandlung vom Übergang der antiken Philologie in die moderne: »De transitu hellenismi ad christianismum libri III« (1529). Sinnsprüche und Fürstenspiegel stellen einen weiteren Teil seiner Arbeiten dar. Seine zahlreichen Übersetzungen (u.a. des Plutarch) fanden in europäischen Ländern rasche Verbreitung. Wesentlichen Anteil hatte Budé an der Einrichtung des humanistischen Collège trilingue von König Franz I. (1494, 1515 – 1547) zum Studium der drei Sprachen (Latein, Griechisch, Hebräisch), aus dem das spätere Collège de France hervorgegangen ist. Sein Verdienst war auch der Ausbau der Bibliothek zu Fontainebleau, an der er seit 1522 königlicher Bibliothekar war. Er vertiefte die Studien zur Philologie mit »De studio litterarum recte et commode instituendo« (1527; Über das rechte und zweckmäßige Studium), »De philologia libri II« (1530; Zwei Bücher zur Philologie) u.a. Zu einem der wichtigsten Initiatoren des Griechischstudiums in Frankreich wurde er durch sein grammatisches Werk »Commentaires sur la langue grecque« (1529; Kommentare über die griechische Sprache). In seinem Buch über die Fürstenerziehung, »Institution du prince« (1547; Das Fürstenamt), das von N. Machiavelli beeinflusst war, setzte er sich für eine umfassende Bildung der Fürsten und den staatlichen Schutz der Gelehrten ein. Viele seiner Vorstellungen teilte er mit Erasmus von Rotterdam (7.6.6.) [1409]

1.6.7 Erasmus von Rotterdam

Erasmus von Rotterdam, Desiderius, eigentlich Gerard Gerards, (1466/69 - 1536) trat 1487, wohl nicht freiwillig, in das Augustinerkloster Steyn (Niederlande) ein[1410] und wurde 1492 zum Priester geweiht. Er studierte 1495/99 in Paris; war 1499/1500 das erste Mal in England. Er knüpfte hier Verbindung zu Thomas Morus (10.3.4.1.) und begann, intensiv Griechisch zu lernen. 1503 brachte er das »Enchiridion militis christiani« (Handbuch des christlichen Streiters) heraus. Es folgten Wanderjahre durch Westeuropa: 1506/09 hielt er sich in Italien auf (10.1.6.1.), 1506 wurde er Doktor der Theologie in Turin. 1507 war er in Venedig beim Verleger Aldus Manuntius und in der Aldiana[1411]. In Italien wandte er sich (wie auch Papst Paul II. vor ihm) gegen die *„Sekte der Ciceronianer"*, die mit der Sprache Ciceros als Tünche ihr Heidentum verdecken[1412] (7.4.6.12.). (n.b. Der Konflikt erinnert uns an Alkuin, 7.1.4.) In Italien entdeckte Erasmus in der Synthese von Spiritualismus und Humanitas sein Lebensideal der Humanitas christiana und der Philosophie Christi[1413]. Der Schwerpunkt der Antike, auf die er zurückgriff, war dabei nicht die klassische, sondern die christliche Antike der Kirchenväter[1414]. Von den heidnischen Autoren schätzte er, den Satiriker Lukian und - unter Berufung auf Hieronymus - Seneca, insbesondere seine Moralvorschriften. Doch man soll, nach Erasmus, Seneca mit Verstand und Auswahl lesen[1415]. Besonders gerne berief er sich auf den heiligen Hieronymus, Basilius, Gregor von Nazianz, Gregor von Nyssa[1416] (5.2.). Es folgte ein zweiter Englandaufenthalt, 1511 war er Griechischlehrer in Cambridge; im gleichen Jahr schrieb er sein Enkomion Morias, das Lob der Torheit, den er Thomas Morus (10.3.4.1.) gewidmet hat. Mitunter stritt er mit Thomisten und Scotisten[1417]. Er nahm auch Anteil an der Reuchlinschen Fehde[1418] (10.1.5.). 1516 wurde

Erasmus Hofrat des Erzherzogs und späteren Kaisers Karls V. in Brüssel und im folgenden Jahr von seinem Klostergelübde entbunden, dann war er Dozent in Löwen (Leuven). Sein Konflikt mit den Scholastikern veranlasste Erasmus zum Umzug nach Basel, wo er in der den oberrheinischen Humanistenkreis eintrat. Als Motive für seine Wanderschaft nannte Erasmus lapidar: *Ich habe nur dann den Platz gewechselt, wenn die Pest oder Studium oder Gesundheit dazu zwang*[1419].

* Seine Erstausgabe des »Neuen Testaments« (1516) in griechischer und lateinischer Sprache knüpfte an die humanistische Textkritik (7.5.2.3.) und an Vallas Kommentar an (7.6.1.). Erasmus berichtete in einem Brief über das Projekt: *Ich habe das ganze Neue Testament nach griechischen Handschriften textlich hergerichtet und habe die griechischen Varianten beigefügt, damit jeder vergleichen kann. Separat habe ich Anmerkungen beigegeben, in denen ich teils selbst begründe, teils die Autorität alter Theologen zum Beweise dafür anführe, dass meine Verbesserungen nicht ohne Grund erfolgten*[1420]. Der Neue Testament erschien mit seiner eigenen lateinischen Übersetzung bei J. Froben in Basel (7.5.2.1.) und wurde zu einer der Grundlagen für Luthers Bibelübersetzung.

Erasmus formulierte und praktizierte das philologische Grundprinzip der humanistischen Wissenschaft: 'Zurück zu den Quellen!': *Muss man die Zuverlässigkeit des Alten Testaments hebräischen prüfen, so bedarf die Wahrheit des Neuen Testamentes der Normierung am Griechischen*[1421].

* Seine »*Adagiorum Collectanea*«, angelehnt an die antike Literatur, erschienen in der Erstauflage im Jahre 1500. Diese „Gesammelte Sinnsprüche" wuchsen in mehreren Auflagen, bis 1533 von anfänglich 818 auf über viertausend an. Ursprünglich sollten die Adagia der Eleganz der Sprache und der Verbreitung des humanistischen Bildungsprogramms dienen. Er zeigte damit auch die Vereinbarkeit der Gelehrsamkeit der Antike mit dem christlichen Glauben; doch er hat hinter den Sprichwörtern, Redensarten, geflügelten Worten, Spruchdichtung und Bauernregeln vielfach bissige Bemerkungen über Missstände seiner Zeit versteckt. Die Sammlung ist, wie wir schon stellenweise gesehen haben (7.5.2.1.-3, 12.) eine ergiebige Quelle für unsere Untersuchungen. Diesen folgten die späteren Sprichwörtersammlungen von J. Agricola und S. Franck.

* Europäische Wirkung erzielte er mit seiner satirischen Kampfschrift gegen Unwissenheit und Oberflächlichkeit »*Encomion moriae seu laus stultitia*« (1511; Lob der Torheit): *Alles, was unter Menschen sich abspielt, ist voll Torheit, und Toren Spielen es vor Toren*[1422].
Bereits Benedikt hat sich von den weltlichen Studien zurückgezogen *mit Wissen unwissend und in Weisheit ungelehrt, er verschmähte das Studium* (5.1.4.). Auch Erasmus hat sich paulinisch vom „main stream" abgegrenzt: *Ich will lieber ein Narr sein, als mit dem Volke der modernen Theologen ein noch so berühmter Weiser...*[1423]. Der „Lob der Torheit" war seit Paulus[1424] (5.1.1., 5.1.2. und 5.1.3.) Klemens von Alexandria (5.1.3.3.), Origenes (5.1.3.8.), Augustinus (5.3.1.), Lukian[1425] (4.3.3.7.), Hl Benedikt, Gregor der Große (5.1.4.), Bernhard von Clairvaux, (8.3.1.5.) und Cusanus (9.1.7.3.3.) in der christlichen Tradition ubiquitär. Auch Sebastian Brant, die „Narrenliteratur" und Erasmus - konnten an diese literarische Tradition anknüpfen.[1426], wenn sie die Torheiten dieser Welt anprangerten. (10.3.4.7.).

* Für ein tieferes Verständnis für Wissenschaft und Kunst trat er mit den »*Colloquia*

familiaria« (1519; Vertraute Gespräche) ein. Diese spiegeln aber auch aktuelle Auseinandersetzungen seiner Zeit[1427] (7.6.9., 7.6.11., 7.6.12., 9.1.4., 9.2.1.4. und 9.2.2.5.3.). *Der Heiligen Schrift gebührt zwar überall das höchste Ansehen, gleichwohl stoße ich bisweilen teils auf Aussprüche der Alten, teils auf Schriften der Heiden, auch von Dichtern, die so rein, so ehrwürdig und so vortrefflich sind, dass ich nicht glauben kann, dass ihren Verstand, als sie das schrieben, nicht irgendein gutes Wesen lenkte....Ich kann Ciceros Schriften über das Alter, über die Freundschaft, über die Pflichten oder die Tuskulanischen Disputationen nicht lesen, ohne dass ich das Buch mehr als einmal küßte und vor jenem ehrwürdigen, von einem himmlischen Wesen angehauchten Verstand Achtung hätte*[1428]. Auch in diesem Punkt knüpfte Erasmus von Rotterdam an die Bewertung der Wissenschaften bei Valla an (7.6.1.).

* Die religiöse Erneuerung war für Erasmus auch eine Aufgabe der Bildung (10.1.8.). In seinem Traktat über die *„Erziehung eines christlichen Fürsten"* finden wir auch zu unserem Thema interessante Anmerkungen:

.... An den Fürsten Karl (dem späteren Kaiser V.) schrieb Erasmus: *Unter Philosophie verstehe ich nicht Disputieren über Prinzipien, die erste Materie, die Bewegung oder das Unbegrenzte, sondern Befreiung von falschen, allgemein verbreiteten Ansichten und schlimmen Leidenschaften, Wegleitung, nach dem Vorbild der ewigen Gottheit richtig zu regieren*[1429].

.... Als Lektüre empfahl er die Sprüche des Salomon, Platons Gesetze, die Politik des Aristoteles, Plutarch`s Moralia, die Pflichtenlehre des Cicero, die Lektüre der Geschichtsschreiber. Vom Kanon der Rhetorik riet Erasmus ab[1430].

.... Der Herrscher soll die Geographie, die Geschichte, die Landesteile und Städte seines Herrschaftsbereiches kennen[1431]. Er soll die Städte aufsuchen, in der Absicht, alle Verhältnisse zu festigen, ansehnliche öffentliche Bauten zu errichten, Unheil bringende Gegenden mit Brücken, gedeckten Hallen, Tempeln, Stromregulierungen und Wasserleitungen oder durch bauliche Veränderungen und Entwässerungen zu kultivieren. Brachliegendes Land soll er unter den Pflug nehmen lassen, um das Volk besser versorgen zu können.[1432].

.... Der Herrscher muss nicht nur die gegenwärtige Wohlfahrt des Staates erhalten, sondern er muss sie blühender machen, als er ihn übernommen hat[1433].

.... Er soll nützliche Tätigkeiten ehren[1434], und er soll es nicht für schandbar halten, wenn wohlhabende Bürger oder Patrizier ihre Kinder zum Erlernen eines Handwerks anhalten[1435].

Diese Vorschläge an den Prinzen Karl, dem künftigen Kaiser Karl V., erinnern uns an die Kyrupädie von Xenophon (3.6.6.), doch mit der platonisch-christlichen Einschränkung, dass er das Wohlergehen des Staates nicht vornehmlich an den äußeren Gütern abmisst[1436].

* Erasmus hat sich, außer seiner Schriften, mit etwa 3 000 Briefen am humanistischen Kommunikationsnetz (10.1.) beteiligt. In den Briefen äußert er seine Kritik an der Kirche: am Klerus[1437], an den Missständen[1438] in der Kirche, an der Scholastik[1439] (z.B. 8.3.2.), am Mönchtum[1440].

.... Erasmus hat mit seiner Kritik am „humanistischen Papsttum" von Julius II. (7.6.11. und 10.2.) mit seiner Mahnung zum apostolischen Leben entgegen den gegenwärtig herrschenden Luxus[1441], die Reformation zwar eingeleitet, aber er war auf eine innerkirchliche Erneuerung bedacht. Mit seiner Kritik stand er nicht alleine. Auch im Kardinalskollegium gab es Reformbestrebungen. Papst Paul III. (1468,

1534 – 1539; s.a. 10.3.) war um die innerkirchliche Erneuerung bemüht, er bereitete eine Konzil vor und ernannte mehrere Kardinäle, die auf eine kirchliche Erneuerung bedacht waren[1442]. Erasmus von Rotterdam soll (kurz vor seinem Tode) auch unter den Vorgeschlagenen genannt worden sein. Erasmus berichtete darüber sarkastisch in zweien seiner Briefe: *Seine Heiligkeit, der Papst will mich, ich mag wollen oder nicht, in Gold fassen*[1443] *und die Katze soll in Gala gesteckt werden*[1444].

.... Die Haltung des Erasmus zu Luther ist schwankend gewesen. Ganz sicher hat er Luther ursprünglich freundlich gegenübergestanden und sich allmählich erst, innerlich widerstrebend, der Front seiner Gegner eingereiht. [1445] Die Streitfragen, Willensfreiheit, theologische oder kirchenpolitische Fragen, sind hier nicht unser Thema. Erasmus sah in der Reformation einen Geist am Werke, der ihm nicht nur fremd war, sondern ihm, je länger je mehr, unheimlich erscheinen musste. Hier war die Linie der friedlichen Entwicklung verlassen und ein Weg eingeschlagen, der nach Ansicht des Erasmus weit über das Notwendige und zu Verantwortende hinausführte. Durch die Überspitzung an sich richtiger Prinzipien musste nach seiner Meinung auch das Gute daran gefährdet, ja vernichtet werden[1446].

Nach Auseinandersetzungen mit Ulrich von Hutten und Martin Luther, als die Reformation eine Eigendynamik bekam und mit der römischen Kirche brach, distanzierte sich Erasmus von der Reformation: *Ich bin weder Ankläger noch Schutzpatron noch Angeklagter von Luther*[1447]. 1521/29 folgte ein Aufenthalt in Basel. Als in der Stadt die Reformation eingeführt wurde, zog er bis 1535 in das katholische Freiburg (Breisgau) um, kehrte aber nach Basel zurück.

* Spieltheoretisch betrachtet war Erasmus eine wirkungsmächtige Singularität: Umstritten, wie auch andere Humanisten, ohne eine stabile Koalition hinter sich zu haben. Er und seine humanistische Wissenschaft standen zwischen den Fronten der kirchlichen Reformationsbestrebungen und alle haben sich an ihm gerieben: Die Thomisten, die Scottisten[1448], die Aristoteliker und auch die Reformatoren.

Der Kaiser hat sich in den philologischen Streit nicht eingemischt.

Erasmus hatte seine Widersacher auch innerhalb der Kirche. Er beklagte sich über dumme, grobe, ungelehrte und boshafte Urteile,   über Unruhen am Kaiserhofe dann in Salamanca: Erasmus sei ein Ketzer und schlimmer als Luther[1449]. In Köln ist von den Dominikanern feierlich beschlossen worden, alle von Erasmus geschriebenen Bücher aus den Bibliotheken des ganzen Ordens zu entfernen[1450]. Ignatius von Loyola (10.2.3.) hat Erasmus scharf abgelehnt[1451] und auch die Universität von Paris hat die Werke des Erasmus schon zu seinen Lebzeiten zensiert und als gottlos und irrig verurteilt. Sie wurden 1559 in die Liste des Index librorum prohibitorum aufgenommen[1452].

* Doch die Adagia waren als ein philologisches Nachschlagewerk unverzichtbar und es erschienen gereinigte Ausgaben[1453]. An die vielseitigen Bemühungen des Erasmus von Rotterdam um Wissenschaftlichkeit, der Ablehnung der herkömmlichen Philosophie und Theologie und geistige Toleranz knüpften im 17. Jahrhundert die frühen Aufklärer an[1454] (10.3.1.).

* Uns interessiert sein methodisches Vorgehen als Übersetzer. Dieses hat auch eine Kontroverse ausgelöst, die wir aber erst in Abschnitt 10.1.9. betrachten werden.

1.6.8 Melanchthon

Melanchthons (1497 – 1560) erste Lehrtätigkeit und seine Tätigkeit in der Druckerei des Thomas Anselm in Tübingen weisen ihn als ein Vorkämpfer der wissenschaftlichen Ideale des Humanismus aus. Melanchthon ging 1518 auf Empfehlung von Reuchlin als Lehrer für Griechisch und Hebräisch nach Wittenberg, wo er aber auch Rhetorik, Dialektik, philosophische Ethik, biblische Exegese und Dogmatik unterrichtete. In Wittenberg gewann er die Freundschaft Luthers. Melanchthon bekannte sich zu den reformatorischen Grundwahrheiten und zu den Ideen Luthers. Melanchthon stellte die „Hauptstücke" zusammen, was man in der Bibel zu finden habe und formulierte damit die erste evangelische Dogmatik[1455]. Da Luther als Gebannter Kursachsen kaum verlassen konnte, reiste Melanchthon und trat auswärts als gelehrter Sprecher des Protestantismus auf. Doch er war an einen Ausgleich zwischen den streitenden Religionsparteien bedacht und seine Theologie hat auch traditionalistische Züge, die an die Vätertheologie und altkirchliche Symbolik anknüpfen[1456]. Man kann Melanchthon als einen Vorläufer der Ökumene betrachten.

* Für Melanchthon waren alle guten Wissenschaften Gaben Gottes, aber sie sollen jeweils an ihrem Ort bleiben[1457] (7.5.2.11).
Melanchthon mahnte in den Auseinandersetzungen mit den Wiedertäufern vor den törichten Meinungen derer, die die freie Bildung in der Kirche für keineswegs erforderlich halten. Da eine ungebildete Theologie von Übel ist, sollte man leicht einsehen, dass die Kirche vieler großer Wissenschaften bedarf. Denn zum Urteilen und zum richtigen und klaren Auslegen schwieriger und dunkler Dinge reicht es nicht aus, die gewöhnlichen Regeln der Grammatik und Dialektik zu kennen, sondern eine vielfältige Lehre ist nötig. Vieles muss nämlich aus den Physiken genommen und vieles aus der Moralphilosophie muss auf die christliche Lehre bezogen werden[1458].

Die Einstellung Melanchthons zu den Wissenschaften war von Aristoteles geprägt:
…. Dies gilt für die wissenschaftliche Methode. Auf keine andere Weise kann einer an die Methode gewöhnt werden, wenn er nicht sorgfältig in dieser Art der aristotelischen Philosophie übt. Deshalb ermahne ich euch, nicht nur um euretwegen, sondern auch wegen der gesamten Nachwelt, diese vorzügliche Art der Lehre sorgfältig zu pflegen und zu erhalten[1459].
…. Dies gilt auch für die Einheit der Wissenschaften. Aristoteles hat als einziger den Zusammenhang aller Wissenschaften gesehen. So hat er die Physik auf geometrische Beweise aufgebaut und begründet. Deswegen behandelte er alle Wissenschaften, schrieb über die Natur der Dinge, über Ethik, die Unsterblichkeit der Seele und über die Himmelskörper[1460]. Überhaupt gibt es sozusagen einen Kreis der Wissenschaften, in dem sie alle untereinander fest verbunden und verknüpft sind, so dass man, um einzelne Teile zu begreifen, vieles aus anderen erlernen muss. Wer die Physiken vernachlässigt, behandelt die Moralphilosophie wie ein Lahmer, der Ball spielt. Schon die Geschichte, die genaue Zeitrechnung erfordert Mathematik. Aber auch dieser Teil muss mit den Physiken verbunden werden. Und es ist eine Barbarei – um nicht anderes zu sagen - , jene wunderschönen Wissenschaften über die Bewegung der Sterne zu verachten, die uns die Unterscheidung der Jahre und Zeiten ermöglichen, die Ankunft vieler großer Dinge ankündigen und uns in nutzvoller Weise ermahnen[1461].

Auch Melanchthon wollte alle Gebiete der Naturwissenschaft gepflegt wissen. Im „orbis litterarum" soll jeder Einzelwissenschaft die gleiche Bedeutung zukommen, und keine soll eine andere verdrängen. Er hat durch die Übermittlung antiker und mittelalterlicher Lehrbücher und eigene Vorlesungen, entgegen den Beschlüssen des V. Lateranums (10.1.8.), dieses Studium gefördert[1462]. Jedoch, wir sollten dabei nicht übersehen:

.... Erstens, dass die Physik für Melanchthon nicht die kopernikanische, auch nicht die heutige, moderne, sondern die aristotelische Physik, d.i. Naturkunde, bedeutete (10.3.2.2.1.) und

.... Zweitens, dass die heftigsten Auseinandersetzungen seiner Zeit sich mit der Philologie beschäftigten (10.1.9.). Auch im Mittelpunkt Melanchthons Bemühungen stand die Sprache, ganz speziell das Griechische. Die sprachliche Erziehung war für Melanchthon der Schlüssel zur humanen Bildung. Immer wieder berief er sich auf Horaz, Cicero und Vergil[1463].

.... Drittens, dass alle Künste nur Werkzeuge und Vorstufen der gottgezeugten Weisheit sind.

* Der Philosophie nach gibt es drei Gewißheitsnormen: die allgemeine Erfahrung, die Kenntnis der Anfangsgründe und die Einsicht in die Ordnung bei der logischen Schlußfolgerung. Die „Allgemeine Erfahrung meint, dass alle normalen Menschen über sinnlich wahrnehmbares in gleicher Weise urteilen: Feuer ist heiß, Frauen gebären. „Anfangsgründe" sind Wissensinhalte, mit denen wir auf die Welt kommen. Als Keime der einzelnen Wissenschaften sind sie uns von Gott eingepflanzt, damit wir daraus lebensnotwendige Techniken entwickeln können. Beispiele für solche Anfangsgründe sind die Kenntnis der Zahlen, der Ordnung, der Mengenverhältnisse und zahlreiche Elementarsätze: Etwas ist entweder, oder es ist nicht, Das Ganze ist größer als seine Teile. Das dritte Kriterium ist die Einsicht in die Ordnung der Schlußfolgerung, deren Glieder passend zusammengefügt sind. In der Kirche haben wir noch eine vierte Gewißheitsnorm, nämlich die Offenbarung Gottes in klaren und ursprünglichen Bezeugungen[1464]. Nur diese vermittelt auch für Melanchthon Sicherheit und umfassendes Wissen.

In seinen Scholia zu dem Brief des Paulus an die Korinther hat er sich mit dem Verhältnis von Philosophie und Theologie, Vernunft und Glaube auseinandergesetzt. Sofern Philosophie Wissenschaft von der Sprache, der Natur und von den Sitten ist, behauptet und lehrt sie nur das von natürlichen und gesellschaftlichen Vorgängen, was sie mit sicheren Gründen begreift. Sie ist eine und gute Schöpfung Gottes, nämlich das vernünftige Urteilsvermögen, welches Gott dem Menschen in Bezug auf Natur- und Sozialphänomenen gegeben hat. Die Menschen haben also von Gott die her die Fähigkeit, in Fragen des menschlichen Zusammenlebens wahr und zuverlässig zu urteilen. Ähnliches gilt im Bezug auf die Natur, das Zählen, das Messen, das Bauen, oder die Heilung von Krankheiten. Denn da alle Künste und Wissenschaften uns von Gott gewiesen und seine Gaben sind und zu Recht genannt werden, drückt es Ehrfurcht vor Gott aus, sie zu Pflegen und zu lernen, statt sie zu verachten. Man muss sich jedoch darüber im Klaren sein, dass sich ihre Lehren auf die Gegenstände dieser Welt, nicht etwa auf die Dogmen der Religion beziehen.

Doch auch bei Melanchthon finden wir eine deutliche Abgrenzung: In den Erörterungen der Philosophen findet sich vieles, was nicht nur der Religion fremd, sondern auch falsch ist und der natürlichen Vernunft widerstreitet. Von Philosophie spreche ich nur dann, wenn nichts behauptet wird, was sich nicht aus tragfähigen Schlußfolgerungen oder aus der Erfahrung ergeben hat. Doch viele zweideutige Meinungen sind wahren und gewissen Verhaltensregeln beigemengt:

Dann aber führt die Philosophie in die Irre, wenn sie sich darauf einläßt, über Gott und seine Ratschlüsse zu urteilen. Zweitens irrt die Philosophie in der Frage der Rechtfertigung, wenn sie die bürgerliche Gerechtigkeit als vor Gott zureichend feststellt. Drittens irrt die Philosophie mit der Meinung, die Vernunft habe aus sich selbst zureichende Gründe gegen die Sünden.

Daher müssen wir uns davor hüten, Evangelium und Philosophie zu vermischen oder die Philosophie in einer Hinsicht zu verdammen, in der Gott sie billigt. Melanchthon erinnert daran, dass sich die Vernunft, wird sie nicht vom Wort Gottes geleitet, sehr leicht dazu verführen läßt, unbewiesenen und falschen Behauptungen zuzustimmen und bei der Beurteilung weltlicher Angelegenheiten unnatürlicher Weise manches Schändliche zu billigen[1465].

* Melanchthon kritisierte in Wittenberg in seiner öffentlichen Antrittsrede den unhaltbaren Zustand der Wissenschaften und des wissenschaftlichen Unterrichts. Den Verfall der Wissenschaften verband er mit dem Untergang des Imperium Romanums infolge der Einfälle und Verwüstungen durch die Goten und Langobarden (4.1.2.1., 5.1.6. und 5.2.4.). Die Bemühungen Karls des Großen um eine Bildungsreform hielt er für vergeblich (7.1.3.), sie kam durch die eingestellte Gewöhnung zum erliegen. An der Lehrgebäude der Scholastik kritisierte er, dass diese auf der Grundlage eines verstümmelten und zerfetzten Aristoteles aufgebaut wurde (8.3.). Er beklagte den Verlust der Kenntnis des Griechischen, da es der Kirche geschadet hat. Die Dialektik verkam zur Spitzfindigkeit, echte Arbeit weder in der artistischen Fakultät, noch in der Medizin, Jurisprudenz oder Theologie geleistet. Er beklagte auch, dass es nicht wenige gibt, die die Auseinandersetzung mit den Wissenschaften aufhalten wollen: Das Studium der sich neu belebenden antiken Literatur bringe im Verhältnis zu seiner Schwierigkeit zu geringen Nutzen; wenn sich manche Leute mit Begeisterung dem Studium des Griechischen widmeten, so betrieben sie in verwerflicher Weise Müßiggang und eigneten es sich nur an, um prahlen zu können; zweifelhaft sei der Wert, den man dem Hebräischen beimesse; darüber gerate die herkömmliche Pflege der Künste und Wissenschaften ins Hintertreffen, und es werde zu einer Abkehr von der Philosophie kommen – und was an dererlei abschätzigen Redensarten mehr gibt[1466].

1.6.9   Die Kontroverse um die Philologie

* Wir haben bereits im Fall Valla (7.6.1.) gesehen, dass die Anwendung textkritischer Methoden auf die Heilige Schrift besonders heikel war. Wir haben auch schon gesehen dass, die Versuche einer textkritischen Interpretation der heiligen Schriften bereits Ende des 2. Jahrhunderts auf eine Ablehnung stießen (5.1.5. und 5.2.5.). Auch das „Traumgesicht" des Hieronymus und sein Konflikt mit Rufus und Magnus, einem Rhetor in Rom sind frühe Beispiele einer philologischen Kontroverse. Karl der Große hat Alkuin mit einer Revision der Vulgata beauftragt. Im Mittelalter waren verschiedene Übersetzungen im Umlauf. Papst Innocens III. Hat im Jahre 1199 unautorisierte Versionen und Übersetzungen verbannt. Doch das philologische Problem war durch den Bann nicht gelöst[1467].

* Schon Roger Bacon (9.1.5.1.6.) beklagte die Verderbtheit der verfügbaren Übersetzungen der antiken Autoren, stellte die Notwendigkeit einheitlicher Übersetzungen heraus und den Nutzen der Sprachkenntnisse für die Predigt, für die Missionsarbeit und für die Lenkung der Gemeinschaft der Gläubiger: die Textkritik hat eine öffentliche Relevanz. Waren die früheren textkritischen Anregungen und die damit

verbunden Konflikte eine Angelegenheit relativ weniger Spezialisten, vom 14. Jahrhundert an gewannen sie eine breitere öffentliche Aufmerksamkeit.

Das Konzil von Vienne (1311 – 1312) beschloss die Einrichtung von Schulen zum Studium der orientalischen Sprachen. Ziel dieser Studien soll die angemessene Auslegung des göttlichen Wortes und seine zuverlässige Verkündigung sein. Je zwei Fachleute für jede einzelne Sprache sollen die Schulen leiten, Bücher aus diesen Sprachen ins Lateinische zuverlässig übersetzen und ihre Kenntnis in einem gelehrten Unterricht vermitteln. Als Orte wurden die jeweilige Residenz der Kurie (diese befand sich damals in Avignon), die Universitäten von Paris, Oxford, Bologna und Salamanca[1468] genannt (s.u. 7.5.1.4.).

Mit diesem Dekret wäre die Anwendung philologischer Methoden auf die überlieferten Texte der Bibel möglich. Die philologische Gelehrsamkeit bei der Kommentierung Vallas (10.1.1.) und die zweisprachige Ausgabe von Erasmus (10.1.7.) waren durch dieses Dekret gedeckt. Erasmus berief sich auf dieses Dekret expressis verbis[1469].

* Nicht nur die erwähnten Kopistenfehler in den Handschriften, auch Druckfehler gaben Anlass zur Klage (7.5.2.3.) und stimulierten die Bemühungen um Korrekturen. Die Nachfrage nach korrekten Textausgaben förderte die Entwicklung textkritischer Methoden. Die Ansätze dazu waren ihrerseits Zielscheibe der Kritik, die nicht immer sachlich begründet war.

Schon bei der Herausgabe der „Anmerkungen" Vallas (7.6.7.) bemerkte Erasmus (der den Konflikt um Valla kannte): *Vermutlich werden die am allerwiderwärtigsten Lärmen, denen das Buch am meisten nützen kann: die Theologen. Eine Unerträgliche Frechheit, werden sie sagen, dass ein Grammatiker, nachdem er alle Disziplinen mißhandelt hat, seine leichtfertige Feder nicht einmal von der Heiligen Schrift fernhalten kann!*[1470]

* Was hier wie ein „Streit der Fakultäten" erscheint, gewann bereits mit der Ausgabe des zweisprachigen und kommentierten Neuen Testaments, und erst recht mit Luthers Übersetzung eine ganz andere öffentliche Dimension. Die Übersetzung der Bibel in eine Volkssprache war bereits im Mittelalter Häresie verdächtig (8.2.4.) und auch im 16. Jahrhundert bildete die Kontroverse einen bedeutenden Teil der Reformation. Denn die Auseinandersetzung um die richtige Interpretation der aus verschiedenen Quellen überlieferten heiligen Schriften stand, neben Ablasshandel, aber auch innerkirchlichen Reformbestrebungen, am Anfang einer Umwälzung, die wir als „Reformation" bezeichnen. So wurden in den Religionskampf der „Reformation" auch die Humanisten und die philologische Textinterpretation der Bibel mit einbezogen, von beiden Seiten mit unterschiedlicher Intention. Das Dekret des Konzils von Vienne hinderte die Gegner der philologischen Methode nicht, beiden, Valla und Erasmus, vorzuhalten: Man dürfe von der lateinischen Ausgabe nicht abgehen, die so vielfach approbiert ist[1471]. Gemeint war damit die Übersetzung ins Lateinische durch Hieronymus, die Vulgata (5.2.).

Erasmus hat versucht den philologischen Streit von den anderen Fragen der Kirchenreformation zu trennen: für ihn war die „Sache mit Luther" für gewisse Leute, die sich als Vorkämpfer der Theologie und Säulen der christlichen Wissenschaft betrachten, ein gefundenes Fressen und eine günstige Gelegenheit die schönen Wissenschaften zu schimpfieren[1472]. Erasmus bat Friedrich den Weisen von Sachsen den schon allenthalben in unserem Deutschland blühenden Wissenschaften Deine Gunst zu schenken[1473]. Die Gegner Luthers verfolgten ganz andere Zwecke als sie angeben. Schon längst ärgert sie das Aufblühen der Wissenschaften und der Sprachen, das Wiederaufleben der alten Autoren, die bisher staubbedeckt die Würmer fraßen und der Ruf an die Welt: „Zurück zu den Quellen". Sie fürchten um ihre Versumpftheit, sie wollen nicht irgendwie unwissend erscheinen[1474].

Der Verwendung der griechischen Handschriften des Neuen Testaments wurde auch entgegengehalten, die Griechen seien von der römischen Kirche abgefallen[1475]. (Die Unionsbemühungen des 15. Jahrhunderts (7.5.2.4.) waren gescheitert.) Erasmus dagegen wies auf Aristoteles hin, der bei den Scholastikern hoch im Ansehen sei, obwohl er nicht einmal getauft sei[1476]. Erasmus sah eine Gefahr darin, dass seine Schriften in die Nähe der Schriften Luthers gerückt wurden und hielt ihm vor: Sie glaubten eine Handhabe bekommen zu haben, die guten Wissenschaften zu unterdrücken[1477].

Kardinal Albrecht von Brandenburg (1490 – 1545) hatte erkannt, dass es nicht genügt, gegen die Übersetzung Luthers zu argumentieren und hat eine Übersetzung der Vulgata für „Altgläubige" angeregt um der lutherschen Übersetzung Paroli zu bieten[1478]. Cranach der Ältere (10.3.1.3.) hat den Kardinal als Hieronymus (5.2.1.7.) dargestellt.

* Erasmus begründete sein Vorgehen indem er sich selber auf Hieronymus berief, der ja auch einen vorhandenen Text verbessert habe (5.2.1.7.). Als mögliche Fehlerquellen nannte er Fehler beim Abschreiben, Unwissenheit des Auslegers, Veränderungen durch halbgelehrte, wenig achtsame Leute. Weiter: Es liegt im Natur dieser Textverderber, dass ein Schnitzer immer neue muss gebären[1479].

Erasmus glaubte, sein Vorgehen sei auch theologisch statthaft: *Nicht einmal die Königin der Wissenschaften, die Theologie, wird es für unwürdig halten, wenn ihr von der Grammatik, als Dienerin Handreichungen getan und der schuldige Dienst geleistet wird; sie steht zwar im Ansehen hinten manchen Wissenschaften zurück, ist aber notwendiger als die anderen alle … Aber, sagen sie, es ist nicht recht, an der Heiligen Schrift etwas zu ändern, weil dort selbst die i-Pünktchen einen geheimen Sinn haben. Ja, um so mehr ist es Unrecht, zu verzerren, und um so sorgfältiger müssen Gelehrte das verbessern, was durch Unwissenheit verschandelt wurde, doch mit der Vorsicht und Mäßigung, die man allen Büchern schuldet, ganz besonders den heiligen*[1480]. In diesem Punkt stimmte Erasmus mit Thomas von Aquino überein (8.3.2.5. und 8.3.3.6.).

In seiner Vorrede, die Erasmus an Papst Leo X. gewidmet hat, berief er sich auf Zitate, Verbesserungen allgemein in höchstem Ansehen stehender Autoren, nämlich Origenes, Chrysostomus, Cyrill, Hieronymus, Ambrosius, Hilarius, Augustin, Theophylakt, Basilius und Beda[1481].

Erasmus beklagte sich in seinen Briefen über den Hass, die Angriffe und Lästerungen der Barbaren (das sind die Gegner des Humanismus)[1482]. Sie werden nicht ruhen, bis sie alle Sprachen und Wissenschaften zerstört haben. Schon greifen sie Reuchlin wieder an, nur aus Hass gegen Luther, der gegen meinen Rat den Namen Reuchlins mit seiner Sache verquickte[1483]. Erasmus hat versucht seine wissenschaftliche Methode aus den Streitigkeiten der Reformation herauszuhalten, vergebens, die Bibelübersetzung und auch die Gelehrsamkeit war ein Teil des Streites.

* Anfänglich schienen Luther und Erasmus in ihrer Haltung verwandt zu sein: Wen gibt es, dessen Herz Erasmus nicht ganz einnimmt, den Erasmus nicht belehrt, in dem Erasmus nicht herrscht? Ich rede von denen, welche die Wissenschaft recht

lieben. Denn ich freue mich sehr, dass unter die übrigen Gaben Christi auch die gerechnet wird, dass Du vielen missfällst. Durch dieses Kennzeichen pflege ich die Gaben des gnädigen Gottes von denen des zürnenden zu unterscheiden[1484]. Doch für Luther wurde mit dem Fortschreiten der Reformation die Sorge des Erasmus um die rechte Gelehrsamkeit irrelevant: ... Warum wunderst Du Dich nicht vielmehr darüber, Erasmus, dass seit der Schöpfung der Welt unter den Heiden immer glänzendere Geister, größere Bildung, eifrigeres Studium vorhanden waren als unter den Christen oder den Völkern Gottes, wie ja Christus selbst sagte: »Die Kinder dieser Welt sind klüger als die Kinder des Lichts« (Lukas 16, 8)? Wer unter den Christen ist wohl einem Cicero - von den Griechen ganz zu schweigen - an Geist, Bildung und Gründlichkeit zu vergleichen[1485]? .... Der gleiche Konflikt, den Erasmus mit den Ciceronianer hatte (7.5.2.12. und 10.1.7.), klingt auch bei Luther kontra Erasmus an (Den Konflikt um die Willensfreiheit oder um spezifisch theologische Fragen können wir für unsere Untersuchung hier ausklammern): Denn die Geister werden wir nicht mit dem Argument der Bildung, der Lebenserfahrung, des Scharfsinns, der Menge, der Würde prüfen, und erst recht nicht mit dem Argument der Unwissenheit, der Unbildung, der geringen Zahl und der Niedrigkeit des Standes[1486]. Denn das muss vor allen Dingen bei den Christen unerschütterlich feste Überzeugung sein, dass die heilige Schrift ein geistliches Licht ist (2. Petr. 1, 19), viel klarer als selbst die Sonne, zumal in all den Dingen, welche sich auf das Heil oder das Wesentliche beziehen[1487]. Der uns schon bekannte Konflikt zwischen Vernunft und Glaube trat wieder in aller Deutlichkeit in Erscheinung: Ja, auch Erasmus will seinen Glauben hinter sich lassen, welchen er bei seinem Leben nicht zu bekennen wagt. Solche Leute wissen, was sie nicht reden wollen. Sie sind Windbeutel, welche alles an ihrer Weisheit messen wollen und meinen, wenn es Gott gäbe, würde er wohl eine andere Welt machen, die frommer wäre. [1488]

* Obwohl Kardinal Bellarmini (10.3.2.2.) sich für Revisionen der Vulgata einsetzte[1489] hat das Konzil von Trient (der Konzil der „Gegenreformation", 10.3.) im Dekret der 4. Sitzung vom 8.4.1546 die Vulgata latina des Hieronymus (5.2.1.7.) zur einzig legitimen Version bestimmt: Um Irrtümer zu überwinden und die wahre Reinheit des Evangeliums zu bewahren beschloss die Synode, dass diese alte und verbreitete Ausgabe, die durch eine lange Verwendung so vieler Jahrhunderte in der Kirche anerkannt ist, bei öffentlichen Vorlesungen, Disputationen, Predigten und Auslegungen als authentisch gilt und dass es niemand wage oder sich herausnehme, die Vulgata unter irgendeinem Vorwand abzulehnen. Es wurde auch, bei Androhung des Anathems, verboten, Anmerkungen und Auslegungen gegen den einmütigen Konsens der Väter und ohne Erlaubnis der Kirchenoberen zu drucken oder zum Verkauf anzubieten[1490] (s.a. 10.3.). Die „Kontinuität der Tradition" war bereits für die frühe christliche Philologie ein Kriterium der „Echtheit" (5.2.5.).
Die Schriften des Valla und des Erasmus von Rotterdam wurden auf die Liste der verbotenen Bücher (10.3.2.) gesetzt. In dem Verbot ging es um die Bewahrung älterer Methoden der Philologie und Wahrung des vertrauten Textbestandes, doch eine generelle „Querelle des anciens et des modernes" (10.5.1.) war die Kontroverse um Valla und die Anwendung der philologischen Methode nicht.

* Ausblick: Das Studium der Literatur stand im Mittelalter im Dienste der Theologie. Eine eigenständige Literaturwissenschaft und Literaturkritik entstand erst im 16. Jahrhundert.[1491] (10.1.9. und 10.3.1.5.).

1.6.10 Polemik zwischen Platonikern und Aristotelikern

Auch die Rezeption Platons löste eine kontroverse Diskussion aus. Daran beteiligt waren, Theologen, wie auch Philosophen, neben Bessarion, Michael Apostoles, Ficino (9.6.2.), Bernardino Telesio und Franciscus Patritius, auf der Seite der Platoniker und Georg von Trapezunt und Andreas Cäsalpinus, so wie die Philosophen in Padua für die Aristoteliker. Theodoros von Gaza und Pico della Mirandola (9.6.3.) und Leoncius Thomäus wirkten für einen Ausgleich zwischen den Parteien. Die Streitfrage war, ob die Natur planmäßig handele oder planlos wirke. Den ersten Standpunkt vertraten die Platoniker, den letzteren die Aristoteliker. Hintergrund des Konflikts war nicht nur die aristotelische Tradition der Scholastik, sondern auch der norditalienischen Universitäten. Der Konflikt zog sich über das 15. und 16. Jahrhundert hin.

Ficino (9.6.2.) und Pico della Mirandola (10.1.3.) waren recht milde Verfechter des Platonismus[1492]. Schneidend war der Gegensatz zu Aristoteles und zur Scholastik bei Patritius Franciscus.

* Georg von Trapezunt (1395/6 – 1484) war eine etwas zwielichtige Figur, ständig in Fehden verwickelt. Er war ab 1441 als päpstlicher Sekretär und diplomatischer Unterhändler in Dienste der Kurie und stand auch mit Sultan Mehmet in Briefwechsel. Georg .von Trapezunt übersetzte Werke des Aristoteles, Eusebius und andere Kirchenschriftsteller. Er stand in scharfem Gegensatz zum spätbyzantinischen Platonismus und dem Kreis um Bessarion. In seiner Streitschrift „Vergleich der Philosophen Platon und Aristoteles" polemisierte Georg von Trapezunt: Platon habe weder von der Grammatik, der Rhetorik, der Mathematik noch der Philosophie etwas verstanden. Seine Moral sei die Quelle aller Laster, überhaupt, seine Lehre die Quelle aller Ketzerei und allen Unheils, welches die Griechen betroffen habe[1493].

* Bessarion wies die Kritik des Georg von Trapezunt zurück: Platons Ethik käme in höherem Maße, als diejenige anderer Philosophen der christlichen nahe. Platon habe erkannt, dass die ganze Schöpfung aus dem Willen und Güte Gottes ihren Ursprung habe. Vor allem aber, Platon verteidigte mit der größten Entschiedenheit die Unsterblichkeit der Seele, Aristoteles aber neigte dazu, die Vernichtung der Seelensubstanz anzunehmen. Im Übrigen, meinte er, sind die Schriften beider Philosophen nicht in jeder Hinsicht einwandfrei und müssen hinter denen der Bibel zurückstehen.[1494].

* Theodoros von Gaza (um 1400 – 1475/6), seit den 40er Jahren in Italien, wurde vom Papst Nikolaus V. als Lehrer und Übersetzer nach Rom geholt. Theodoros von Gaza übersetzte Aristoteles, Theophrast, Alexandros von Aphrodisias, Cicero und Johannes Chrisostomos. Er forderte den Übergang von der byzantinischen Zeitrechnung zur christlichen. Im Philosophenstreit wirkte er im Sinne des Ausgleichs[1495].

* Leoncius Thomäus (1456 – 1533) lernte griechisch bei Chalcondylas (7.5.2.10.) und erhielt an der Universität von Padua ein Lehramt. Er teilte die philologischen Bestrebungen seiner Zeit und versuchte Aristotelismus und Platonismus zu versöhnen[1496].

* Melanchthon (1497 – 1560; 10.1.8.) kannte den Streit zwischen Bessarion und Trapezuntino, hielt aber den Streit durch Theodorus Gaza beendet. Man müsse

jedem von Beiden seinen Platz einräumen: so werde die Platonlektüre sehr nützlich sein, wenn ein in Aristoteles richtig unterwiesener hernach Platon lese. Denn wenn der Leser die aristotelische Methode anwendet, ordnet er jene Dinge, die beim Platon weitläufig zerstreut sind, leicht in entsprechende Zusammenhänge ein. Und ich glaube, dass dies der Grund für Aristoteles gewesen ist weshalb er die Methode so trocken verfolgte, um das, was er von Platon übernommen hatte, gesammelt und sinnvoll geordnet der Nachwelt als Ganzes zu überliefern. Auch wenn er manches feilen und korrigieren wollte, gibt es dennoch insgesamt keine große Verschiedenheit. Lass uns also beide lieben[1497]. Von den platonischen Auffassungen waren für Melanchthon von besonderer Bedeutung: sein Gottesbegriff, sein Schöpfungsmythos, das eigentliche Ziel aller Erkenntnis die Gotteserkenntnis sei, die Lehre von der Unsterblichkeit der Seele und Platons herausragende Rhetorik.

Doch eine Vermischung der Platonischen Lehre mit der christlichen lehnte Melanchthon ab: Die erkennt und lehrt jedoch nicht dasjenige, was dem Evangelium eigentümlich ist, nämlich die Vergebung der Sünden, die umsonst gewährt wird auf Grund des Sohnes Gottes. Bei aller Hochschätzung für Platon, Melanchthon tadelt diejenigen, die das Evangelium in platonische Philosophie umwandeln: In schändlicher Weise ist nämlich die christliche Lehre in jener alten Zeit befleckt worden (Melanchthon nennt Origenes mit Namen; s. 5.1.3.8. und 5.2.1.1.), in dem sie in schimpflicher weise mit der platonischen Philosophie vermischt wurde[1498].

Die süditalienischen Platoniker, Telesio und Patricius, waren keine Theologen sondern Naturphilosophen. Sie wandten sich in erster Linie nicht gegen die aristotelische Begründung der Theologie, sondern gegen die Aristoteliker in Padua.

* Bernardino Telesio (1509 – 1588), italienischer Naturphilosoph, war ein Platoniker und Gegner der Aristoteliker. In seiner Schrift „De Rerum Natura Iuxta Propria Principia" schlug er an Stelle der aristotelischen Prinzipien Stoff und Form, die Prinzipien Stoff und Kraft zur Begründung einer Naturphilosophie zu verwenden. Um dem abstrakten „Rationalismus der Voraufklärung" zu entgehen, forderte er die Untersuchung der Sinneseindrücke, er war ein Empiriker, darin ein Vorläufer der frühen Aufklärung (10.5.)[1499].

* Auch sein Schüler Patritius Franciscus, eigentlich Francesco Patrizzi (1529 – 1597) war Naturphilosoph in Ferrara und Rom. In Cypern sammelte er griechische Bücher und Manuskripte. Papst Clemens VIII. Berief 1592 ihn nach Rom als Lehrer der platonischen Philosophie. Als Platoniker war er, wie sein Lehrer, ein entschiedener Gegner des Aristoteles. Er tadelte die Scholastiker, weil sie nur Ausleger und Bearbeiter der aristotelischen Philosophie, nicht aber wahre Philosophen seien. Patritius hielt, wie auch Ficino (10.1.2.), das platonische System zur Begründung und Verteidigung der christlichen Lehre für besser geeignet, als das aristotelische[1500].

Patritius Franciscus schrieb 1587 auch eine Abhandlung über die „Neue Geometrie", eine komparative Darstellung der zeitgenössischen Wissenschaften[1501] (10.5.). Wie auch bei Georg von Trapezunt, in seinem „Vergleich der Philosophen", soll auch in den Wissenschaften in der Konfrontation oppositioneller Ansichten eine feste Position gefunden werden. Dazu propagierte Patritius die Anwendung mathematisch - geometrischer Mittel zur Darstellung wissenschaftliche aussagen[1502]. In der Verbindung von „neuer Philosophie" und der wissenschaftlichen Entwicklung seiner Zeit war auch er ein Vorläufer der frühen Aufklärung (10.5.).

Auf der Methode des „Vergleiches" gründet die Kasuistik, wie diese auch die Jesuiten verwendet haben (10.3.3.).

Patritius entwarf ein phantastisches Weltbild, in welchem kein Platz für Wunder war. Die ganze unendliche Welt war durchgängig vom göttlichen Lebenshauch (Pneuma) belebt. Oberstes Prinzip war das Urlicht. Pneuma und Urlicht vermitteln zwischen Geistigem und Körperlichem, die sich selbst nicht direkt berühren bzw. beeinflussen können. Indem vermittelt wird, wird auch belebt, und durch das in die Körperwelt hinein scheinende Urlicht wird diese zugleich schön. Damit erfolgt eine Abbiegung des platonisch-neuplatonischen Dualismus zwischen oberstem Prinzip und Materie in Richtung pantheistischem Monismus[1503].

Patritius bot seinen 'Platonismus' Papst Gregor XIV (1531, 1590 - 1591) als theoretisches Kampfmittel an um an den Schulen Aristoteles und die Scholastik zu ersetzen[1504]. Auch die nicht scholastischen Aristoteliker in Padua waren im Blickfeld der päpstlichen Kulturpolitik (9.1.7.3.3. und 10.3.).

* Die Polemik wurde unter den beteiligten Gelehrten geführt, sie wurde nicht vor die „Öffentlichkeit" getragen und kein Machthaber hat sich eingemischt.

* Den Diskurs der Aristoteliker an der Universität von Padua um die wissenschaftlichen Methoden werden wir unter 9.1.7.3. behandeln.

1.6.11 Der Streit um Cicero.

* Die Lektüre der Dichter der Antike wurde, *wegen der bei ihnen vorkommenden moralisch und theologisch anstößigen Passagen, von vielen abgelehnt*[1505]. Es gab bereits vom 7. Jahrhundert an warnende Stimmen (7.1.1.2., 7.1.3. und 7.1.4.), doch speziell der Streit um Cicero hatte auch eine andere Komponente und einen anderen Schwerpunkt:

Schon Petrarca (7.5.1.4.) hatte Cicero in der Prosa und Vergil in der Dichtung über alle anderen Autoren gestellt. Der päpstliche Sekretär Poggio Bracciolini (7.5.2.1.1. und 7.5.2.3.) zitierte in seinen Briefen nicht nur die Bibel, Werke der Kirchenväter, sondern auch Plato, Aristoteles, Cato, Cicero, Horaz, Vergil, Petronius, Quintilian, Statius, Seneca, Terenz, Aulus Gellius, Livius, Sueton, Tacitus, [1506]. Auch Laurentius Valla nahm zur Erneuerung des Lateins Cicero zum Vorbild (10.1.1.).

Die Berufung auf Cicero hat etwa zur gleichen Zeit, wie die Polemik gegen Platon tobte, einen weiteren Streit unter den Humanisten hervorgerufen: Die Nachahmung der Stilelemente Ciceros hatten vorwiegend italienische Humanisten verabsolutiert. Die Hochburg der Ciceronianismus war die Accademia romana (10.2.4.). Die Anticiceronianer kritisierten diese Absolutsetzung eines antiquierten Sprachstils (In diesem Aspekt könnte man eine „Querelle des anciens et des modernes" erblicken.). Dieser Streit über die beste Form des lateinischen Stils ist hier nicht unser Thema, uns interessieren die sachfremden Argumente, denn sie Verraten sachferne Grundeinstellungen. Ein solches Argument war der Paganismus[1507], die Paganisierung der äußeren Form, die zunehmende Gleichgültigkeit gegenüber dem Christentum, die Darstellung der heidnischen Mythologie in den Palästen bei gleichzeitiger Distanzierung von der Volksfrömmigkeit. Nicht nur humanistische Gelehrte, weltliche Granden, auch das „humanistische Papsttum" (erste Hälfte des 16. Jahrhunderts; 10.3.1.) gerieten zunehmend in den Fokus der Kritik:

Reuchlin (10.1.5.) habe oft darüber nachgedacht, wie der Vernachlässigung der

Heiligen Schrift zu begegnen sei, die über der Beschäftigung mit der Redekunst und auf Grund der gefälligeren Anmut der Dichter derzeit von vielen geradezu verachtet werde[1508].

Erasmus von Rotterdam nahm an einer Predigt am Karfreitag des Jahres 1509 Anstoß[1509] (10.1.7.) und bezichtigte die Accademia romana (10.2.4.) des Unglaubens; sie sei eine Gefahr für das Christentum und eine neuheidnische Sekte: *Wie ich höre, gibt es jetzt in Rom einen Verein (die römische Akademie), dessen Mitglieder mehr literarische Interessen als Glaubenseifer besitzen; sie nennen sich Akademiker und sind in weiten Kreisen hoch angesehen*[1510]. *Wenn du in Rom einmal Gelegenheit hattest, einen Blick in die Musentempel der Ciceronianer zu werfen, so denke, bitte, einmal nach: Hast du dort irgendwo ein Bild des Gekreuzigten, der Heiligen Dreifaltigkeit oder der Apostel gesehen? Nichts als Denkmäler des Heidentums findet man, wo man nur hinschaut! ... Das sind die Mysterien, die sich unter dem Deckmantel des Ciceronianismus verbergen. Glaub mir, der schöne Titel ist nur ein Vorwand, um arglose und leichtgläubige junge Menschen irre zu leiten. Für ein offenes Bekenntnis zum Heidentum haben wir nicht den Mut. Wir bemänteln es mit dem Namen des Ciceronianismus*[1511]. *Doch was hat das mit Julius (II. 1443, 1503 – 1513), dem höchsten Herren der Christenheit, zu tun, mit Julius dem Stellvertreter Christi und Nachfolger des Petrus und Paulus? Und was mit den Kardinälen und Bischöfen, die die Nachfolger der übrigen Apostel sind?*[1512] Auch in seinem Pamphlet gegen den Papst Julius II. lässt er Petrus diesem vorhalten: *Wie geschwollen redest du daher? Von solchen Dingen haben wir von Christus nichts gehört*[1513]. *Ich habe als erster in einem noch heidnischen Rom Christus verkündet, du hast dich in einem schon christlichen als Lehrer des Heidentums hervorgetan*[1514]. (Erasmus distanzierte sich später von dieser Schrift: *Es ist erstaunlich, dass gewisse Menschen annehmen, eine derartige Albernheit stamme von mir*[1515].)

Erasmus wandte sich zwar auch gegen die Ciceronianern (10.1.7.), suchte aber zwischen den Extremen einen mittleren Weg: *Ich versuche, so gut ich kann, eine sinnvolle Form der Nachahmung ciceronianischer Sprachkunst zu finden, um zu verhindern, dass wir zwar eifrig, aber kritiklos zu Werke gehen und auf diese Weise bei unserem Bemühen, den Ruf von Ciceronianern zu erlangen, nichts anderes erreichen, als das wir alles eher als Ciceronianer werden...Das Wesentliche an Cicero ist, die bestmögliche Form des Ausdrucks zu finden, dass man sich aber nicht einmal gut ausdrückt, wenn man sich nicht in angemessener Weise ausdrückt, und dass die rede ohne Kraft und Leben ist, wenn sie nicht aus dem Herzen kommt.*[1516] Wenn es um die Priorität der Heidnischen oder der christlichen Autoren ging haben Reuchlin (10.1.5.) und Erasmus (10.1.7.) den letzteren den Vorzug gegeben.

Erasmus war nicht der erste, der diese Vorwürfe erhob. Wie wir gesehen haben, klangen schon im Traum des Hieronymus (5.2.), bei Aldhelm (7.1.1.2.) und Alkuin (7.1.4.) im 8. Jahrhundert Befürchtungen an. Auch Boccaccio musste sich gegen vergleichbare Vorwürfe verteidigen (7.5.1.5.). Auch Savonarola (10.3.1.3.) hat theologiefreie humanistische Tendenzen abgelehnt[1517]. Papst Paul II. (1418, 1464 – 1471; 10.3.) hatte Schwierigkeiten mit den Humanisten, die sein Vorgänger Papst Pius II. (1405, 1458 – 1464; 10.1.1.) nach Rom gezogen hatte. Paul II. hob die Accademia romana (10.2.4.) auf, und hatte den Vertretern der Akademie in den Kerkern der Engelsburg die Gelegenheit gegeben, die Wirksamkeit der antiken Trostliteratur zu erproben[1518]. Die Humanisten nannten ihn deshalb einen „Barbaren" und einen Feind von Kunst und Wissenschaft[1519]. Doch der Vorwurf des Paganismus[1520] beschäftigte ein Jahrhundert später auch das Tridentinum (10.3.1.4.).

* Der Streit um Cicero war im 16. Jahrhundert ein Streit unter den humanistisch Gebildeten, dieser wurde nicht vor eine breitere Öffentlichkeit gebracht.

Ausblick: Die Studien der antiken Literatur führten nicht nur zu einer verfeinerten Rhetorik und literarischen Ausdruck der Spezialisten, sie prägten auch den literarischen Verkehr. „Der Humanismus" wurde zu einem Gesellschaftsspiel, eine Form der Konversation[1521] und Kommunikation (10.1.).
Doch humanistische Gelehrsamkeit konnte auch Gegenstand der Satire werden, so z.B. bei Francois Rabelais[1522] (9.1.5.3.): es ist *möglich, dass selbst die Räuber, Wegelagerer, Abenteurer und Stallknechte gelehrter sind, als zu meiner Zeit die Pfaffen und Professoren*[1523].

Pierre Bayle (10.4.6.) beurteilte rückblickend: *Die Gottlosigkeit wird nicht allein den philosophischen Studien angelastet, sondern auch den schönen Wissenschaften. … Doch es steht fest, dass die meisten Schöngeister und humanistischen Gelehrten, die in Italien glänzten, als die schönen Wissenschaften nach der Eroberung von Konstantinopel ihre Wiedergeburt erlebten, kaum Religion hatten. Andererseits aber hat die Restauration der gelehrten Sprachen und der schönen Literatur den Reformatoren den Weg geebnet, wie es die Mönche und ihre Anhänger vorausgesehen hatten, die nicht aufhörten, gegen Reuchlin, Erasmus und die anderen Bekämpfer der Barbarei anzugehen*[1524].

1.6.12 Grynaeus

Grynaeus, Simon, (1493 – 1541), deutscher Humanist; einer der wenigen, die neben mathematisch-naturwissenschaftlichen Texten klassischer Autoren (Ptolemäus, Theophast, Euklid, Proklos, Theon) auch moderne Reiseberichte (Marco Polo, A. Ca' da Mosto, Amerigo Vespucci, L. Varthema, Hayton de Courcy, Christoph Kolumbus) edierten (»Novus Orbis«, Basel und Paris 1532; Neue Welt). Grynaeus engagierte sich stark in Gemeinschaftsarbeiten u.a. mit Erasmus von Rotterdam (Ptolemäus, Livius, Aristoteles, Plinius). Welchen Anteil Erasmus an einer Edition dieser Texte hatte, können wir kaum abschätzen. In den Briefen des Erasmus finden wir zwar Hinweise auf die Historia Naturalis[1525], aber keine, die auf eine editorische Aktivität hindeuten. Den Livius widmete Erasmus dem Karl Blount, doch für den editorischen Aufwand nannte er Grynaeus[1526]
Nachdem Grynaeus in Wien, Budapest und Heidelberg lernte und lehrte, erhielt er in Basel 1529 die Professur für Griechisch. Er entdeckte 1527 im Kloster Lorsch die Bücher 41-45 des Livius[1527] und fand in Buda die Bücher des Maimonides. Er gehörte zu den fleißigen Humanisten, die mutig Erstausgaben wagten, Neuland erschlossen und die weltzugewandt weit über das philologische Arbeitsgebiet hinausgingen[1528].

1.6.13 Sir Philip Sidney

Sir Philip Sidney (1554 – 1586) war ein Politiker und Schriftsteller des „Elisabethanischen Zeitalters" (10.4.). Er reiste 1572 – 1575 durch Deutschland (Heidelberg und Frankfurt), Italien (Padua und Venedig), Österreich (Wien), Polen und Holland[1529]. Er hat auf seinen Reisen zwar zu zahlreichen prominenten Humanisten und Politiker Kontakte geknüpft, doch es waren keine poltischen Missionen, sondern Bildungsreisen (10.1.7.). Plato, Aristoteles, Cicero, Plutarch, Vergil und Ovid haben sein Denken geprägt[1530]. Für unsere Untersuchung interessant sind seine Apologie der Poetik (10.3.1.5.1.) und seine beiden „Arkadia" (9.2.2.3. und 10.3.4.8.2.).

1.6.14 Comenius und die Pansophie

* Johann Amos Comenius, manchmal auch Komenius, eigentlich tschechisch Jan Ámos Komenský (1592 – 1670; 10.1.8.) war Philosoph, Theologe, Seelsorger und ein humanistisch geprägter Pädagoge der frühen Aufklärung (10.4.). Er sah das Morgenrot eines neuen Zeitalters heraufziehen[1531].

Sein labyrinthischer Lebensweg war durch die Religionskriege des 17. Jahrhunderts geprägt. Er war Mitglied, 1648 Bischof, der „Gemeinde der Böhmischen Brüder", einer evangelischen freikirchlichen Gemeinschaft. Diese stand am Vorabend des Dreißigjährigen Krieges noch unter dem Schutz des Majestätsbriefes Rudolfs II. und erfuhr eine verhältnismäßig tolerante Behandlung.

Als in der Schlacht am Weißen Berg (1620) die protestantischen böhmischen Stände der katholischen Liga unterlagen, setzte die Verfolgung aller nichtkatholischen Konfessionen ein. Comenius versteckte sich an wechselnden Orten im Grenzgebiet Mährens, fand 1628 mit Tausenden anderen Vertriebenen im polnischen Lissa ein Exil, wo sie einen eigenen Stadtteil mit eigenem Bildungswesen aufbauten und Comenius für die nächsten Jahre als Lehrer am Gymnasium der Gemeinde eine Stelle fand. Während dieser literarisch höchst produktiven Periode erwarb sich Comenius Ansehen bei den Philosophen und Intellektuellen in ganz Europa bis hin nach Nordamerika.

Es folgten Einladungen nach England (1641 – 1642), Niederlande (1642), Deutschland, Schweden (1642 – 1644), Siebenbürgen (1650 – 1654). Er kehrte 1654 über die Slowakei und Schlesien nach Lissa zurück, wo er bis zur Zerstörung der Stadt durch polnische Soldaten im Jahr 1656 blieb. Er fand in Holland, in Amsterdam Asyl[1532].

Comenius führte einen regen Briefwechsel mit humanistischen Gelehrten in England, Ungarn, Schweden und Danzig. In einem Brief an den schwedischen Kanzler Oxenstierna und vielen Denkschriften setzte er sich für den Weltfrieden ein, den er als Zustand definierte, in welchem die Gesellschaftsordnung dem Menschen ermögliche, die eigenen Dinge frei und ohne Behinderung durch andere zu genießen.[1533]

* In seiner Satire „Labyrinth der Welt" (ein fiktiver Reisebericht, 10.3.4.) kritisierte Comenius die meisten menschlichen Beschäftigungen als eitle Mühe und zwecklose Torheit. Die meisten sind überflüssig, unnütz oder gar Sündhaft – ganz im Sinne Platons (3.6.2.2.3.) und frühchristlicher Einstellungen (5.1.1. und 5.3.1.). Er kritisierte auch den Zank und Streit der Gelehrten: je gelehrter sich einer von ihnen dünkte oder von anderen dafür gehalten wurde, mit umso größerem Eifer suchte er Händel und desto wilder focht, hieb und schlug er darauf los und suchte seinen Ruhm und Ehre darin[1534]. In dieser Verwirrung gab nur die Lehre Christi einen Halt[1535] und wahre Sicherheit[1536]: Was das Wissen oder Erkenntnis der Dinge anbelangt ... vermag das Geschöpf nichts zu erkennen, außer wie viel ihm der Schöpfer offenbart, so offenbart uns jener, was er will, auf dreifache Weise: 1. durch seine Werke, 2. durch seine Worte und 3. durch innere Eingebung[1537]. Die erste, allgemeine, allen zu Schau gestellte Schaubühne ist die Sichtbare Welt, auf der die Weisheit Gottes wunderbare Spiele aller möglichen Betrachtungen gibt[1538].

Comenius verfiel nicht in einen Skeptizismus sondern versuchte in zahlreichen Skizzen und Entwürfen[1539] zu einer „Pansophie" das wahre Wissen zur menschlichen Aufklärung[1540] zu bündeln. Comenius stand mit dieser Bestrebung in einer Reihe mit zahlreichen enzyklopädischen Ansätzen[1541].

Die Pansophie (lat. "pansophia": "Allweisheit", gebildet aus dem griechischen „pan": ganz, all, jeder; und „sophia": Weisheit) strebte eine Zusammenfassung aller Wissenschaften und ein weltweites Gelehrten- und Friedensreich an[1542]. Die Pansophie ist die Zusammenfassung aller Weisheit, die dem Menschen zukommt[1543]. Wir nennen sie Pansophia, d.h. Allweisheit, weil wir mit ihr erreichen, dass alle Menschen lernen, sowohl über alles, als auch gänzlich Bescheid zu wissen[1544]. Gänzlich Bescheid zu wissen bedeutet, sie Sache sowohl sicher, wie auch ausdrücklich, wie auch hinsichtlich ihres Gebrauches zu kennen[1545]. Die Pansophie soll die rechte und vorbildliche Zusammenfassung dessen sein, was man wissen kann. Sie soll drei Vorzüge haben: *Vollständigkeit, Ordnung und Wahrheit.; Vollständigkeit, damit sie alles enthalte, was für den zeitlichen und ewigen Zustand ohne jede schwächliche Lücken von Nutzen ist; Ordnung, dass alles im vollkommenen Zusammenhang von den ersten über die mittleren bis zu den letzten Dingen fließe; Wahrheit, dass alles so dargelegt werde, wie es ist oder geschah oder wie es geschieht ohne jede Beimengung von Falschem oder Unwahrem*[1546]. Das Ziel der Pansophie ist die Vorbereitung auf das ewige Leben: Wir ordnen in der Pansophie alles zum Nutzen des zukünftigen Lebens an, denn was man dort zu tun hat, das kennen wir schon hier, nämlich Gott zu schauen, uns in Gott zu freuen und Gott zu loben[1547].
Das Ziel: eine Pansophia, ein umfassendes wissenschaftliches System zu entwickeln, wurde nicht erreicht, die Entwürfe blieben utopisches Fragment[1548] (10.3.4.7.).

Das Bemühen um eine „Pansophia" hat auch eine Kontroverse ausgelöst: Nicht nur Theologen[1549], auch Descartes[1550] (10.4.4.), machten ihm die Vermischung der beiden Bereiche (weltliches und göttliches Wissen) zum Vorwurf.

* Der Londonaufenthalt des Comenius (1641 – 1642) fiel an den Vorabend zu Gründung der Royal Society (10.4.1.). Im gesellschaftlichen Diskurs griff er den Vorschlag zur Gründung einer wissenschaftlichen Akademie auf:
Eine solche Gründung wäre eine Schule der Schulen. ... Ihre vereinigte Arbeit müsste dahin zielen, die Grundlagen der Wissenschaften mehr und mehr aufzudecken, um das Licht der Weisheit zu läutern, es glücklich und erfolgreich unter den Menschen auszubreiten und die Lage der Menschen durch neue, nützliche Erfindungen immer weiter zu verbessern. Denn wollen wir nicht immer auf derselben Stelle treten, oder gar Rückschritte machen, so müssen wir stets den Fortgang des wohl Begonnenen bedenken. Weil dazu aber weder ein einzelner Mensch noch ein einziges Zeitalter hinreicht, müssen mehrere mit- und nacheinander das Begonnene fortsetzen. Dieses allgemeine Kollegium würde für die übrigen Schulen sein, was der Magen für die Glieder des Körpers: eine Lehrwerkstätte, die ihnen Saft, Kräfte und Leben zuführt[1551].

* In der Kontroverse um das neue Weltbild war Comenius konservativ. Comenius erwarb 1614 vom verstorbenen Jakob Christmann Kopernikus' Manuskript von De Revolutionibus[1552] (10.2.2.2.1.), doch die Frage Ruhe oder Bewegung der Erde hielt er eines Streitgesprächs zwischen Ptolemaios, Kopernikus und Tycho und andere würdig[1553]. Für den Schulunterricht sah er das geozentrische Weltbild vor[1554]. In

seinem Urteil zu Entdeckungen und Erfindungen war er vorsichtig und riet zur Vorsicht: Fremde Erfindungen und Werke müssen sorgfältig analysiert werden[1555]. Halte jedoch dein Urteil zurück ... bis du der Sache auf den Grund gekommen ... Denn ich kann nicht wünschen noch erstreben, jemanden durch unsere Überredung zu verleiten, einer halbgeprüften Sache seine Zustimmung zu geben[1556].

* Comenius war ein Glied in der pädagogischen Reformbewegung des 16. und 17. Jahrhunderts (7.6.8. und 10.2.3.), er ist der Begründer der methodischen Didaktik. Diese war mit seiner „Pansophie" verknüpft (10.1.8.).

Für unser Thema interessant sind seine Vorschläge, welche die Zweige der artes betreffen:

.... Die Gelehrsamkeit vieler, wenn nicht der meisten, erschöpft sich in bloßer Kenntnis von Namen und Begriffen. Comenius lehnt die bloße Buchgelehrsamkeit ab, Realien bilden die Grundlage der wahren Kenntnisse: Die Menschen müssen so viel wie möglich ihre Weisheit nicht aus Bücher schöpfen, sondern aus Himmel und Erde, aus Eichen und Buchen, d.h., sie müssen die Dinge selbst kennen und erforschen und nicht nur fremde Beobachtungen und Zeugnisse darüber[1557]. Alles soll wo immer möglich den Sinnen vorgeführt werden. ... Der Anfang der Kenntnis muss immer von den Sinnen ausgehen (denn nichts befindet sich in unserem Verstande, das nicht zuvor in einem der Sinne gewesen wäre ... Wenn die Dinge selbst nicht zu Hand sind, so kann man Stellvertreter verwenden: Modelle oder Bilder[1558].

.... In den Schulen muss alles gelehrt und gelernt werden um die Veredelung des ganzen Menschen zu bewirken. Die Hauptlehrgebiete: Weisheit, Sittlichkeit und Frömmigkeit dürfen nicht auseinandergerissen werden ... Dies ist nicht so zu verstehen, dass wir von allen die Kenntnisse aller Wissenschaften und Künste verlangen ... Aber über Grundlagen, Ursachen und Zwecke der wichtigsten Tatsachen und Ereignisse müssen alle belehrt werden, die nicht nur als Zuschauer, sondern auch als künftig Handelnde in die Welt eintreten[1559].

1.6.15 John Milton

Milton, John (1608 – 1675; s.a. 10.3.2.2.1. und 10.4.1.), war ein humanistisch gebildeter Dichter und Schriftsteller in England des Bürgerkrieges, der Regierung Cromwells und der royalistischen Erneuerung (10.4.). In seinen Schriften setzte er sich für die puritanischen Ideale des Commonwealth und für Pressefreiheit ein[1560] (10.1.6.2.). Nach der Wiederherstellung der Monarchie wurde Milton als Anhänger des Commonwealth kurzzeitig inhaftiert[1561]. Für unsere Untersuchung sind seine Einstellung zum neuen Weltbild (10.3.2.2.1. und 10.4.) und seine Schrift zur Verbesserung der Bildung interessant (10.1.8.).

1.7 Zusammenfassung und Ausblick

Die Rezeption der „Alten" stand zu den verschiedenen Zeiten bei den verschieden Beteiligten in spezifischem Kontext. Was daraus noch werden sollte, haben wohl einige geahnt. Und diese Ahnung hat Kontroversen ausgelöst.

* Die Werke der „Alten" wurden auf verschiedenen Wegen in den lateinischen Westen vermittelt: Als erste sammelten und kopierten die Gelehrten um Karl den Gro-

ßen die noch verfügbare Werke der „Alten". Im 10. und 11. Jahrhundert wurden Katalonien und Lotharingia zu den Zentren der Gelehrsamkeit. Sizilien vermittelte im 11. und 12. Jahrhundert gleich aus zwei Quellen: Aus arabischen aber auch aus griechischen Quellen gelangten Werke nach Europa. Im 12 und 13. Jahrhundert war Kastilien und die Grenzgebiete Provence, Lanquedoc eine ergiebige Quelle antiker und arabischer Wissenschaften. Im 13. Jahrhundert war auch die Kurie ein Zentrum der Übersetzungen aus dem Griechischen. Im 15. Jahrhundert wurde durch die Unionskonzile von Konstanz (1414 – 1418), Basel, Ferrara und Florenz (1431 – 1442) der Kulturtransfer zwischen Byzanz und Italien intensiv.

Die Rezeption der „Alten" hat nicht nur die Werke der „Alten" sondern auch Einstellungen vermittelt. Bei der Vermittlung atechnischer Attraktoren, Hybris, superbia, vita contemplativa und des bukolischen Idylls haben nicht nur die vermittelten Werke selbst, sondern auch die monastischen Bewegungen verschiedener Provenienz eine wichtige Rolle gehabt. Insbesondere die Einstellung zu superbia wurde durch die Bußbücher tradiert. Superbia war auch Gegenstand der Predigt und es gab in den Sammlungen auch Muster von Fürbitten gegen den Hochmut[1562].

Die regional und zeitlich differenzierte spieltheoretische Betrachtung der „Rezeption der Alten" hat uns gezeigt, dass diese von Kaisern, Königen, Äbten, Bischöfen oder Konzilen mit verschiedener Motivation initiiert und/oder gefördert wurde:
…. Karl der Große wollte mit der Rückbesinnung auf die „Alten" an das Imperium Romanum anknüpfen und mit seiner Bildungspolitik das intellektuelle Niveau des Klerus heben.
…. Über die Motive der Vermittlung über Katalonien zur Zeit der Ottonen wissen wir leider zu wenig, doch sie haben Gerbert von Aurillac gefördert.
…. Die Rezeption über Kastilien war in der ersten Phase ein Teil der Kreuzzugsbewegung gegen die Mauren, in der zweiten Phase ein Teil der imperialen Ambitionen von König Alfons X. Die „Wissenschaftspolitik" Karl des Großen, Friedrich II. und Alfons X. bedeutete inhaltlich die „Rezeption der Alten". Karl der Große und Kaiser Friedrich II. haben ihre „Wissenschaftspolitik" auch mir einer Bildungspolitik verbunden.
Diese Rezeption wurde nicht von einem öffentlichen Diskurs begleitet, nur vereinzelt finden wir kritische Stimmen, manchmal auch nur in Andeutungen. Eine „Querelle des anciens et des modernes" können wir nur punktuell und unter spezifischen Aspekten erkennen.
Bis in das 13. Jahrhundert hinein war die „Kulturpolitik" eine Angelegenheit der weltlichen Herrscher, der Könige und Kaiser. In der Auseinandersetzung zwischen Friedrich II. und dem Papsttum spielte die „die Rezeption der Alten" nicht direkt eine Rolle, doch der Konflikt zwischen Vernunft und Glaube (Kapitel 8) ist auch in dieser Auseinandersetzung nicht zu übersehen (7.4.2.). Damit hat das Papsttum das erste Mal eigenständig in die kaiserliche „Kulturpolitik" und in aktuelle Auseinandersetzungen um eine weltliche Gelehrsamkeit eingegriffen. Diesen Konflikt werden wir im folgenden Kapitel weiter untersuchen.

…. Die Antikenrezeption des 14. und 15. Jahrhunderts war eingebettet in die Versuche die Kirchen von Ost und West zu vereinigen. Diese Rezeption wurde von der Kirche auf dem Konzil von Vienne initiiert und wurde der Inhalt der humanistischen Studien. Sie betonte im Fächerkanon der sieben freien Künste das Trivium und förderte die Kenntnis Philosophie Platons und der griechischen Literatur. Die Rezeption Platons löste aber auch einen Philosophenstreit und auch eine breit gefächerte humanistische Bewegung aus. Diese Bewegung haben wir im Abschnitt 7.6. betrachtet.

* Wir haben auch gesehen, dass nicht jeder dieser Ansätze einer Rückbesinnung spezifische Konflikte ausgelöst hat und von spezifischen Auseinandersetzungen begleitet wurde. Die Rezeption der Alten verlief durch die Kopplung verschiedener lokaler Einzelspiele chaotisch. Die kritischen Stimmen wurden unter dem Gesichtspunkt einer „vita christiana" (Kapitel 5) geäußert.

Die Rezeption der griechischen und lateinischen Klassiker löste nicht nur einen Streit unter Philologen um die richtige Übersetzung aus, sondern auch einen um die Anwendung auf die Heiligen Schriften. Im Streit der Ciceronianer und Anticiceronianer kamen spezifisch christliche Vorbehalte gegen das pagane Kulturerbe zum Ausdruck. Die Polemik zwischen Platonikern und Aristotelikern war eine innerhalb der Theologie, sie hat die Einstellungen zu den artes generell nicht tangiert. Die Humanisten am Ende des 15. und Anfang des 16. Jahrhunderts, Reuchlin und Erasmus von Rotterdam haben den christlichen Autoren der Spätantike den Vorzug vor den heidnischen Autoren gegeben.

* Die „Rezeption der Alten" war kein „Dialog der Kulturen", zwischen Christentum und Islam, beziehungsweise Ost- und Westkirche:

.... Die Rezeption von den Muslimen war eingebunden in die Ideologie der Kreuzzüge. Die bessere Kenntnis der Schriften der Araber sollte die Missionsarbeit in der Welt des Islam erleichtern. Doch diese Mission war nur rudimentär, einseitig und führte nicht zu einem „Dialog der Kulturen". Einen solchen Dialog können wir mit Kaiser Friedrich II. verbinden, doch der gute Ansatz endete mit seinem Tode.

.... Dagegen verlief die Rezeption über Byzanz, im Zeichen der Bemühungen um die Wiederherstellung der Einheit der Kirche zwar dialogisch, doch die Wirkung war asymmetrisch: Die Anregung des Bessarion und die Übersetzungen aus dem Lateinischen ins Griechische konnten im Osten, nach der Eroberung Konstantinopels durch die Türken (1453), keine große Wirkung auslösen. Dies lag, wie das Beispiel des Gennadios zeigt, wohl auch an den Streitigkeiten der Unionsgegner und der Unionsbefürworter.

.... Die Überlegungen des Plethon zur Wiederbelebung des Hellenismus und die Übersetzungen aus dem Griechischen entweder ins Lateinische oder in die Volkssprachen waren von grundsätzlicher Bedeutung für die „Renaissance" im lateinischen Westen. Namentlich mit Aristoteles und Plato, aber auch mit dem griechischen Drama und der griechischen Geschichtsschreibung wurden Autoritäten direkt, ohne einen interpretierenden Umweg, zugänglich, die eine Schlüsselstellung in der Ästhetik (10.2.1.1.) und Ethik (7.6.) der „Renaissance" einnahmen[1563]. Die Übersetzung des noch verfügbaren naturwissenschaftlichen und technischen Schrifttums hat dem technischen Schrifttum der „Renaissance" neue Impulse gegeben (10.2.3.1.).

* Ausblick: Eine politische Initiative, wie die des Petrus Venerabilis, kann einen gesellschaftlichen Diskurs auslösen und dieser „außer Kontrolle" geraten und unbeabsichtigte Wirkungen haben:
.... Die Beschäftigung mit den „Alten" hat einen latenten Konflikt reaktiviert: den

Streit um „Paganismus" (7.6).

…. Die Auseinandersetzung mit den Schriften des Aristoteles und des Averroes erschütterte die platonisch-augustinische Tradition und löste eine theologische Grundsatzdiskussion über das Verhältnis von Glaube und Vernunft aus. Dieser Diskussion wollen wir im nächsten Abschnitt zuwenden (Kapitel 8).

…. Durch den Rückgriff auf die „Alten" erwachte auch ein Interesse für die mathematischen Zweige der Wissenschaften: Auf den Spezialgebieten, Mechanik und Optik, konnten Methoden für Überprüfbare Aussagen und die Grundlagen der experimentellen Wissenschaften konfliktfrei formuliert werden (Kapitel 9).

Literatur

	Monumenta Germaniae Historica
	Encyclopaedia Britannica
	Lexikon der Renaissance: Comenius
(Propyläen)	Propyläen Technik Geschichte Bd.I. S. 377
(Revista)	Micrologus, Le Scienze alla corte di Frederico II
	Spektrum der Wissenschaft, Forschung und Technik im Mittelalter
	Stanford Enzyclopedia of Philosophy
	The Oxford Companion to Philosophy
	Der Spiegel, Geschichte, Karl der Grosse
	Studia Islamica
Adelard of Bath	Conversations with his Nephew; on the same and the different, Questions on natu science and On Birds
Ammerich, Hans	Das Bistum Speyer und seine Geschichte
Augustus,	Res gestae
Bauer, Ulrike	Der liber Introductorius des Michael Scotus, S. 1
Beda Venerabilis	Ecclesiastical History of England
Beda Venerabilis	The Lives of The Holy Abbots of Weremouth and Jarrow
Beer, Rudolf	Die Handschriften des Klosters Santa Maria de Ripoll
Benedictus, Anianensis	Concordia regularum
Benedictus (Anianus), Lukas Holste, Marianus Brockie,	Codex Regularum Monasticarum er Canonicarum Quas Ss. Patres Monachis, Canoni & Virginibus Sanctimonialibus Servandas Praescriperunt
Berschin, Walter	Griechisch-lateinisches Mittelalter. Von Hieronymus zu Nikolaus von Kues
Bluhm, Detlef	Von Autoren, Büchern & Piraten. Kleine Geschichte der Buchkultur
Blumenberg, Hans	Einleitung zu Galileo Galilei, Siderus nuncius
Boccaccio, Giovanni	Dekameron
Borst, Arno	Computus, Zeit und Zahl in der Geschichte Europas
Borst, Arno	Die karolingische Kalenderreform
Brandt Michael, und Arne Eggebrecht (Hg)	Bernward von Hildesheim und das Zeitalter der Ottonen
Brekle, Herbert E.	Typographie A.D.MCXVIIII im Kloster Prüfening
Brinker-von der Heyde, Claudia	Die literarische Welt des Mittelalters
Brinkmann (Hg), Bodo	Cranach der Ältere
Brunhölzl, Franz	Geschichte der lateinischen Literatur des Mittelalters
Brunner, Karl	Oppositionelle Gruppen in Karolingerreich
Bubnow, Nicolaus	Gerberti opera mathematica
Buchner, Rudolf	Lebensbeschreibungen einiger Bischöfe des 10. – 12. Jahrhunderts
Burnett, Charles (Ed. et Tr.)	Adelard of Bath, Conversations with his Nephew
Burnett, Charles	King Ptolemy and Alchendreus the Philosopher: The Earliest texts on the Astrolab a Arabic Astrology at Fleury, Micy and Chartres
Buttinger, Sabine	Hinter Klostermauern. Alltag im mittelalterlichen Kloster

Capitoline Museums	Lux in arcana
Carter, John und Muir, Percy H.	Bücher, die die Welt verändern
Castelfranchi Vegas, Liana (Hg)	Europas Kunst um 1000
Cesno Vian,	Spanien, Brücke zwischen Abendland und Orient
Charbonnel, Nicole et Jung, Jean-Eric	Gerbert l`europe´en, Actes du colloque d`Aurillac 4-7 juin 1996
Chaucer, Geoffrey	The Canterbury Tales
Cicero,	Pro Marco Caelio
Ciggaar, Krijnie N.	Western Travellers to Constantinople
Clagett Marshall	Archimedes in the Middle Ages
Clagett Marshall, Post Gaines and Reynolds Robert (Hgs)	Twelfth Century Europe and the Foundations of modern Society
Clegg, Brian	The first scientist
Comenius, Johann Amos	Das Labyrinth der Welt
Comenius, Johann Amos	In Jaunam rerum
Comenius, Johann Amos	Centrum securitatis
Comenius, Johann Amos	Theatrum universitatis rerum
Comenius, Johann Amos	Via Lucis
Comenius, Johann Amos	Große Didaktik. Die vollständige Kunst alle Menschen alles zu Lhren
Comenius, Johann Amos	Informatorium maternum, der Mutterschul
Comenius, Johann Amos	Arbeitstagebuch, Ein Fragment
Corrado di Hirsau,	Dialogo sugli autori
Crombie, A.C.	Robert Grosseteste and the origins of experimental science
Curtius, Ernst Robert	Europäische Literatur und lateinisches Mittelalter
Dante Alighieri	Die Göttliche Komödie
Dante Alighieri	Das Gastmahl
Dante Alighieri	Epistola an Can Grande della Scala
Dräger, Paul (Ü, Hg)	Alkuin, Vita sancti Willibrordi, Das Leben des Heiligen Willibrord
dtv	Lexikon der „Renaissance"
dtv	Lexikon des Mittelalters
dtv-	Wörterbuch Pädagogik
Easton, Stewart C.	Roger Bacon and his search for a universal Science
Ehwald (Ed), Rudolfus	Aldhelmi Opera
Einhard,	Vita Karoli Magni
Elias, Norbert	"Ueber den Prozeß der Zivilisation", Zusammenfassung: Entwurf einer Theorie der Zivilisation
Ekkehard IV	Die Geschichten des Klosters St. Gallen
Epperlein, Siegfried	Leben am Hofe Karls des Großen
Erasmus von Rotterdam,	Adagia
Erasmus von Rotterdam,	Der Ciceronianer oder der beste Stil
Erasmus von Rotterdam,	Julius vor der verschlossenen Himmelstür
Erasmus von Rotterdam,	Briefe
Erasmus von Rotterdam,	Colloquia familiaria, Vertraute Gespräche
Erasmus von Rotterdam,	Vertraute Gespräche, Das geistliche Gastmahl
Erasmus von Rotterdam,	Die Erziehung eines christlichen Fürsten
Erasmus von Rotterdam,	Beigabe zu der Schrift „Verteidigung gegenüber den spanischen Mönchen
Erdmann, Carl	Die Briefe Meinhards von Bamberg
Fassmann, Kurt	Briefe der Weltliteratur, Aus dem trecento
Fischer-Wollpert, Rudolf	Lexikon der Päpste

Frank, Karl Suso	Frühes Mönchtum im Abendland
Frank, Karl Suso	Grundzüge der Geschichte des christlichen Mönchtums
Freiherr von Schön, Wilhelm	Alfons X. von Kastilien
Fuhrmann, Manfred	Rom in der Spätantike
Geanakoplos, Deno John	Byzantium. Church, Socyety and Civilization. Seen through Contemporary Eyes
Giusti, Enrico e Petti, Raffaela	Un Ponte sul Mediterraneo, Leonardo Pisano, la scienza araba e la rinascita de mathematica in Occidente
Gordan, Phyllis, Walter Goodhart	Two Renaissance Book Hunters, The Letters of Poggius Bracciolini to Nicolaus Nicolis
Greenblatt, Stephen	Die Wende, Wie die Renaissance begann
Gregorius Magnus,	Regula Pastoralis
de Hamel, Christopher	Medieval Craftsman, Scribes and Illuminators
Haarländer, Stephanie	Rabanus Maurus
Hägermann, Dieter	Karl der Grosse
Hauschild, Stephanie	Skriptorium. Die mittelalterliche Buchwerkstatt
Heath, Sir Thomas	A history of greek mathematics
Hege, Brigitte	Boccaccios Apologie der heidnischen Dichtung in der Geneologia deorum gentilium
Hein, Wolfgang	Die Mathematik im Mittelalter
Heinisch, Klaus J.	Kaiser Friedrich II. in Briefen und Berichten seiner Zeit
Heinzmann, Richard	Philosophie des Mittelalters
Historisches Museum der Pfalz (Hg),	Die Wikinger
Historisches Museum der Pfalz (Hg),	Die Salier, Macht im Wandel
Hofter, M.	Kaiser Augustus und die verlorene Republik
Horst, Eberhard	Friedrich II. Der Staufer
Houben, Hubert	Roger II. von Sizilien
Huber-Rebenich, Gerlin- de et al	Mirabilia Urbis Romae, Die Wunderwerke der Stadt Rom
Huizinga, Johan	Herbst des Mittelalters
Hunger, Herbert et al,	Geschichte der Textüberlieferung
Imhof, Michael und Win- terer, Christoph	Karl der Große
Jedin, Hubert	Kirchengeschichte
J.C.B. Mohr (Paul Sie- beck)	Digitale Bibliothek Band 12: Religion in Geschichte und Gegenwart
Kaller, Paul (Ü)	Der Sachsenspiegel
Karl der Große	Capitularia, Admonitio generalis
Karl der Große	Capitularia, Capitulare episcoporum
Karl der Große	Capitularia, Constitutio de emendatione librorum
Kendall, Calvin B. and Wallis, Faith	Bede, On the Nature of Things and On Times
Kettemann, Walter	Subsidia Anianensia
Klinger, Friedrich Maxi- milian	Fausts Leben, Taten und Höllenfahrt.
Khoury, R.G.	Averroes (1126 – 1198) oder der Triumph des Rationalismus. Internationales Symposiu anlässlich des 800. Todestages des Islamischen Philosophen. Heidelberg, 7 – 11. Okt ber 1998
Kintzinger, Martin et al (Hg),	Schule und Schüler im Mittelalter
König, Wolfgang (Hg)	Propyläen Technikgeschichte
Körntgen, Ludger	Studien zu den Quellen der frühmittelalterlichen Bußbücher
Koch, Hans-Albrecht	Die Universität. Geschichte einer europäischen Institution
Kotzur (Hg), Hans- Jürgen	Rabanus Maurus
Kristeller, Paul Oskar	Acht Philosophen der italienischen „Renaissance"

Küng, Hans	Das Christentum
Langosch, Karl	Profile des Mittelalters
Laudage, Johannes et al,	Die Zeit der Karolinger
Lawrence, Bruce	The Quran, a biography
Lindgren, Uta	Gerbert von Aurillac und das Quadrivium
Luther, Martin	Digitale Bibliothek Band 63:
Mango, Cyril	The Oxford History of Byzantium
McNeil, John T. und Gamer, Helena M.	Medieval Handbooks of Penance
Medieval Sourcebook	Bede: The Lives of The Holy Abbots of Weremouth and Jarrow
Melanchton, Philipp	Melanchton deutsch; Bd I. Schule und Universität, Philosophie, Geschichte und Politik
Melanchthon, Philipp	Werke in Auswahl, Gütersloh; Glaube und Bildung, Texte zum christlichen Humanismus; Melanchton deutsch; Bd I. Schule und Universität, Philosophie, Geschichte und Politik
Meller, Josef und Werling, Johannes Friedrich	Das Bistum Speyer, Ein Gang durch seine Geschichte
Metcalfe, Alex	The Muslims of medieval Italy
Milton, John	On Education, in: The Major Works
Mittler, Elmar und Werner, Wilfried	Mit der Zeit, Die Kurfürsten von der Pfalz und die Heidelberger Handschriften der Bibliotheka Palatina
Montoriola, Karl Markgraf von	Briefe des Mediceerkreises, aus Marsilio Ficino`s Epistolarium, Einleitung
Nachod, Hans und Stern, Paul	Briefe des Francesco Petrarca, Eine Auswahl
Neff, Karl	Die Gedichte des Paulus Diaconus
Oter, Horacio Santiago	Transmission de savoirs a Tolede, in Tolede des traductions medievales au mythe litteraire
Padberg, Lutz E.	Christianisierung im Mittelalter
Paetow, Louis John	Henri D`Andeli, The Battle of the seven arts
Paetow, Louis John	The arts course at medieval universities with special reference to grammar and rhetoric
Petrarca	Canzoniere
Petrarca	Brief an Marcus Tullius Cicero
Petrarca	Brief an Giovanni Boccaccio
Petrarca	Über seine und vieler anderer Unwissenheit
Petrus, Issa	The Status of the arabic School of translation following the fall of Toledo, in Tolede des traductions medievales au mythe litteraire
Petrus Venerabilis	Schriften zum Islam
Pieper, Josef	Scholastik
Piccolomini, Enea Silvio	Euryalus und Lucretia
Piper, Paul (Hg)	Die Schriften Notkers und seiner Schule
Piltz, A.	Die gelehrte Welt des Mittelalters
Pilz, Ottomar	Die Dramen von Roswitha von Gandersheim
Plechl, Helmut und Bergmann, Werner	Die Tegernseer Briefsammlung des 12. Jahrhunderts
Pöhlmann, Egert	Einführung in die Überlieferungsgeschichte und in die Textkritik der antiken Literatur, Bd.II. Mittelalter und Neuzeit
Poggio	Die Facesien des Florentiners Poggio
Puhle, Matthias und Köster, Gabriele (Hg),	Otto der Große und das römische Reich
Racine, Pierre	Y a-t-il eu une „Ecole de Tolede"?, in Tolede des traductions medievales au mythe litteraire
Regenos,Graydon W (Ü)	The Letters of Lupus of Ferrie`res
Reuchlin	Briefe
Reuchlin, Johannes	Briefwechsel
Reuchlin, Johannes	Sämtliche Werke
Riche, Pierre	Gerbert d`Aurillac, le pape de l`an mil
Rieger, Angelica	Der Alexanderroman, Ein Ritterroman über Alexander den Großen, Handschrift 78.C.1 des Kupferstichkabinetts Preusischer Kulturbesitz Berlin

Rill, Bernd	Sizilien im Mittelalter
Ritter, Joachim (Hg)	Historisches Wörterbuch der Philosophie
Schieffer, Rudolf	Die Karolinger
Schmid, Anne	Schriftreform – Die Karolingische Minuskel, in Kunst und Kultur der Karolingerzeit:
Schneidmüller, Bernd; Stefan Weinfurter Stefan, (Hg)	Ottonische Neuanfänge
Smith, Lesley and Ward, Benedicta	Intellectual life in the middle ages
Schmitz, Hermann Joseph	Die Bußbücher und die Bußdisziplin der Kirche
Schönbach, Anton E.	Studien zur Geschichte der altdeutschen Predigt I, Über Lelle´s Speculum Ecclesiae
Schönberger, Rolf	Anselm von Canterbury
Schulz, Knut	Handwerrk, Zünfte und Gewerbe; Mittelalter und Renaissance
Schütze-Pflugk, Marianne	Herrscher- und Märtyrerauffassung bei Hroswit von Gandersheim
Sigler, L.E.	Fibonacci`s Liber Abaci, A Translation in to Modern English of Leonardo Pisano`s Bo of Calculation, Introduction
Smith, Lesley and Ward, Benedicta (Eds)	Intellectual Life in the Middle Ages
Speyer, Wolfgang	Die literarische Fälschung im heidnischen und christlichen Altertum
Springsfeld, Kerstin	Alkuins Einfluss auf die Komputistik zur Zeit Karls des Großen
Stam, David H. (Ed)	International Library Histories
Stange, Manfred (Hg)	Deutsche Lyrik des Mittelalters
Steinschneider, Moritz	Die Hebraeischen Übersetzungen des Mittelalters und die Juden als Dolmetscher
Sternhagen, Eick	Kulturwissenschaftliche Aspekte
Stevens, Wesley M.	Karolingische Renovatio in Wissenschaften und Literatur, in Kunst und Kultur der Karolingerzeit
Stevenson, Jane	The "Laterculus Malalianus" and theSchool of Archbishop Theodore
Stöckl, Albert	Geschichte der Philosophie des Mittelalters
Stölzl, Günter (Ü)	Enrico Silvio Piccoöomini Commentarii, Ich war Pius II. Memoiren eines Renaissanc papstes
Stürner, Wolfgang	Friedrich II.
Thietmar von Merseburg	Chronik
Thorndike, Lynn	Michael Scot
Tremp, Ernst; Schmuki, Karl; und Flury, Teres	Karl der Grosse und seine Gelehrten, Zum 1200. Todesjahr Alkuins
Tunon de Lara, Manuel	Historia de Espana, Tomo III. Espana musulmana (siglos VIII – XV)
Venzke, Andreas	Johannes Gutenberg, Der Erfinder des Buchdrucks
Vossen, Peter	Libellus Scholasticus des Walter von Speyer
Walahfrid Strabo	Vita sancti Galli, Das Leben des heiligen Gallus
Wallas, Michael B.	Griechisches aus dem Umkreis Kaiser Friedrichs II.
Wallis, Faith (Ü)	Bede, The Reconning of Time
Watt, W. Montgomery	Der Einfluss des Islam auf das Europäische Mittelalter
Weigele, Fritz	Die Briefsammlung Gerberts von Reims, in MGH
Weimar, Peter (Hg.)	Die „Renaissance" der Wissenschaften
Welborn, Mary Catherine	Lotharingia as a center of arabic and scientific influence in the eleventh century, in IS XVI (1931)
Wiczorek Alfried (Hg),	Europas Mitte um 1000
Wiczorek, Alfried; Schneidmüller, Bernd; Weinfurter, Stefan	Die Staufer und Italien
Wohlmuth Josef (Hg),	Conciliorum oecumenicorum decreta
Wolfgang von Eschenbach,	Parzival

Referenzen

[1]   James Howard-Johnston, Witnesses to a World Crisis, Conclusion, p. 517

[2]   Rania Abdellatif, Yassir Benhima, Daniel König, Elisabeth Rachaud, Acteurs des transfers culturels en Méditerranée medievale, Pierre Guichard, Conclusion, s. 208ff

[3]   Johan Huizinga, Herbst des Mittelalters, 326

[4]   Ernst Robert Curtius, Europäische Literatur und lateinisches Mittelalter, S. 55

[5]   Harald Kischlat, Studien zur verbreitung von Übersetzungen arabischer philosophischer Werke in Westeuropa 1150 – 1400; Einleitung

[6]   Rudolf Fischer-Wollpert, Lexikon der Päpste

[7]   Manfred Fuhrmann, Rom in der Spätantike, S369ff

[8]   Karl Suso Frank, Grundzüge der Geschichte des christlichen Mönchtums, S53; Rudolf Schieffer, Die Karolinger: Kap. V.

[9]   Franz Metzger und Karin Feuerstein-Praßer, Die Geschichte des Ordenslebens, S. 35

[10]   II. Die Reichskirche nach Konstantin dem Großen: Zweiter Teil: Die lateinische Kirche im Übergang zum Frühmittelalter. Jedin: Kirchengeschichte, S. 2752 (vgl. HKG Bd. 2,2, S. 97) (c) Verlag Herder

[11]   Encyclopaedia Britannica

[12]   Patrick Geary, Die Merowinger, S. 172

[13]   Lutz E. Padberg, Christianisierung im Mittelalter: S. 21

[14]   Lutz E. Padberg, Christianisierung im Mittelalter: S. 21

[15]   Rob Meens, „Paenitentiale Vindobonense" (Bußbuch); in: Christoph Stiegemann, Martin Kroker und Wolfgang Walter (Hg), Credo- Christianisierung Europas; Bd. II, Nr. 216, S. 258

[16]   Ludger Körntgen, Studien zu den Quellen der frühmittelalterlichen Bußbücher; S. 86

[17]   Ludger Körntgen, Studien zu den Quellen der frühmittelalterlichen Bußbücher; S. 257 : Anhang

[18]   Ludger Körntgen, Studien zu den Quellen der frühmittelalterlichen Bußbücher; S. 252

[19]   Benedictus (Anianus), Lukas Holste, Marianus Brockie, Codex Regularum Monasticarum er Canonicarum Quas Ss. Patres Monachis, Canonicis & Virginibus Sanctimonialibus Servandas Praescriperunt, Volume I, Regula S. Columbani, S. 169; Liber poenitentialis, S. 174ff

[20]   II. Die Reichskirche nach Konstantin dem Großen: Zweiter Teil: Die lateinische Kirche im Übergang zum Frühmittelalter. Jedin: Kirchengeschichte, S. 2758 (vgl. HKG Bd. 2,2, S. 100-101) (c) Verlag Herder

[21]   Erbert Donner, Pilgerfahrt ins heilige Land. Die ältesten Berichte christlicher Palästinapilger (4.-7. Jahrhundert; S. 299ff

[22]   II. Die Reichskirche nach Konstantin dem Großen: Zweiter Teil: Die lateinische Kirche im Übergang zum Frühmittelalter. Jedin: Kirchengeschichte, S. 2758 (vgl. HKG Bd. 2,2, S. 100-101) (c) Verlag Herder

[23]   http://www.arthuriana.de/alt/index.html

[24]   II. Die Reichskirche nach Konstantin dem Großen: Zweiter Teil: Die lateinische Kirche im Übergang zum Frühmittelalter. Jedin: Kirchengeschichte, S. 2934 (vgl. HKG Bd. 2,2, S. 164) (c) Verlag Herder

[25]   Beda Venerabilis, Ecclesiastical History of England, Book I. Ch. 23.

[26]   Beda Venerabilis, Ecclesiastical History of England, Book III. Ch. 27.

[27]   Jean Décarreaux, Geschichte des benediktinischen Mönchtums; in: Filips de Cloedt OSB et al, Benedictus, Symbol abendländischer Kultur, S. 167

[28]   Arno Borst, Die Karolingische Kalenderreform: S. 46

[29]   II. Die Reichskirche nach Konstantin dem Großen: Zweiter Teil: Die lateinische Kirche im Übergang zum Frühmittelalter. Jedin: Kirchengeschichte, S. 2948 (vgl. HKG Bd. 2,2, S. 172) (c) Verlag Herder

[30]   Lapidge, Michael (1995). Archbishop Theodore: Commemorative Studies on his Life and Influence

[31]   Medieval Sourcebook: Bede: The Lives of The Holy Abbots of Weremouth and Jarrow

[32]   Bede's Ecclesiastical History of England

[33]   Michael Lapidge, The career of Archbishop Theodore; in: Michael Lapidge (Ed), Archbishop Theodore, Commemorative studies on his Life and influence, p. 19

[34]   Beda Venerabilis, Ecclesiastical History of England, Book IV. Ch. 1. und Book V. Ch. 24

[35]   Beda Venerabilis, Ecclesiastical History of England, Book IV. Ch. 2.

[36]   Wikipedia

[37]   Encyclopaedia Britannica

38   Averil Cameron, The Mediterranean World in late Antiquity, p 8

39   Wikipedia

40   Beda Venerabilis, Ecclesiastical History of England, Book I. Ch.27, Ch.28; Book III. Ch.29; Book IV. Ch. 2. und Book V. Ch.24

41   Michelle P. Braun, Beda Venerabilis, „Historia ecclesiasticas gentis Anglorum" ; in: Christoph Stiegemann, Martin Kroker und Wolfgang Walter (Hg), Credo- Christianisierung Europas; Bd. II, Nr. 220, S. 264

42   Jane Stevenson, The "Laterculus Malalianus" and theSchool of Archbishop Theodore

43   Thomas Charles-Edwards, The penitential of Theodore and the Iudicia Theodori.; in: Michael Lapidge (Ed), Archbishop Theodore, Commemorative studies on his Life and influence, p. 141

44   Barbara Yorke, Heilige Männer, heilige Frauen und die Christianisierung Northumbriens; in: Christoph Stiegemann, Martin Kroker und Wolfgang Walter (Hg), Credo- Christianisierung Europas; Bd. I, Text, S. 214ff

45   Wikipedia

46   Jean Décarreaux, Geschichte des benediktinischen Mönchtums; in: Filips de Cloedt OSB et al, Benedictus, Symbol abendländischer Kultur, S. 195

47   Medieval Sourcebook: Bede: The Lives of The Holy Abbots of Weremouth and Jarrow

48   David M. Dumville, The importation of Mediterranean manuscripts in to Theodore´s England; in: Michael Lapidge (Ed), Archbishop Theodore, Commemorative studies on his Life and influence, p. 99, 107

49   Medieval Sourcebook: Bede: The Lives of The Holy Abbots of Weremouth and Jarrow

50   Michaela Puzicha OSB (Hg) Einführung zu: Mönchsregeln von Lérins, S. 21

51   Jean Décarreaux, Geschichte des benediktinischen Mönchtums; in: Filips de Cloedt OSB et al, Benedictus, Symbol abendländischer Kultur, S. 195

52   Medieval Sourcebook: Bede: The Lives of The Holy Abbots of Weremouth and Jarrow

53   Bruce L. Venarde, The Rule of Sant Benedict; Introduction, p. XV

54   Wikipedia; Emmalon Davis, Life of Bede, in: Bede`s Ecclesiastical History of England, p. 11; http://www.ccel.org/ccel/bede/history.html.

55   Wikipedia

56   David M. Dumville, The importation of Mediterranean manuscripts in to Theodore´s England; in: Michael Lapidge (Ed), Archbishop Theodore, Commemorative studies on his Life and influence, p. 105

57   David M. Dumville, The importation of Mediterranean manuscripts in to Theodore´s England; in: Michael Lapidge (Ed), Archbishop Theodore, Commemorative studies on his Life and influence, p. 103

58   Encyclopaedia Britannica

59   II. Die Reichskirche nach Konstantin dem Großen: Zweiter Teil: Die lateinische Kirche im Übergang zum Frühmittelalter. Jedin: Kirchengeschichte, S. 2955 (vgl. HKG Bd. 2,2, S. 176) (c) Verlag Herder

60   Wikipedia

61   II. Die Reichskirche nach Konstantin dem Großen: Zweiter Teil: Die lateinische Kirche im Übergang zum Frühmittelalter. Jedin: Kirchengeschichte, S. 2957 (vgl. HKG Bd. 2,2, S. 177) (c) Verlag Herder

62   Lexikon des Mittelalters

63   Bede, On the Nature of Things 2; in Calvin B. Kendall and Faith Wallis, Bede, On the Nature of Things and On Times; P. 74

64   Calvin B. Kendall and Faith Wallis, Bede, On the Nature of Things and On Times; Introduction, P. 2, 7

65   Bede, On the Nature of Things 45; in Calvin B. Kendall and Faith Wallis, Bede, On the Nature of Things and On Times; P. 97

66   Werner Bergmann, Innovationen im Quadriviumdes 10. Und 11. Jahrhunderts, S. 16

67   Florian Cajori, A History of mathematics, p. 117ff

68   Faith Wallis, Bede, The Reconning of Time; Kap. 47, 49

69   Thomas Vogtherr, Zeitrechnung, Von den Sumerern bis zu Swatch, S. 94

70   Encyclopaedia Britannica

71   Faith Wallis, Bede, The Reconning of Time; Kap. I.1

72   Werner Bergmann, Innovationen im Quadriviumdes 10. Und 11. Jahrhunderts, S. 17

73   Werner Bergmann, Innovationen im Quadriviumdes 10. Und 11. Jahrhunderts, S. 18

74   Faith Wallis, Bede, The Reconning of Time; Appendix 3.1, Letter to Plegwin 1

[75]   Franz Brunhölzl, Geschichte der lateinischen Literatur des Mittelalters: Bd. I. S207

[76]   Calvin B. Kendall and Faith Wallis, Bede, On the Nature of Things and On Times; Introduction, P. 33

[77]   RGG

[78]   John T. McNeil und Helena M. Gamer, Medieval Handbooks of Penance, S. 217

[79]   John T. McNeil und Helena M. Gamer, Medieval Handbooks of Penance, S. 226

[80]   RGG, Lexikon des Mittelalters; Ernst Tremp, Karl Schmuki, und Teres Flury, Karl der Grosse und seine Gelehrten, Zum 1200. Todesjahr Alkuins: S19; (Franz Brunhölzl, Geschichte der lateinischen Literatur des Mittelalters: Bd. I. S227

[81]   Jean Décarreaux, Geschichte des benediktinischen Mönchtums; in: Filips de Cloedt OSB et al, Benedictus, Symbol abendländischer Kultur, S. 195

[82]   Rudolfus Ehwald (Ed), Aldhelmi Opera, De metris et emignatibus ac pedum regulis, S. 165

[83]   Rudolfus Ehwald (Ed), Aldhelmi Opera, De metris et emignatibus ac pedum regulis, S. 173

[84]   Ernst Robert Curtius, Europäische Literatur und lateinisches Mittelalter, S. 56

[85]   Rudolfus Ehwald (Ed), Aldhelmi Opera, Epistulae Nr. 3 S. 479

[86]   Rudolfus Ehwald (Ed), Aldhelmi Opera, De metris et emignatibus ac pedum regulis, S. 71

[87]   Rudolfus Ehwald (Ed), Aldhelmi Opera, De Virginitate; S. 320

[88]   Wikipedia

[89]   Peter Sawyer, Die Wikinger auf den britischen Inseln; in: Historisches Museum der Pfalz (Hg), Die Wikinger, S. 210

[90]   II. Die Reichskirche nach Konstantin dem Großen: Zweiter Teil: Die lateinische Kirche im Übergang zum Frühmittelalter. Jedin: Kirchengeschichte, S. 2759 (vgl. HKG Bd. 2,2, S. 101) (c) Verlag Herder]

[91]   Karl Langosch, Profile des Mittelalters, S. 13

[92]   Mirko Breitenstein, Die Regel – Lebensprogramm und Glaubensfibel; in: Gerfried Sitar (OSB) und Martin Kroker (Hg), Macht des Wortes, Benedictinisches Mönchtum in Spiegel Europas, S. 63

[93]   Thomas Charles Edwards, Jonas von Bobbio, Vita Columbani; in: Christoph Stiegemann, Martin Kroker und Wolfgang Walter (Hg), Credo- Christianisierung Europas; Bd. II, Nr. 212, S. 252

[94]   II. Die Reichskirche nach Konstantin dem Großen: Zweiter Teil: Die lateinische Kirche im Übergang zum Frühmittelalter. Jedin: Kirchengeschichte, S. 2788 (vgl. HKG Bd. 2,2, S. 113) (c) Verlag Herder]

[95]   Thomas Charles Edwards, Klosterregeln und Bußbuch des Columbanus; in: Christoph Stiegemann, Martin Kroker und Wolfgang Walter (Hg), Credo- Christianisierung Europas; Bd. II, Nr. 214, S. 255

[96]   Franz Staab, Heidentum und Christentum in der Germania Prima zwischen Antike und Mittelalter. In: Franz Staab (Hg), Zur Kontinuität zwischen Antike und Mittelalter am Oberrhein, S.117ff

[97]   Eugen Ewig, Die Merowinger und das Frankenreich, S.102

[98]   Wikipedia

[99]   Michael Richter, Verbreitung des Wortes, Columban der Jüngere und Gallus; in: Gerfried Sitar (OSB) und Martin Kroker (Hg), Macht des Wortes, Benedictinisches Mönchtum in Spiegel Europas, S. 39

[100]   Patrick Geary, Die Merowinger, S. 172

[101]   Eugen Ewig, Die Merowinger und das Frankenreich: S. 133

[102]   Patrick Geary, Die Merowinger, S. 171

[103]   Patrick Geary, Die Merowinger, S. 171

[104]   Wikipedia

[105]   Patrick Geary, Die Merowinger, S. 179

[106]   Wikipedia

[107]   Wikipedia

[108]   Wikipedia

[109]   Patrick Geary, Die Merowinger, S. 173

[110]   Michael Richter, Verbreitung des Wortes, Columban der Jüngere und Gallus; in: Gerfried Sitar (OSB) und Martin Kroker (Hg), Macht des Wortes, Benedictinisches Mönchtum in Spiegel Europas, S. 39

[111]   Benedictus (Anianus), Lukas Holste, Marianus Brockie, Codex Regularum Monasticarum et Canonicarum Quas Ss. Patres Monachis, Canonicis & Virginibus Sanctimonialibus Servandas Praescriperunt, Volume I, Regula S. Columbani, S. 169; Liber poenitentialis, S. 174ff

[112]   Walahfrid Strabo, Vita sancti Galli, Das Leben des heiligen Gallus I.5, 8

[113]   Alfons Zettler, Frühe Klöster im deutschen Sprachraum; in: Gerfried Sitar (OSB) und Martin

Kroker (Hg), Macht des Wortes, Benedictinisches Mönchtum in Spiegel Europas, S. 109

[114]   Patrick Geary, Die Merowinger, S. 214

[115]   Ulrich Nonn, Mönche, Schreiber und Gelehrte, Bildung und Wissenschaft im Mittelalter; S. 15

[116]   Ulrich Nonn, Mönche, Schreiber und Gelehrte, Bildung und Wissenschaft im Mittelalter; S. 15

[117]   Paul Lehmann, Das Problem der karolingischen Renaissance, in: Paul Lehmann, Erforschung des Mittelalters, Bd II., S. 109ff

[118]   Dàibhì Ò Cròinìn, Willibrord und die frühe englische Missionierung Kontinentaleuropas; in: Christoph Stiegemann, Martin Kroker und Wolfgang Walter (Hg), Credo- Christianisierung Europas; Bd. I, Text, S. 239ff

[119]   Lutz E. Padberg, Christianisierung im Mittelalter: S. 56

[120]   Alkuin, Vita sancti Willibrordi, Das Leben des Heiligen Willibrord, I. Buch, 3.2.

[121]   Peter Burghart, Alkuin, „Vita Sancti Willibrordi"; in: Christoph Stiegemann, Martin Kroker und Wolfgang Walter (Hg), Credo- Christianisierung Europas; Bd. II, Nr. 239, S. 290

[122]   Wikipedia

[123]   Lutz E. von Padberg, Briefe des Bonifatius; in: Christoph Stiegemann, Martin Kroker und Wolfgang Walter (Hg), Credo- Christianisierung Europas; Bd. II, Nr. 249, S. 307

[124]   Lutz E. Padberg, Christianisierung im Mittelalter: S. 61

[125]   http://www.bistum-eichstaett.de/willibald/

[126]   Wikipedia

[127]   Mirko Breitenstein, Die Regel – Lebensprogramm und Glaubensfibel; in: Gerfried Sitar (OSB) und Martin Kroker (Hg), Macht des Wortes, Benedictinisches Mönchtum in Spiegel Europas, S. 63

[128]   Rudolf Schieffer, Die Karolinger: S. 59

[129]   Einhard, Vita Karoli Magni: 7, 9, 14

[130]   Lutz E. Padberg, Christianisierung im Mittelalter: S. 83

[131]   Caspar Ehlers, Taufe oder Tod, in: Damals, Das Magazin für Geschichte 45; 8/2013, S. 36

[132]   Caspar Ehlers, Taufe oder Tod, in: Damals, Das Magazin für Geschichte 45; 8/2013, S. 36

[133]   Sebastian Borger, Dickhäuter auf Weltreise, in: Der Spiegel, Geschichte, Karl der Grosse, S. 87

[134]   Bernard Lewis, The muslim Discovery of Europe, p. 92

[135]   Michael Imhof und Christoph Winterer, Karl der Große, Leben und Wirkung, Kunst und Architektur, S. 44

[136]   Karl der Große, Capitularia, Capitulare Primum

[137]   Karl der Große, Capitularia, Capitulare Francofordiense

[138]   Karl der Große, Capitularia, Capitulare Episcoporum

[139]   Karl der Große, Capitularia, Capitulare Francofordiense XI,XII

[140]   Johannes Salzwedel, Gelehrte und Reformer, Goldstandard des Geistes, in: Der Spiegel, Geschichte 6/12, Karl der Große, S. 108

[141]   Ecloga ad Carlum, http://www.hs-augsburg.de/~harsch/Chronologia/Lspost09/Modoinus/mod_eclo.html

[142]   Caspar Ehlers, Tradition und Innovation, in: Matthias Puhle und Gabriele Köster (Hg), Otto der Große und das römische Reich, S. 407

[143]   Wikipedia

[144]   Knut Schulz, Handwerk, Zünfte und Gewerbe, Mittelalter und Renauissance; S.

[145]   Johannes Laudage et al, Die Zeit der Karolinger, S. 191

[146]   Karl der Große, Capitularia, Admonitio generalis LX

[147]   Karl der Große, Capitularia, Admonitio generalis LXX

[148]   Siegfried Epperlein, Leben am Hofe Karls des Grossen S. 46, 49

[149]   Michael Imhof und Christoph Winterer, Karl der Große, Leben und Wirkung, Kunst und Architektur, S. 121

[150]   Karl Langosch, Profile des Mittelalters, S. 89

[151]   Michael Imhof und Christoph Winterer, Karl der Große, Leben und Wirkung, Kunst und Architektur, S. 50

[152]   Wikipedia

[153]   Stephanie Hauschild, Skriptorium. Die mittelalterliche Buchwerkstatt, S. 23

[154]   Karl der Große, Capitularia, Amonitio generalis LXX

[155]   Arno Borst, Die karolingische Kalenderreform, S. 55

156   Einhard, Vita Karoli Magni: 30.

157   Arno Borst, Die Karolingische Kalenderreform: S. 232

158   Kerstin Springsfeld, Alkuins Einfluss auf die Komputistik zur Zeit Karls des Großen, S.91

159   Karl der Große, Capitularia, Amonitio generalis LX

160   Ernst Robert Curtius, Europäische Literatur und lateinisches Mittelalter, S. 57

161   Karl der Große, Capitularia, Capitulare episcoporum

162   John T. McNeil und Helena M. Gamer, Medieval Handbooks of Penance, S. 46

163   Franz Kerff, Der Quadripartitus, Ein Handbuch der karolingischen Kirchenreform; S. 11

164   Hermann Joseph Schmitz, Einleitung zu: Die Bußbücher und die Bußdisziplin der Kirche, S. 1, 164

165   Raymund Kottje, Eine wenig beachtete Quelle zur Sozialgeschichte: Die frühmittelalterlichen Bußbücher – Probleme ihrer Erforschung. In: Vierteljahrschrift für Sozial- und Wirtschaftsgeschichte; Bd 73 (1986), Heft 1, S. 63

166   Siegfried Epperlein, Leben am Hofe Karls des Grossen S 110; Alfredus Boretius, Capitularia I. Die „Allgemeine Ermahnung" Nr. 22, S 53; „Über die Pflege der Wissenschaften Nr. 29, S 79; und „Erlass über die Prüfung des Klerus" Nr38, S 109 in Monumenta Germaniae Historica

167   Epistola generalis, in Karl Langosch, Profile des Mittelalters, S. 87

168   Karl der Große, Capitularia, Admonitio generalis LXX

169   Karl der Große, Capitularia, Constitutio de emendatione librorum

170   Siegfried Epperlein, Leben am Hofe Karls des Grossen S 85; Wesley M. Stevens, Karolingische Renovatio in Wissenschaften und Literatur, in Kunst und Kultur der Karolingerzeit: S662

171   Franz Brunhölzl, Geschichte der lateinischen Literatur des Mittelalters: Bd. I. S. 249

172   Einhard, Vita Karoli Magni: 26.

173   Einhard Vita Karoli Magni: 25.

174   Einhard Vita Karoli Magni: 19.

175   Karl der Große, Capitularia, Constitutio de emendatione librorum

176   Ernst Robert Curtius, Europäische Literatur und lateinisches Mittelalter, S. 52

177   Sir Thomas Heath, A history of greek mathematics, Vol I. p. 367ff

178   Franz Brunhölzl, Geschichte der lateinischen Literatur des Mittelalters: Bd. I. S247

179   Anna Muthesius, Studies in Byzantine and Near Eastern silk waving, p. 41

180   Michael Imhof und Christoph Winterer, Karl der Große, Leben und Wirkung, Kunst und Architektur, S. 120

181   Wikipedia

182   Michael Imhof und Christoph Winterer, Karl der Große, Leben und Wirkung, Kunst und Architektur, S. 122

183   Michael Brandt und Arne Eggebrecht (Hg), Bernward von Hildesheim und das Zeitalter der Ottonen, Bd II, S. 530

184   Agnellus von Ravenna, Liber pontificalis / Bischofsbuch; Bd. II. S. 361

185   Michael Imhof und Christoph Winterer, Karl der Große, Leben und Wirkung, Kunst und Architektur, S. 120

186   Einhard Vita Karoli Magni: 17

187   Einhard Vita Karoli Magni: 26.

188   Augustus, Res gestae; Kaiser Augustus und die verlorene Republik S. 48, 58, 68

189   Notker Balbulus, The first book of the deeds of Charles, I.30

190   Propyläen Technik Geschichte Bd.I. S. 377

191   RGZM Mainz, Sonderausstellung zum Kanalprojekt Karls des Großen 2014

192   Johannes Salzwedel, Gelehrte und Reformer, in: Der Spiegel, Geschichte, Karl der Grosse, S. 116

193   Michael Imhof und Christoph Winterer, Karl der Große, Leben und Wirkung, Kunst und Architektur, S. 78

194   Michael Imhof und Christoph Winterer, Karl der Große, Leben und Wirkung, Kunst und Architektur, S. 78ff

195   Michael Imhof und Christoph Winterer, Karl der Große, Leben und Wirkung, Kunst und Architektur, S. 78

196   Michael Imhof und Christoph Winterer, Karl der Große, Leben und Wirkung, Kunst und Architektur, S. 104

197   Michael Imhof und Christoph Winterer, Karl der Große, Leben und Wirkung, Kunst und Architektur, S. 116

198   Sammelhandschrift mit Vitruvs „De architectura libri decem" und Zeichnungen antiker Säulenordnungen nach Vitruv, in: Matthias Puhle und Gabriele Köster (Hg), Otto der Große und das

römische Reich, S. 453

[199]   Carl Joseph von Hefele, Conciliengeschichte: Bd.III. S.368

[200]   Hans-Jürgen Kotzur (Hg), Rabanus Maurus: S. 25

[201]   Michael Imhof und Christoph Winterer, Karl der Große, Leben und Wirkung, Kunst und Architektur, S. 78

[202]   Einhard, Vita Karoli Magni: 26, 33.

[203]   Hans-Jürgen Kotzur (Hg), Rabanus Maurus: S. 24

[204]   Hans-Jürgen Kotzur (Hg), Rabanus Maurus: S. 24

[205]   Umberto Eco, Arte e bellezza nell' estetica medievale 2.4.

[206]   E. Dassmann, Von Bild zur Ikone. – Zur Bildgestaltung der römischen Kirche, in Josef Wohlmuth (Hg) Streit um das Bild: S. 131

[207]   F.J.G.Goers, Die Bilderfrage in der frühen Reformationszeit, in Josef Wohlmuth (Hg) Streit um das Bild: S. 79

[208]   Gregor von Tours, History of the Franks: Books I-X, Preface

[209]   Ulrich Nonn, Mönche, Schreiber und Gelehrte, Bildung und Wissenschaft im Mittelalter; S. 10

[210]   Paul Lehmann, Das Problem der karolingischen Renaissance, in: Paul Lehmann, Erforschung des Mittelalters, Bd II., S. 109ff

[211]   Caspar Ehlers, Tradition und Innovation, in: Matthias Puhle und Gabriele Köster (Hg), Otto der Große und das römische Reich, S. 407

[212]   Karl der Große, Capitularia, Constitutio de emendatione librorum

[213]   Michael Bernhard, Boethius im mittelalterlichen Schulbetrieb; in: Martin Kintzinger et al (Hg), Schule und Schüler im Mittelalter, S. 11 - 27

[214]   Gerfried Sitar, Isidor Hispanus, „De ecclesiasticis officiis", „De differentiis rerum (II), Karl der Große, Texte über die Taufe"; in: Christoph Stiegemann, Martin Kroker und Wolfgang Walter (Hg), Credo- Christianisierung Europas; Bd. II, Nr. 384, S. 439

[215]   Hastings Randall, The Universities of Europe in the Middle Ages, Vol I. Ch.II. S. 28

[216]   Karl der Große, Capitularia, Amonitio generalis LXX

[217]   Klaus Herbers, Geschichte des Papsttums im Mittelalter, S. 202

[218]   Ulrich Nonn, Mönche, Schreiber und Gelehrte, Bildung und Wissenschaft im Mittelalter; S. 26

[219]   Hastings Randall, The Universities of Europe in the Middle Ages, Vol I. Ch.II. S. 29

[220]   Joachim Ehlers, Dom- und Klosterschulen in Deutschland und Frankreich im 10. Und 11. Jahrhundert; in: Martin Kintzinger et al (Hg), Schule und Schüler im Mittelalter, S. 29 - 52

[221]   Thomas Glick, Steven J. Livesey und Faith Wallis (Ed), Medieval Science, Technology and Medicine. An Encyclopedia, S. 121

[222]   Richard Heinzmann, Philosophie des Mittelalters, S. 187

[223]   Wikipedia

[224]   Klaus Herbers, Geschichte des Papsttums im Mittelalter, S. 202

[225]   Klaus-Dieter Linsmeier, Tausend Jahre Europa; in: Spektrum der Wissenschaft, Forschung und Technik im Mittelalter, S. 6

[226]   Das Leben Bischof Bennos II. von Osnabrück, verfasst von Abt Norbert; in: Rudolf Buchner Lebensbeschreibungen einiger Bischöfe des 10. – 12. Jahrhunderts, S. 381

[227]   Alan B. Cobban, Reflections on the Role of the Medieval Universities in Contemporary Society; in: Lesley Smith and Benedicta Ward (Ed), Intellectual Life in the Middle Ages, p. 227

[228]   Ulrich Nonn, Mönche, Schreiber und Gelehrte, Bildung und Wissenschaft im Mittelalter; S. 27

[229]   Artes liberales. Die Religion in Geschichte und Gegenwart, S. 2247 (vgl. RGG Bd. 1, S. 636) (c) J.C.B. Mohr (Paul Siebeck)]

[230]   Ernst Robert Curtius, Europäische Literatur und lateinisches Mittelalter, S. 52

[231]   Johannes Laudage et al, Die Zeit der Karolinger, S. 120

[232]   Louis John Paetow, Introduction to: Henri D`Andeli, The Battle of the seven arts; S.24

[233]   Louis John Paetow,: Henri D`Andeli, The Battle of the seven arts; S.37

[234]   Ulrich Nonn, Mönche, Schreiber und Gelehrte, Bildung und Wissenschaft im Mittelalter; S. 29

[235]   Michael Bernhard, Boethius im mittelalterlichen Schulbetrieb; in: Martin Kintzinger et al (Hg), Schule und Schüler im Mittelalter, S. 11 - 27

[236]   Michael Brandt und Arne Eggebrecht (Hg), Bernward von Hildesheim und das Zeitalter der Ottonen, Bd II, S. 531

[237]   Wolfgang Hein, Die Mathematik im Mittelalter, S. 34

238   Friedrich Prinz, Formen, Phasen und Regionen des Übergangs von der Spätantike zum Frühmittelalter: Reliktkultur – neue Etnica – interkultureller Synthese im Frankenreich. In: Franz Staab (Hg), Zur Kontinuität zwischen Antike und Mittelalter am Oberrhein, S.171ff

239   Corrado di Hirsau, Dialogo sugli autori; Roberta Marchionni, Introduzione, s. 16

240   Ernst Robert Curtius, Europäische Literatur und lateinisches Mittelalter, S. 266

241   Richard Heinzmann, Philosophie des Mittelalters, S. 138

242   Ernst Robert Curtius, Europäische Literatur und lateinisches Mittelalter, S. 58

243   Michael Bernhard, Boethius im mittelalterlichen Schulbetrieb; in: Martin Kintzinger et al (Hg), Schule und Schüler im Mittelalter, S. 11 - 27

244   Wörterbuch: Septem artes liberales, S. 1 ff.Digitale Bibliothek Band 65: dtv-Wörterbuch Pädagogik, S. 1954 (vgl. WB Päd., S. 505 ff.)

245   Bruce L. Venarde, The Rule of Sant Benedict; Appendix B, Grimaldus and Tatto: Letter to Reginbertus; p. 245

246   Ernst Tremp, Klosterbibliotheken; in: Gerfried Sitar (OSB) und Martin Kroker (Hg), Macht des Wortes, Benedictinisches Mönchtum in Spiegel Europas, S. 227

247   Wikipedia

248   Ernst Tremp, Klosterbibliotheken; in: Gerfried Sitar (OSB) und Martin Kroker (Hg), Macht des Wortes, Benedictinisches Mönchtum in Spiegel Europas, S. 227

249   Claudia Brinker-von der Heyde, Die literarische Welt des Mittelalters, S. 34

250   Claudia Brinker-von der Heyde, Die literarische Welt des Mittelalters, S. 30

251   Claudia Brinker-von der Heyde, Die literarische Welt des Mittelalters, S. 34

252   Dieter Hägermann, Karl der Grosse: S122

253   Sabine Buttinger, Hinter Klostermauern. Alltag im mittelalterlichen Kloster, S. 8

254   Karl Suso Frank, Grundzüge der Geschichte des christlichen Mönchsstums: S. 58

255   Hastings Randall, The Universities of Europe in the Middle Ages, Vol I. Ch.II, S. 28

256   Ernst Tremp, Karl Schmuki, und Teres Flury, Karl der Grosse und seine Gelehrten, Zum 1200. Todesjahr Alkuins: S10; Franz Brunhölzl, Geschichte der lateinischen Literatur des Mittelalters: Bd. I. S289

257   Paul Lehmann, Das Problem der karolingischen Renaissance, in: Paul Lehmann, Erforschung des Mittelalters, Bd II., S. 109ff

258   Paul Lehmann, Das Problem der karolingischen Renaissance, in: Paul Lehmann, Erforschung des Mittelalters, Bd II., S. 109ff

259   Johannes Fried, Antikes Erbe und christliche Tradition – die erste Jahrtausendwende in der Geschichte, in: Alfried Wiczorek (Hg), Europas Mitte um 1000, S. 48

260   Lutz E. Padberg, Christianisierung im Mittelalter: S. 84

261   Paul Lehmann, Das Problem der karolingischen Renaissance, in: Paul Lehmann, Erforschung des Mittelalters, Bd II., S. 114

262   Franz Brunhölzl, Geschichte der lateinischen Literatur des Mittelalters: Bd. I. S243)

263   Martin Kintzinger, Bildung und erziehung; in: Werner Paravicini (Hg), Höfe und Residenzen im spätmittelalterlichen Reich, Bilder und Begriffe, Teilband I, S. 214ff

264   Paul Lehmann, Das Problem der karolingischen Renaissance, in: Paul Lehmann, Erforschung des Mittelalters, Bd II., S. 135

265   Simone Heimann, "Auf diesem Ringplatz des Geistes – Zum Bildungsstand auch der Speyerer Domschule im 11. Jaherhundert; in: Die Salier, Macht im Wandel, Hrsg. Historisches Museum der Pfalz, Speyer ; Institut für Fränkisch-Pfälzische Geschichte und Landeskunde, Heidelberg; S. 122

266   Marshall Clagett, Nicole Oresme and the medieval Geometry of Qualities and Motions, S. 78

267   Rudolf Fischer-Wollpert, Lexikon der Päpste; RGG; Lexikon des Mittelalters

268   Wesley M. Stevens, Karolingische Renovatio in Wissenschaften und Literatur, in Kunst und Kultur der Karolingerzeit: S662

269   John T. McNeil und Helena M. Gamer, Medieval Handbooks of Penance, S. 109

270   Isidor von Sevilla, Mönchsregel, in Karl Suso Frank, Frühes Mönchtum im Abendland

271   Lutz E. Padberg, Christianisierung im Mittelalter: S. 84

272   Ottomar Pilz, Die Dramen von Roswitha von Gandersheim; Roswithas Vorrede zu ihren Dramen; S. 45

273   A. Piltz, Die gelehrte Welt des Mittelalters: S92

274   Josef Pieper, Scholastik: S88

275   Marcus Popplow, Technik im Mittelalter, S. 19

276   Karl Langosch, Profile des Mittelalters, S. 92

277   Karl Langosch, Profile des Mittelalters, S. 89

278   Einhard Vita Karoli Magni: 25

279   Paul Lehmann, Das Problem der karolingischen Renaissance, in: Paul Lehmann, Erforschung des Mittelalters, Bd II., S. 109ff

280   Rudolf Schieffer, Die Karolinger: S92

281   Ernst Tremp, Karl Schmuki, und Teres Flury, Karl der Grosse und seine Gelehrten, Zum 1200. Todesjahr Alkuins: S12, 14

282   Raymund Kottje, Die Bußbücher Halitgars von Cambrai und des Hrabanus Maurus;

283   Dietmar Korzeniewski, Hirtengedichte aus spätrömischer und karolingischer Zeit, Anmerkung zur 1. Ekloge, S. 139

284   Michael Imhof und Christoph Winterer, Karl der Große, Leben und Wirkung, Kunst und Architektur, S. 45

285   Angilbert, in: Karl Langosch, Profile des Mittelalters, S. 92

286   Beati Flacci Albini seu Alcuini Caroli Magni Magistri Operum Pars Prima – Epistolae; Epistola XXVII, XLIII, LXXIX, LXXXIII, C, CI

287   Michael Imhof und Christoph Winterer, Karl der Große, Leben und Wirkung, Kunst und Architektur, S. 45

288   Karl Langosch, Profile des Mittelalters, S. 94, 100

289   Musonius, 1. Ekloge 14, in: Dietmar Korzeniewski, Hirtengedichte aus spätrömischer und karolingischer Zeit, S. 77

290   Paul Lehmann, Das Problem der karolingischen Renaissance, in: Paul Lehmann, Erforschung des Mittelalters, Bd II., S. 109ff

291   Johannes Salzwedel, Gelehrte und Reformer, in: Der Spiegel, Geschichte, Karl der Grosse, S. 106

292   Karl Langosch, Profile des Mittelalters, S. 90

293   Wikipedia

294   Bruce L. Venarde, The Rule of Sant Benedict; Appendix A, Paul the Diacon, Letter to Charlemagne; p. 231

295   Siegfried Epperlein, Leben am Hofe Karls des Grossen S90

296   Karl Neff, Die Gedichte des Paulus Diaconus, XII. Petrus von Pisa an Paulus Diaconus, Vers 5

297   Karl Neff, Die Gedichte des Paulus Diaconus, XIII. Antwort des Paulus, Vers 5

298   Siegfried Epperlein, Leben am Hofe Karls des Grossen S. 123

299   Karl Neff, Die Gedichte des Paulus Diaconus, Anhang VI: Die Fabel vom kranken Löven

300   Paul Dräger, Einführung zu: Alkuin, Vita sancti Willibrordi, Das Leben des Heiligen Willibrord, S. 169

301   Beati Flacci Albini seu Alcuini Caroli Magni Magistri Operum Pars Prima – Epistolae; Epistola LXXXIII

302   Paul Lehmann, Das Problem der karolingischen Renaissance, in: Paul Lehmann, Erforschung des Mittelalters, Bd II., S. 109ff

303   Beati Flacci Albini seu Alcuini Caroli Magni Magistri Operum Pars Prima – Epistolae; Epistola XXIII

304   Notker Balbulus, The first book of the deeds of Charles, I.2

305   Paul Dräger, Einführung zu: Alkuin, Vita sancti Willibrordi, Das Leben des Heiligen Willibrord, S. 169

306   Ernst Tremp, Karl Schmuki, und Teres Flury, Karl der Grosse und seine Gelehrten, Zum 1200. Todesjahr Alkuins: S 20

307   Alcuin, De Virtutibus Et Vitiis Liber Ad Widonem Comitem, Caput I und XXIII

308   Alcuin, De Vita Sancti Martini Turonensis

309   Alkuin, Vita sancti Willibrordi, Das Leben des Heiligen Willibrord, I. Buch, 3.2.

310   Paul Dräger, Einführung zu: Alkuin, Vita sancti Willibrordi, Das Leben des Heiligen Willibrord, S. 170

311   Ernst Tremp, Karl Schmuki, und Teres Flury, Karl der Grosse und seine Gelehrten, Zum 1200. Todesjahr Alkuins: S7; Siegfried Epperlein, Leben am Hofe Karls des Grossen S85

312   Handschriften siehe: www.cesg.unifr.ch/en

313   Paul Lehmann, Cassiodorstudien, in: Paul Lehmann, Erforschung des Mittelalters, A. 90

314   Paul Dräger, Einführung zu: Alkuin, Vita sancti Willibrordi, Das Leben des Heiligen Willibrord, S. 171

315   Alkuin, Propositiones ad acuendos iuvenes, Aufgaben zur Schärfung des Geistes der Jugend

316   Karl Langosch, Die Dichtung der Akademie, Profile des Mittelalters, S. 106

317   Karl Neff, Die Gedichte des Paulus Diaconus, XVI. Rätsel; XVII. Petrus und Paulus; XVIII. Paulus an den König; XIX. Antwort des Paulus; XX. Palus an Petrus

318   Karl Langosch, Die Dichtung der Akademie, Profile des Mittelalters, S. 105

319   Kerstin Springsfeld, Alkuins Einfluss auf die Komputistik zur Zeit Karls des Großen, S.291

320   Kerstin Springsfeld, Alkuins Einfluss auf die Komputistik zur Zeit Karls des Großen, S.59

321   Kerstin Springsfeld, Alkuins Einfluss auf die Komputistik zur Zeit Karls des Großen, S.299

322   Franz Brunhölzl, Geschichte der lateinischen Literatur des Mittelalters: Bd. I. S271

323   Paul Dräger, Einführung zu: Alkuin, Vita sancti Willibrordi, Das Leben des Heiligen Willibrord, S. 170

324   Franz Brunhölzl, Geschichte der lateinischen Literatur des Mittelalters: Bd. I. S272

325   Ernst Tremp, Karl Schmuki, und Teres Flury, Karl der Grosse und seine Gelehrten, Zum 1200. Todesjahr Alkuins: S77; Siegfried Epperlein, Leben am Hofe Karls des Grossen S88, 111

326   Ernst Tremp, Karl Schmuki, und Teres Flury, Karl der Grosse und seine Gelehrten, Zum 1200. Todesjahr Alkuins: S77; Siegfried Epperlein, Leben am Hofe Karls des Grossen S88, 111

327   Paul Dräger, Einführung zu: Alkuin, Vita sancti Willibrordi, Das Leben des Heiligen Willibrord, S. 170

328   Ernst Tremp, Karl Schmuki, und Teres Flury, Karl der Grosse und seine Gelehrten, Zum 1200. Todesjahr Alkuins: S20; Franz Brunhölzl, Geschichte der lateinischen Literatur des Mittelalters: Bd. I. S268

329   Hastings Randall, The Universities of Europe in the Middle Ages, Vol I. Ch.II. S. 36

330   Raymund Kottje, Die Bußbücher Halitgars von Cambrai und des Hrabanus Maurus; S. 177

331   Johan Huizinga, Herbst des Mittelalters, 476

332   Karl der Große, Capitularia, Amonitio generalis LXXVI

333   Beati Flacci Albini seu Alcuini Caroli Magni Magistri Operum Pars Prima – Epistolae; Epistola XCV, XCVI

334   Siegfried Epperlein, Leben am Hofe Karls des Grossen S90

335   Lutz E. Padberg, Christianisierung im Mittelalter: S. 83

336   Lutz E. Padberg, Christianisierung im Mittelalter: S. 84

337   Franz Brunhölzl, Geschichte der lateinischen Literatur des Mittelalters: Bd. I. S268

338   Karl Brunner, Oppositionelle Gruppen in Karolingerreich

339   Einhard, Vita Karoli Magni: 21

340   Einhard Vita Karoli Magni: 21

341   Karl Langosch, Die Dichtung der Akademie, Profile des Mittelalters, S. 97, 100

342   Notker Balbulus, The first book of the deeds of Charles, I.1

343   Notker Balbulus, The first book of the deeds of Charles, I.3

344   Notker Balbulus, The first book of the deeds of Charles, I.3

345   Notker Balbulus, The first book of the deeds of Charles, I.2

346   Ernst Robert Curtius, Europäische Literatur und lateinisches Mittelalter, S. 265

347   Wikipedia

348   Wikipedia

349   Johannes Salzwedel, Gelehrte und Reformer, in: Der Spiegel, Geschichte, Karl der Grosse, S. 106

350   http://de.wikisource.org/wiki/ADB:Ricbod

351   Alcuin, Briefe 169-172

352   Lexikon des Mittelalters; Franz Brunhölzl, Geschichte der lateinischen Literatur des Mittelalters: Bd. I. S304

353   Wikipedia

354   Wikipedia

355   Lexikon des Mittelalters; Franz Brunhölzl, Geschichte der lateinischen Literatur des Mittelalters: Bd. I. S306

356   Franz Brunhölzl, Geschichte der lateinischen Literatur des Mittelalters: Bd. I. S306

357   Siegfried Epperlein, Leben am Hofe Karls des Grossen S 93

358   Siegfried Epperlein, Leben am Hofe Karls des Grossen S123; Franz Brunhölzl, Geschichte der lateinischen Literatur des Mittelalters: Bd. I. S292

359   Paul Lehmann, Das Problem der karolingischen Renaissance, in: Paul Lehmann, Erforschung des Mittelalters, Bd II., S. 109ff

360   Ernst Tremp, Karl Schmuki, und Teres Flury, Karl der Grosse und seine Gelehrten, Zum

1200. Todesjahr Alkuins: S98; Siegfried Epperlein, Leben am Hofe Karls des Grossen S93; Franz Brunhölzl, Geschichte der lateinischen Literatur des Mittelalters: Bd. I. S289

361   Dietmar Korzeniewski, Hirtengedichte aus spätrömischer und karolingischer Zeit, S. 6

362   Dietmar Korzeniewski, Hirtengedichte aus spätrömischer und karolingischer Zeit, S. 8

363   Evelin Scherabon Firchow, Nachwort zu Einhard Vita Karoli Magni

364   Franz Brunhölzl, Geschichte der lateinischen Literatur des Mittelalters: Bd. I. S318

365   Günther Binding, Der früh- und hochmittelalterliche Bauherr als sapiens architectus, S. 39ff

366   Ulrich Nonn, Mönche, Schreiber und Gelehrte, Bildung und Wissenschaft im Mittelalter; S. 23

367   Joachim Mohr, Der Gelehrte des Herrn, in: Der Spiegel, Geschichte, Karl der Grosse, S. 118

368   Joachim Mohr, Der Gelehrte des Herrn, in: Der Spiegel, Geschichte, Karl der Grosse, S. 118

369   Ulrich Nonn, Mönche, Schreiber und Gelehrte, Bildung und Wissenschaft im Mittelalter; S. 67

370   Fragment der Hrabanus Maurus – Enzyklopädie „De rerum naturis", in: Matthias Puhle und Gabriele Köster (Hg), Otto der Große und das römische Reich, S. 472

371   Stephanie Haarländer, Rabanus Maurus: S. 131; Hans-Jürgen Kotzur (Hg), Rabanus Maurus: S. 94; Franz Brunhölzl, Geschichte der lateinischen Literatur des Mittelalters: Bd. I. S332

372   Suthern R.W., Robert Grosseteste, The growth of an english Mind in medieval Europe, S. 98

373   Stephanie Haarländer, Rabanus Maurus: S. 130; Hans-Jürgen Kotzur (Hg), Rabanus Maurus: S. 92; Ernst Tremp, Karl Schmuki, und Teres Flury, Karl der Grosse und seine Gelehrten, Zum 1200. Todesjahr Alkuins: S104; Franz Brunhölzl, Geschichte der lateinischen Literatur des Mittelalters: Bd. I. S325

374   Hans-Jürgen Kotzur (Hg), Rabanus Maurus: S. 94

375   Wikipedia

376   Franz Brunhölzl, Geschichte der lateinischen Literatur des Mittelalters: Bd. I. S369

377   Benedicti Anianensis Concordia regularum

378   Ivo Auf der Maur OSB, (Ü) , Ferreolus, Mönchsregel, Einleitung S. 7

379   http://duepublico.uni-duisburg-essen.de/servlets/DocumentServlet?id=18245]

380   Walter Kettermann, Der Siegeszug der Benediktregel – Benedikt von Aniane; in: Gerfried Sitar (OSB) und Martin Kroker (Hg), Macht des Wortes, Benedictinisches Mönchtum in Spiegel Europas, S. 83

381   Benedicti Anianensis Concordia regularum, LV, S. 469ff

382   Benedicti Anianensis Concordia regularum, LI, LII,LIV und LXI , S. 438ff

383   Benedicti Anianensis Concordia regularum, LXIV, S. 546ff

384   Bruce L. Venarde, The Rule of Sant Benedict; Introduction, p. XVII

385   Sabine Buttinger, Hinter Klostermauern. Alltag im mittelalterlichen Kloster, S. 7

386   Karl Suso Frank, Die Magisterregel, Einführung, S. 1

387   Wikipedia

388   Walter Kettemann, Subsidia Anianensia, Einführung, S. 1

389   Wikipedia

390   Sydow, Jürgen, „Benedikt von Aniane", in: Neue Deutsche Biographie 2 (1955), S. 43 f. [Onlinefassung]; URL: http://www.deutsche-biographie.de/pnd10

391   Wikipedia

392   In: Biographisch-Bibliographisches Kirchenlexikon

393   Bruce L. Venarde, The Rule of Sant Benedict; Introduction, p. XVII

394   Bruce L. Venarde, The Rule of Sant Benedict; Introduction, p. XVIII

395   Gert Melville, Die Welt der mittelalterlichen Klöster, S. 42

396   Bruce L. Venarde, The Rule of Sant Benedict; Introduction, p. XVII

397   Walter Berschin, Griechisch-lateinisches Mittelalter. Von Hieronymus zu Nikolaus von Kues. S. 145

398   Claudio Moreschini und Enrico Norelli, Handbuch der antiken christlichen Literatur, S. 617

399   Knut Schulz, Handwerk, Zünfte und Gewerbe, Mittelalter und Renauissance; S. 133

400   Richard Heinzmann, Philosophie des Mittelalters, S. 124

401   RGG; Franz Brunhölzl, Geschichte der lateinischen Literatur des Mittelalters: Bd. I. S467, Bd. II. 328

402   Friedrich Prinz, Formen, Phasen und Regionen des Übergangs von der Spätantike zum Frühmittelalter: Reliktkultur – neue Etnica – interkultureller Synthese im Frankenreich. In: Franz Staab (Hg), Zur Kontinuität zwischen Antike und Mittelalter am Oberrhein, S.171ff

[403]   Lexikon des Mittelalters; Wesley M. Stevens, Karolingische Renovatio in Wissenschaften und Literatur, in Kunst und Kultur der Karolingerzeit: S662

[404]   Paul Lehmann, Das Problem der karolingischen Renaissance, in: Paul Lehmann, Erforschung des Mittelalters, Bd II., S. 135

[405]   Wikipedia

[406]   Arno Borst, Computus:S. 29

[407]   Arno Borst, Computus: S. 51

[408]   Siegfried Epperlein, Leben am Hofe Karls des Grossen S. 123, 129

[409]   Ernst Robert Curtius, Europäische Literatur und lateinisches Mittelalter, S. 457

[410]   Louis John Paetow, Introduction to: Henri D`Andeli, The Battle of the seven arts; S. 5

[411]   Sabine Buttinger, Hinter Klostermauern. Alltag im mittelalterlichen Kloster, S. 105ff

[412]   Einhard, Vita Karoli Magni: 33.

[413]   Karl Neff, Die Gedichte des Paulus Diaconus, XXX. Und XXXII. Paulus an Karl.

[414]   Karl der Große, Capitularia, Amonitio generalis LXX

[415]   Ernst Tremp, Klosterbibliotheken; in: Alfried Wiczorek und Gerfried Sitar (Hg), Benedikt und die frühen Klöster, S. 212

[416]   Johannes Salzwedel, Gelehrte und Reformer, Goldstandard des Geistes, in: Der Spiegel, Geschichte 6/12, Karl der Große, S. 108

[417]   Karl der Große, Capitularia, Amonitio generalis LXXVI

[418]   Einhard, Vita Karoli Magni: 33.

[419]   Ernst Tremp, Klosterbibliotheken; in: Alfried Wiczorek und Gerfried Sitar (Hg), Benedikt und die frühen Klöster, S. 212

[420]   Paul Lehmann, Das Problem der karolingischen Renaissance, in: Paul Lehmann, Erforschung des Mittelalters, Bd II., S. 135

[421]   R. McKitterick, The English historical Review XCV, 1980, P 28

[422]   Gaius Plinius Secundus, Naturalis Historiae libri XXII-XXXVII, in: Matthias Puhle und Gabriele Köster (Hg), Otto der Große und das römische Reich, S. 454

[423]   Lucius Annaeus Seneca, Epistularum libri XVI-XX (Epistolae 89-124), in: Matthias Puhle und Gabriele Köster (Hg), Otto der Große und das römische Reich, S. 457

[424]   Ekkehard IV, Die Geschichten des Klosters St. Gallen, Kap. 112

[425]   Ekkehard IV, Die Geschichten des Klosters St. Gallen, Kap. 147

[426]   Ulrich Nonn, Mönche, Schreiber und Gelehrte, Bildung und Wissenschaft im Mittelalter; S. 30

[427]   Rosamond McKitterick, Charles the Bald (823 – 877) and his library: the patronage of learning; in: The English historical Review XCV, 1980, P 28

[428]   Lexikon des Mittelalters

[429]   Egert Pöhlmann, Einführung in die Überlieferungsgeschichte und in die Textkritik der antiken Literatur, Bd.II. Mittelalter und Neuzeit, S. 74

[430]   Bruce L. Venarde, The Rule of Sant Benedict; Introduction p. VII

[431]   Ernst Tremp, Klosterbibliotheken; in: Alfried Wiczorek und Gerfried Sitar (Hg), Benedikt und die frühen Klöster, S. 212

[432]   St. Gallen, Stiftsbibliothek (Codices Electronici Sangallenses - CESG); http://www.e-codices.unifr.ch/de/list/csg/Shelfmark/20/0

[433]   Graydon W Regenos (Ü), The Letters of Lupus of Ferrie`res; 5 (17), 53 (p. 71)

[434]   Sabine Buttinger, Hinter Klostermauern. Alltag im mittelalterlichen Kloster, S. 107ff

[435]   Graydon W Regenos (Ü), The Letters of Lupus of Ferrie`res; 1 (p. 3)

[436]   Ekkehard IV, Die Geschichten des Klosters St. Gallen, Kap. 147

[437]   Wikipedia

[438]   Wikipedia

[439]   Michael Imhof und Christoph Winterer, Karl der Große, Leben und Wirkung, Kunst und Architektur, S. 78

[440]   Conrad Leyser, Late Antiquity in the Medieval West; in: Philip Rousseau, A Companion to late Antiquity, p. 39

[441]   Wikipedia

[442]   Thomas Labusiak, Benediktinische Buchmalerei: Die Macht der Bilder; in: Gerfried Sitar (OSB) und Martin Kroker (Hg), Macht des Wortes, Benedictinisches Mönchtum in Spiegel Europas, S. 303

[443]   Michael Imhof und Christoph Winterer, Karl der Große, Leben und Wirkung, Kunst und Architektur, S. 78

[444]   Gudrun Gleba, Machtvoll in Demut; in: Damals, Das Magazin für Geschichte 41; 4/2009, S. 24

[445]   Vera Trost, Ein Kloster ohne Bücher...; in: Gerfried Sitar (OSB) und Martin Kroker (Hg), Macht des Wortes, Benedictinisches Mönchtum in Spiegel Europas, S. 23

[446]   Stephen Greenblatt, Die Wende, Wie die Renaissance begann, S. 50

[447]   Egert Pöhlmann, Einführung in die Überlieferungsgeschichte und in die Textkritik der antiken Literatur, Bd.II. Mittelalter und Neuzeit, S. 79; Lexikon des Mittelalters

[448]   Egert Pöhlmann, Einführung in die Überlieferungsgeschichte und in die Textkritik der antiken Literatur, Bd.II. Mittelalter und Neuzeit, S. 80; Lexikon des Mittelalters

[449]   Otto Schönberger, Nachwort zu: Walahfried Strabo, De cultura hortorum, S. 87

[450]   Wikipedia

[451]   Walahfried Strabo, De cultura hortorum 432

[452]   Egert Pöhlmann, Einführung in die Überlieferungsgeschichte und in die Textkritik der antiken Literatur, Bd.II. Mittelalter und Neuzeit, S. 85

[453]   Paul Lehmann, Das Problem der karolingischen Renaissance, in: Paul Lehmann, Erforschung des Mittelalters, Bd II., S. 109ff

[454]   Staatliche Schlösser und Gärten Baden-Württenberg (Hg), Die Lorcher Chorbücher, Kloster Lorch; S. 35

[455]   Michael Brandt und Arne Eggebrecht (Hg), Bernward von Hildesheim und das Zeitalter der Ottonen, Bd II, S. 16

[456]   Wikipedia

[457]   Lothar Klappauf, Tonnenweise Silber, in: Epoc, Archäologie, Geschichte, Kultur; Spectrum der Wissenschaft, 3/ 2012, S. 72

[458]   Bernd Schneidmüller, Der Beginn einer goldenen Zeit; in: Damals, Das Magazin für Geschichte 41; 9/2012, S. 34

[459]   Johannes Koder, Byzanz als Mythos und Erfahrung im Zeitalter Ottos I., in: Bernd Schneidmüller, Stefan Weinfurter (Hg), Ottonische Neuanfänge, S. 238

[460]   Wikipedia

[461]   Rudolf Buchner, Lebensbeschreibungen einiger Bischöfe des 10. – 12. Jahrhunderts, Einleitung

[462]   Ekkehard IV, Die Geschichten des Klosters St. Gallen, Kap. 124

[463]   Ulrich Faust, Das Hildesheimer Benediktinerkloster Sankt Michael in den monastischen Reformbewegungen; in: Michael Brandt und Arne Eggebrecht (Hg), Bernward von Hildesheim und das Zeitalter der Ottonen, Bd I, S. 397

[464]   Ekkehard IV, Die Geschichten des Klosters St. Gallen, Kap. 99

[465]   Michael Brandt und Arne Eggebrecht (Hg), Bernward von Hildesheim und das Zeitalter der Ottonen, Bd II, S. 593

[466]   Wikipedia

[467]   Ulrike Theisen, Otto der Große und das römische Reich, in: Antike Welt, 5/2012, S. 67

[468]   Thietmar von Merseburg, Chronik, I.10

[469]   Wikipedia

[470]   Michael Brandt und Arne Eggebrecht (Hg), Bernward von Hildesheim und das Zeitalter der Ottonen, Bd II, S. 31

[471]   Das Leben des heiligen Bruno Erzbischofs von Köln, Verfasst von Ruotger; in: Rudolf Buchner, Lebensbeschreibungen einiger Bischöfe des 10. – 12. Jahrhunderts, Lebensbeschreibung des Herren Erzbischofs Bruno, S. 187

[472]   Richer von Saint-Remi, Historiae III.58

[473]   Ekkehard IV, Die Geschichten des Klosters St. Gallen, Kap. 126

[474]   Enrico Cerulli, Le Calife `Abd Ar-Rahman III de Cordoue et le martyr Pèlage dans un poéme de Hrosvita, in: Studia Islamica, No 32, (1970) p 69-76

[475]   Matthias Maser, Das prächtige Reich der Sarazenen, in: Epoc, Archäologie, Geschichte, Kultur; Spectrum der Wissenschaft, 3/ 2012, S. 58

[476]   Vita des Abtes Johannes von Gorze (+973/974), in: Matthias Puhle und Gabriele Köster (Hg), Otto der Große und das römische Reich, S. 554

[477]   Vita des Abtes Johannes von Gorze (+973/974), in: Matthias Puhle und Gabriele Köster (Hg), Otto der Große und das römische Reich, S. 554

[478]   Enrico Cerulli, Le Calife `Abd Ar-Rahman III de Cordoue et le martyr Pèlage dans un poéme de Hrosvita, in: Studia Islamica, No 32, (1970) p 69-76

[479]   Irmgard Kraft, Die große Reise des Herren Ibrahim ibn Ya`kub in die Länder des Nordens: S. 80

[480]   Michael Brandt und Arne Eggebrecht (Hg), Bernward von Hildesheim und das Zeitalter der Ottonen, Bd II, S. 147, 158

[481]   Bernard Lewis, The muslim Discovery of Europe, p. 94

[482]   Michael Brandt und Arne Eggebrecht (Hg), Bernward von Hildesheim und das Zeitalter der Ottonen, Bd II, S. 158

[483]   Marianne Schütze-Pflugk, Herrscher- und Märtyrerauffassung bei Hroswit von Gandersheim, S.1, 14

[484]   Matthias Maser, Das prächtige Reich der Sarazenen, in: Epoc, Archäologie, Geschichte, Kultur; Spectrum der Wissenschaft, 3/ 2012, S. 58

[485]   http://www.heiligenlexikon.de/BiographienP/Pelagius2.htm

[486]   Enrico Cerulli, Le Calife `Abd Ar-Rahman III de Cordoue et le martyr Pèlage dans un poéme de Hrosvita, in: Studia Islamica, No 32, (1970) p 69-76

[487]   Maribel Fierro, Hostages and the Dangers of Cultural Contact: Two Casesfrom Umayyad Cordoba, in: Rania Abdellatif, Yassir Benhima, Daniel König, Elisabeth Rachaud, Acteurs des transfers culturels en Méditerranée medievale, s. 79ff

[488]   Matthias Maser, Das prächtige Reich der Sarazenen, in: Epoc, Archäologie, Geschichte, Kultur; Spectrum der Wissenschaft, 3/ 2012, S. 58

[489]   Wikipedia

[490]   Thietmar von Merseburg, Chronik, II.22

[491]   Wolfgang Huschner, Kaiser der Franken oder Kaiser der Römer?, in: Matthias Puhle und Gabriele Köster (Hg), Otto der Große und das römische Reich, S. 524

[492]   Henry Mayr-Harting, Ruotger, The Life of Bruno and Cologne Cathedral Library; in: Lesley Smith and Benedicta Ward (Ed), Intellectual Life in the Middle Ages, p. 33

[493]   Werner, Karl, Gerbert von Aurillac, Die Kirche und Wissenschaft seiner zeit, Neuausgabe; S. 33

[494]   Wikipedia

[495]   Wikipedia

[496]   Das Leben des heiligen Bruno Erzbischofs von Köln, verfasst von Routger; in: Rudolf Buchner Lebensbeschreibungen einiger Bischöfe des 10. – 12. Jahrhunderts, S. 191

[497]   Ulrich Nonn, Mönche, Schreiber und Gelehrte, Bildung und Wissenschaft im Mittelalter; S. 70

[498]   Das Leben des heiligen Bruno Erzbischofs von Köln, verfasst von Routger; in: Rudolf Buchner Lebensbeschreibungen einiger Bischöfe des 10. – 12. Jahrhunderts, S. 221

[499]   Fidel Rädle, Lateinische Literatur im Umkreis Bernwards; in: Michael Brandt und Arne Eggebrecht (Hg), Bernward von Hildesheim und das Zeitalter der Ottonen, Bd I, S. 201

[500]   Thietmar von Merseburg, Chronik, II.16

[501]   Fidel Rädle, Lateinische Literatur im Umkreis Bernwards; in: Michael Brandt und Arne Eggebrecht (Hg), Bernward von Hildesheim und das Zeitalter der Ottonen, Bd I,S. 201

[502]   Thietmar von Merseburg, Chronik, VI.100

[503]   Fidel Rädle, Lateinische Literatur im Umkreis Bernwards; in: Michael Brandt und Arne Eggebrecht (Hg), Bernward von Hildesheim und das Zeitalter der Ottonen, Bd I, S. 201

[504]   Nicolaus Bubnow, Gerberti opera mathematica, Appendix I, S. 204

[505]   Uta Lindgren, Gerbert von Aurillac und das Quadrivium; S. 75

[506]   Ulrich Nonn, Mönche, Schreiber und Gelehrte, Bildung und Wissenschaft im Mittelalter; S. 73

[507]   Lebensbeschreibung des heiligen Ulrich Bischofs und Bekenners Christi; in: Rudolf Buchner Lebensbeschreibungen einiger Bischöfe des 10. – 12. Jahrhunderts, S. 89

[508]   Lexikon des Mittelalters

[509]   Danielle Jacquart, La Me´dicin au Xe Sie`cle; in : Nicolle Charbonnel et Jean-Eric Jung, Gerbert l`europe´en, Actes du colloque d`Aurillac 4-7 juin 1996, S. 219

[510]   Stefan Weinfurter, Renovatio Imperii: Die Romidee Ottos III. und die Folgen, in: Matthias Puhle und Gabriele Köster (Hg), Otto der Große und das römische Reich, S. 539

[511]   Liana Castelfranchi Vegas (Hg), Europas Kunst um 1000, S. 19

[512]   Fritz Weigele, Die Briefsammlung Gerberts von Reims, Brief 186, 187 in MGH

[513]   Michael Brandt und Arne Eggebrecht (Hg), Bernward von Hildesheim und das Zeitalter der Ottonen, Bd II, S. 404

514   Michael Brandt und Arne Eggebrecht (Hg), Bernward von Hildesheim und das Zeitalter der Ottonen, Bd II, S. 404

515   Marianne Schütze- Pflugk, Herrscher- und Märtyrerauffassung bei Hroswit von Gandersheim, S. 62

516   Hans Jakob Schuffels, Bernward Bischof von Hildesheim. Eine Biographische Skizze; in: Michael Brandt und Arne Eggebrecht (Hg), Bernward von Hildesheim und das Zeitalter der Ottonen, Bd I, S. 29

517   Heinrich Dormeier, Kaiser und Bischofsherrschaft in Italien: Leo von Vercelli; in: Michael Brandt und Arne Eggebrecht (Hg), Bernward von Hildesheim und das Zeitalter der Ottonen, Bd I, S. 103

518   Irmgard Siede, Fortwirken der Antike in der ottonischen Kunst, in: Alfried Wiczorek (Hg), Europas Mitte um 1000, S. 55

519   Michael Brandt und Arne Eggebrecht (Hg), Bernward von Hildesheim und das Zeitalter der Ottonen, Bd II, S. 110

520   Josef Fleckenstein, Das Kaiserhaus der Ottonen; in: Michael Brandt und Arne Eggebrecht (Hg), Bernward von Hildesheim und das Zeitalter der Ottonen, Bd I, S. 47

521   Werner Goez, Italien zur Zeit Bernhards; in: Michael Brandt und Arne Eggebrecht (Hg), Bernward von Hildesheim und das Zeitalter der Ottonen, Bd I, S. 123

522   Hagen Keller, Die Ottonen, S. 72

523   Stefan Weinfurter, Renovatio Imperii: Die Romidee Ottos III. und die Folgen, in: Matthias Puhle und Gabriele Köster (Hg), Otto der Große und das römische Reich, S. 544

524   Michael Brandt und Arne Eggebrecht (Hg), Bernward von Hildesheim und das Zeitalter der Ottonen, Bd II, S. 83, 142

525   Michael Brandt und Arne Eggebrecht (Hg), Bernward von Hildesheim und das Zeitalter der Ottonen, Bd II, S. 146

526   Wikipedia

527   Anna Muthesius, Studies in Byzantine and Near Eastern silk waving, p. 38ff

528   Janet L. Nelson, The intellectual in Politics: Context, Content and Authorship in the Capitulary of Coulaines, November 843; in: Lesley Smith and Benedicta Ward (Ed), Intellectual Life in the Middle Ages, p. 1

529   Wikipedia

530   Michael Brandt und Arne Eggebrecht (Hg), Bernward von Hildesheim und das Zeitalter der Ottonen, Bd II, S. 146

531   Hans Jakob Schuffels, Bernward Bischof von Hildesheim. Eine Biographische Skizze; in: Michael Brandt und Arne Eggebrecht (Hg), Bernward von Hildesheim und das Zeitalter der Ottonen, Bd I, S. 29

532   Ernst Schubert, Der Reichsepiskopat; in: Michael Brandt und Arne Eggebrecht (Hg), Bernward von Hildesheim und das Zeitalter der Ottonen, Bd. I. S. 93; Bd II. S. 237

533   Michael Brandt und Arne Eggebrecht (Hg), Bernward von Hildesheim und das Zeitalter der Ottonen, Bd II, S. 88

534   Rosamond Kitterick, Continuity and Innovation in tenth-Century Ottonian Culture; in: Lesley Smith and Benedicta Ward (Ed), Intellectual Life in the Middle Ages, p. 17

535   Rosamond Kitterick, Continuity and Innovation in tenth-Century Ottonian Culture; in: Lesley Smith and Benedicta Ward (Ed), Intellectual Life in the Middle Ages, p. 21

536   Ulrich Nonn, Mönche, Schreiber und Gelehrte, Bildung und Wissenschaft im Mittelalter; S. 75

537   Johannes Fried, Die Erneuerung des römischen Reiches, in: Alfried Wiczorek (Hg), Europas Mitte um 1000, Bd II S. 738

538   Ulrich Nonn, Mönche, Schreiber und Gelehrte, Bildung und Wissenschaft im Mittelalter; S. 74

539   Das Leben des heiligen Bernward Bischofs von Hildesheim, verfasst von Thangmar; in: Rudolf Buchner Lebensbeschreibungen einiger Bischöfe des 10. – 12. Jahrhunderts, S. 283

540   Nicolaus Bubnow, Gerberti opera mathematica, Epistola 186; S. 105

541   Rosamond Kitterick, Continuity and Innovation in tenth-Century Ottonian Culture; in: Lesley Smith and Benedicta Ward (Ed), Intellectual Life in the Middle Ages, p. 13

542   Michael Brandt und Arne Eggebrecht (Hg), Bernward von Hildesheim und das Zeitalter der Ottonen, Bd II, S. 86

543   Marianne Schütze-Pflugk, Herrscher- und Märtyrerauffassung bei Hroswit von Gandersheim, S.120

544   Wikipedia

545   Ottomar Pilz, Die Dramen der Roswita von Gandersheim, Zum Paphnutius, S.178 und Sapientia, S. 181

546   Karl Langosch, Profile des Mittelalters, S. 213

547   Lexikon der Kunst: Ottonische Kunst. Lexikon der Kunst, S. 24192 (vgl. LdK Bd. 5, S. 348) (c) E. A. Seemann]

548   Franz-Reiner Erkens, Graecisca sublimitas: Byzanz` Attraktivität und der abendländische Westen, in: Alfried Wiczorek (Hg), Europas Mitte um 1000, Bd II, S. 749

549   Liana Castelfranchi Vegas (Hg), Europas Kunst um 1000, S. 26

550   Michael Brandt und Arne Eggebrecht (Hg), Bernward von Hildesheim und das Zeitalter der Ottonen, Bd II,

551   Hermann Fillitz, Die europäischen Wurzeln der ottonischen Kunst in Sachsen, in: Bernd Schneidmüller, Stefan Weinfurter (Hg), Ottonische Neuanfänge, S. 321

552   Martin Wallraff, Kodex und Kanon, Das Buch im frühen Christentum, S. 48ff

553   Wikipedia

554   Wikipedia

555   Irmgard Siede, Fortwirken der Antike in der ottonischen Kunst, in: Alfried Wiczorek (Hg), Europas Mitte um 1000, S. 55, 153, 165

556   Hermann Fillitz, Ottonische Goldschmiedekunst ; in: Michael Brandt und Arne Eggebrecht (Hg), Bernward von Hildesheim und das Zeitalter der Ottonen, Bd I, S. 173

557   Hermann Fillitz, Ottonische Goldschmiedekunst ; in: Michael Brandt und Arne Eggebrecht (Hg), Bernward von Hildesheim und das Zeitalter der Ottonen, Bd I, S. 173

558   Arne Effenberger, Byzantinische Kunstwerke im Besitz deutscher Kaiser, Bischfe und Klöster im Zeitalter der Ottonen; in: Michael Brandt und Arne Eggebrecht (Hg), Bernward von Hildesheim und das Zeitalter der Ottonen, Bd I, S. 145

559   Irmgard Siede, Fortwirken der Antikein der ottonischen Kunst, in: Alfried Wiczorek (Hg), Europas Mitte um 1000, S. 55

560   Lexikon der Kunst: Ottonische Kunst. Lexikon der Kunst, S. 24201 (vgl. LdK Bd. 5, S. 351) (c) E. A. Seemann]

561   Ulrich Kuder, Ottonische Bucmalerei und bernardinische Buchproduktion; in: Michael Brandt und Arne Eggebrecht (Hg), Bernward von Hildesheim und das Zeitalter der Ottonen, Bd I, S. 191

562   Lesley Smith and Benedicta Waed, Intellectual life in the middle ages, p 17

563   Paul Piper (Hg), Die Schriften Notkers und seiner Schule

564   Werner Bergmann, Innovationen im Quadriviumdes 10. Und 11. Jahrhunderts, S. 184

565   Notker der Deutsche in: Historischen Lexikon der Schweiz

566   Ekkehard IV, Die Geschichten des Klosters St. Gallen, Kap. 26

567   Ekkehard IV, Die Geschichten des Klosters St. Gallen, Kap. 33, 47

568   Ekkehard IV, Die Geschichten des Klosters St. Gallen, Kap. 34

569   Ekkehard IV, Die Geschichten des Klosters St. Gallen, Kap. 33, 47, 131

570   Ekkehard IV, Die Geschichten des Klosters St. Gallen, Kap. 131

571   Ekkehard IV, Die Geschichten des Klosters St. Gallen, Kap. 35

572   Frank G. Hirschmann, Stadtentwicklung in der Salierzeit, in: Die Salier, Macht im Wandel, Hrsg. Historisches Museum der Pfalz, Speyer ; Institut für Fränkisch-Pfälzische Geschichte und Landeskunde, Heidelberg; S. 176.

573   Ludwig H. Hildebrandt, Der Blei-Silber_Bergbau in salischer Zeit, in: Die Salier, Macht im Wandel, Hrsg. Historisches Museum der Pfalz, Speyer ; Institut für Fränkisch-Pfälzische Geschichte und Landeskunde, Heidelberg; S. 228.

574   Liana Castelfranchi Vegas (Hg), Europas Kunst um 1000, S. 22, 39

575   Hans Ammerich, Das Bistum Speyer und seine Geschichte, S. 28

576   Josef Meller und Johannes Friedrich Werling, Das Bistum Speyer, Ein Gang durch seine Geschichte, Zeittafel, S. 106

577   Hans Ammerich, Das Bistum Speyer und seine Geschichte, S. 27

578   Wikipedia

579   Hans Ammerich, Das Bistum Speyer und seine Geschichte, S. 31

580   Das Leben Bischof Bennos II. von Osnabrück, verfasst von Abt Norbert; in: Rudolf Buchner Lebensbeschreibungen einiger Bischöfe des 10. – 12. Jahrhunderts, S. 379

581   Peter Vossen, Der Libellus Scholasticus des Walter von Speyer, Einleitung, S. 3

582   Peter Vossen, Der Libellus Scholasticus des Walter von Speyer, Einleitung, S. 4

583   Hans Ammerich, Das Bistum Speyer und seine Geschichte, S. 46

584   Wikipedia

585   Peter Vossen, Der Libellus Scholasticus des Walter von Speyer, Einleitung, S. 30

586   Peter Vossen, Der Libellus Scholasticus des Walter von Speyer, Einleitung, S. 28

587   Ulrich Nonn, Mönche, Schreiber und Gelehrte, Bildung und Wissenschaft im Mittelalter; S. 72

588   Peter Vossen, Der Libellus Scholasticus des Walter von Speyer, Vers 114, S. 50

589   Ulrich Nonn, Mönche, Schreiber und Gelehrte, Bildung und Wissenschaft im Mittelalter; S. 72

590   Werner Bergmann, Innovationen im Quadriviumdes 10. Und 11. Jahrhunderts, S. 184

591   Werner, Karl, Gerbert von Aurillac, Die Kirche und Wissenschaft seiner zeit, Neuausgabe; S. 36

592   Peter Vossen, Der Libellus Scholasticus des Walter von Speyer, Vers 148ff, S. 51

593   Peter Vossen, Der Libellus Scholasticus des Walter von Speyer, Vers 176, S. 52

594   Peter Vossen, Der Libellus Scholasticus des Walter von Speyer, Vers 182ff, S. 52

595   Peter Vossen, Der Libellus Scholasticus des Walter von Speyer, Vers 169, S. 52

596   Peter Vossen, Der Libellus Scholasticus des Walter von Speyer, Vers 204, S. 53

597   Simone Heimann, "Auf diesem Ringplatz des Geistes – Zum Bildungsstand auch der Speyerer Domschule im 11. Jaherhundert; in: Die Salier, Macht im Wandel, Hrsg. Historisches Museum der Pfalz, Speyer ; Institut für Fränkisch-Pfälzische Geschichte und Landeskunde, Heidelberg; S. 123

598   Peter Vossen, Der Libellus Scholasticus des Walter von Speyer, Vers 176, S. 52

599   Peter Vossen, Der Libellus Scholasticus des Walter von Speyer, Vers 204ff, S. 53

600   Uta Lindgren, Gerbert von Aurillac und das Quadrivium; S. 56

601   Friedrich Joseph Weber, Die Domschule von Speyer im Mittelalter, S. 20ff

602   Peter Vossen, Der Libellus Scholasticus des Walter von Speyer, Einleitung, S. 8

603   Das Leben Bischof Bennos II. von Osnabrück, verfasst von Abt Norbert; in: Rudolf Buchner Lebensbeschreibungen einiger Bischöfe des 10. – 12. Jahrhunderts, S. 379

604   Simone Heimann, "Auf diesem Ringplatz des Geistes – Zum Bildungsstand auch der Speyerer Domschule im 11. Jaherhundert; in: Die Salier, Macht im Wandel, Hrsg. Historisches Museum der Pfalz, Speyer ; Institut für Fränkisch-Pfälzische Geschichte und Landeskunde, Heidelberg; S. 122

605   Josef Meller und Johannes Friedrich Werling, Das Bistum Speyer. Ein Gang durch seine Geschichte, S. 30

606   Wikipedia

607   Carl Erdmann, Die Briefe Meinhards von Bamberg, Brief 1; in: Neues Archiv für ältere deutsche Geschichtskunnde, Bd 49, Heft 2, S. 388

608   Das Leben Bischof Bennos II. von Osnabrück, verfasst von Abt Norbert; in: Rudolf Buchner Lebensbeschreibungen einiger Bischöfe des 10. – 12. Jahrhunderts, S. 379

609   Werner, Karl, Gerbert von Aurillac, Die Kirche und Wissenschaft seiner zeit, Neuausgabe; S. 305

610   Josef Meller und Johannes Friedrich Werling, Das Bistum Speyer. Ein Gang durch seine Geschichte, S. 35

611   Wikipedia

612   Josef Meller und Johannes Friedrich Werling, Das Bistum Speyer. Ein Gang durch seine Geschichte, S. 30

613   Paul Lehmann, Die mittelalterliche Dombibliothek zu Speyer, in: Paul Lehmann, Erforschung des Mittelalters, Bd II., S. 186ff

614   Jürgen Keddigkeit, Salierzeitliche Burgen (1024 – 1125) im Südwesten des Reichs, in: Die Salier, Macht im Wandel, Hrsg. Historisches Museum der Pfalz, Speyer ; Institut für Fränkisch-Pfälzische Geschichte und Landeskunde, Heidelberg; S. 266.

615   Das Leben Bischof Bennos II. von Osnabrück, verfasst von Abt Norbert; in: Rudolf Buchner Lebensbeschreibungen einiger Bischöfe des 10. – 12. Jahrhunderts, S. 373

616   Das Leben Bischof Bennos II. von Osnabrück, verfasst von Abt Norbert; in: Rudolf Buchner Lebensbeschreibungen einiger Bischöfe des 10. – 12. Jahrhunderts, S. 421

617   Josef Meller und Johannes Friedrich Werling, Das Bistum Speyer, Ein Gang durch seine Geschichte, Zeittafel, S. 106

618   Norbert , Elias, "Ueber den Prozess der Zivilisation", Zusammenfassung: Entwurf einer Theorie der Zivilisation; Bd.II, S. 17

619   Das Leben Bischof Bennos II. von Osnabrück, verfasst von Abt Norbert; in: Rudolf Buchner Lebensbeschreibungen einiger Bischöfe des 10. – 12. Jahrhunderts, S. 401

620   Johannes Laudage, Die Salier, S.54

621   Das Leben Bischof Bennos II. von Osnabrück, verfasst von Abt Norbert; in: Rudolf Buchner Lebensbeschreibungen einiger Bischöfe des 10. – 12. Jahrhunderts, S. 401

622   Jan Keupp, Ministerialität, in: Die Salier, Macht im Wandel, Hrsg. Historisches Museum der Pfalz, Speyer ; Institut für Fränkisch-Pfälzische Geschichte und Landeskunde, Heidelberg; S. 264.

623   Hastings Randall, The Universities of Europe in the Middle Ages, Vol I. Ch.II. S. 34

624   Detlef Bluhm, Von Autoren, Büchern & Piraten. Kleine Geschichte der Buchkultur, S. 46

625   Paul Kaller (Ü), Der Sachsenspiegel, Einführung, s. 2

626   Hans Ammerich, Das Bistum Speyer und seine Geschichte, S. 36

627   Josef Meller und Johannes Friedrich Werling, Das Bistum Speyer, Ein Gang durch seine Geschichte, Zeittafel, S. 108

628   Brunhölzl, franz, Hermannvon Reichenau, Neue Deutsche Biographie 8 (1969) S. 649ff; http://bsbndb.bsb.lrz-muenchen.de/sfz30123.html#le

629   *Unvollst. Gesamtausg.* in: J. P. Migne, Patrologiae cursus completus 143. - *Arithmetik:* Qualiter multiplicationes fiant in abaco, hrsg. v. P. Treutlein, in: Bolletino die bibliografia e di storia delle scienze matematiche e fisiche 10, Turin 1877, S. 643-47; De conflictu rithmimachiae, hrsg. v. E. Wappler, in: Zs. f. Math. u. Physik 37, Hist. Abt., 1892, S. 12-14. - *Astronomie:* De mensura astrolabii; De mense lunari, hrsg. v. G. Meier, in: Die sieben freien|Künste im MA 2, 1881, S. 34 ff.; De utilitatibus astrolabii. - *Musik:* Musica, hrsg. v. L. Ellinwood, Rochester 1936 (1950). – *Chronik:* MGH SS V, S. 74-133. - *Liturg. Dichtungen:* G. M. Dreves. Analecta Hymnica 50, 1907, S. 309-19. - *De octo vitiis principalibus:* E. Dümmler, in: Zs. f. dt. Altertum 13, 1867, S. 385-431.

630   Wikipedia

631   Charles Burnett, King Ptolemy and Alchendreus the Philosopher: The Earliest texts on the Astrolab and Arabic Astrology at Fleury, Micy and Chartres; in: Annals of Science, 55(1998), 329-368

632   Lexikon des Mittelalters

633   Nicolaus Bubnow, Gerberti opera mathematica, Gerberti liber de Astrolabio; S. 109, n.1

634   Wikipedia

635   Ernst Robert Curtius, Europäische Literatur und lateinisches Mittelalter, S. 460

636   Corrado di Hirsau, Dialogo sugli autori, 188, 358, 855, 1238, 1268

637   Roberta Marchionni, Zum Aufbau des Lwktürekanons einer Klosterschule : der « Dialogus super auctores » des Konrad von Hirsau ; in : Mittelalterliches Jahrbuch : Internationale Zeitschrift für Mediävistik und Humanismusforschung, 44(2009)395-406, s. 20

638   Corrado di Hirsau, Dialogo sugli autori, 1190, 1209

639   Corrado di Hirsau, Dialogo sugli autori; Roberta Marchionni, Introduzione, s. 20

640   Ernst Robert Curtius, Europäische Literatur und lateinisches Mittelalter, S. 460

641   Corrado di Hirsau, Dialogo sugli autori, 1404ff

642   Corrado di Hirsau, Dialogo sugli autori, 1416

643   Corrado di Hirsau, Dialogo sugli autori, 1413

644   Corrado di Hirsau, Dialogo sugli autori, 1208

645   Lexikon des Mittelalters

646   Ernst Robert Curtius, Europäische Literatur und lateinisches Mittelalter, S. 461

647   Christian Heitzmann und Patricia Carmassi, Ordnungen des Wissens: Enzyklopädien im Mittelalter, Einleitung zu: Lambert von Saint-Omer, Der liber floridus, Eine Prachthandschrift über Himmel und Erde; Lamberts Vorwort zum Liber Floridus, S. 10

648   Manuel Tunon de Lara, Historia de Espana, Tomo III. Espana Musulmana: S 178-180

649   Moritz Steinschneider, Abraham Judaeus - Savasorda und Ibn Esra.Zur Geschichte der mathematischen Wissenschaften im 12.Jahrhundert. in: Zeitschrift für Mathematik und Physik, (page(s) 1 - 44

650   Manuel Tunon de Lara, Historia de Espana, Tomo II. Romanismo y Germanismo; el despertar de los Pueblos hispanicos: S. 486

651   Michel Zimmermann, La Catalogne de Gerbert ; in : Nicolle Charbonnel et Jean-Eric Jung, Gerbert l`europe´en, Actes du colloque d`Aurillac 4-7 juin 1996, S. 79

652   Pierre Riche, Gerbert d`Aurillac, le pape de l`an mil S. 22

653   John Freely, Platon in Bagdad, Wie das Wissen der Amtike zurück nach Europa kam, S. 161

654   Rudolf Beer, Die Handschriften des Klosters Santa Maria de Ripoll, Sitzungsberichte der Kaiserlichen Akademie der Wissenschaften in Wien ; Philosophisch historische Klasse, Band 155, Abhandlung 3

655   Matthias Maser, Das prächtige Reich der Sarazenen, in: Epoc, Archäologie, Geschichte, Kultur; Spectrum der Wissenschaft, 3/ 2012, S. 62

656   http://es.wikipedia.org/wiki/Monasterio_de_San_Mart%C3%ADn_de_Albelda

657   Thomas Glick, Steven J. Livesey und Faith Wallis (Ed), Medieval Science, Technology and Medicine. An Encyclopedia, S. 39

658   Charles Burnett, King Ptolemy and Alchendreus the Philosopher: The Earliest texts on the Astrolab and Arabic Astrology at Fleury, Micy and Chartres; in: Annals of Science, 55(1998), 329-368

659   Paul Kunitzsch, Les relationsscientifiques entre lÒccident et le mond arabea lèpoque de Gerbert ; in : Nicolle Charbonnel et Jean-Eric Jung, Gerbert l`europe´en, Actes du colloque d`Aurillac 4-7 juin 1996, S. 193

660   Rudolf Beer, Die Handschriften des Klosters Santa Maria de Ripoll, S. 53

661   Rudolf Beer, Die Handschriften des Klosters Santa Maria de Ripoll, S. 58, 60

662   Nicolaus Bubnow, Gerberti opera mathematica, Annex V., Fragmentum libelli de astrolabio, a quodam (an Lupito Barchinonensi) ex arabico versi; S. 370

663   Nicolaus Bubnow, Gerberti opera mathematica, Epistola 24, Lupito Barchinonensi; S. 101

664   Mary Catherine Welborn, Lotharingia as a center of arabic and scientific influence in the eleventh century, in ISIS XVI (1931) 188 – 199

665   Andreas Hartmann-Viernich, Was ist Romanik? S. 12

666   Florian Cajori, A History of mathematics, p. 125ff

667   Ulrich Nonn, Mönche, Schreiber und Gelehrte, Bildung und Wissenschaft im Mittelalter; S. 31

668   Wikipedia

669   Lexikon des Mittelalters

670   Charles Burnett, Arabic in to Latin: The reception of Arabic Philosophy into Western Europe; in: Peter Adamson and Richard C. Taylor, The Cambridge Companion to Arabic Philosophy, S. 370

671   Issa Petrs, The Status of the arabic School of translation foolowing the fall of Toledo, in Tolede des traductions medievales au mythe litteraire: S. 57

672   Moritz Steinschneider, Die Hebraeischen Übersetzungen des Mittelalters und die Juden als Dolmetscher, Vorrede, S. IX

673   Moritz Steinschneider, Die Hebraeischen Übersetzungen des Mittelalters und die Juden als Dolmetscher, Allgemeine Bemerkungen, S. XVI

674   Moritz Steinschneider, Die Hebraeischen Übersetzungen des Mittelalters und die Juden als Dolmetscher, Allgemeine Bemerkungen, S. XXII

675   Moritz Steinschneider, Die Hebraeischen Übersetzungen des Mittelalters und die Juden als Dolmetscher, Allgemeine Bemerkungen, S. XXI

676   Thomas Glick, Steven J. Livesey und Faith Wallis (Ed), Medieval Science, Technology and Medicine. An Encyclopedia, S. 422

677 Illustrierte Geschichte der Medizin, S. 1681 (vgl. GdMed Bd. 2, S. 845) (c) Andreas & Andreas 1986]

678   EB

679   Moritz Steinschneider, Die Hebraeischen Übersetzungen des Mittelalters und die Juden als Dolmetscher, § 481

680   Michael H. Harris, History of Libraries in the western World, S. 118ff

681   Moritz Steinschneider, Die Hebraeischen Übersetzungen des Mittelalters und die Juden als Dolmetscher, S. 911ff

682   Die hebräische Medizin bis zum Mittelalter (Isidore Simon): Die jüdischen Ärzte und ihre Werke. Illustrierte Geschichte der Medizin, S. 1681 (vgl. GdMed Bd. 2, S. 845) (c) Andreas & Andreas 1986]

683   Lenn E. Goodmann, Reading The case of Animals versus Man: Fable and Phylosophy in the Essays of the Ikhwan al Safa, in: Nader El- Bizri, Epistles of the Brethren of Purity, p. 248

[684]   Moritz Steinschneider, Die Hebraeischen Übersetzungen des Mittelalters und die Juden als Dolmetscher, S. 911ff

[685] Die hebräische Medizin bis zum Mittelalter (Isidore Simon): Die jüdischen Ärzte und ihre Werke. Illustrierte Geschichte der Medizin, S. 1681 (vgl. GdMed Bd. 2, S. 845) (c) Andreas & Andreas 1986]

[686]   Lola Ferre, Introduccion zu: Maimonides, Obras medicas

[687]   Lexikon des Mittelalters

[688]   Florian Cajori, A History of mathematics, p. 120ff

[689]   Charles Burnett, King Ptolemy and Alchendreus the Philosopher: The Earliest texts on the Astrolab and Arabic Astrology at Fleury, Micy and Chartres; in: Annals of Science, 55(1998), 329-368

[690]   Nicolaus Bubnow, Gerberti opera mathematica, Index systematicus II.2., Astronomia; S. CV

[691]   Manuel Tunon de Lara, Historia de Espana, Tomo II. Romanismo y Germanismo; el despertar de los Pueblos hispanicos: S. 459, 488

[692]   Florian Cajori, A History of mathematics, p. 124ff

[693]   Werner, Karl, Gerbert von Aurillac, Die Kirche und Wissenschaft seiner zeit, Neuausgabe; S. 40

[694]   Pierre Riche, Gerbert d`Aurillac, le pape de l`an mil S. 41

[695]   Pierre Riche, Gerbert d`Aurillac, le pape de l`an mil S. 45

[696]   Wolfgang Hein, Die Mathematik im Mittelalter, S. 72

[697]   Peter Vossen, Erläuterungen zum Libellus Scholasticus des Walter von Speyer, S. 143

[698]   Wolfgang Hein, Die Mathematik im Mittelalter, S. 106

[699]   Uta Lindgren, Gerbert von Aurillac und das Quadrivium; S. 38

[700]   Uta Lindgren, Gerbert von Aurillac und das Quadrivium; S. 28

[701]   Thietmar von Merseburg, Chronik, VI.61

[702]   Sylvain Gouguenheim, Aristoteles auf dem Mont Saint Michel, Nachwort des Autors zur deutschen Ausgabe, S. 25

[703]   Johannes Fried, Die Erneuerung des römischen Reiches, in: Alfried Wiczorek (Hg), Europas Mitte um 1000, S. 738

[704]   Pierre Riche, Gerbert d`Aurillac, le pape de l`an mil S. 10

[705]   Thietmar von Merseburg, Chronik, VI.100

[706]   Uta Lindgren, Gerbert von Aurillac und das Quadrivium; S. 40

[707]   Karl Ferdinand Werner, Gerbert dans les structures de l`Empire ; in : Nicolle Charbonnel et Jean-Eric Jung, Gerbert l`europe´en, Actes du colloque d`Aurillac 4-7 juin 1996, S. 113

[708]   Michel Sot, Le moine Gerbert, l`Eglise de Reims et l`Eglise de Rome ; in : Nicolle Charbonnel et Jean-Eric Jung, Gerbert l`europe´en, Actes du colloque d`Aurillac 4-7 juin 1996, S. 135

[709]   Pierre Riche, Gerbert d`Aurillac, le pape de l`an mil S. 202

[710]   Johannes Fried, Die Erneuerung des Römischen Reiches, in: Alfried Wiczorek (Hg), Europas Mitte um 1000, Bd II S. 738

[711]   Charles Burnett, The Introduction of Arabic Learning into England, p. 10

[712]   Pierre Riche, Gerbert d`Aurillac, le pape de l`an mil S. 202

[713]   Fritz Weigele, Die Briefsammlung Gerberts von Reims, Brief 180 in MGH

[714]   Pierre Riche, Gerbert d`Aurillac, le pape de l`an mil S. 136

[715]   Charles Burnett, The Introduction of Arabic Learning into England, p. 11

[716]   Wikipedia

[717]   Uta Lindgren, Gerbert von Aurillac und das Quadrivium; S. 38

[718]   RGG, Pierre Riche, Gerbert d`Aurillac, le pape de l`an mil S. 13

[719]   Mary Catherine Welborn, Lotharingia as a center of arabic and scientific influence in the eleventh century, in ISIS XVI (1931) 188 – 199

[720]   Franz Brunhölzl, Geschichte der lateinischen Literatur des Mittelalters: Bd. II. 137, 144, 172, 293, 301; Lexikon des Mittelalters

[721]   Michael Bernhard, Boethius im mittelalterlichen Schulbetrieb; in: Martin Kintzinger et al (Hg), Schule und Schüler im Mittelalter, S. 11 - 27

[722]   Uta Lindgren, Gerbert von Aurillac und das Quadrivium; S. 46

[723]   Nicolaus Bubnow, Gerberti opera mathematica, Appendix VI, Willelmus Malmesbirensis; S. 386

[724]   Charles Burnett, The Introduction of Arabic Learning into England, p. 15

[725]   Wikipedia

726   Sylvain Gouguenheim, Aristoteles auf dem Mont Saint Michel, Nachwort des Autors zur deutschen Ausgabe, S. 260

727   Charles Burnett, The Introduction of Arabic Learning into England, p. 15

728   Mary Catherine Welborn, Lotharingia as a center of arabic and scientific influence in the eleventh century, in ISIS XVI (1931) 188 – 199; Lexikon des Mittelalters

729   Rolf Schönberger, Anselm von Canterbury; Zeittafel, S. 161

730   Christian Heitzmann und Patricia Carmassi, Ordnungen des Wissens: Enzyklopädien im Mittelalter, Einleitung zu: Lambert von Saint-Omer, Der liber floridus, Eine Prachthandschrift über Himmel und Erde; S. 46

731   Wikipedia

732   Charles Burnett, The Introduction of Arabic Learning into England, p. 16

733   Wikipedia

734   M. I. Àbbe, A. Clerval, Les ecoles de Chartres au moyen age, S. 171

735   Hans-Wolfgang Krautz, Zeittafel zu: Peter Abaelard, Gespräch eines Philosophen, eines Juden und eines Christen, S 281

736   Sylvain Gouguenheim, Aristoteles auf dem Mont Saint Michel, Nachwort des Autors zur deutschen Ausgabe, S. 263

737   Adolf Schmidt (Ü), Otto Bischof von Freising, Chronik oder die Geschichte von zwei Staaten, Vorwort zum 1. Buch; S. 15

738   Adolf Schmidt (Ü), Otto Bischof von Freising, Chronik oder die Geschichte von zwei Staaten, V.9, VI.4., VII.7, S. 397, 439, 511

739   Vita des Abtes Johannes von Gorze (+973/974), in: Matthias Puhle und Gabriele Köster (Hg), Otto der Große und das römische Reich, S. 554

740   Schriften zum Islam von Arethas und Euthymios Zigabenos und Fragmente der griechischen Koranübersetzung. Griechisch-deutsche Textausgabe von Karl Förstel (Corpus Islamo-Christianum, Series Graeca, 7), Harrassowitz Verlag, Wiesbaden 2009; S. 45

741   Walter Berschin, Griechisch-lateinisches Mittelalter. Von Hieronymus zu Nikolaus von Kues. S. 303

742   Daniel König, Caught Between Cultures? Bicultural Personalities as Cross-Cultural Transmission in the Late Antique and Medieval Mediterranean, in: Rania Abdellatif, Yassir Benhima, Daniel König, Elisabeth Rachaud, Acteurs des transfers culturels en Méditerranée medievale, s. 60, Anmerkung 15

743   Hastings Randall, The Universities of Europe in the Middle Ages, Vol. II. 103 (Anmerkung),

744   Thomas von Aquin, Summa contra gentiles, I.1.2. und I.1.6.; Bd.I, S. 7, 23

745   Hans Küng, Das Christentum, S. 488, 497

746   Josef Wohlmuth, Conciliorum oecumenicorum decreta: Drittes Laterankonzil, Canon 24: Bd. II. S. 223

747   Lexikon des Mittelalters

748   Thomas Glick, Steven J. Livesey und Faith Wallis (Ed), Medieval Science, Technology and Medicine. An Encyclopedia, S. 478

749   Wikipedia

750   Horacio Santiago Oter, Transmission de savoirs a Tolede, in Tolede des traductions medievales au mythe litteraire: S. 41

751   Joachim Wollasch, Cluny – Licht der Welt, Aufstieg und Niedergang der klösterlichen Gemeinschaft. S. 171, 203

752   Cesno Vian, Spanien, Brücke zwischen Abendland und Orient, S. 61, 63

753   Manuel Tunon de Lara, Historia de Espana, Tomo III. España Musulmana: S 186-191; Lexikon des Mittelalters

754   Pierre Racine, Y a-t-il eu une „Ecole de Tolede"?, in Tolede des traductions medievales au mythe litteraire: S. 31

755   Charles Burnett, Arabic in to Latin: The reception of Arabic Philosophy into Western Europe; in: Peter Adamson and Richard C. Taylor, The Cambridge Companion to Arabic Philosophy, S. 380

756   Alistair C. Crombie, Von Augustinus bis Galilei, Die Emanzipation der Naturwissenschaft, S. 35

757   Pierre Racine, Y a-t-il eu une „Ecole de Tolede"?, in Tolede des traductions medievales au mythe litteraire: S. 31

[758]   M. I. Àbbe, A. Clerval, Les ecoles de Chartres au moyen age, S. 171

[759]   Hans-Wolfgang Krautz, Zeittafel zu: Peter Abaelard, Gespräch eines Philosophen, eines Juden und eines Christen, S 281

[760]   Alan of Lille, Antclaudianus or The good and perfect man; I, 130, p. 49; IV. 1ff, p. 117

[761]   RGG

[762]   Adolf Waas, Geschichte der Kreuzzüge, Bd. II. S. 239

[763]   Petrus Venerabilis, Schriften zum Islam; Ediert, ins Deutsche übesetzt und kommentiert von Reinhold Glei

[764]   Manuel Tunon de Lara, Historia de Espana, Tom. III, S 468

[765]   Petrus Venerabilis, Contra sectam saracenorum, I.24; Auch in: Lexikon des Mittelalters

[766]   Petrus Venerabilis, Summa totius haeresis saracenorum 17

[767]   Petrus Venerabilis, Schriften zum Islam; Ediert, ins Deutsche übesetzt und kommentiert von Reinhold Glei

[768]   Petrus Venerabilis, Gegen die Irrlehren der Saracenen

[769]   Pierre Racine, Y a-t-il eu une „Ecole de Tolede"?, in Tolede des traductions medievales au mythe litteraire: S. 31; W. Montgomery Watt, Der Einfluß des Islam auf das Europäische Mittelalter, S.100; Lexikon des Mittelalters

[770]   Bruce Lawrence, The Quran, a biography, S. 97

[771]   Lexikon des Mittelalters, Wikipedia

[772]   Thomas Glick, Steven J. Livesey und Faith Wallis (Ed), Medieval Science, Technology and Medicine. An Encyclopedia, S. 292

[773]   Georg Bossong, Das maurische Spanien; S. 75

[774]   Lexikon des Mittelalters

[775]   Issa Peters, The status of the arabic Scool, in Tolede des traductions medievales au mythe litteraire: S. 59

[776]   Lexikon des Mittelalters

[777]   Lexikon des Mittelalters

[778]   Charles Burnett, The Introduction of Arabic Learning into England, p. 61

[779]   Suthern R.W., Robert Grosseteste, The growth of an english Mind in medieval Europe, S. 88

[780]   Charles Burnett, Michael Scot and the transmission of scientific culture from Toledo to Bologna via the court of Frederick II. Hohenstaufen, in Micrologus, Le Scienze alla corte di Frederico II: p. 102; Kommentar von Dorothea Walz und Carl Arnold Willemsen zu Das Falkenbuch Friedrichs II, S. 5

[781]   Charles Burnett, The Introduction of Arabic Learning into England, p. 70

[782]   Lexikon des Mittelalters

[783]   Issa Petrus, The Status of the arabic School of translation foolowing the fall of Toledo; in: Tolede des traductions medievales au mythe litteraire: S. 57

[784]   Peter Knecht (Ü), Wolfgang von Eschenbach, Parzival, IX.453

[785]   Charles Burnett, Arabic in to Latin: The reception of Arabic Philosophy into Western Europe; in: Peter Adamson and Richard C. Taylor, The Cambridge Companion to Arabic Philosophy, S. 382

[786]   Manuel Tunon de Lara, Historia de Espana, Tomo III. Espana Musulmana: S. 181

[787]   Manuel Tunon de Lara, Historia de Espana, Tomo III. Espana Musulmana: S. 468

[788]   Thomas Glick, Steven J. Livesey und Faith Wallis (Ed), Medieval Science, Technology and Medicine. An Encyclopedia, S. 24

[789]   Moritz Steinschneider, Die Hebraeischen Übersetzungen des Mittelalters und die Juden als Dolmetscher, S. 911ff

[790]   Wilhelm Freiherr von Schoen, Alfons X. von Kastilien: S. 50

[791]   Moritz Steinschneider, Die Hebraeischen Übersetzungen des Mittelalters und die Juden als Dolmetscher, S. 911ff

[792]   Moritz Steinschneider, Die Hebraeischen Übersetzungen des Mittelalters und die Juden als Dolmetscher, S. 911ff

[793]   Moritz Steinschneider, Die Hebraeischen Übersetzungen des Mittelalters und die Juden als Dolmetscher, S. 911ff

[794]   Moritz Steinschneider, Die Hebraeischen Übersetzungen des Mittelalters und die Juden als Dolmetscher, S. 911ff

[795]   Lexikon des Mittelalters

[796]   Thomas Glick, Steven J. Livesey und Faith Wallis (Ed), Medieval Science, Technology and Medicine. An Encyclopedia, S. 26

[797]   Lexikon des Mittelalters

798   Alex Metcalfe, The Muslims of medieval Italy, s. 254ff

799   Alex Metcalfe, The Muslims of medieval Italy

800   Bernd Schneidmüller, Stefan Weinfurter, Alfried Wiczorek, Verwandlungen des Staufer-reichs, Kap. VIII

801   Graham A. Loud, Roger II and the making of the Kingdom of Sicily, The book of Roger by Abu Abdallah al Idrisi, p. 361ff

802   Alex Metcalfe, The Muslims of medieval Italy,

803   Angelica Rieger, Der Alexanderroman, Ein Ritterroman über Alexander den Großen, Hand-schrift 78.C.1 des Kupferstichkabinetts Preusischer Kulturbesitz Berlin; Der Alexander-Mythos und seine Überlieferung in vormittelalterlicher Zeit, S. 163ff

804   Franz Brunhölzl, Geschichte der lateinischen Literatur des Mittelalters: Bd. II. S. 344

805   Angelica Rieger, Der Alexanderroman, Ein Ritterroman über Alexander den Großen, Hand-schrift 78.C.1 des Kupferstichkabinetts Preusischer Kulturbesitz Berlin; Der Alexander-Mythos und seine Überlieferung in vormittelalterlicher Zeit, S. 163ff

806   Krijnie N. Ciggaar, Western Travellers to Constantinople

807   Anna Muthesius, Studies in Byzantine and Near Eastern silk waving, p. 41, 116ff

808   Anna Muthesius, Studies in Byzantine and Near Eastern silk waving, p. 116ff

809   Marco Tangheroni, Pisa e il Mediterrraneo all`epoca di Fibonacci, in: Enrico Giusti e Raf-faela Petti, Un Ponte sul Mediterraneo, Leonardo Pisano, la scienza araba e la rinascita della mathematica in Occidente, p. 45ff

810   L.E.Sigler, Fibonacci`s Liber Abaci, A Translation in to Modern English of Leonardo Pisa-no`s Book of Calculation, Dedication and Prolog, p. 15

811   Krijnie N. Ciggaar, Western Travellers to Constantinople, S. 245

812   Krijnie N. Ciggaar, Western Travellers to Constantinople, S. 197

813   Wikipedia

814   Baedecker, Venedig, Basilica San Marco, Tresoro

815   Krijnie N. Ciggaar, Western Travellers to Constantinople, S. 255

816   Krijnie N. Ciggaar, Western Travellers to Constantinople, S. 247

817   Lexikon des Mittelalters

818   Hubert Houben, Roger II. von Sizilien S. 109-112

819   Elke Goez, Geschichte Italiens im Mittelalter, S. 91

820   Graham A. Loud, Roger II and the making of the Kingdom of Sicily, The book of Roger by Abu Abdallah al Idrisi, p. 355ff

821   Hubert Houben, Roger II. von Sizilien S. 109-110

822   Fuat Sezgin (ed), Konrad Miller, Mappae Arabicae, Arabische Länderkarten des 9-13. Jahr-hunderts, S. 36

823   Fuat Sezgin (ed), Konrad Miller, Mappae Arabicae, Arabische Länderkarten des 9-13. Jahr-hunderts, S. 41

824   Jean-Charles Ducène Les sources et acteurs de la connaissance de l`Europe chez les acteurs arabes mèdiébaux, in: Rania Abdellatif, Yassir Benhima, Daniel König, Elisabeth Rachaud, Acteurs des transfers culturels en Méditerranée medievale, s. 128ff

825   Graham A. Loud, Roger II and the making of the Kingdom of Sicily, The book of Roger by Abu Abdallah al Idrisi, p. 355ff

826   Fuat Sezgin, Wissenschaft und Technik im Islam, Bd. III, S12

827   Hubert Houben, Roger II. von Sizilien S. 112

828   Hubert Houben, Roger II. von Sizilien S. 109

829   Hubert Houben, Roger II. von Sizilien S. 111)

830   Olivia Remie Constable, LaroseCross-Cultural Contracts: Sales of Land between Christians and Muslims in 12th-CenturyPalermo, in: Studia Islamica, No. 85 (1997), pp. 67-84

831   Alex Metcalfe, The Muslims of medieval Italy, p. 258

832   Alex Metcalfe, The Muslims of medieval Italy, p. 257

833   Nicolas Drocourt, Quelques aspects du role des ambassadeurs dans les transferts culturels entre Byzance et ses voisins (VIIe-XIIe siècle), in: Rania Abdellatif, Yassir Benhima, Daniel König, Elisabeth Rachaud, Acteurs des transfers culturels en Méditerranée medievale, s. 38ff

834   Alex Metcalfe, The Muslims of medieval Italy, p. 255ff

835   Milton V. Anastos, Some Aspects of Byzantine Influence on Latin Thought in Marshall

Clagett, Gaines Post and Robert Reynolds (Hgs) Twelfth Century Europe and the Foundations of modern Society S. 138

[836]   Walter Berschin, Griechisch-lateinisches Mittelalter. Von Hieronymus zu Nikolaus von Kues. S. 272

[837]   Hubert Houben, Verbindungen, Kommunikation und Austausch von Süd nach Nord, in: Bernd Schneidmüller, Stefan Weinfurter, Alfried Wiczorek, Verwandlungen des Stauferreichs, S. 133

[838]   Alex Metcalfe, The Muslims of medieval Italy, p. 265

[839]   Lexikon des Mittelalters

[840]   Milton V. Anastos, Some Aspects of Byzantine Influence on Latin Thought in Marshall Clagett, Gaines Post and Robert Reynolds (Hgs) Twelfth Century Europe and the Foundations of modern Society S. 138

[841]   Alex Metcalfe, The Muslims of medieval Italy, p. 257

[842]   Alex Metcalfe, The Muslims of medieval Italy, p. 254ff

[843]   Hubert Houben, Roger II. von Sizilien S. 104-5; Bernd Rill, Sizilien im Mittelalter: S217

[844]   Alex Metcalfe, The Muslims of medieval Italy, p. 256ff

[845]   Alex Metcalfe, The Muslims of medieval Italy, p. 260

[846]   Bernd Rill, Sizilien im Mittelalter: S222)

[847]   Wolfgang Hein Die Mathematik im Mittelalter. Vom Abakus bis Zahlenspiel, S. 138

[848]   Hubert Houben, Roger II. von Sizilien S. 105

[849]   Adelard of Bath, Conversations with his Nephew; on the same and the different, Questions on natural science and On Birds; Introduction, S. XV

[850]   Adelard of Bath, Conversations with his Nephew; on the same and the different, Questions on natural science and On Birds; Introduction, S. XVI

[851]   Suthern R.W., Robert Grosseteste, The growth of an english Mind in medieval Europe, S. 86

[852]   Lexikon des Mittelalters

[853]   Adelard of Bath, Conversations with his Nephew; on the same and the different, Questions on natural science and On Birds; Introduction, S. XI

[854]   Adelard of Bath, Conversations with his Nephew; on the same and the different, Questions on natural science and On Birds; Introduction, S. XVII

[855]   Charles Burnett (Ed. et Tr.), Adelard of Bath, Conversations with his Nephew ; Introduction, p. XVII

[856]   Charles Burnett (Ed. et Tr.), Adelard of Bath, Conversations with his Nephew, De eodem et diverso; p. 47

[857]   Charles Burnett (Ed. et Tr.), Adelard of Bath, Conversations with his Nephew, De eodem et diverso; p. 69

[858]   Charles Burnett (Ed. et Tr.), Adelard of Bath, Conversations with his Nephew ; Introduction S. XXX ; Questiones Naturales, S. 103

[859]   Charles Burnett (Ed. et Tr.), Adelard of Bath, Conversations with his Nephew, Questiones Naturales, S. 193

[860]   Charles Burnett (Ed. et Tr.), Adelard of Bath, Conversations with his Nephew, Questiones Naturales, S. 103

[861]   Wikipedia

[862]   Alex Metcalfe, The Muslims of medieval Italy, p. 209ff

[863]   Werner, Karl, Gerbert von Aurillac, Die Kirche und Wissenschaft seiner zeit, Neuausgabe; S. 304

[864]   Ernst-Dieter Hehl, Kommentar, in: Bernd Schneidmüller, Stefan Weinfurter, Alfried Wiczorek, Verwandlungen des Stauferreichs, S. 119

[865]   A.Straub ung G. Keller, Introduction to: Herrad of Landsberg, Hortus deliciarum, S. VII

[866]   Herrad of Landsberg, Hortus deliciarum, pl. XIbis, Philosophy and the liberal arts, Pl XIbis, Erläuterung S. 36

[867]   Herrad of Landsberg, Hortus deliciarum, pl. XIbis, Philosophy and the liberal arts

[868]   Herrad of Landsberg, Hortus deliciarum, pl. XI The Muses

[869]   Petrus von Eboli, Liber ad honorem Augusti sive de rebus Siculis

[870]   Vergil, Bukolika, 5

[871]   Georg Vogeler, Konflikte in Süditalien; in: Bernd Schneidmüller, Stefan Weinfurter, Alfried Wiczorek, Verwandlungen des Stauferreichs, S. 192

[872]   Klaus Herbers, Geschichte des Papsttums im Mittelalter, S. 180,185

[873]   Matthäus von Paris in: Klaus J. Heinisch, Kaiser Friedrich II. in Briefen und Berichten seiner Zeit: S. 200

[874]   Klaus van Eickels und Tania Brüsch, Kaiser Friedrich II., Leben und Persönlichkeit in Quellen des Mittelalters; S. 342

[875]   Salvatore Settis, Ostentatio potentiae: Die Antike und die „arte nuova", zwischen 1230 - 1260; in: Alfried Wiczorek, Bernd Schneidmüller, Stefan Weinfurter, Die Staufer und Italien, S. 129

[876]   Klaus J. Heinisch, Kaiser Friedrich II. in Briefen und Berichten seiner Zeit: S. 400,403

[877]   Liselotte E. Saurma_Jeltsch, Rom und Aachen in der staufischen Reichsimagination; in: Bernd Schneidmüller, Stefan Weinfurter, Alfried Wiczorek, Verwandlungen des Stauferreichs, S. 268

[878]   Klaus J. Heinisch, Kaiser Friedrich II. in Briefen und Berichten seiner Zeit: S. 60, 77

[879]   Ursula Nilgen, Staufische Bildpropaganda: Legitimation und Selbstverständnis im Wandel; in: Alfried Wiczorek, Bernd Schneidmüller, Stefan Weinfurter, Die Staufer und Italien, S. 87

[880]   Michael B. Wallas, Griechisches aus dem Umkreis Kaiser Friedrichs II., S. 98

[881]   Bischof Otto von Freising und Rahewin, Die Taten Friedrichs oder richtiger Cronica, S. 339

[882]   Hans-Wolfgang Krautz, Zeittafel zu: Peter Abaelard, Gespräch eines Philosophen, eines Juden und eines Christen, S 278

[883]   Otto von Freising, Chronik oder die Geschichte von zwei Staaten, VII.27; S. 547

[884]   John Carter und Percy H. Muir, Bücher, die die Welt verändern, Nr. 12, Ein Renaissance-Baedecker, S. 66

[885]   Gerlinde Huber-Rebenich, Martin Wallraff, Katharina Heyden und Thomas Krönung, Mirabilia Urbis Romae, Die Wunderwerke der Stadt Rom, Einleitung, S. 9ff

[886]   Wolfgang Stürner, Friedrich II., S. 361

[887]   Wolfgang Stürner, Friedrich II., S. 361

[888]   Wolfgang Stürner, Friedrich II., S. 361

[889]   Wolfgang Stürner, Friedrich II., S. 419

[890]   Reinmar von Zweter, Nr.3 in: Manfred Stange (Hg), Deutsche Lyrik des Mittelalters, S. 289

[891]   Wolfgang Stürner, Friedrich II., S. 361

[892]   Michael B. Wallas, Griechisches aus dem Umkreis Kaiser Friedrichs II., S. 75

[893]   Michael B. Wallas, Griechisches aus dem Umkreis Kaiser Friedrichs II., S. 40

[894]   Klaus J. Heinisch, Kaiser Friedrich II. in Briefen und Berichten seiner Zeit: S. 266

[895]   Charles Burnett (Ed. et Tr.), Adelard of Bath, Conversations with his Nephew ; Introduction, p. XXXIII ; De Avibus tractatus, p. 238

[896]   Dorothea Waltz, Das Falkenbuch Friedrichs II, in Micrologus, Le Scienze alla corte di Frederico II: p.161)

[897]   Kommentar von Dorothea Walz und Carl Arnold Willemsen zu Das Falkenbuch Friedrichs II, S.4

[898]   Kommentar von Dorothea Walz und Carl Arnold Willemsen zu Das Falkenbuch Friedrichs II, S.14

[899]   Eberhard Horst, Friedrich II. Der Staufer: S. 165

[900]   Klaus J. Heinisch, Kaiser Friedrich II. in Briefen und Berichten seiner Zeit: S. 103

[901]   David Pingree, Learned Magic in the Time of Frederic II, in Micrologus, Le Scienze alla corte di Frederico II: p. 39

[902]   Charles Burnett, Arabic in to Latin: The reception of Arabic Philosophy into Western Europe; in: Peter Adamson and Richard C. Taylor, The Cambridge Companion to Arabic Philosophy, S. 370

[903]   Klaus J. Heinisch, Kaiser Friedrich II. in Briefen und Berichten seiner Zeit: S. 89

[904]   Wolfgang Stürner, Friedrich II., S. 397

[905]   Wolfgang Stürner, Friedrich II., S. 416

[906]   Klaus J. Heinisch, Kaiser Friedrich II. in Briefen und Berichten seiner Zeit: S. 79

[907]   Klaus J. Heinisch, Kaiser Friedrich II. in Briefen und Berichten seiner Zeit: S. 78; Eberhard Horst, Friedrich II. Der Staufer: S. 165

[908]   Klaus J. Heinisch, Kaiser Friedrich II. in Briefen und Berichten seiner Zeit: S. 192

[909] Gundula Grebner, Der Transfer mathematischen Wissens aus dem Orient und der Hof Friedrichs II.: Der Assymptotentraktat und sein personelles wie epistemisches Umfeld; in: Bernd Schneidmüller, Stefan Weinfurter, Alfried Wiczorek, Verwandlungen des Stauferreichs, S. 220

[910]   Klaus J. Heinisch, Kaiser Friedrich II. in Briefen und Berichten seiner Zeit: S. 194

[911] Claus Peter Haase, Rezeption islamischer Kunst im staufischen Sizilien; in: Bernd Schneidmüller, Stefan Weinfurter, Alfried Wiczorek, Verwandlungen des Stauferreichs, S. 461

[912]   Herman Conrad et al (Hg), Die Konstitutionen Friedrichs II. von Hohenstaufen für sein Königreich Sizilien, Buch III. Tit XLVIII

[913]   Klaus van Eickels und Tania Brüsch, Kaiser Friedrich II., Leben und Persönlichkeit in Quel-

len des Mittelalters; S. 232

[914]   Klaus van Eickels und Tania Brüsch, Kaiser Friedrich II., Leben und Persönlichkeit in Quellen des Mittelalters; S. 231

[915]   Herman Conrad et al (Hg), Die Konstitutionen Friedrichs II. von Hohenstaufen für sein Königreich Sizilien, Buch III. Tit XLIV, XLV, XLVI

[916]   Herman Conrad et al (Hg), Die Konstitutionen Friedrichs II. von Hohenstaufen für sein Königreich Sizilien, Buch III. Tit XLVII

[917]   Klaus J. Heinisch, Kaiser Friedrich II. in Briefen und Berichten seiner Zeit: S. 94; Eberhard Horst, Friedrich II. Der Staufer: S. 165

[918]   Richard Engel, Safran, Schach und Sondersteuer, Arabisch-muslimische Lebensformen im Königrreich Sizilien; in: Alfried Wiczorek, Bernd Schneidmüller, Stefan Weinfurter, Die Staufer und Italien, S. 333

[919]   Herman Conrad et al (Hg), Die Konstitutionen Friedrichs II. von Hohenstaufen für sein Königreich Sizilien, Buch III. Tit XLIX, L, LI, LII

[920]   Herman Conrad et al (Hg), Die Konstitutionen Friedrichs II. von Hohenstaufen für sein Königreich Sizilien, Buch III. Tit LV

[921]   Klaus J. Heinisch, Kaiser Friedrich II. in Briefen und Berichten seiner Zeit: S. 238

[922]   Hubert Houben: *Kaiser Friedrich II. (1194–1250). Herrscher, Mensch, Mythos.* Stuttgart 2008, S. 43; Wolfgang Stürner: *Friedrich II.* Bd. 2. Darmstadt 2000, S. 34–57.

[923]   Klaus J. Heinisch, Kaiser Friedrich II. in Briefen und Berichten seiner Zeit: S. 69, 73; Lexikon des Mittelalters

[924]   Klaus van Eickels und Tania Brüsch, Kaiser Friedrich II., Leben und Persönlichkeit in Quellen des Mittelalters; S. 137

[925]   Klaus J. Heinisch, Kaiser Friedrich II. in Briefen und Berichten seiner Zeit: S. 89

[926]   Klaus J. Heinisch, Kaiser Friedrich II. in Briefen und Berichten seiner Zeit: S. 90

[927]   Klaus J. Heinisch, Kaiser Friedrich II. in Briefen und Berichten seiner Zeit: S. 90

[928]   Klaus J. Heinisch, Kaiser Friedrich II. in Briefen und Berichten seiner Zeit: S. 240

[929]   Eberhard Horst, Friedrich II. Der Staufer: S. 72

[930]   Elke Goez, Geschichte Italiens im Mittelalter, S. 180

[931]   Klaus J. Heinisch, Kaiser Friedrich II. in Briefen und Berichten seiner Zeit: S. 68

[932]   Lexikon des Mittelalters

[933]   Klaus J. Heinisch, Kaiser Friedrich II. in Briefen und Berichten seiner Zeit: S. 205

[934]   Klaus J. Heinisch, Kaiser Friedrich II. in Briefen und Berichten seiner Zeit: S. 348

[935]   Klaus Herbers, Geschichte des Papsttums im Mittelalter, S. 180,185

[936]   Eberhard Horst, Friedrich II. Der Staufer: S. 192

[937]   Klaus van Eickels und Tania Brüsch, Kaiser Friedrich II., Leben und Persönlichkeit in Quellen des Mittelalters; S. 345

[938]   Klaus J. Heinisch, Kaiser Friedrich II. in Briefen und Berichten seiner Zeit: S. 204

[939]   Josef Wohlmuth, Conciliorum oecumenicorum decreta: Erstes Konzil von Lyon 1245, Absetzungsbulle: Bd. II. S. 278

[940]   Klaus J. Heinisch, Kaiser Friedrich II. in Briefen und Berichten seiner Zeit: S. 600

[941]   Josef Wohlmuth, Conciliorum oecumenicorum decreta: Erstes Konzil von Lyon 1245, Absetzungsbulle: Bd. II. S. 278

[942]   Klaus J. Heinisch, Kaiser Friedrich II. in Briefen und Berichten seiner Zeit: S. 63, 65, 66, 193, 249, 253, 596

[943]   Klaus J. Heinisch, Kaiser Friedrich II. in Briefen und Berichten seiner Zeit: S. 209, 596

[944]   Klaus J. Heinisch, Kaiser Friedrich II. in Briefen und Berichten seiner Zeit: S. 209

[945]   Klaus J. Heinisch, Kaiser Friedrich II. in Briefen und Berichten seiner Zeit: S. 209

[946]   Louis John Paetow,: Morale scolarium of John of Garland, S. 158, 165 (110, 330)

[947]   Klaus J. Heinisch, Kaiser Friedrich II. in Briefen und Berichten seiner Zeit: S. 263

[948]   Salimbene von Parma, in Klaus J. Heinisch, Kaiser Friedrich II. in Briefen und Berichten seiner Zeit: S. 84

[949]   Klaus J. Heinisch, Kaiser Friedrich II. in Briefen und Berichten seiner Zeit: S. 91; Dante Die göttliche Komödie IX. 13, X.119

[950]   Alfried Wiczorek, Bernd Schneidmüller, Stefan Weinfurter, Die Staufer und Italien, Objekte, S. 252

[951]   Dorothea Waltz, Das Falkenbuch Friedrichs II, in Micrologus, Le Scienze alla corte di Frederico II: p.161

[952]   Dante, Die Göttliche Komödie, Der Läuterungsberg III.112 Dante, Walz, Aristoteles und Averroes bei Kaiser Friedrich II. in R.G.Khoury, Averroes (1126 – 1198) oder der Triumph des Ratio-

nalismus. Internationales Symposium anlässlich des 800. Todestages des Islamischen Philosophen. Heidelberg, 7 – 11. Oktober 1998

953   Brian Clegg, The first scientist: S. 32; Stewart C. Easton, Roger Bacon and his search for a universal Science: S. 112; A.C. Crombie, Robert Grosseteste and the Origin of experimental Science: S.204

954   Michael B. Wallas, Griechisches aus dem Umkreis Kaiser Friedrichs II., S. 145

955   Walter Berschin, Griechisch-lateinisches Mittelalter. Von Hieronymus zu Nikolaus von Kues. S. 306

956   Moritz Steinschneider, Die Hebraeischen Übersetzungen des Mittelalters und die Juden als Dolmetscher, S. 911ff

957   Walter Berschin, Griechisch-lateinisches Mittelalter. Von Hieronymus zu Nikolaus von Kues. S. 307

958   Elke Goez, Geschichte Italiens im Mittelalter, S. 180

959   Bernd Rill, Sizilien im Mittelalter: S215

960   Klaus J. Heinisch, Kaiser Friedrich II. in Briefen und Berichten seiner Zeit: S. 36

961   Adolf Waas, Geschichte der Kreuzzüge, Bd. II. S. 234

962   Adolf Waas, Geschichte der Kreuzzüge, Bd.II. S. 234

963   Lexikon des Mittelalters; Roshdi Rashed, Fibonacci et les mathematiques arabes, in Micrologus, Le Scienze alla corte di Frederico II: p. 146

964   Thomas Glick, Steven J. Livesey und Faith Wallis (Ed), Medieval Science, Technology and Medicine. An Encyclopedia, S. 344

965   Wolfgang Stürner, Friedrich II., S. 402

966   Ulrike Bauer, Der liber Introductorius des Michael Scotus, S. 1

967   Kommentar von Dorothea Walz und Carl Arnold Willemsen zu: Das Falkenbuch Friedrichs II, S. 5

968   Alfried Wiczorek, Bernd Schneidmüller, Stefan Weinfurter, Die Staufer und Italien, Objekte, S. 288

969   Lexikon des Mittelalters; Charles Burnett, Michael Scot and the transmission of scientific culture from Toledo to Bologna via the court of Frederick II. Hohenstaufen, in Micrologus, Le Scienze alla corte di Frederico II: p. 19, 101

970   A.C. Crombie, Robert Grosseteste and the Origin of experimental Science: S.42

971   Alfried Wiczorek, Bernd Schneidmüller, Stefan Weinfurter, Die Staufer und Italien, Objekte, S. 285

972   Lynn Thorndike, Michael Scot

973   Lynn Thorndike, Michael Scot

974   L.E.Sigler, Fibonacci`s Liber Abaci, A Translation in to Modern English of Leonardo Pisano`s Book of Calculation, Dedication and Prolog, p. 15

975   L.E.Sigler, Fibonacci`s Liber Abaci, A Translation in to Modern English of Leonardo Pisano`s Book of Calculation, Ch I, p. 17

976   L.E.Sigler, Fibonacci`s Liber Abaci, A Translation in to Modern English of Leonardo Pisano`s Book of Calculation, Dedication and Prolog, p. 15

977   Aus dem Widmungsprolog des *Liber abbaci*, ed. B. Boncompagni, vol. I, Rom 1857, S. 1

978   L.E.Sigler, Fibonacci`s Liber Abaci, A Translation in to Modern English of Leonardo Pisano`s Book of Calculation, Dedication and Prolog, p. 15

979   Thomas Glick, Steven J. Livesey und Faith Wallis (Ed), Medieval Science, Technology and Medicine. An Encyclopedia, S. 172

980   Wikipedia

981   Klaus van Eickels und Tania Brüsch, Kaiser Friedrich II., Leben und Persönlichkeit in Quellen des Mittelalters; S. 185

982   Eberhard Horst, Friedrich II. Der Staufer: S. 166; Jean-Luis Gaulin, Giordano Ruffo et làrt veterinaire, in Micrologus, Le Scienze alla corte di Frederico II: p. 185

983   Hubert Houben, Roger II. von Sizilien S. 104-5; Klaus J. Heinisch, Kaiser Friedrich II. in Briefen und Berichten seiner Zeit

984   Poggio, Die Facesien des Florentiners Poggio, 131

985   Krijnie N. Ciggaar, Western Travellers to Constantinople, S. 249

986   Walter Berschin, Griechisch-lateinisches Mittelalter. Von Hieronymus zu Nikolaus von Kues. S. 245

987   Krijnie N. Ciggaar, Western Travellers to Constantinople, S. 248

988   Sylvain Gouguenheim, Aristoteles auf dem Mont Saint Michel, S. 86

989   Walter Berschin, Griechisch-lateinisches Mittelalter. Von Hieronymus zu Nikolaus von Kues. S. 258

990   John Freely, Platon in Bagdad, Wie das Wissen der Amtike zurück nach Europa kam, S. 220

991   Richard Heinzmann, Philosophie des Mittelalters, S. 158

992   Walter Berschin, Griechisch-lateinisches Mittelalter. Von Hieronymus zu Nikolaus von Kues. S. 258

993   Sylvain Gouguenheim, Aristoteles auf dem Mont Saint Michel, Nachwort des Autors zur deutschen Ausgabe, S. 259

994   Wikipedia

995   John Freely, Platon in Bagdad, Wie das Wissen der Amtike zurück nach Europa kam, S. 220

996   Sylvain Gouguenheim, Aristoteles auf dem Mont Saint Michel, S. 90

997   Sylvain Gouguenheim, Aristoteles auf dem Mont Saint Michel, S. 93

998   Adelard of Bath, Conversations with his Nephew; on the same and the different, Questions on natural science and On Birds; Introduction, S. XVII

999   Thomas Glick, Steven J. Livesey und Faith Wallis (Ed), Medieval Science, Technology and Medicine. An Encyclopedia, S. 104

1000   Nicolas Drocourt, Quelques aspects du role des ambassadeurs dans les transferts culturels entre Byzance et ses voisins (VIIe-XIIe siècle), in: Rania Abdellatif, Yassir Benhima, Daniel König, Elisabeth Rachaud, Acteurs des transfers culturels en Méditerranée medievale, s. 38

1001   Lexikon des Mittelalters

1002   Volkhard Huth, Wissensaustausch zwischen den Regionen; in: Alfried Wiczorek, Bernd Schneidmüller, Stefan Weinfurter, Die Staufer und Italien, S. 257

1003   Walter Berschin, Griechisch-lateinisches Mittelalter. Von Hieronymus zu Nikolaus von Kues. S. 269

1004   Johannes von Salisbury, Metalogikon, IV.7

1005   Sylvain Gouguenheim, Aristoteles auf dem Mont Saint Michel, S. 92

1006   Suthern R.W., Robert Grosseteste, The growth of an English Mind in Medieval Europe, S. 151

1007   Marshall Clagett, Archimedes in the Middle Ages; Vol. II., Part I, S. 3

1008   Lexikon des Mittelalters; Marshall Clagett, Archimedes in the Middle Ages; Vol. II., Part I, S. 3

1009   Cheneval Francis und Imbach Ruedi, Einleitung zu:Thomas von Aquin, Prologe zu den Aristoteles-Kommentaren, S. XVIII

1010   Moritz Steinschneider, Die Hebraeischen Übersetzungen des Mittelalters und die Juden als Dolmetscher, § 481

1011   Lola Ferre, Introduccion zu: Maimonides, Obras medicas

1012   Moritz Steinschneider, Abraham Judaeus - Savasorda und Ibn Esra.Zur Geschichte der mathematischen Wissenschaften im 12.Jahrhundert. in: Zeitschrift für Mathematik und Physik, (page(s) 1 - 44

1013   Moritz Steinschneider, Die Hebraeischen Übersetzungen des Mittelalters und die Juden als Dolmetscher, S. 911ff

1014   Walter Berschin, Griechisch-lateinisches Mittelalter. Von Hieronymus zu Nikolaus von Kues. S. 247

1015   Walter Berschin, Griechisch-lateinisches Mittelalter. Von Hieronymus zu Nikolaus von Kues. S. 248

1016   Elke Goez, Geschichte Italiens im Mittelalter, S. 210

1017   Lexikon der Renaissance: Antikerezeption, S. 3. Digitale Bibliothek Band 41: Lexikon der Renaissance, S. 199 (vgl. LdRen, S. 37)

1018   Lexikon der Kunst: Pisano. Lexikon der Kunst, S. 25902 (vgl. LdK Bd. 5, S. 620) (c) E. A. Seemann]

1019   Boccaccio, Dekameron, Der sechste Tag, 5. Novelle.

1020   Louis John Paetow, Introduction to: Henri D`Andeli, The Battle of the seven arts; S.5

1021   Wikipedia

1022   Wikipedia

1023   Marina Münkler, Lesen verboten, in: ZeitGeschichte, Die Kirche und ihre Ketzer, S. 56ff"

1024   Wikipedia

1025   Wikipedia

1026   Marbacher Kataloge 55, Spiegel der Welt, Handschriften und Bücher aus drei Jahrtausenden, Nr 98, Hugo von Trimberg, „Der Renner", S. 445

[1027]   Historisches Lexikon Bayerns – Hugo von Trimberg, Der Renner: I. Hôchfart , (V. 269), (V. 309), , (V. 463), (V. 523), (V. 648), (V. 857), (V. 960), (V. 1127), (V. 1309), (V. 1565), (V. 1713), (V. 2281), (V. 2889), (V. 3325).

[1028]   Historisches Lexikon Bayerns – Hugo von Trimberg, Der Renner III. V.272ff.; http://www.historisches-lexikon-bayerns.de/artikel/artikel_45726#8

[1029]   Historisches Lexikon Bayerns – Hugo von Trimberg, Der Renner VI. V.648ff.; http://www.historisches-lexikon-bayerns.de/artikel/artikel_45726#8

[1030]   Historisches Lexikon Bayerns – Hugo von Trimberg, Der Renner XX. V.2889ff .; http://www.historisches-lexikon-bayerns.de/artikel/artikel_45726#8

[1031]   Historisches Lexikon Bayerns – Hugo von Trimberg; http://www.historisches-lexikon-bayerns.de/artikel/artikel_45726#8

[1032]   Lexikon des Mittelalters

[1033]   Horst Rüdiger, Die Wiederentdeckung der antiken Literatur im Zeitalter der Renaissance, in Herbert Hunger et al, Geschichte der Textüberlieferung: S. 521

[1034]   Lexikon des Mittelalters

[1035]   Lexikon des Mittelalters; A.C. Crombie, Robert Grosseteste and the Origin of experimental Science: S.297

[1036]   Ruedi Imbach, Einleitung zu: Dante Alighieri, Über die Beredsamkeit in der Volkssprache, S. XI, XIII

[1037]   Ruedi Imbach, Einleitung zu: Dante Alighieri, Über die Beredsamkeit in der Volkssprache, S. XXVII, auch Kapitel XVII.6, XIX

[1038]   Dante Alighieri, Das Gastmahl, I.IX.2

[1039]   Dante Alighieri, Das Gastmahl, I.5.14

[1040]   Dante Alighieri, Das Gastmahl, I.XI.6

[1041]   Dante Alighieri, Das Gastmahl, I.9.6

[1042]   Dante Alighieri, Das Gastmahl, II.13.8.

[1043]   Dante Alighieri, Das Gastmahl, II.XIII.15

[1044]   Dante Alighieri, Das Gastmahl, IV.13.1

[1045]   Dante Alighieri, Das Gastmahl, IV.13.2

[1046]   Dante Alighieri, Das Gastmahl, I.IX.3

[1047]   Dante Alighieri, Das Gastmahl, III. Kommentar S. 112

[1048]   Dante, Die Göttliche Komödie: Die Hölle, XXIX.55

[1049]   Dante Alighieri, Die göttliche Komödie, Die Hölle IV. 26

[1050]   Dante Alighieri, Die göttliche Komödie, Die Hölle IV. 76

[1051]   Dante Alighieri, Die göttliche Komödie, Die Hölle IV. 88

[1052]   Dante Alighieri, Die göttliche Komödie, Die Hölle IV. 77 – 102

[1053]   Dante Alighieri, Die göttliche Komödie, Die Hölle IV. 131

[1054]   Dante Alighieri, Die göttliche Komödie, Die Hölle IV. 130 – 144

[1055]   Homer, Odyssee: XI. Gesang

[1056]   Dante Alighieri, Die göttliche Komödie, Die Hölle IV. 34

[1057]   Dante Alighieri, Die göttliche Komödie, Der Läuterungsberg, XXI. 76

[1058]   Horst Rüdiger, Die Wiederentdeckung der antiken Literatur im Zeitalter der Renaissance, in Herbert Hunger et al, Geschichte der Textüberlieferung: S. 516

[1059]   Dante Alighieri, Die göttliche Komödie, Die Hölle, XXVI. 58

[1060]   Dante Alighieri, Die göttliche Komödie, Die Hölle, XXVI. 97

[1061]   Dante, Die Göttliche Komödie: Die Hölle, XX.116

[1062]   Dante Alighieri, Die göttliche Komödie, Paradies, 10 und 11. Gesang

[1063]   Francis Cheneval, Einleitung zu: Dante Alighieri, Das Gastmahl, S. XXXII

[1064]   Dante Alighieri, Die göttliche Komödie, Die Hölle IX. 62

[1065]   Dante Alighieri, Das Gastmahl, I.1.18

[1066]   Dante Alighieri, Das Gastmahl, II.1.2-10

[1067]   Dante Alighieri, Das Gastmahl, II.1.4

[1068]   Dante Alighieri, Das Gastmahl, II.1.6

[1069]   Dante Alighieri, Epistola XIII, 20 an Can Grande della Scala (1320?); Zitiert auch in: Kurt Fassmann, Briefe der Weltliteratur, Aus dem trecento, S. 34

[1070]   Francis Cheneval, Einleitung zu: Dante Alighieri, Das Gastmahl, S. XXXVIII

[1071]   Thomas Ricklin, Einleitung zu: Dante Alighieri, Das Schreiben an Cangrande della Scala S. XVII;

[1072] Udo Kultermann, Kleine Geschichte der Kunsttheorie, S. 58

[1073] Walter Berschin, Griechisch-lateinisches Mittelalter. Von Hieronymus zu Nikolaus von Kues. S. 309

[1074] Petrarca, Über seine und vieler anderer Unwissenheit, S. 121

[1075] Klaus Herbers, Geschichte des Papsttums im Mittelalter, S. 229

[1076] Anthony Bonner, Doctor Illuminatus, A Ramon Lull Reader, Historical background and Life; p. 39

[1077] Walter Berschin, Griechisch-lateinisches Mittelalter. Von Hieronymus zu Nikolaus von Kues. S. 303

[1078] Hastings Randall, The Universities of Europe in the Middle Ages, Vol. II. 103 (Anmerkung),

[1079] III. Die mittelalterliche Kirche: Zweiter Teil: Das Spätmittelalter. Jedin: Kirchengeschichte, S. 5885 (vgl. HKG Bd. 3,2, S. 413) (c) Verlag Herder]

[1080] Josef Wohlmuth (Hg), Conciliorum oecumenicorum decreta: Konzil von Vienne, Dekret 24: Bd.II, S. 379

[1081] Raffaele Manica, Cronologia della vita e delle opere, in: Petrarca, Canzoniere, S. 23

[1082] Petrarca, Die Besteigung des Mont Ventoux, Brief an Francesco Dionigi von Borgo San Sepolcro in Paris

[1083] Hans Nahod und Paul Stern, Einleitung zu: Briefe des Francesco Petrarca, Eine Auswahl, S. XXXVI

[1084] Cicero, Pro Marco Caelio 24

[1085] Paul Oskar Kristeller, Petrarca in: Acht Philosophen der italienischen Renaissance: S. 6

[1086] Paul Oskar Kristeller, Petrarca in: Acht Philosophen der italienischen Renaissance: S. 7

[1087] Paul Oskar Kristeller, Petrarca in: Acht Philosophen der italienischen Renaissance: S. 8

[1088] Raffaele Manica, Cronologia della vita e delle opere, in: Petrarca, Canzoniere, S. 23

[1089] Petrarca, Canzoniere, Sonett 114

[1090] Raffaele Manica, Cronologia della vita e delle opere, in: Petrarca, Canzoniere, S. 26

[1091] Paul Oskar Kristeller, Petrarca in: Acht Philosophen der italienischen Renaissance: S. 5

[1092] Peter Brockmeier, Nachwort zu: Francesco Petrarca, Canzoniere. 50 Gedichte mit Kommentar; S. 369

[1093] Lexikon der Renaissance: Petrarca, S. 1 ff.Digitale Bibliothek Band 41: Lexikon der Renaissance, S. 3403 (vgl. LdRen, S. 540 ff.)

[1094] Hans Nahod und Paul Stern, Einleitung zu: Briefe des Francesco Petrarca, Eine Auswahl, S. XXIII

[1095] David H. Stam (Ed), International Library Histories, Vol. I. p. 108

[1096] Petrarca an Giovanni dell´incisa, etwa 1346, Fam III.18, in: Fritz Rougemont, Petrarca, der Bücherfreund, S. 6

[1097] Horst Rüdiger, Die Wiederentdeckung der antiken Literatur im Zeitalter der Renaissance, in Herbert Hunger et al, Geschichte der Textüberlieferung: S. 526, 524

[1098] Petrarca an Marcus Tullius Cicero, 16. Juni 1345

[1099] Horst Rüdiger, Die Wiederentdeckung der antiken Literatur im Zeitalter der Renaissance, in Herbert Hunger et al, Geschichte der Textüberlieferung: S. 539

[1100] Johan Huizinga, Herbst des Mittelalters, 466

[1101] Petrarca, Über seine und vieler anderer Unwissenheit, S.13

[1102] Petrarca, Über seine und vieler anderer Unwissenheit, S. 105

[1103] Petrarca, Über seine und vieler anderer Unwissenheit, S. 111

[1104] Petrarca, Über seine und vieler anderer Unwissenheit, S. 119

[1105] Petrarca, Über seine und vieler anderer Unwissenheit, S. 23; Paul Oskar Kristeller, Petrarca in: Acht Philosophen der italienischen Renaissance: S. 13

[1106] Petrarca, Über seine und vieler anderer Unwissenheit, S. 147

[1107] Petrarca, Über seine und vieler anderer Unwissenheit, S. 149

[1108] Paul Oskar Kristeller, Petrarca in: Acht Philosophen der italienischen Renaissance: S. 14

[1109] Petrarca, Über seine und vieler anderer Unwissenheit, S. 35

[1110] Petrarca, Über seine und vieler anderer Unwissenheit, S.33

[1111] Petrarca, Über seine und vieler anderer Unwissenheit, S. 131

[1112] Petrarca, Über seine und vieler anderer Unwissenheit, S. 143

[1113] Paul Oskar Kristeller, Valla in: Acht Philosophen der italienischen Renaissance: S. 19

[1114] August Bruck, Einleitung zu Petrarca, Über seine und vieler anderer Unwissenheit, S. XXI

[1115] Lexikon des Mittelalters

[1116] Brigitte Hege, Boccaccios Apologie der heidnischen Dichtung in der Geneologia deorum gentilium: Vorbemerkung

1117   V. Macche, Nachwort zu Boccaccio, Dekameron

1118   Boccaccio, Dekameron, Der sechste Tag, fünfte Geschichte.

1119   Boccaccio, Dekameron, Der vierte Tag.

1120   V. Macche, Nachwort zu Boccaccio, Dekameron

1121   Brigitte Hege, Boccaccios Apologie der heidnischen Dichtung in der Geneologia deorum gentilium: I.5

1122   Brigitte Hege, Boccaccios Apologie der heidnischen Dichtung in der Geneologia deorum gentilium: I - IV

1123   Brigitte Hege, Boccaccios Apologie der heidnischen Dichtung in der Geneologia deorum gentilium: V. 10

1124   Brigitte Hege, Boccaccios Apologie der heidnischen Dichtung in der Geneologia deorum gentilium: XIX. 19

1125   Brigitte Hege, Boccaccios Apologie der heidnischen Dichtung in der Geneologia deorum gentilium: III. 6

1126   Brigitte Hege, Boccaccios Apologie der heidnischen Dichtung in der Geneologia deorum gentilium: XV. 12

1127   Brigitte Hege, Boccaccios Apologie der heidnischen Dichtung in der Geneologia deorum gentilium: VI - XXII

1128   Brigitte Hege, Boccaccios Apologie der heidnischen Dichtung in der Geneologia deorum gentilium: V. 6

1129   Brigitte Hege, Boccaccios Apologie der heidnischen Dichtung in der Geneologia deorum gentilium: Appendix II: S. 284

1130   Brigitte Hege, Boccaccios Apologie der heidnischen Dichtung in der Geneologia deorum gentilium: XVII

1131   Brigitte Hege, Boccaccios Apologie der heidnischen Dichtung in der Geneologia deorum gentilium: XVIII. 12

1132   Brigitte Hege, Boccaccios Apologie der heidnischen Dichtung in der Geneologia deorum gentilium: XVIII. 13

1133   Brigitte Hege, Boccaccios Apologie der heidnischen Dichtung in der Geneologia deorum gentilium: XVIII. 14

1134   Brigitte Hege, Boccaccios Apologie der heidnischen Dichtung in der Geneologia deorum gentilium: XVIII. 16

1135   Brigitte Hege, Boccaccios Apologie der heidnischen Dichtung in der Geneologia deorum gentilium: XVIII. 19

1136   Brigitte Hege, Boccaccios Apologie der heidnischen Dichtung in der Geneologia deorum gentilium: XIX

1137   Brigitte Hege, Boccaccios Apologie der heidnischen Dichtung in der Geneologia deorum gentilium: XVIII. 9

1138   David H. Stam (Ed), International Library Histories, Vol. I. p. 151

1139   Brief von Petrarca an Giovanni Boccaccio, Padua, 28.Mai 1362

1140   Brief von Petrarca an Giovanni Boccaccio, Padua, 28.Mai 1362

1141   Lexikon des Mittelalters

1142   Cyril Mango, The Oxford History of Byzantium: S. 217

1143   Charles Burnett, Arabic in to Latin: The reception of Arabic Philosophy into Western Europe; in: Peter Adamson and Richard C. Taylor, The Cambridge Companion to Arabic Philosophy, S. 386

1144   Werner Faulstich,Medien und Öffentlichkeiten im Mittelalter, 800 – 1400; S. 122

1145   Klaus Bergdolt, Arzt, Krankheit und Therapie bei Petrarca, S. 135

1146   Klaus Bergdolt, Arzt, Krankheit und Therapie bei Petrarca, S. 68

1147   Sabine Haag, Vom Hausschatz um Museum: Die Geschichte der Wiener Kunstkammer, in: Sabine Haag und Alfried Wieczorek. Sammeln! Die Kunstkammer des Kaisers in Wien, S. 13ff

1148   Wikipedia

1149   Capitoline Museums, Lux in arcana, p. 110

1150   Horst Rüdiger, Die Wiederentdeckung der antiken Literatur im Zeitalter der Renaissance, in Herbert Hunger et al, Geschichte der Textüberlieferung: S. 521

1151   Fritz Weigele, Die Briefsammlung Gerberts von Reims, Briefe 7, 8, 9, 17, 24, 25, 40, 44, 81, 86, 96, 105, 108, 116, 130, 132, 167 in MGH

1152   Hans Nahod und Paul Stern, Einleitung zu: Briefe des Francesco Petrarca, Eine Auswahl, S. XXXVI

1153   Petrarca an Giovanni dell' Incisa; etwa 1346, Famoliares III.18; in: Fritz Rougemont, Petrarca, der Bücherfreund, S. 6

1154   Michel de Montaigne, Essais, II.10 Über Bücher.

1155   http://www.univ-montp3.fr/uoh/lelivre/partie2/bibliothques_prives2.html

1156   Wikipedia, Biblionomia Richardi de Furnivalle cancellarii Ambianensis [Texte imprimé] / [par H. Omont] / Paris : Impr. de Blanc-Pascal , [1885]

1157   David H. Stam (Ed), International Library Histories, Vol. I. p. 107

1158   Michael H. Harris, History of Libraries in the western World, S. 119ff

1159   Wikipedia

1160   Verena von der Heyden-Rynsch, Aldo Manunzio, Vom Drucken und verbreiten schöner Bücher, S. 37ff

1161   Horst Rüdiger, Die Wiederentdeckung der antiken Literatur im Zeitalter der Renaissance, in Herbert Hunger et al, Geschichte der Textüberlieferung: S. 520

1162   David H. Stam (Ed), International Library Histories, Vol. I. p. 151

1163   Stephen Greenblatt, Die Wende, Wie die Renaissance begann, S. 151, 172

1164   Stephen Greenblatt, Die Wende, Wie die Renaissance begann, S. 222

1165   Poggio, Die Facesien des Florentiners Poggio, 94, 105 , 113, Schlußwort

1166   Poggio, Die Facesien des Florentiners Poggio, 113

1167   Poggio, Die Facesien des Florentiners Poggio, Hanns Floerke, Einleitung des Übersetzers, S. 12

1168   Phyllis, Walter Goodhart Gordan, Introduction to: Two Renaissance Book Hunters, The Letters of Poggius Bracciolini to Nicolaus de Nicolis, p. 2

1169   Phyllis, Walter Goodhart Gordan, Introduction to: Two Renaissance Book Hunters, The Letters of Poggius Bracciolini to Nicolaus de Nicolis, p. 6, 15

1170   Phyllis, Walter Goodhart Gordan, Introduction to: Two Renaissance Book Hunters, The Letters of Poggius Bracciolini to Nicolaus de Nicolis, p. 9, 383

1171   Phyllis, Walter Goodhart Gordan, Introduction to: Two Renaissance Book Hunters, The Letters of Poggius Bracciolini to Nicolaus de Nicolis, p. 7

1172   Phyllis, Walter Goodhart Gordan, Introduction to: Two Renaissance Book Hunters, The Letters of Poggius Bracciolini to Nicolaus de Nicolis, p. 15

1173   Lexikon des Mittelalters

1174   Lexikon des Mittelalters; Lexikon der Renaissance: Philologie, S. 3. Digitale Bibliothek Band 41: Lexikon der Renaissance, S. 3440 (vgl. LdRen, S. 546

1175   Horst Rüdiger, Die Wiederentdeckung der antiken Literatur im Zeitalter der Renaissance, in Herbert Hunger et al, Geschichte der Textüberlieferung: S. 518

1176   Lexikon des Mittelalters

1177   David H. Stam (Ed), International Library Histories, Vol. I. p. 151

1178   David H. Stam (Ed), International Library Histories, Vol. I. p. 151

1179   Leonardo da Vinci, The Notebooks of Leonardo da Vinci, p. 304, 335, 369

1180   Leonardo da Vinci, The Notebooks of Leonardo da Vinci, p. 344

1181   Martin Lehnert, Einführung zu: Geoffrey Chaucer, Canterbury Erzählungen, S. 21

1182   Dawid Wright, Introduntion to: Geoffrey Chaucer, The Canterbury Tales, p. XIX

1183   Dawid Wright, Introduntion to: Geoffrey Chaucer, The Canterbury Tales, p. XV

1184   Lexikon des Mittelalters

1185   Horst Rüdiger, Die Wiederentdeckung der antiken Literatur im Zeitalter der Renaissance, in Herbert Hunger et al, Geschichte der Textüberlieferung: S. 543

1186   Horst Rüdiger, Die Wiederentdeckung der antiken Literatur im Zeitalter der Renaissance, in Herbert Hunger et al, Geschichte der Textüberlieferung: S. 543

1187   Das Gedächtnis der Menscheit, Das Dokumentenerbe der Unesco, S. 72

1188   Memory of the World Register, Unesco.org

1189   David H. Stam (Ed), International Library Histories, Vol. II. p. 771ff

1190   Elmar Mittler, Die Bibliotheca Palatina,Skizzen zu ihrer Geschichte; in: Elmar Mittler und Wilfried Werner, Mit der Zeit, Die Kurfürsten von der Pfalz und die Heidelberger Handschriften der Bibliotheka Palatina.

1191   Wikipedia

1192   Jörg Robert, Die Geburtsstunde einer neuen Antike; in: Spectrum der Wissenschaft; Epoc, 2.2012, S. 95

1193   Detlef Bluhm, Von Autoren, Büchern & Piraten. Kleine Geschichte der Buchkultur, S. 55

1194   Detlef Bluhm, Von Autoren, Büchern & Piraten. Kleine Geschichte der Buchkultur, S. 58

1195   Lexikon des Mittelalters

1196   Erasmus von Rotterdam, Adagia II.1.1. Eile mit Weile; und II.2.1. Herkulische Mühen

1197   Horst Rüdiger, Die Wiederentdeckung der antiken Literatur im Zeitalter der Renaissance, in Herbert Hunger et al, Geschichte der Textüberlieferung: S. 550

1198   Petrarca an Giovanni dell' Incisa; etwa 1346, Famoliares III.18; in: Fritz Rougemont, Petrarca, der Bücherfreund, S. 8

1199   Wikipedia

1200   Detlef Bluhm, Von Autoren, Büchern & Piraten. Kleine Geschichte der Buchkultur, S. 46

1201   Martin Levey, Medieval arabic Bookmaking and ist relation to early chemistry and pharmacology; in: Transactions oft he American Philosophical Society, New Series, Vol.42, Part 4; 1962

1202   Wilhelm Sandermann, Papier, Eine Kulturgeschichte; Tabelle 2, S. 121

1203   Wilhelm Sandermann, Papier, Eine Kulturgeschichte, S. 85ff

1204   Propyläen Technik Geschichte Bd.II. S. 574

1205   Wilhelm Sandermann, Papier, Eine Kulturgeschichte, S. 115ff, 151ff

1206   Wikipedia

1207   Franz Schuh, Editorische Notiz zu: Abraham a Sancta Clara, Hui und Pfui der Welt, S. 365

1208   Wilhelm Sandermann, Papier, Eine Kulturgeschichte, S. 122

1209   Helmut Plechl, Werner Bergmann, Die Tegernseer Briefsammlung des 12. Jahrhundert, Brief-Nr. 164; S. 194ff

1210   Helmut Plechl, Werner Bergmann, Die Tegernseer Briefsammlung des 12. Jahrhundert, Brief-Nr. 141; S. 171ff

1211   Helmut Plechl, Werner Bergmann, Die Tegernseer Briefsammlung des 12. Jahrhundert, Brief-Nr. 179; S. 211ff

1212   Helmut Plechl, Werner Bergmann, Die Tegernseer Briefsammlung des 12. Jahrhundert, Brief-Nr. 178; S. 210ff

1213   Helmut Plechl, Werner Bergmann, Die Tegernseer Briefsammlung des 12. Jahrhundert, Brief-Nr. 230; S. 260ff

1214   Helmut Plechl, Werner Bergmann, Die Tegernseer Briefsammlung des 12. Jahrhundert, Brief-Nr. 167; S. 197ff

1215   Helmut Plechl, Werner Bergmann, Die Tegernseer Briefsammlung des 12. Jahrhundert, Brief-Nr. 261; S. 290ff

1216   Christopher de Hamel, Medieval Craftsman, Scribes and Illuminators; p. 5

1217   Christopher de Hamel, Medieval Craftsman, Scribes and Illuminators; p. 27, 32

1218   Stephanie Hauschild, Skriptorium. Die mittelalterliche Buchwerkstatt, S. 128, 131

1219   Stephanie Hauschild, Skriptorium. Die mittelalterliche Buchwerkstatt, S. 40

1220   Stephanie Hauschild, Skriptorium. Die mittelalterliche Buchwerkstatt, S. 40ff

1221   Stephanie Hauschild, Skriptorium. Die mittelalterliche Buchwerkstatt, S. 56

1222   Staatliche Schlösser und Gärten Baden-Württenberg (Hg), Die Lorcher Chorbücher, Kloster Lorch; S. 35

1223   Staatliche Schlösser und Gärten Baden-Württenberg (Hg), Die Lorcher Chorbücher, Kloster Lorch; S. 35

1224   Andreas Wentzke, Johannes Gutenberg, der Erfinder des Buchdrucks, S. 161

1225   Elmar Mittler, Die Bibliotheca Palatina,Skizzen zu ihrer Geschichte; in: Elmar Mittler und Wilfried Werner, Mit der Zeit, Die Kurfürsten von der Pfalz und die Heidelberger Handschriften der Bibliotheka Palatina. S. 14

1226   Elmar Mittler, Die Bibliotheca Palatina,Skizzen zu ihrer Geschichte; in: Elmar Mittler und Wilfried Werner, Mit der Zeit, Die Kurfürsten von der Pfalz und die Heidelberger Handschriften der Bibliotheka Palatina. S. 11

1227   Elmar Mittler, Die Bibliotheca Palatina,Skizzen zu ihrer Geschichte; in: Elmar Mittler und Wilfried Werner, Mit der Zeit, Die Kurfürsten von der Pfalz und die Heidelberger Handschriften der Bibliotheka Palatina. S. 27

1228   Herbert E. Brekle, Typographie A.D.MCXVIIII im Kloster Prüfening, S. 36

1229   Alistair C. Crombie, Von Augustinus bis Galilei, Die Emanzipation der Naturwissenschaft, S. 198

1230   Wikipedia

1231   Claudia Brinker-von der Heyde, Die literarische Welt des Mittelalters, S. 56

1232   Andreas Venzke, Johannes Gutenberg, Der Erfinder des Buchdrucks, S. 112ff

1233   Wikipedia

1234   Der Frühdruck: (1930) ; Textband - Band 2,Teil 1 - Seite 190 - Google Books-Ergebnisseite, *books.google.de/books?isbn=3487044226*, Gustav Adolf Erich Bogeng, Bernhard Fabian, Ursula Fabian - 1973

1235   Wikipedia

1236   http://books.google.com

1237   Andreas Wentzke, Johannes Gutenberg, der Erfinder des Buchdrucks, S. 129

1238   Claudia Brinker-von der Heyde, Die literarische Welt des Mittelalters, S. 56

1239   Andreas Wentzke, Johannes Gutenberg, der Erfinder des Buchdrucks, S. 189

1240   Claudia Brinker-von der Heyde, Die literarische Welt des Mittelalters, S. 56

1241   Elmar Mittler, Die Bibliotheca Palatina,Skizzen zu ihrer Geschichte; in: Elmar Mittler und Wilfried Werner, Mit der Zeit, Die Kurfürsten von der Pfalz und die Heidelberger Handschriften der Bibliotheka Palatina.

1242   Hans-Albrecht Koch, Die Universität. Geschichte einer europäischen Institution, S. 28; Wikipedia

1243   Detlef Bluhm, Von Autoren, Büchern & Piraten. Kleine Geschichte der Buchkultur, S. 75

1244   Detlef Bluhm, Von Autoren, Büchern & Piraten. Kleine Geschichte der Buchkultur, S. 76

1245   Louis John Paetow, The arts course at medieval universities with special reference to grammar and rhetoric, p. 11

1246   Lexikon des Mittelalters

1247   Hans Nahod und Paul Stern, Einleitung zu: Briefe des Francesco Petrarca, Eine Auswahl, S. XXVIII

1248   Staatliche Schlösser und Gärten Baden-Württenberg (Hg), Die Lorcher Chorbücher, Kloster Lorch; S. 35

1249   Wikipedia

1250   Paul Lehmann, Die mittelalterliche Dombibliothek zu Speyer, in: Paul Lehmann, Erforschung des Mittelalters, Bd II., S. 186ff

1251   Horst Rüdiger, Die Wiederentdeckung der antiken Literatur im Zeitalter der Renaissance, in Herbert Hunger et al, Geschichte der Textüberlieferung: S. 540

1252   David H. Stam (Ed), International Library Histories, Vol. II. p. 922ff

1253   Horst Rüdiger, Die Wiederentdeckung der antiken Literatur im Zeitalter der Renaissance, in Herbert Hunger et al, Geschichte der Textüberlieferung: S. 520, 550

1254   Elmar Mittler, Die Bibliotheca Palatina,Skizzen zu ihrer Geschichte; in: Elmar Mittler und Wilfried Werner, Mit der Zeit, Die Kurfürsten von der Pfalz und die Heidelberger Handschriften der Bibliotheka Palatina.

1255   http://www.goethe.de/mmo/priv/3427707-STANDARD.pdf

1256   David H. Stam (Ed), International Library Histories, Vol. I. p. 105

1257   Lexikon des Mittelalters

1258   David H. Stam (Ed), International Library Histories, Vol. I. p. 151

1259   Lexikon des Mittelalters

1260   Detlef Bluhm, Von Autoren, Büchern & Piraten. Kleine Geschichte der Buchkultur, S. 55

1261   David H. Stam (Ed), International Library Histories, Vol. I. p. 398ff

1262   Wikipedia

1263   Verena von der Heyden-Rynsch, Aldo Manunzio, Vom Drucken und verbreiten schöner Bücher, S. 37ff

1264   Hans Nahod und Paul Stern, Einleitung zu: Briefe des Francesco Petrarca, Eine Auswahl, S. XXVIII

1265   David H. Stam (Ed), International Library Histories, Vol. I. p. 478ff

1266   Uwe Jochum, Geschichte der Abendländischen Bibliotheken, S. 88

1267   Wikipedia

1268   David H. Stam (Ed), International Library Histories, Vol. I. p. 398ff

1269   Uwe Jochum, Geschichte der Abendländischen Bibliotheken, S. 88

1270   Uwe Jochum, Geschichte der Abendländischen Bibliotheken, S. 94

1271   Erasmus von Rotterdam, Adagia II.1.1., Eile mit Weile

1272   Elmar Mittler, Die Bibliotheca Palatina,Skizzen zu ihrer Geschichte; in: Elmar Mittler und Wilfried Werner, Mit der Zeit, Die Kurfürsten von der Pfalz und die Heidelberger Handschriften der Bibliotheka Palatina.

1273   Wikipedia

1274   Eusebius von Caesarea, Kirchengeschichte: V.20.1ff

1275   Eusebius von Caesarea, Kirchengeschichte: V.20.1ff

[1276]   Horst Rüdiger, Die Wiederentdeckung der antiken Literatur im Zeitalter der Renaissance, in Herbert Hunger et al, Geschichte der Textüberlieferung: S. 537

[1277]   Petrarca an Giovanni Boccaccio, 14. November 1355 aus Mailand, , Fam XVIII.12, in: Fritz Rougemont, Petrarca, der Bücherfreund, S. 36

[1278]   Horst Rüdiger, Die Wiederentdeckung der antiken Literatur im Zeitalter der Renaissance, in Herbert Hunger et al, Geschichte der Textüberlieferung: S. 530

[1279]   Horst Rüdiger, Die Wiederentdeckung der antiken Literatur im Zeitalter der Renaissance, in Herbert Hunger et al, Geschichte der Textüberlieferung: S. 547

[1280]   Horst Rüdiger, Die Wiederentdeckung der antiken Literatur im Zeitalter der Renaissance, in Herbert Hunger et al, Geschichte der Textüberlieferung: S. 541

[1281]   Stephen Greenblatt, Die Wende, Wie die Renaissance begann, S. 186

[1282]   Horst Rüdiger, Die Wiederentdeckung der antiken Literatur im Zeitalter der Renaissance, in Herbert Hunger et al, Geschichte der Textüberlieferung: S. 547

[1283]   Jörg Robert, Die Geburtsstunde einer neuen Antike; in: Spectrum der Wissenschaft; Epoc, 2.2012, S. 95

[1284]   Erasmus von Rotterdam, Adagia II.1.1., Eile mit Weile

[1285]   Horst Rüdiger, Die Wiederentdeckung der antiken Literatur im Zeitalter der Renaissance, in Herbert Hunger et al, Geschichte der Textüberlieferung: S. 547

[1286]   Cheneval Francis und Imbach Ruedi, Einleitung zu:Thomas von Aquin, Prologe zu den Aristoteles-Kommentaren, S. XXIX

[1287]   Klaus Bergdolt, Arzt, Krankheit und Therapie bei Petrarca, S. 136

[1288]   Horst Rüdiger, Die Wiederentdeckung der antiken Literatur im Zeitalter der Renaissance, in Herbert Hunger et al, Geschichte der Textüberlieferung: S. 549

[1289]   Stephen Greenblatt, Die Wende, Wie die Renaissance begann, S. 142

[1290]   Horst Rüdiger, Die Wiederentdeckung der antiken Literatur im Zeitalter der Renaissance, in Herbert Hunger et al, Geschichte der Textüberlieferung: S. 552

[1291]   Horst Rüdiger, Die Wiederentdeckung der antiken Literatur im Zeitalter der Renaissance, in Herbert Hunger et al, Geschichte der Textüberlieferung: S. 554

[1292]   Erasmus von Rotterdam, Adagia II.2.1., Herkulische Mühen

[1293] Sebastian Brant, Das Narrenschiff, Kapitel 103

[1294]   Horst Rüdiger, Die Wiederentdeckung der antiken Literatur im Zeitalter der Renaissance, in Herbert Hunger et al, Geschichte der Textüberlieferung: S. 549

[1295]   Detlef Bluhm, Von Autoren, Büchern & Piraten. Kleine Geschichte der Buchkultur, S. 83

[1296]   Louis John Paetow, The arts course at medieval universities with special reference to grammar and rhetoric, p. 14

[1297]   Klaus Bergdolt, Arzt, Krankheit und Therapie bei Petrarca, S. 236, 257, 300

[1298]   Petrarca an Giovanni Boccaccio, 1355 aus Mailand, Fam XVIII.4, in: Fritz Rougemont, Petrarca, der Bücherfreund, S. 35

[1299]   Klaus Bergdolt, Arzt, Krankheit und Therapie bei Petrarca, S. 69

[1300]   Klaus Bergdolt, Arzt, Krankheit und Therapie bei Petrarca, S. 49

[1301]   Klaus Bergdolt, Arzt, Krankheit und Therapie bei Petrarca, S. 136

[1302]   Eick Sternhagen, Kulturwissenschaftliche Aspekte, S. 154

[1303]   Manfred Hellmann, Grundzüge der Geschichte Venedigs, S. 72

[1304]   Lexikon der Renaissance: Philologie, S. 3. Digitale Bibliothek Band 41: Lexikon der Renaissance, S. 3440 (vgl. LdRen, S. 546

[1305]   Horst Rüdiger, Die Wiederentdeckung der antiken Literatur im Zeitalter der Renaissance, in Herbert Hunger et al, Geschichte der Textüberlieferung: S. 559

[1306]   Josef Wohlmuth (Hg), Conciliorum oecumenicorum decreta: Konzil von Trient: Bd.II, S. 452

[1307]   Deno John Geanakoplos, Byzantium. Church, Socyety and Civilization. Seen through Contemporary Eyes: S. 222

[1308]   Paul Oskar Kristeller, Petrarca in Acht Philosophen der italienischen Renaissance: S. 18

[1309]   Josef Wohlmuth (Hg), Conciliorum oecumenicorum decreta: Konzil von Basel/Ferrara/Florenz/Rom: Bd.II,

[1310]   Wikipedia

[1311]   Lexikon des Mittelalters, Lexikon der Renaissance: Philologie, S. 3. Digitale Bibliothek Band 41: Lexikon der Renaissance, S. 3440 (vgl. LdRen, S. 546

[1312]   Laura Federzoni, The Geographia of Ptolemy between the Middle Ages, the Renaissance and beyond; in: Tanja Michalsky, Felicitas Schneider und Gisela Engel (Hg), Aufsicht – Ansicht – Einsicht, S. 93

[1313]   Deno John Geanakoplos, Byzantium. Church, Socyety and Civilization. Seen through Contemporary Eyes: S. 436

[1314]   Hans-Georg Beck, Überlieferungsgeschichte der byzantinischen Literatur, in Herbert Hunger et al, Geschichte der Textüberlieferung: S. 460

[1315]   Deno John Geanakoplos, Byzantium. Church, Socyety and Civilization. Seen through Contemporary Eyes: S. 437

[1316]   Gennade Scholarios, Ouvres Complétes, Tome IV. Introduction S. I

[1317]   Lexikon des Mittelalters

[1318]   Milton V. Anastos, Some Aspects of Byzantine Influence on Latin Thought in Marshall Clagett, Gaines Post and Robert Reynolds (Hgs) Twelfth Century Europe and the Foundations of modern Society S. 164

[1319]   Lexikon des Mittelalters

[1320]   Gennade Scholarios, Ouvres Complétes, Tome IV. Introduction S. III

[1321]   Lexikon des Mittelalters; Gereby György, Nachwort zu Gennadiosz Szkolariosz, Petrus Hispanus Mester Logikajabol S. 210, 213

[1322]   Lexikon des Mittelalters

[1323]   Horst Rüdiger, Die Wiederentdeckung der antiken Literatur im Zeitalter der Renaissance, in Herbert Hunger et al, Geschichte der Textüberlieferung: S. 521; Lexikon des Mittelalters; Lexikon der Renaissance: Philologie, S. 3. Digitale Bibliothek Band 41: Lexikon der Renaissance, S. 3440 (vgl. LdRen, S. 546)

[1324]   Capitoline Museums, Lux in arcana, p. 191

[1325]   Verena von der Heyden-Rynsch, Aldo Manunzio, Vom Drucken und verbreiten schöner Bücher, S. 43

[1326]   Deno John Geanakoplos, Byzantium. Church, Society and Civilization. Seen through Contemporary Eyes: S. 379

[1327]   Horst Rüdiger, Die Wiederentdeckung der antiken Literatur im Zeitalter der Renaissance, in Herbert Hunger et al, Geschichte der Textüberlieferung: S. 564

[1328]   Lexikon der Renaissance: Italien, S. 11. Digitale Bibliothek Band 41: Lexikon der Renaissance, S. 2225 (vgl. LdRen, S. 358)

[1329]   Horst Rüdiger, Die Wiederentdeckung der antiken Literatur im Zeitalter der Renaissance, in Herbert Hunger et al, Geschichte der Textüberlieferung: S. 565

[1330]   Lexikon des Mittelalters; Lexikon der Renaissance: Italien

[1331]   Wikipedia

[1332]   Lexikon des Mittelalters; Lexikon der Renaissance: Italien

[1333]   Horst Rüdiger, Die Wiederentdeckung der antiken Literatur im Zeitalter der Renaissance, in Herbert Hunger et al, Geschichte der Textüberlieferung: S. 565

[1334]   Historisches Wörterbuch der Philosophie

[1335]   Paul Oskar Kristeller, Valla; in: Acht Philosophen der italienischen Renaissance: S. 18

[1336]   Paul Oskar Kristeller, Valla; in: Acht Philosophen der italienischen Renaissance: S. 17

[1337]   Jörg Robert, Die Geburtsstunde einer neuen Antike; in: Spectrum der Wissenschaft; Epoc, 2.2012, S. 94

[1338]   Enea Silvio Piccolomini, Commentarii, Ich war Pius II., Memoiren eines Renaissance-Papstes, I. 2

[1339]   Lexikon der Renaissance: Dichterkrönung. Lexikon der Renaissance, S. 1226 (vgl. LdRen, S. 204)]

[1340]   Günter Stölzl, Nachwort zu: Enea Silvio Piccolomini, Commentarii, Ich war Pius II., Memoiren eines Renaissance-Papstes, I. 34

[1341]   Herbert Rädle, Nachwort zu: Enea Silvio Piccolomini, Euryalus und Lucretia, S. 126

[1342]   Günter Stölzl (Ü), Enrico Silvio Piccoöomini Commentarii, Ich war Pius II. Memoiren eines Renaissepapstes.

[1343]   Günter Gawlick und Lothar Kreimendahl: Pierre Bayle, Historisches und kritisches Wörterbuch, Vorrede zur ersten Ausgabe, Bd II, Takiddin, S. 440ff

[1344]   Humanismus, S. 1 ff.Digitale Bibliothek Band 12: Religion in Geschichte und Gegenwart, S. 14399 (vgl. RGG Bd. 3, S. 477 ff. (c) J.C.B. Mohr (Paul Siebeck)

[1345]   Albert Stöckl, Geschichte der Philosophie des Mittelalters, §62

[1346]   Enea Silvio Piccolomini, Commentarii, Ich war Pius II., Memoiren eines Renaissance-Papstes, I. 34

[1347]   Biographisc-Bibliographisches Kirchenlexikon.

[1348]   Albert Stöckl, Geschichte der Philosophie des Mittelalters, §63

[1349]   Paul Oskar Kristeller, Valla, in: Acht Philosophen der italienischen Renaissance: S. 22

[1350]   J.E. Spingarn, History of literary criticism, Part I., Chapter I., The fundamental Problem; p.

11

[1351]   Lexikon der Renaissance: Valla, S. 1. Digitale Bibliothek Band 41: Lexikon der Renaissance, S. 4564 (vgl. LdRen, S. 734)

[1352]   Paul Oskar Kristeller, Valla in Acht Philosophen der italienischen Renaissance: S. 23

[1353]   Paul Oskar Kristeller, Valla in Acht Philosophen der italienischen Renaissance: S. 24 - 26

[1354]   Paul Oskar Kristeller, Valla; in: Acht Philosophen der italienischen Renaissance: S. 22

[1355]   Erasmus von Rotterdam, Brief an Christoph Fischer 1505

[1356]   Erasmus von Rotterdam, Brief an Christoph Fischer 1505

[1357]   Erasmus von Rotterdam, Brief an Martin Dorf 1515

[1358]   Horst Rüdiger, Die Wiederentdeckung der antiken Literatur im Zeitalter der Renaissance, in Herbert Hunger et al, Geschichte der Textüberlieferung: S. 555

[1359]   Wolfgang Speyer, Die literarische Fälschung im heidnischen und christlichen Altertum, S. 100

[1360]   Capitoline Museums, Lux in arcana, p. 58

[1361]   Horst Rüdiger, Die Wiederentdeckung der antiken Literatur im Zeitalter der Renaissance, in Herbert Hunger et al, Geschichte der Textüberlieferung: S. 554

[1362]   Erasmus von Rotterdam, Julius vor der verschlossenen Himmelstür: S. 91

[1363]   Lexikon des Mittelalters

[1364]   Erasmus von Rotterdam, Brief an Martin Dorf 1515

[1365]   Horst Rüdiger, Die Wiederentdeckung der antiken Literatur im Zeitalter der Renaissance, in Herbert Hunger et al, Geschichte der Textüberlieferung: S. 549

[1366]   Horst Rüdiger, Die Wiederentdeckung der antiken Literatur im Zeitalter der Renaissance, in Herbert Hunger et al, Geschichte der Textüberlieferung: S. 554.

[1367]   Index librorum prohibitorum 1744

[1368]   Thomas von Aquino, Summa conta Gentiles: III.104-106

[1369]   Frances A. Yates, Giordano Bruno and the hermetic Tradition, S. 13, 17, 20

[1370]   . Lexikon der Renaissance: Ficino, S. 2. Digitale Bibliothek Band 41: Lexikon der Renaissance, S. 1553 (vgl. LdRen, S. 256)

[1371]   The Oxford Companion to Philosophy

[1372]   Paul Oskar Kristeller, Ficino, in: Acht Philosophen der italienischen Renaissance: S. 43

[1373]   Lexikon der Renaissance: Ästhetik, S. 5. Digitale Bibliothek Band 41: Lexikon der Renaissance, S. 310 (vgl. LdRen, S. 55)

[1374]   Lexikon der Renaissance: Ficino, S. 3. Digitale Bibliothek Band 41: Lexikon der Renaissance, S. 1554 (vgl. LdRen, S. 256)

[1375]   Paul Oskar Kristeller, Ficino, in: Acht Philosophen der italienischen Renaissance: S. 38

[1376]   Lexikon der Renaissance: Ficino, S. 1. Digitale Bibliothek Band 41: Lexikon der Renaissance, S. 1552 (vgl. LdRen, S. 256)

[1377]   Paul Oskar Kristeller, Ficino, in: Acht Philosophen der italienischen Renaissance: S. 34

[1378]   RGG

[1379]   Paul Oskar Kristeller, Pico, in: Acht Philosophen der italienischen Renaissance: S. 48

[1380]   Paul Oskar Kristeller, Pico, in: Acht Philosophen der italienischen Renaissance: S. 59

[1381]   Frances A. Yates, Giordano Bruno and the hermetic Tradition, S. 84

[1382]   eb

[1383]   Walter Andreas Euler, „Pia philosophia" et „docta religio", Theologie und Religion bei Marsilio Ficino und Giovanni Pico della Mirandola: S. 220

[1384]   Elmar Mittler, Die Bibliotheca Palatina,Skizzen zu ihrer Geschichte; in: Elmar Mittler und Wilfried Werner, Mit der Zeit, Die Kurfürsten von der Pfalz und die Heidelberger Handschriften der Bibliotheka Palatina. S. 17

[1385]   Lexikon der Renaissance: Dalberg, S. 1. Digitale Bibliothek Band 41: Lexikon der Renaissance, S. 1141 (vgl. LdRen, S. 188)

[1386]   RGG

[1387]   Eisler: Philosophenlexikon, S. 2644. Die digitale Bibliothek der Philosophie, S. 11656 (vgl. Eisler-Phil., S. 594)

[1388]   Wikipedia

[1389]   Lexikon der Renaissance: Reuchlin, S. 1 ff.Digitale Bibliothek Band 41: Lexikon der Renaissance, S. 3807 (vgl. LdRen, S. 610 ff.)

[1390]   Rutger Sycamber an Reuchlin, 1498/99

[1391]   Bernhard Adelmann von Adelmannsfelden an Reuchlin, 1484

[1392]   Matthias Dall`Asta, Gerald Dörner, Reuchlins Briefwechsel 1506 – 1513, in: Johannes Reuchlin, Briefwechsel, Bd. II. 1506 – 1513, S. XIII.

[1393]   Reuchlin an Jakob Lauber, 1488

1394   Georg Simmler an Reuchlin, 1509

1395   Reuchlin an die Liebhaber fremdartiger Bücher, 1512

1396   Reuchlin an Leonhard Widenmann, 1508

1397   Reuchlin an Johannes von Dalberg, 1494

1398   Hans Rupprich, Johannes Reuchlin und seine Bedeutung im Europäischen Humanismus, in: Johannes Reuchlin (1455 – 1522)

1399   Matthias Dall`Asta, Gerald Dörner, Anmerkung 2 zu Mandat Maximilans an die Universitäten Köln,Mainz, Erfurt und Heidelberg sowie Hoogstraeten, Reuchlin, und Victor von Karben, in: Johannes Reuchlin, Briefwechsel, Bd. II. 1506 – 1513,

1400   Der Brief des Paulus an die Römer, 9.12

1401   Reuchlin an Dionysius Reuchlin, 1506

1402   Wilhelm Maurer, Reuchlin und das Judentum; in: Johannes Reuchlin (1455 – 1522)

1403   Hans Rupprich, Johannes Reuchlin und seine Bedeutung im Europäischen Humanismus, in: Johannes Reuchlin (1455 – 1522)

1404   Hans Rupprich, Johannes Reuchlin und seine Bedeutung im Europäischen Humanismus, in: Johannes Reuchlin (1455 – 1522); Lexikon des Mittelalters

1405   Lexikon der Renaissance: Dunkelmännerbriefe, S. 1. Digitale Bibliothek Band 41: Lexikon der Renaissance, S. 1310 (vgl. LdRen, S. 215)

1406   Wikipedia

1407   Lexikon des mittelalters

1408   Hans Rupprich, Johannes Reuchlin und seine Bedeutung im Europäischen Humanismus, in: Johannes Reuchlin (1455 – 1522)

1409   Lexikon der Renaissance: Budé, S. 1 ff.Digitale Bibliothek Band 41: Lexikon der Renaissance, S. 748 (vgl. LdRen, S. 125 ff.)

1410   Erasmus von Rotterdam, Fiktiver Brief an Lambert Grunnius, 1516

1411   Verena von der Heyden-Rynsch, Aldo Manunzio, Vom Drucken und verbreiten schöner Bücher, S. 87ff

1412   Lexikon des Mittelalters; Erasmus von Rotterdam, Julius vor der verschlossenen Himmelstür: S. 15, 97; Der Ciceronianer oder der beste Stil

1413   Erasmus von Rotterdam, Brief an Paul Volz, 1518

1414   RGG; Brief an Peter Tomiczki, 1529

1415   Erasmus von Rotterdam, Brief an Thomas Ruthall, 1515; Brief an Peter Tomiczki 1529

1416   Z.B.: Erasmus von Rotterdam, Vertraute Gespräche; Brief an Jakob Sadolet, 1532

1417   Erasmus von Rotterdam, Brief an John Colet, 1511

1418   Erasmus von Rotterdam, Brief an Johann Reuchlin, 1514

1419   Erasmus von Rotterdam, Brief an Servatius Roger, 1514

1420   Erasmus von Rotterdam, Brief an Martin Dorf 1515

1421   Erasmus von Rotterdam, Brief an Christoph Fischer 1505

1422   Erasmus von Rotterdam, Lob der Torheit: 50

1423   Erasmus von Rotterdam, Brief an Anton Bergen, 1501

1424   Erasmus von Rotterdam, Lob der Torheit: 170

1425   Georg Baschnagel, Narrenschiff und Lob der Torheit, S. 49

1426   Sebastian Brant, Das Narrenschiff

1427   Werner Welzig, Einleitung zu: Erasmus von Rotterdam, Colloquia familiaria, Vertraute Gespräche; S. X

1428   Erasmus von Rotterdam, Vertraute Gespräche, Das geistliche Gastmahl, S. 77, 87

1429   Erasmus von Rotterdam, Brief an den Fürsten Karl, 1516

1430   Erasmus von Rotterdam, Die Erziehung eines christlichen Fürsten: II. s. 137

1431   Erasmus von Rotterdam, Die Erziehung eines christlichen Fürsten: II. s. 143

1432   Erasmus von Rotterdam, Die Erziehung eines christlichen Fürsten: II. s. 203

1433   Erasmus von Rotterdam, Die Erziehung eines christlichen Fürsten: II. s. 153

1434   Erasmus von Rotterdam, Die Erziehung eines christlichen Fürsten: II. s. 173

1435   Erasmus von Rotterdam, Die Erziehung eines christlichen Fürsten: II. s. 175

1436   Erasmus von Rotterdam, Die Erziehung eines christlichen Fürsten: II. s. 153

1437   Erasmus von Rotterdam, Brief an Paul Volz, 1518

1438   Erasmus von Rotterdam, Brief an Servatius Roger, 1514

1439   Erasmus von Rotterdam, Brief an Greverad 1500; Brief an Paul Volz, 1518

1440   Erasmus von Rotterdam, Brief an Johannes, 1501; Fiktiver Brief an Grunnius, 1516

1441   Erasmus von Rotterdam, Brief an Paul Volz, 1518

1442   Rudolf Fischer-Wollpert, Lexikon der Päpste

[1443]   Erasmus von Rotterdam, Brief an Ludwig Ber, 1535

[1444]   Erasmus von Rotterdam, Brief an Bartholomaeus Latomus, 1535

[1445]   Martin Luther: Vom unfreien Willen (1525), S. 288. Digitale Bibliothek Band 63: Martin Luther, S. 2240 (vgl. Luther-W Bd. 3, S. 375) (c) Vandenhoeck und Ruprecht

[1446]   Martin Luther: Vom unfreien Willen (1525), S. 289. Digitale Bibliothek Band 63: Martin Luther, S. 2241 (vgl. Luther-W Bd. 3, S. 375) (c) Vandenhoeck und Ruprecht

[1447]   Erasmus von Rotterdam, Brief an Albrecht von Mainz, 1519

[1448]   Erasmus von Rotterdam, Brief an John Colet, 1511

[1449]   Erasmus von Rotterdam, Beigabe zu der Schrift „Verteidigung gegenüber den spanischen Mönchen, 1529

[1450]   Erasmus von Rotterdam, Brief an Johann Glapio, 1522

[1451]   IV. Reformation - Katholische Reform und Gegenbewegung: Erster Abschnitt: Ursprung und Durchbruch der Katholischen Reform bis 1563 (Hubert Jedin). Handbuch der Kirchengeschichte, S. 7977 (vgl. HKG Bd. 4, S. 470-471) (c) Verlag Herder]

[1452]   s.a. Index librorum prohibitorum 1619, 1621, 1744

[1453]   Anton J. Gail, Einführung zu Erasmus von Rotterdam, Adagia: S. 6, 12Fußnote

[1454]   Lexikon der Renaissance: Erasmus von Rotterdam, S. 1 ff.Digitale Bibliothek Band 41: Lexikon der Renaissance, S. 1415 (vgl. LdRen, S. 234 ff.)

[1455]   Melanchton, Loci communes rerum theologicarum

[1456]   RGG

[1457]   Melanchton, Rede über Platon

[1458]   Melanchton, Rede über die Philosophie

[1459]   Melanchton, Rede über Aristoteles

[1460]   Melanchton, Rede über Aristoteles

[1461]   Melanchton, Rede über die Philosophie

[1462]   RGG

[1463]   Philipp Melanchthon, Encomion eloquentiae ; Oratio de studiis linquae Graecae

[1464]   Philipp Melanchthon, Liber de Anima, III. 340 - 342

[1465]   Philipp Melanchthon, Scholia in Epistolam Pauli ad Colossenses, (IV, 230-243

[1466]   Philipp Melanchthon, De corrigendis adolescentiae studiis

[1467]   Wikipedia

[1468]   Josef Wohlmuth (Hg), Conciliorum oecumenicorum decreta: Konzil von Vienne, Dekret 24: Bd.II, S. 379

[1469]   Erasmus von Rotterdam, Brief an Anton Bergen, 1501; Brief an Christoph Fischer 1505

[1470]   Erasmus von Rotterdam, Brief an Christoph Fischer 1505

[1471]   Erasmus von Rotterdam, Brief an Martin Dorf 1515

[1472]   Erasmus von Rotterdam, Brief an Friedrich den Weisen von Sachsen,1519; Brief an Albrecht von Mainz, 1519

[1473]   Erasmus von Rotterdam, Brief an Friedrich den Weisen von Sachsen,1519

[1474]   Erasmus von Rotterdam, Brief an Albrecht von Mainz, 1519; ähnlich auch in einem Brief an Leo X. vom 1520

[1475]   Erasmus von Rotterdam, Brief an Martin Dorf 1515

[1476]   Erasmus von Rotterdam, Brief an Martin Dorf 1515

[1477]   Erasmus von Rotterdam, Brief an Martin Luther 1519

[1478]   Andreas Tacke, Mit Cranachs Hilfe, Antireformatorische Kunstwerke vor dem Tridentiner Konzil; in Bodo Brinkmann (Hg), Cranach der Ältere, S.81

[1479]   Erasmus von Rotterdam, Brief an Martin Dorf 1515

[1480]   Erasmus von Rotterdam, Brief an Christoph Fischer 1505

[1481]   Erasmus von Rotterdam, An den Leser 1515

[1482]   Erasmus von Rotterdam, Brief an Cornelius Gerard 1489; Brief an Leo X 1520

[1483]   Erasmus von Rotterdam, Brief an Gerhard Geldenhauer, 1520

[1484]   [Martin Luther: 1519, S. 6. Digitale Bibliothek Band 63: Martin Luther, S. 7156 (vgl. Luther-W Bd. 10, S. 58) (c) Vandenhoeck und Ruprecht]

[1485]   Martin Luther: Vom unfreien Willen (1525), S. 92. Digitale Bibliothek Band 63: Martin Luther, S. 2044 (vgl. Luther-W Bd. 3, S. 208-209) (c) Vandenhoeck und Ruprecht

[1486]   Martin Luther: Vom unfreien Willen (1525), S. 96. Digitale Bibliothek Band 63: Martin Luther, S. 2048 (vgl. Luther-W Bd. 3, S. 211) (c) Vandenhoeck und Ruprecht

[1487]   Martin Luther: Vom unfreien Willen (1525), S. 99. Digitale Bibliothek Band 63: Martin Luther, S. 2051 (vgl. Luther-W Bd. 3, S. 213) (c) Vandenhoeck und Ruprecht]

[1488]   Martin Luther: Der Christ in der Welt, S. 65. Digitale Bibliothek Band 63: Martin Luther, S. 6724 (vgl. Luther-W Bd. 9, S. 226) (c) Vandenhoeck und Ruprecht

[1489]   Bellarmini, Robert. Die Religion in Geschichte und Gegenwart, S. 3517 (vgl. RGG Bd. 1, S. 1027) (c) J.C.B. Mohr (Paul Siebeck)]

[1490]   Josef Wohlmuth (Hg), Conciliorum oecumenicorum decreta: Konzil von Trient: Bd.III, S. 664

[1491]   J.E. Springarn, History of literary criticism, Ch. I.

[1492]   Albert Stöckl, Geschichte der Philosophie des Mittelalters, §49

[1493]   Karl Markgraf von Montoriola, Briefe des Mediceerkreises, aus Marsilio Ficino`s Epistolarium, Einleitung: S. 14

[1494]   Karl Markgraf von Montoriola, Briefe des Mediceerkreises, aus Marsilio Ficino`s Epistolarium, Einleitung: S. 14

[1495]   Lexikon des Mittelalters

[1496]   Albert Stöckl, Geschichte der Philosophie des Mittelalters, §48

[1497]   Melanchton, Rede über Platon

[1498]   Melanchton, Rede über Platon

[1499]   Wikipedia, Stanford Enzyclopedia of Philosophy

[1500]   Albert Stöckl, Geschichte der Philosophie des Mittelalters, §49

[1501]   Wikipedia

[1502]   Wikipedia, Stanford Enzyclopedia of Philosophy

[1503]   Lexikon der Renaissance: Patritius, S. 1. Digitale Bibliothek Band 41: Lexikon der Renaissance, S. 3360 (vgl. LdRen, S. 533)

[1504]   Albert Stöckl, Geschichte der Philosophie des Mittelalters, §49

[1505]   Bernhard Adelmann von Adelmannsfelden an Reuchlin, 1484

[1506]   Phyllis, Walter Goodhart Gordan, Introduction to: Two Renaissance Book Hunters, The Letters of Poggius Bracciolini to Nicolaus de Nicolis, p. 9, 383

[1507]   Johan Huizinga, Herbst des Mittelalters, 476

[1508]   Reuchlin an Dionysius Reuchlin, 1506

[1509]   Erasmus von Rotterdam, Der Ciceronianer oder der beste Stil, S. 139

[1510]   Erasmus von Rotterdam, Der Ciceronianer oder der beste Stil, S. 301

[1511]   Erasmus von Rotterdam, Der Ciceronianer oder der beste Stil, S. 177

[1512]   Erasmus von Rotterdam, Der Ciceronianer oder der beste Stil, S. 141

[1513]   Erasmus von Rotterdam, Julius vor der verschlossenen Himmelstür: S. 15

[1514]   Erasmus von Rotterdam, Julius vor der verschlossenen Himmelstür: S. 97

[1515]   Erasmus von Rotterdam, Brief an Johannes Caesarius, 1517)

[1516]   Erasmus von Rotterdam, Der Ciceronianer oder der beste Stil, S. 179

[1517]   Hans Bauer, Feuer in Florenz, Triumph und Tragödie des Dominikanermönchs Girolamo Savonarola, S. 84

[1518]   Theresia Payr, Einleitung zu Erasmus von Rotterdam, Ausgewählte Schriften, Bd.VII, S. XLII

[1519]   Rudolf Fischer-Wollpert, Lexikon der Päpste

[1520]   Johan Huizinga, Herbst des Mittelalters, 476

[1521]   Johan Huizinga, Herbst des Mittelalters, 470

[1522]   Francois Rabelais, Gargantua und Pantagruel, I.9.

[1523]   Francois Rabelais, Gargantua und Pantagruel, I.7.

[1524]   Pierre Bayle, Historisches und kritisches Wörterbuch, Takiddin, Kommentar A; S. 442

[1525]   Erasmus von Rotterdam, Brief an Willibald Pirkheimer, 1525; Brief an Sigismund I. von Polen, 1527

[1526]   Erasmus von Rotterdam, Brief an Karl Blount, 1531

[1527]   Erasmus von Rotterdam, Brief an Karl Blount, 1531

[1528]   Lexikon der Renaissance: Grynaeus, S. 1. Digitale Bibliothek Band 41: Lexikon der Renaissance, S. 1942 (vgl. LdRen, S. 314)

[1529]   Katherine Duncan-Jones Introduction to: Sir Philip Sidney, The Old Arcadia; p.XIII

[1530]   Katherine Duncan-Jones A Chronology, in: Sir Philip Sidney, The Old Arcadia; p.XXIII

[1531]   Johann Amos Comenius, Große Didaktik. Die vollständige Kunst alle Menschen alles zu Lehren; Gruß an den Leser, 9.

[1532]   Klaus Schaller, Leben und Werk des Comenius; in: Johann Amos Comenius, Große Didaktik. Die vollständige Kunst alle Menschen alles zu Lehren; S. 231

[1533]   Lexikon der Renaissance: Comenius, S. 1 ff.Digitale Bibliothek Band 41: Lexikon der Renaissance, S. 1016 (vgl. LdRen, S. 169 ff.)

[1534]   Johann Amos Comenius, Das Labyrinth der Welt; S. 62

1535   Johann Amos Comenius, Das Labyrinth der Welt; S. 161

1536   Johann Amos Comenius, Centrum securitatis

1537   Johann Amos Comenius, In Jaunam rerum XLVI

1538   Johann Amos Comenius, In Jaunam rerum XLIX

1539   Franz Hofmann, Einleitende Studie zu: Johann Amos Comenius, Allweisheit; S. 19

1540   Johann Amos Comenius, Vorrede zu: Theatrum universitatis rerum

1541   Franz Hofmann, Einleitende Studie zu: Johann Amos Comenius, Allweisheit; S. 19

1542   Wikipedia

1543   Johann Amos Comenius, In Jaunam rerum I

1544   Johann Amos Comenius, In Jaunam rerum II

1545   Johann Amos Comenius, In Jaunam rerum V

1546   Johann Amos Comenius, Via Lucis, XVI.1

1547   Johann Amos Comenius, In Jaunam rerum XXX

1548   Lexikon der Renaissance: Comenius, S. 1 ff.Digitale Bibliothek Band 41: Lexikon der Renaissance, S. 1016 (vgl. LdRen, S. 169 ff.)

1549   Franz Hofmann, Einleitende Studie zu: Johann Amos Comenius, Allweisheit; S. 19

1550   Klaus Schaller, Leben und Werk des Comenius; in: Johann Amos Comenius, Große Didaktik. Die vollständige Kunst alle Menschen alles zu Lehren; S. 231

1551   Johann Amos Comenius, Große Didaktik. Die vollständige Kunst alle Menschen alles zu Lehren; Kap.31

1552   Klaus Schaller, Leben und Werk des Comenius; in: Johann Amos Comenius, Große Didaktik. Die vollständige Kunst alle Menschen alles zu Lehren; S. 231

1553   Johann Amos Comenius, Arbeitstagebuch, Ein Fragment

1554   Johann Amos Comenius, Große Didaktik. Die vollständige Kunst alle Menschen alles zu Lehren; Kap. 29

1555   Johann Amos Comenius, Große Didaktik. Die vollständige Kunst alle Menschen alles zu Lehren; Kap.21

1556   Johann Amos Comenius, Große Didaktik. Die vollständige Kunst alle Menschen alles zu Lehren; Gruß an den Leser, 4.

1557   Johann Amos Comenius, Große Didaktik. Die vollständige Kunst alle Menschen alles zu Lehren; Kap.18

1558   Johann Amos Comenius, Große Didaktik. Die vollständige Kunst alle Menschen alles zu Lehren; Kap.20

1559   Johann Amos Comenius, Große Didaktik. Die vollständige Kunst alle Menschen alles zu Lehren; Kap.10

1560   John Milton, Areopagicita, in: The Major Works, S. 236

1561   Stephen Orgel and Jonathan Goldberg, Introduction to: John Milton, Paradise Lost, in: The Major Works, p. VIIff

1562   Anton E. Schönbach, Studien zur Geschichte der altdeutschen Predigt I, Über Lelle´s Speculum Ecclesiae, S. 135

1563   Lexikon der Renaissance: Philologie, S. 3. Digitale Bibliothek Band 41: Lexikon der Renaissance, S. 3440 (vgl. LdRen, S. 546)

FSC
www.fsc.org
MIX
Papier | Fördert
gute Waldnutzung
FSC® C083411

Zeitfracht Medien GmbH
Ferdinand-Jühlke-Straße 7
99095 Erfurt, Deutschland
produktsicherheit@kolibri360.de